HEYNE BIOGRAPHIEN

Zum Autor:

Fritz Böttger, bei Berlin lebender Literaturhistoriker und Biograph, wurde bekannt durch seine Werke über Theodor Storm, Christian Dietrich Grabbe und Hermann Hesse.

Fritz Böttger

BETTINA VON ARNIM

Zwischen Romantik und Revolution

Wilhelm Heyne Verlag
München

HEYNE BIOGRAPHIE
12/241

Wilhelm Heyne Verlag GmbH & Co. KG, München
Printed in Germany 1994
Umschlagillustration: Archiv für Kunst und Geschichte, Berlin
Umschlaggestaltung: Atelier Ingrid Schütz, München
Satz: Schaber Satz- und Datentechnik, Wels
Druck und Bindung: Presse-Druck, Augsburg

ISBN 3-453-07325-8

Inhalt

Vorwort Zwischen zwei Revolutionen 7

Erster Teil *Die kleine Brentano*

1. Herr und Frau Brentano 17
2. Im Ursulinen-Kloster zu Fritzlar 25
3. Bei der Großmutter 31
4. Frühe Freundschaften 37
5. Zu Füßen von Frau Aja 52
6. Begegnungen mit Goethe 60
7. Etappe München 67
8. Zwischenspiel in Landshut 78
9. Wien – die Entdeckung Beethovens 87
10. Bettina und Goethe in Teplitz 94

Zweiter Teil *Die Frau Achim von Arnims*

11. Langwierige Werbung 103
12. Das erste Ehejahr 112
13. Achtzehnhundertdreizehn 119
14. Der Rückzug nach Wiepersdorf 125
15. Auf Erkundung in Berlin 135
16. Zwischen Partnerbewährung und Selbstbehauptung ... 142
17. Hinwendung zur bildenden Kunst 149
18. Krise der Lebensmitte 157

Dritter Teil *Die Schriftstellerin*

19. Ein neuer Anfang 171
20. Unterwegs zu Pückler 177
21. »Goethes Briefwechsel mit einem Kinde« 185
22. Das Lächeln des Ruhms 193
23. Hilfe für die Brüder Grimm 203
24. Initiativen für Schinkel und den Maler Blechen 211
25. Der Blonde 220
26. Das zweite Buch – »Die Günderode« 228

VIERTER TEIL *Die Vorrednerin des Volkes*

27. Begeisterung für einen Uhu 239
28. »Dies Buch gehört dem König« 247
29. Ein Liederheft für Spontini 256
30. Ein politischer Salon 263
31. An der Kulturstraße der Romantik – »Clemens Brentanos Frühlingskranz« 271
32. Die Arbeit am Armenbuch und der Aufstand der schlesischen Weber 278
33. Das Idol der Studenten 286
34. Das Ambrosia-Buch und der Magistratsprozeß 296
35. Revolution 304
36. Die Polenbroschüre 312
37. Verlorene Illusionen 319
38. Die »Gespräche mit Dämonen« 332
39. Die letzten Jahre 339

ANHANG

Zeittafel 353
Übersicht zur Bettina-von-Arnim-Literatur 367
Personenregister 374

Vorwort

Zwischen zwei Revolutionen

Auch Bettina war ein Kind ihrer Zeit, obgleich sie vermutlich dieser Behauptung aufs leidenschaftlichste widersprochen hätte in der Annahme, daß solche Auffassung eine Schematisierung ihrer Persönlichkeit in sich trage und damit die Einmaligkeit ihrer Individualität, der Spielraum ihres »Dämons« geleugnet werde. Vielleicht hätte sie ähnlich wie Karl Kraus provokant entgegnet, daß im Frisiermantel der Zeit alle Dummköpfe gleich aussehen. Indes wurde sie schon frühzeitig auf die tiefere Bedeutung dieser Zeitabhängigkeit durch ihren Bruder Clemens hingewiesen, als er ihr schrieb, daß jede individuelle Kraft nur durch und in der Allgemeinheit Wurzel fassen, nur an ihr sich erproben kann. »Alle kühnen Taten großer Menschen sind ein unwillkürliches, aber ganz naturgemäßes Mitwirken der Gesamtheit, oder der Geschichte der Dinge, deren Erzeugnis ja auch der Geist ist; und Mirabeau würde nicht so Schlag auf Schlag getan haben mit jedem Worte, wäre seine Eigentümlichkeit nicht fortwährend elektrisch eben von dieser Geschichte seiner Zeit entzündet worden.«

Was Clemens Brentano darlegte, war frühromantische Philosophie aus Engagement für das entscheidende Epochenereignis, die Große Französische Revolution, und daß Bettina ihn halbwegs verstand, dokumentiert der Satz im Antwortbrief: »Wär ich König, ich würde die Welt untertauchen und sie gereinigt aus den Zeitenwogen hervorgehen lassen.« Wie der Philosoph Fichte und der Frühromantiker Friedrich Schlegel verfiel auch Bettina der »heroischen Illusion«, man könne Deutschland allein aus dem Enthusiasmus und dem Geist läuternder Utopie total umgestalten. Mit aller Selbstverständlichkeit wuchs sie in diese ideologische Tendenz der frühromantischen Gruppe hinein, lernte sie die Welt der Öffentlichkeit in solcher Perspektive sehen. In diesen Kategorien lernte sie politisch denken, einerlei wie hochentwickelt oder primitiv man diese heute einschätzt. Sie hatten aller nachträglichen Überlegung voraus, daß sie unmittelbare Lebendigkeit ausstrahlten, daß der Krafteinsatz der

Jugend in ihnen vernehmbar und beeindruckend war. Ihre Macht erwies sich als suggestiv.

Mochten die Menschen in Deutschland in den herkömmlichen feudalabsolutistischen Vorstellungen befangen sein, in den Rheinlanden, in Mainz, aber auch in Frankfurt, wo Bettina lebte, wehte ein freiheitliches Lüftchen, das insbesondere die Jugend erregte, hellhörig machte, neue Ansprüche weckte, nach einem neuen befriedigenden, sinnvollen Leben streben ließ.

In solchem geistigen Klima entwickelte sich Bettina. Als die Revolution 1789 in Frankreich ausbrach, war sie vier Jahre alt. Sie gehörte einer Altersgruppe an, die in ihrer Kindheit und Jugend immer von neuem Wertvorstellungen von einem »anderen Leben« bildete. Besonders durch ihren Bruder Clemens, den Dichter, und seine Freunde wuchs sie in eine alternative Kultur- und Lebensweise hinein, die zwar nicht danach trachtete, die Gesellschaft umzuwälzen, aber doch eine Protesthaltung artikulierte, die sich ein Leben lang in ihr behauptete.

Als sich ihr Dasein dem Ende zu neigte, war wieder revolutionäre Zeitstimmung. Der »großen« Revolution von 1789 folgte die »schmächtige« deutsche von 1848/49. Bettina hat auf ihre Weise diese deutsche Revolution, die wir die »bürgerliche« nennen, mit vorbereitet, hat auf deren Höhepunkt ihr Wort zur Polenfrage gesprochen und nach dem Scheitern in dem Buch »Gespräche mit Dämonen« die Grabrede gehalten. Was dann noch folgte, war Abgesang, Windstille des Alters, Krankheit, Ausruhen in der Erschöpfung jenseits des Weltgetümmels. Und so darf der Historiker mit einigem Recht sagen, daß sich der Bereich ihres Lebens zwischen zwei Revolutionen erstreckte, was in ihrem Fall keine äußerliche Chronologie von zufälligen Ereignissen bezeichnet, sondern eine tiefere Bedeutung hat und gleichsam symbolisch die inneren Triebkräfte eines ungewöhnlichen Menschenlebens enthüllt.

Bettina hat viele Gesichter: Zunächst als Tochter des Kaufmanns Brentano, die Goethe schlicht »die kleine Brentano« nannte, die Rebellin gegen jede Autorität, die entschlossen war zu leben, wie es ihrer Natur entsprach, ohne sich um das Urteil anderer Menschen zu kümmern. Dieses Bild zeichnet die Kindheit und Jugend und deckt chronologisch die Jahre 1785 bis 1810.

Mit ihrer Übersiedlung nach Preußen und der Heirat des

Dichters und Landwirts Achim von Arnim wandelte sich das Bild. Die romantische Rebellin und Antiphilisterin begnügte sich weder mit der Rolle der sorgenden Gutsfrau noch der der inspirierenden Muse ihres Gatten, sondern gemäß dem Gesetz, nach dem sie angetreten, verdichtete sie ihre Persönlichkeit zum Leitbild einer emanzipierten Frau, die Partnerbewährung mit Selbstbehauptung vorleben will. Diese zweite biographische Epoche deckt die Zeitspanne jener zwanzig Ehejahre von 1811 bis 1831, die durch den Briefwechsel der örtlich meist getrennt lebenden Gatten dokumentiert ist.

Diese beiden Epochengemälde sind gleichsam Vorbereitungen zu Bettinas Selbstverwirklichung in den dreißiger Jahren, als sie fünfzigjährig durch das Buch »Goethes Briefwechsel mit einem Kinde« als Schriftstellerin in die literarische Arena trat. Hatte sie bisher als interessante Zeitgenossin in den Berliner Salons eine gewisse Beachtung gefunden, wie das deutlich aus dem Reisebericht der schwedischen Journalistin Montgomery-Silfverstolpe »Das romantische Deutschland« hervorgeht, so wurde sie nun über Nacht mit ihrem Goethebuch eine weithin auch im Ausland bekannte Schriftstellerin. Der jungdeutsche Publizist Theodor Mundt schrieb im »Literarischen Zodiacus«: »Seit der Sontag und Hegel war Berlin in keine so große Parteispaltung, in kein so leidenschaftliches Pro und Contra geraten, als in diesen Tagen durch den genialen, romantischen, mystischen, prophetischen, wundersam herumirrlichtelierenden Kobold Bettina, die Sibylle der romantischen Literaturperiode, und doch das von herzinniger Liebe gequälte Kind Goethes, des legitimen olympischen Vaters, der deutschen Poesie! Hier nutzt kein Besänftigungswalzer einer objektiven Kritik.«

Als Bettina in die Literatur eintrat und sich sofort eine beachtliche Stellung eroberte, geschah das in dem bemerkenswerten Augenblick, da das Bürgertum am Vorabend der Machtergreifung stand. Rasch hatte sie erkannt, wer ihre Bücher kaufte und lobte, und da sie auch weiterhin Erfolg haben wollte und von Jugend auf mit den einfachen Menschen sympathisiert hatte, blieb sie auf diesem Wege.

Seit Anfang der vierziger Jahre wandelte sie sich zur politischen Schriftstellerin, und sie fand auch rasch für ihr Engagement den ihr passend erscheinenden Platz: Sie wollte dem ihrer Meinung nach leicht beeinflußbaren und zu liberalen Reformen geneigten preußischen König Friedrich Wilhelm IV. die Wünsche des Volkes dolmetschen. Einer der besten Journalisten jener Tage, Karl Gutzkow, bezeichnete deshalb ihre Rolle mit dem Stichwort »Vorrednerin«. Die Einstellung Bettinas zu den Geschehnissen und Ideen jener Jahre war allerdings viel komplizierter. Unmöglich, die bewegte Fülle ihres Lebens in einem Schlagwort einzufangen. Doch das Bedürfnis der Diskussion und des Kampfes zwang damals und zwingt heute, sie von ihresgleichen wie den Gegnern abzugrenzen und das Schwierige zu vereinfachen, indem man ihm einen Namen beilegt. Da scheint Gutzkows Schlagwort noch immer das treffendste. Es war spezifisch auf das Wirken dieser Frau in den Kämpfen der Zeit gemünzt. Hingegen fällt es schwer, ihr Denken und Tun einer bestimmten Ideologie und Richtung zuzuordnen. Ihr Reden und ihr Verhalten hatten historischen Tiefgang, zeigten romantische, liberale, junghegelianische, demokratische, frühsozialistische und auch konservative Züge, und wir meinen, ihr deshalb am ehesten gerecht zu werden, wenn wir sie an dem Ruhm teilnehmen lassen, eine »Achtundvierzigerin«, eine Fürsprecherin des deutschen, polnischen und ungarischen Volkes gewesen zu sein, eine Frau, die so viel Geschichte durchlebt hatte, daß sie in sich den Weg des deutschen Bürgertums aus der Periode der Aufklärung und Klassik über den Vormärz bis zum Sturmjahr 1848 verkörperte, eine Frau zwischen zwei Revolutionen und den sich einschiebenden Beruhigungszeiten, ein Kind ihres Jahrhunderts!

Als Bettina von Arnim 1859 starb, zählte sie zu den berühmten Vertretern des deutschen Geisteslebens. Das wurde anerkannt, als sie 1875 in die Allgemeine Deutsche Biographie aufgenommen wurde, jenem großen historischen Sammelwerk biographischer Skizzen in 56 Bänden über die geschichtlich wirksam gewordenen Deutschen von den Anfängen bis zum Ende des 19. Jahrhunderts, eine Art Galerie und Ehrentempel berühmter deutscher Frauen und Männer. Über die Form der Skizze gelangte in den folgenden einhundert Jahren keine Würdigung hinaus. Im Jahre 1920, zu Zeiten der Weimarer Republik, schrieb der Herausgeber der Werke Bettina von Arnims in sieben Bänden, Waldemar Oehlke, in der Einleitung: »Nur als Kobold der Romantik, als Kind, das zu Goethes und seiner Mutter Füßen saß und doch kein Kind mehr war, allenfalls als

Schwester Clemens Brentanos, als Tochter Maximilianens, als Enkelin Sophie La Roches und als Gattin Achim von Arnims ist Bettina heute weiteren Kreisen bekannt. Es zeugt schon von einer gewissen Belesenheit, wenn der eine oder andere in ihrem Buche ›Goethes Briefwechsel mit einem Kinde‹ geblättert hat.«

Daß Bettina eine der ersten deutschen Frauen war, die versuchte, in die Politik einzugreifen, wußte außer einigen Literaturspezialisten, die das Buch von Ludwig Geiger »Bettina von Arnim und Friedrich Wilhelm IV.« gelesen hatten, niemand; es wurde aus politischen Vorurteilen der Wilhelminischen Zeit ignoriert.

Bettinas Stellung in der deutschen Kulturgeschichte ist heute vor allem durch ihre Erfahrungen und Erlebnisse als Vorläuferin der Frauenemanzipation gesichert. Daß der Kampf für Freiheit und Gleichwertigkeit der Frau zu den fortschrittlichen Bestrebungen der romantischen Gruppierung von 1800 gehörte, war zweifellos ein Reflex jener revolutionären frauenrechtlichen Bewegung von Paris um Olympe de Gouges, die 1789 eine »Déclaration des droits de la Femme« vorschlug, die der »Déclaration des droits de l'Homme« entsprach und alle männlichen Vorrechte abschaffen sollte. Olympe starb auf dem Schafott. Bettina lebte diese Freiheit und Gleichberechtigung individualistisch ein Leben lang als Rebellin gegen jede Autorität. Sie vermochte das, weil sie in einer Zeit der niedergehenden Autorität alle Konventionen für »Zwirnsfäden« hielt und sich diese Freiheit, ohne zu fragen, nahm. 1848 stand sie auf demselben Standpunkt wie die Demokratin Luise Otto-Peters, die die Losung ausgegeben hatte: »Die Teilnahme der Frauen an den Interessen des Staates ist nicht allein ein Recht, sie ist eine Pflicht der Frauen.« Noch einmal wird die Formel »zwischen zwei Revolutionen« ratifiziert.

Da der Mensch ein biosoziales Wesen ist, hat sich die Frauenbewegung mit der ökonomisch-sozialen Befreiung nicht erledigt. Die unausgeschöpften Inhalte der weiblichen Persönlichkeit, die ihre realen Möglichkeiten vor allem auch aus der Biosphäre bezieht, und so manches, das in der archaischen Utopie vom Matriarchat frauenemanzipatorisch verdämmert, artikuliert sich auch in der sozialistischen Gesellschaftsordnung neu, wofür der vage Entwurf einer weiblichen Gegenwelt in Christa Wolfs »Kassandra« ein Beispiel sein mag. Wer sich auf die

Suche nach neuen möglichen Inhalten zur Bereicherung des Frauenlebens begibt, wird in Bettinas Büchern ein Arsenal lohnender Anregungen finden. So ist ihr Leben und Schreiben heute aktueller denn je.

Auf solche Aktualität hat Bettina immer gehofft. An einer formellen Würdigung war ihr wenig gelegen. Sie wünschte sich, daß die Leser das von ihr Fixierte zu Ende dichteten. Darum war sie auch der Überzeugung, daß der Künstler keine Biographie benötigte, sondern eine Legende. Eine solche Einstellung erklärt sich bei ihr vor allem aus dem unbestimmten Geschichtsbewußtsein der romantischen Generation, aber auch daraus, daß sie in der Form der Legende eine zeitlose Kraft spürte.

Am 15. Oktober 1825 äußerte Goethe zu seinem Sekretär Eckermann: »Mangel an Charakter der einzelnen forschenden und schreibenden Individuen ist die Quelle alles Übels unserer neuesten Literatur. Besonders in der Kritik zeigt dieser Mangel sich zum Nachteile der Welt, indem er entweder Falsches für Wahres verbreitet oder durch ein ärmliches Wahre uns um etwas Großes bringt, das uns besser wäre. Bisher glaubte die Welt an den Heldensinn einer Lucretia, eines Mucius Scävola und ließ sich dadurch erwärmen und begeistern. Jetzt aber kommt die historische Kritik und sagt, daß jene Personen nie gelebt haben, sondern als Fiktionen und Fabeln anzusehen sind, die der große Sinn der Römer erdichtete. Was sollen wir aber mit einer so ärmlichen Wahrheit! Und wenn die Römer groß genug waren, so etwas zu erdichten, so wollen wir wenigstens groß genug sein, daran zu glauben.«

Etwa zu gleicher Zeit erzählte Bettina der schwedischen Schriftstellerin Malla Silfverstolpe die Geschichte, daß kurz nach ihrer Geburt Goethe sie als erster ans Licht getragen habe. Glaubwürdig war diese Anekdote nicht, da sich der Dichter zu der Zeit überhaupt nicht in Frankfurt aufhielt. Aber obgleich unhistorisch, trägt sie einen hohen Gleichniswert in sich. Es bestanden ja traditionelle Freundschaftsbeziehungen zwischen den Familien Goethe und Brentano, und Bettina hatte, sich im enthusiastischen Überschwang mit der jungen Maximiliane von La Roche, ihrer Mutter, identifizierend, den Dichter zum Idol erwählt. Es gehörte zu Bettinas romantischer Lebensauffassung, die Grenzlinie zwischen Wunschbild und Wirklichkeit zu verwischen. In ihrem Wertsystem stand das »Poetische« obenan, und Fontanes Satz »Das Poetische hat immer recht; es wächst weit über das Historische hinaus« traf auch auf sie zu; sie hätte ihn gewiß unterschrieben. Wenn es nach Bettinas Auffassung »vernünftig« und »poetisch« in dieser Welt zugegangen wäre, hätte Goethe sie »zuerst ans Licht getragen«. Das war nicht geschehen, und so steht über dem Anfang ihres Lebens eine romantisch-wundermäßige, unbeglaubigte Fiktion. Indessen darf der poetisch gestimmte Leser den oben zitierten Goetheschen Satz abwandeln und sagen: Wenn Bettina groß genug war, so etwas zu erdichten, so wollen wir wenigstens groß genug sein, es als schön erfundenes Gleichnis für ihr Leben zu begreifen.

Erster Teil

Die kleine Brentano

1.
Herr und Frau Brentano

Bettinas Mutter Maximiliane war die älteste Tochter eines hohen Regierungsbeamten des geistlichen Kurfürstentums Trier namens La Roche und seiner Ehefrau Sophie, einer vielgelesenen Romanschriftstellerin. Als der dreiundzwanzigjährige Goethe im September 1772 von Wetzlar aufbrach und das Lahntal durchwanderte, besuchte er, angekündigt durch seinen Freund Merck, die Familie in Thal-Ehrenbreitstein. Er hat diesen Aufenthalt in seiner Autobiographie »Dichtung und Wahrheit« ausführlich beschrieben, auch die damals sechzehnjährige Tochter, die er »eher klein als groß von Gestalt, niedlich gebaut« charakterisiert und der er »eine freie, anmutige Bildung, die schwärzesten Augen und eine Gesichtsfarbe, die nicht reiner und blühender gedacht werden konnte«, zuerkennt. Er stellte fest, daß sie zu den Gesinnungen des Vaters neigte, der durch Erziehung und Bildung ein Voltairianer war und die in Sentimentalitäten schwelgenden Debatten seiner Frau heiter belächelte. Das Mädchen neigte zu Munterkeit und Spott. Goethe, der sich soeben von Charlotte Buff und ihrem Bräutigam Kestner in Wetzlar Hals über Kopf getrennt hatte, wurde hier von einem ganz anderen Mädchentyp bezaubert. Noch der alte Dichter leugnet das nicht, wenn er bemerkt: »Es ist eine sehr angenehme Empfindung, wenn sich eine neue Leidenschaft in uns zu regen anfängt, ehe die alte noch ganz verklungen ist.«

Mochte der junge Goethe eine hervorragende Erscheinung im Salon der Sophie La Roche sein, als Schwiegersohn kam er nicht in Betracht. Die »literarische Großhofmeisterin«, die »gute Mutter von Deutschlands Töchtern«, wie man sie übertrieben pries, schien der Meinung, daß vor allem Wohlstand das Fundament einer guten Ehe sei, und verheiratete ihre Tochter an einen Frankfurter Kaufmann, den zwanzig Jahre älteren Peter Anton Brentano, einen Witwer mit fünf Kindern. »Alle Negoziantenweiber sind glücklich, sagten wir, und gaben unsere Max dem Brentano.« Die La Roches kannten den Schwiegersohn überhaupt nicht; aber sie setzten überstürzt den Termin für die

Hochzeit an, obgleich der Vater nicht einmal Zeit hatte, der Trauung beizuwohnen.

Mitte Januar 1774 zog Maximiliane in das Haus Peter Antons ein, einen Kaufmannspalast in der Großen Sandgasse mit dem Hauszeichen eines goldenen Kopfes. An fünf Kindern hatte sie dort Mutterstelle zu vertreten, am elfjährigen, etwas einfältigen Anton, dem schönen, aufgeweckten neunjährigen Franz, dem sechsjährigen buckligen Peter, dem fünfjährigen robusten Dominikus und der vierjährigen zierlichen Paula. Indes, der Flirt mit Goethe ging weiter. Der Jugendfreund wurde zum täglichen Gast. Am 29. Januar 1774 schrieb Mephistopheles Merck, der Kriegszahlmeister von Darmstadt, an seine Frau: »Goethe ist schon der Freund des Hauses, er spielt mit den Kindern und begleitet das Cembalo von Madame mit dem Violoncell; Herr Brentano, obgleich reichlich eifersüchtig für einen Italiener, liebt ihn und will durchaus, daß er das Haus besucht.« Dann wurde die Karnevalszeit durchtobt. Im Februar äußert Goethe in einem Brief an Betty Jacobi: »Diese dritthalb Wochen her ist geschwärmt worden, und nun sind wir zufrieden und glücklich als man sein kann.« In diese Zeit fällt auch die Episode auf dem Eis, wo der Göttersohn im karmesinroten Pelz der Mutter durch die Brückenbogen gleitet, eine Szene, von der Bettina in ihrem Goethebuch berichtet und die damit endet, daß Frau Aja zu ihr sagt: »Damals war deine Mutter mit auf dem Eis, der wollte er gefallen.«

Diese Art Allotria und Freundschaftskult fand in den Augen des nüchternen, solchen jugendlichen »Tändeleien« fernstehenden Kaufmanns Brentano zunehmend weniger Beifall. Ende Februar oder Anfang März kam es vermutlich zu einer Auseinandersetzung mit seiner Frau, nach der Goethe das Haus nicht mehr besuchte. An die Mutter Sophie schrieb er: »Wenn Sie wüßten, was in mir vorgegangen ist, ehe ich das Haus mied, Sie würden mich nicht zurückzulocken denken, liebe Mama, ich habe in denen schröcklichen Augenblicken für alle Zukunft gelitten, ich bin ruhig, und die Ruhe laßt mir ...« Daraufhin folgten nur noch zufällige Begegnungen, sei es auf der Straße, in der Komödie oder bei der Feier einer goldenen Hochzeit. Mitte Juni heißt es in einem Brief: »Die liebe Max sehe ich selten, doch wenn sie mir begegnet, ist immer eine Erscheinung vom Himmel.«

Die Geburt des ersten Kindes, des Sohnes Georg, im März des folgenden Jahres gab dann wohl den Anlaß zu einer Aussöhnung. Am 21. März 1775 meldet Goethe nach Ehrenbreitstein: »Brentano hat mir Ihre täglichen Briefe an ihn gezeigt... Ich wünsche, daß die Freundschaft und das Zutrauen, das mir bisher der Mann bezeugt, ungeheuchelt sein möge, ich glaub's wenigstens, und so hoff ich, daß ich der Kleinen künftig keinen Verdruß mehr und vielleicht eine angenehme Stunde hie und da machen werde.« Im Sommer wurden sogar die musikalischen Unterhaltungen wieder aufgenommen. In einem Brief vom 1. August heißt es: »Gestern abend, liebe Mama, haben wir gefiedelt und gedudelt bei der guten Max.« Doch diese Stunden waren gezählt. Goethe verließ Frankfurt und wandte sich nach Weimar. Seine Beziehungen zu Maximiliane schliefen allmählich ein. Im Jahre 1793 nach der Mainzer Belagerung soll er sie noch ein letztes Mal in Frankfurt besucht haben.

Den Bruch mit ihrer Vergangenheit im elterlichen Haus hatte Maximiliane nun verwunden. Sie wuchs gewissermaßen mit Resignation oder gar Widerwillen, keinesfalls jedoch mit Begeisterung in ihre neue Rolle als Hausfrau und Mutter hinein. Wenn ihr Sohn Clemens in einem Brief an seine Schwester Kunigunde den Wunsch formuliert: »Du mögest einen reinlichen starken Mann bekommen, mit dem jedes Weib gern zu Bette gehen möchte, und dieser möge Dir recht viel Vergnügen und alle Jahre ein Kind verschaffen«, so dürfte er die Brentanosche Familienvorstellung von Frauenglück aussprechen. Seiner zarten Mutter war nichts anderes übriggeblieben, als in zwanzig Ehejahren zwölf Kindern das Leben zu geben und sich in diesen häufigen Schwangerschaften frühzeitig zu verbrauchen. Bettina erinnerte sich an ihre Mutter kaum, erwähnt nur ihre Schönheit, von der sie gehört haben mochte, und umschreibt ihre Vorstellung mit den Worten: »... sie war so fein und doch so erhaben und glich nicht den gewöhnlichen Gesichtern.«

Peter Anton Brentano, der Vater, war im Jahre 1762 Bürger der Freien Reichsstadt Frankfurt geworden. Schon sein Vater hatte an diesem für Kaufleute so attraktiven Ort eine Handelsgesellschaft mit Filialen in Mainz und Amsterdam etabliert, war dann aber im Alter, wie damals bei den italienischen Fernhändlern üblich, auf seine Güter am Comer See zurückgekehrt. Im Gegensatz zu seinen Vorfahren entschied der siebenundzwanzigjährige Pietro Antoni, sich für dauernd in Deutschland niederzulassen und in Frankfurt eine seinem Vermögen und seinem Ehrgeiz entsprechende Familie zu begründen. Das war kein einfaches Unterfangen. Es setzte nicht nur kaufmännische Tüchtigkeit voraus, sondern auch Anpassungsfähigkeit, um so mehr, da er bei einem großen Teil seiner Mitbürger kaum auf Sympathie rechnen konnte. Für das alteingesessene Frankfurter Patriziat war er ein »Reingeschmeckter«, dem man mit Mißtrauen begegnete, dazu ein Italiener, von denen es im allgemeinen hieß, daß sie nur das Geld aus der Stadt wegschleppten. Außerdem bestanden Schwierigkeiten für ihn als Katholik in einem erzprotestantischen Gemeinwesen, in dem nur Lutheraner in die leitenden Stellen gelangen konnten, ja wo selbst ein katholischer Maurergeselle nicht zur Meisterschaft zugelassen wurde. Die kritischen, oft lästernden Nachreden der Frau Rat Goethe zum Gehaben des Herrn Peter sind wohl vor allem aus dieser Einstellung der tonangebenden Schicht zu begreifen.

Der Kaufmann Brentano war zunächst nichts als wohlhabend. Im Jahre 1763 hatte er eine reiche Kusine, die Walpurga Brentano-Gnosso, geheiratet, die ihm in siebenjähriger Ehe sechs Kinder gebar und dann im Alter von siebenundzwanzig Jahren starb. Die zweite Ehe mit Maximiliane, der Tochter des kurtrierschen Kanzlers La Roche, vermittelte der Dechant von St. Leonhard, Dumeiz, der sich dadurch eine Stärkung der katholischen Minorität in der Stadt erhoffen mochte. Für Brentano erwies sich diese Heirat als vorteilhaft, weil sie seine Integration in die deutsche Bevölkerung wesentlich erleichterte und seine gesellschaftliche Respektabilität bedeutend erhöhte. Bald darauf verschaffte ihm sein neuer Schwiegervater den Titel eines Geheimen Rats und Residenten des Kurfürstentums Trier. Goethes Mutter schrieb dazu am 17. März 1777 an Bernhard Crespel: »Peter ist immer noch Peter, seine Standeserhöhung ist, auf der einen Seite betrachtet, von Mama La Roche ein guter Einfall gewesen, den da er sich erstaunlich viel drauf einbildet und es doch niemandt als seinen Schwiegereltern zu verdanken hat; so hat das einen großen Einfluß auf seine Frau. Auf der andern Ecke aber hat das Ding wieder seine verteuffelten Mucken. Sein Haus will er – weil die la Roche ihm in Kopf gehenckt hat, der Churfürst würde bey ihm einkehren – unterst zu oberst wenden, als Resident muß er einen Bedienten hinter sich her gehen haben. Das viele zu Fuße gehen, sagt er, schicke sich auch vor die Max nicht mehr. Nun denkt Euch bey dieser angenommenen Größe den Peter, der jetzt fürchterliche Ausgaben macht und sich zu einem vornehmen Mann wie der Esel zum Lautenschlagen schickt – – – So viel rathe ich Euch; ihn nicht anders als Herr Resident zu titulieren. Neulich war es beym Papa, der im Discours Herr Brentano sagte. Wissen Sie nicht, daß ich Churfürstlich Trierscher Resident bin? Ha ha ha, darnach könnt Ihr Euch also richten und vor Schimpf und Schaden hüten.«

Dieser etwas trockene, auf Würde bedachte Südländer war nicht nur Lieferant und Geldgeber des kurtrierschen Hofes, sondern auch ein überzeugter Anhänger des Ancien régime. Am wohlsten fühlte er sich am Hofe des Kurfürsten in Koblenz, dessen Leben von feudalabsolutistischem Geist unter französischem Einfluß und aristokratischer Rokokokultur durchdrungen war. In seinem Kampf um gesellschaftlichen Aufstieg setzte er bedenkenlos auf die etablierten Mächte von Thron und Altar. Das zeigte sich besonders deutlich in seinem Verhalten zur Französischen Revolution und bei Ausbruch des Revolutionskriegs. Seine engsten Freunde wurden die emigrierten Royalisten. Sie unterstützte er mit hohen Darlehen, die sie fünfundzwanzig Jahre später nach der Restauration der Bourbonenherrschaft zurückzahlten. Was er sich in seinen kühnsten Träumen gewünscht hatte, erfüllte sich nun. Viele vornehme Aristokraten, denen gegenüber ihm die hochnäsigen Frankfurter Patrizier wie Plebs erscheinen mochten, kamen in sein Haus. Selbst der Herzog von Artois, der Bruder des entmachteten und hingerichteten französischen Königs und spätere König Karl X., war sein Gast. An seine Schwägerin Möhn schrieb er über das revolutionäre Frankreich: »Ich wollte, wir hätten nie die Franzosen gekannt, sie sind nichts nuz, und es ärgert mich, daß nicht ganz Teutschlandt zu den Waffen greift, um die ganze race zu vertilgen und den Todt der Königin zu rächen. Morgen fängt die Belagerung von Landau an, das wird eine fürchterliche Canonade geben ...«

Als der österreichische General Anton Joseph von Brentano, ein weitläufiger Verwandter, Anfang Januar 1793 bei der Verteidigung Triers schwer verwundet wurde, brachte man ihn in das Brentanosche Haus nach Frankfurt. Bettina erzählt, daß man sie damals an sein Sterbebett holte. Die Beisetzung im Frankfurter

Bartholomäusstift wurde ein festlicher Aufzug mit großem militärischem Gepränge, das gewiß nicht wenig dazu beitrug, Peter Antons Selbstbewußtsein zu steigern und seinem Namen einen ganz unerwarteten Glanz zu verleihen. In seiner Gravität und in seinem Schweigen war er nun erst recht überzeugt: Ich bin der Mann.

»Mit seinen Kindern gab er sich wenig ab, sondern hielt sich nach der Sitte vornehmer Italiener in einer Ehrfurcht gebietenden Entfernung. Erschienen wir vor ihm, so küßten wir seine Hände, und war er dann freundlich, so küßte er unsre Stirn.« Das vermerkte sein Sohn Christian in seinen Aufzeichnungen.

Eine große Zahl Söhne und Töchter zu haben gehörte zum Lebensprogramm dieses unternehmenden Mannes. Ein starker Lebens- und Durchsetzungsdrang drückte sich in seinem Kinderreichtum aus. Er hat in drei Ehen zwanzig Kinder gezeugt und damit die Dynastie Brentano gesichert, aus der im Laufe mehrerer Generationen einzelne Persönlichkeiten mit beachtlichen Leistungen auf dem Gebiet der Kultur und Politik hervortraten. Während der allmählich verarmende Gutsbesitzer Adolf von Eichendorff, der Vater des Dichters, schrieb: »Ich habe Euch alle zu reichen Leuten machen wollen, derweilen hat uns Gott gestraft«, hinterließ der Kaufmann Peter Brentano ein riesiges Vermögen, aus dem jedes Kind 70 000 Gulden erbte. Goethe erhielt 1808 beim Tode seiner Mutter 22 000 Gulden aus dem elterlichen Besitz.

Am 4. April 1785 gebar Frau Maximiliane Brentano ein Töchterchen, das bei der Taufe die Namen Elisabeth Catharina Ludovica Magdalena erhielt. Sie war Maxes siebentes Kind, das dreizehnte ihres Vaters, Peter Anton. Als Bettina später, in einem Brief an den Bruder Clemens, ihre Kindheit zu erzählen versuchte, entwarf sie folgendes Bild: »Es war einmal ein Kind, das hatte viele Geschwister. Eine Lulu und eine Meline, die waren jünger, die andern waren alle viel älter. Das Kind hat alle Geschwister zusammengezählt, da waren's dreizehn, und der Peter vierzehn und die Therese und die Marie fünfzehn, sechzehn und dann noch mehr, die hat es aber nicht gekannt, denn sie waren schon tot; es waren gewiß zwanzig Geschwister, vielleicht waren es noch mehr.«

Ihre ersten Kinder hatte Maximiliane nach damaligem Brauch nicht im eigenen Heim, sondern in dem schönen Haus ihrer Eltern mit der freien Sicht auf den Rheinstrom in Ehrenbreitstein zur Welt gebracht. Aber seit der Kanzler La Roche bei einem politischen Kurswechsel im Kurfürstentum Trier seinen Abschied erhielt, mußte er auch das prächtige Haus mit den von Goethe gerühmten herrlichen Fensterblicken verlassen. Die La Roches lebten nun in wesentlich bescheideneren Verhältnissen in Speyer, und die Fahrt dorthin gestaltete sich weitaus beschwerlicher. So kam Bettina in einer engen Gasse der Frankfurter Altstadt zur Welt, in dem Haus der Brentanos, das den Namen der »Goldene Kopf« trug. Ihre Sehnsucht nach Natur und freier Landschaft nahm wohl schon hier in den düsteren Stadtstuben ihren Anfang.

Das Kind war klein und zart, hatte dunkle Augen und schwarzes Haar. Ihr Bruder Clemens nannte sie später in seinem Roman »Godwi«, die »Rabenschwarze«. Die Eltern konnten ihrer Aufgabe als Erzieher nicht ganz gerecht werden, die Familie war einfach zu groß; die Mutter mußte sich immer wieder zuerst um ein Neugeborenes kümmern. So wurde die kleine Bettine ein Wildfang und launisches Mädchen, und ihr, wie die anderen meinten, fehlte es an Erziehung. Sie selbst war überzeugt, daß es ihr vor allem an Liebe mangelte. Sie hat sich als Kind immer einsam und verlassen gefühlt. Um die Liebe der Erwachsenen zu gewinnen, nahm sie zur Koketterie Zuflucht. Ihre so oft getadelten närrischen Extravaganzen rührten von dieser Verlassenheit her.

Eine leidenschaftliche Liebe zum Vater hat ihr Empfindungsleben früh geweckt. Eine kleine Genreszene, die im Briefwechsel mit Clemens überliefert ist, mag dafür bezeichnend sein: »Der Vater hatte das Kind (Bettina) sehr lieb, vielleicht lieber als die andern Geschwister, seinem Schmeicheln konnte er nicht widerstehen. Wollte die Mutter etwas vom Vater verlangen, da schickte sie das Kind, und es solle bitten, daß der Vater ja sage, dann hat er nie es abgeschlagen. Nachmittags, wenn der Vater schlief, wo keiner Lärm wagte oder Störung zu machen, das Kind aber lief ins Zimmer, warf sich auf den schlummernden Vater und wälzte sich übermütig hin und her, wickelte sich zu ihm in den weiten Schlafrock und schlief ermüdet auf seiner Brust ein. Er lehnte es sanft beiseite und überließ ihm den Platz; er ward nicht müde der Geduld ...« In solchem Erlebnis fühlte das Kind sein Dasein herrlich gerechtfertigt. Dadurch waren alle anderen Familienmitglieder einschließlich der Mutter entthront. Immer stand das überlebensgroße Bild des Vaters mit seinem geheimnisvollen Prestige vor ihrer Seele, ein Idol, dem sie sich verehrend unterwarf, der seine Schatten auf alle Männer warf und an dessen Stelle sie in ihrer Jugendphase den Dichter Goethe setzen wird.

Ihr erster Spielgefährte war der zwanzigjährige kleine bucklige Peter, ein Halbbruder aus des Vaters erster Ehe, der zu keiner Arbeit taugte und im Hause herumspielte. An seiner Hand lernte die dreijährige Bettina die Stiegen erklettern und erlebte, wie er auf einem kleinen Turm des Hauses Tauben und Hühner fütterte. Am Weihnachtstag nahm er das Schwesterchen mit in die Kirche und versteckte es schalkhaft unter einem Muff. Ein andermal hatte er im winzigen Hausgärtchen heimlich etwas für sie gebaut. »Da ist ein kleiner Hügel aufgeworfen, da hebt er einen Stein auf, da springt auf einmal ein Wasserstrahl empor, ein kleines Weilchen, dann hört's wieder auf.« Eines Tages fiel der liebe Spielgesell die Treppe hinunter und starb an diesem Sturz. Als man ihr sagte, der Peter sei begraben, verstand das Kind noch nicht, was das sei. Das Sterben der ihr nachgeborenen kleinen Geschwister, der Caroline, Anna, Susanne, hat sie wohl gar nicht wahrgenommen. Erst der Tod der Mutter, fünf Jahre später, hat sich ihr wieder eingeprägt. Sie erinnerte sich und erzählt: »Der Vater kann's nicht ertragen, wohin er sich wendet, muß er die Hände ringen, alles scheuet seinen Schmerz. Die Geschwister fliehen vor ihm, wo er eintritt, das Kind bleibt, es hält ihn bei der Hand fest, und er läßt sich von ihm führen. Im dunklen Zimmer, von den Straßenlaternen ein wenig erhellt, wo er laut jammert vor dem Bilde der Mutter, da hängt es sich an seinen Hals und hält ihm die Hände vor den Mund, er soll nicht so laut, so jammervoll klagen ...«

Bettina war nun Halbwaise. Eine entscheidende Stütze des Fundaments ihres Lebenskreises war zerstört. Bald stand die Trennung vom Elternhaus bevor.

2.
Im Ursulinen-Kloster zu Fritzlar

Im Mai des Jahres 1794 verließ die neunjährige Bettina zusammen mit der vierzehnjährigen Gunda und der siebenjährigen Lulu das Haus in der Großen Sandgasse, um nach Fritzlar, einer kleinen turmreichen Stadt am Steilhang der Eder, 26 Kilometer südwestlich von Kassel, zu fahren. Der Vater hielt es für notwendig, die Mädchen, die nach dem Tode der Mutter ohne rechte Fürsorge und Anleitung waren, zu musterhafter Erziehung aus dem Haus zu geben. Da dieser Mann streng katholisch ausgerichtet war, hatte er sich – vielleicht auf Empfehlung seines geistlichen Beraters – entschlossen, sie in einem Klosterpensionat der Ursulinen zu Fritzlar unterzubringen, einer Ordensgründung, die sich zur speziellen Aufgabe gemacht hatte, den Töchtern der aristokratischen und großbürgerlichen Familien eine streng christliche Erziehung angedeihen zu lassen. Eine solche Anstalt mußte Peter Anton Brentano um so mehr zusagen, als seine Frau Maximiliane einem fast indifferenten Flügel des damaligen Katholizismus angehörte und zu seinem Bedauern den Kindern kaum mehr als eine konventionelle Aufklärungsreligion vermittelt hatte. Dieser in seinen Augen fehlerhaften Erziehung galt es entgegenzuwirken, zumal er für alle Irrungen seines Sorgenkindes Clemens vor allem den »Geist der Zeit«, die »neue Doktrin« und die »schlechten Prinzipien« der Aufklärung verantwortlich machte.

Die Kinder ahnten von dieser Problematik wohl kaum etwas. Die älteren Geschwister vermerkten nur, daß die Mädchen die Führung des Haushalts im Kloster erlernen sollten. Die drei kleinen Pensionsanwärter aber reisten wohl mit dem schmerzlichen Gefühl durchs Hessenland, das die meisten Kinder ergreift, die einer Erziehungsanstalt übergeben werden, dem Gefühl, von zu Hause abgeschoben zu sein.

Das Ursulinenkloster in Fritzlar war eine künstlerisch bescheidene Anlage. Sein baulicher Ursprung war ein Spital außerhalb der Mauern der Stadt gewesen, in dem Augustinerinnen einst in mittelalterlicher Zeit den Krankendienst versehen hatten. Daneben stand eine kleine Kirche. In den Wirren der Reformationszeit wurde das Kloster verlassen, die Gebäude verfielen. Anfang des 18. Jahrhunderts nahmen sich dann Ursulinennonnen aus Duderstadt und Metz der alten Baulichkeiten an, ließen den Erfordernissen gemäß einen schmucklosen Nutzbau errichten und die alte Katharinenkirche wieder aufbauen. Die Anlage ging, gemessen an den riesigen schloßartigen Klosterneubauten jener Zeit, über die Ansprüche eines nüchternen Kasernengebäudes nicht hinaus. Für die Bedürfnisse eines »Landerziehungsheims« für Töchter reicher Familien war sie indes weiträumig und vielgestaltig.

Das neue Leben im klösterlichen Internat sagte der kleinen Bettina in vieler Hinsicht zu. Im Mittelpunkt der Erziehung stand bei den damaligen Frauenorden Fénelons Studie über Mädchenerziehung, und die forderte Freude für das Kind und Raum für sein natürliches Wachstum. Es sollte keinen Zwang fühlen, möglichst nicht gestraft und keineswegs eingeschüchtert werden. Strenge Schulmeisterei war verpönt. Alles sollte dem Jugendlichen »angenehm« gemacht werden; und das waren für ein wie Bettina veranlagtes Kind durchaus angemessene Prinzipien. Sie hat sich ein Leben lang – allerdings unbewußt – zu dieser Fénelonschen Pädagogik bekannt.

Im Vordergrund stand natürlich die religiöse Erziehung. Die Mädchen sollten ja vor allem zu überzeugten und gehorsamen Katholiken erzogen werden. Das begann mit dem regelmäßigen Besuch der Messe, setzte sich mit der Lesung der Heiligenlegenden und speziellem Religionsunterricht fort und endete mit der Einführung in die Liturgie. Aber auch diese Unterrichtung erfolgte durch den Vortrag angenehmer Geschichten und phantasievoller Erzählungen. Selbst die »himmlischen Freuden« wurden »gleich einem Tanzboden« beschrieben. Doktrinäre Belehrung, Logik, langweilende Ernsthaftigkeit galten auch da als schädlich. Einfache und naive kindliche Kritik an den Erzählungen der Bibel war durchaus möglich, weil sie das Denken beschäftigt. Bettina berichtet von einem Schreibbuch, in das die Schülerinnen Betrachtungen über das ihnen vorgelesene Kapitel niederschreiben mußten. Sie zitiert aus ihrem Heft anscheinend zu dem Gleichnis über das königliche Gastmahl folgende Bemerkungen: »Ich bin recht froh, daß die armen Schlucker sind bei dem Herrn zu Tisch gewesen, aber warum konnte er doch so böse sein gegen die, welche lieber ein anderes Geschäft taten, als bei ihm zu Gaste essen, vielleicht weil sie sahen, daß er den zur Tür hinauswarf, der ihm nicht gefiel, wollten sie nichts mehr mit ihm zu schaffen haben! Ich hätte mich auch gefürchtet, bei einem so strengen Gastgeber zu essen.«

Im übrigen sollten die Mädchen korrekt lesen, schreiben und rechnen lernen und sich das aneignen, was zur Führung eines großen Haushalts erforderlich war. Auch Kunst und Schönheit hatten in dem Erziehungsplan ihren Platz. Bettina lernte bei den Ursulinen nicht nur kunstvolle Nadelarbeiten, sondern hat sich auch die Anfangsgründe des Gitarrenspiels, des Malens und Modellierens erworben. Viele ihrer Vorzüge wie viele ihrer Wunderlichkeiten lassen sich auf die Jahre in diesem Pensionat zurückführen.

Der erste Brief, den wir von dem Kinde Bettina kennen und den sie im Günderode-Briefwechsel mitteilte, stammt aus dem Kloster vom 4. April 1796, und er lautet: »Lieber Papa! Nix – die Link (da war eine Hand gezeichnet) durch den Jabot gewitscht auf dem Papa sein Herz, die Recht (wieder die Zeichnung einer Hand) um den Papa sein Hals. Wenn ich keine Händ hab, kann ich nit schreiben. Ihre liebe Tochter Bettine.« Die Witzelsucht der Brentano-Kinder kündigte sich bei ihr an.

Die Mädchen fühlten sich in keiner Weise beengt. Zum Kloster gehörten Gärten und kleine gartenähnliche gepflegte Äcker, in denen die Nonnen pflanzten und säten und Bettina mit der Gartenarbeit vertraut wurde. Auch Bienenzucht wurde betrieben. Wie nebenbei und scheinbar unabsichtlich die Belehrung erfolgte, zeigt der Bericht über die Mère cellatrice, die die »Bienenmutter« war. Sie ermahnte das Kind, vor allem die Furcht zu überwinden und mitten unter den schwärmenden Bienen ruhig zu sein, niemals zu zucken. Erziehung zur Furchtlosigkeit und Tapferkeit gehörte zum Erziehungsprogramm. Das unruhige, wenig disziplinierte Kind hat sich mit viel Selbstüberwindung auch diese Eigenschaft erworben. Wie sehr sie bald ihre Lehrmeisterinnen in der Tugend der Tapferkeit übertraf, beweist die Schilderung der Gewitternacht, die sie Jahrzehnte später in ihr Tagebuch zu »Goethes Briefwechsel mit einem Kinde« einstreute. Sie lautet: »Ich allein jenseits der Klausur, unter dem Baum in der schreckensvollen Nacht! Und jene alle, die Pflegerinnen meiner Kindheit, wie eine verzagte verschüchterte Herde zusammengerottet in dem innersten feuerfesten Gewölb ihres Tempels, Litaneien singend um Abwendung der Gefahr. Das kam mir so lustig vor unter meinem Laubdach, in dem der Wind raste und der Donner wie ein brüllender Löwe die Litanei samt dem Geläut verschlang; an diesem Ort hätte keins von jenen mit mir ausgehalten, das machte mich stark gegen das einzige Schreckenvolle, gegen die Angst, ich fühlte mich nicht verlassen in der allumfassenden Natur.« Diese Furchtlosigkeit wurde eine der bemerkenswertesten Eigenschaften ihrer Persönlichkeit, und sie hat sie später in schwierigen Lebenssituationen immer wieder in bewundernswerter Weise bewiesen.

Auch vom politischen Leben der Zeit waren die Kinder in ihrem klösterlichen Pensionat nicht völlig abgeschnitten. So schrieb der Bruder Clemens in einem Brief an Gundel im Juli 1794 über den Verlauf des Revolutionskriegs: »Die Franzosen stehen schon in Speyer und Oggersheim (1 Stunde von Mannheim), die Preußen sind völlig zurückgeschlagen, haben sich zwar sehr tapfer gewehrt, aber sind völlig zurückgeworfen. Hier ist alles in den größten Ängsten, alles greift zu den Waffen, wir werden die Franzosen bald sehen, und dann sei uns Gott gnädig.« Dann wieder tauchten im Kloster französische Emigranten auf. Gewiß erzählten sie auch von den »Märtyrertaten« der Ursulinen in Frankreich, die wegen ihres offenen Widerstandes gegen die Revolutionsregierung das Schafott besteigen mußten, Vorfälle, die zum wirksamsten Nachrichtenmaterial innerhalb der antirevolutionären Greuelpropaganda zählten. Bettina berichtet davon nichts, entweder weil sie davon zufällig nichts erfuhr oder weil es nicht in das Konzept ihrer Bücher paßte. Statt dessen schildert sie ausführlich, wie eine der Emigrantinnen, eine Gräfin d'Antelot, in Fritzlar zur Nonne geweiht wurde und sie bei dieser Zeremonie als Engel im Chorhemdchen, mit einem Kranz Rosen auf dem Kopf, die langen blonden Flechten »auf goldnem Opferteller zum Altar trug«. Und sie fährt fort: »... da fielen meine Tränen auf diese Haare, und da ich hin zum Altar trat, um sie dem Bischof zu überreichen, da schluchzte ich laut, und alles Volk weinte mit.« Das war Bettinas Mitwirkung an einer großen liturgischen Handlung. Wir wissen nicht, was sich das Kind dabei dachte, als sich die junge »Braut« auf die Erde legte, ein Leichentuch über sie gebreitet wurde und der Engel Blumen darauf streute, alle ein Requiem sangen und sie schließlich als Tote eingesegnet wurde. Vermutlich geschah es mit einer halb frommen Neugierde und einem kindlichen Schauder über das Erlebnis eines seltenen Schauspiels. Überhaupt sollte man nicht unterschätzen, wie solche Zeremonien im allgemeinen und die des Klosterlebens im besonderen geweckte Kinder zur Schauspielerei verführten. Bettina besaß schauspielerisches Talent, und wir gehen wohl kaum fehl, wenn wir diese Mitwirkung an einer Nonnenweihe als ihren ersten schauspielerischen Auftritt werten.

Inwieweit die Klosterschülerin Bettina zur Rebellion neigte, läßt sich nur schwer ermitteln. Nur eine Stelle deutet ähnliches an. In dem Briefwechsel mit dem Bruder Clemens schreibt sie als Kommentar zu dem Kirchenlied »Hier liegen wir im Staube vor dir, Gott Zebaoth«: »So mußten wir im Kloster singen, und nachdem ich's jedesmal mitgesungen hatte, besann ich mich eines Tags, was es denn wohl heißen möge; es schwante mir, als ob dem Gott der Menschheit ein Götze gegenüberstehe, der Zebaoth heiße, denn Gott und Mensch konnte ich nicht trennen und kann es noch nicht, und Staub lecken vor dem Zebaoth, das heißt mich eine innere Stimme bleiben lassen, wenn ich Frieden haben wolle mit dem rechten Gott, der in den mondverklärten Wolken abends sich ins Gespräch mit mir einließ über allerlei und mir recht gab, wo aberwitzige Menschen es besser wissen wollten.« Hier deutet sich zweifellos Opposition aus dem Geiste des Pantheismus an. Aber die Stelle ist fast fünfzig Jahre später formuliert, und es bleibt zweifelhaft, inwieweit ein zwölfjähriges Kind solche philosophischen Überlegungen anstellen kann. Freilich heißt es gleich anschließend: »Dies Klosterleben hat Knospen in mir angesetzt, Ahnungen, die zur Wahrheit müssen reifen.« Bettina führte also ihre Opposition gegen den Kirchenglauben bis auf ihre Klosterjahre zurück, und wir sprechen deshalb der jungen Bettina die »Ahnung« eines Widerspruchs zwischen kirchlicher Theologie und dem gefühlsmäßig empfundenen Weltbild einer naturmystischen Theosophie zu.

Im Gegensatz zu der älteren Schwester Gunda, die darauf drang, vorzeitig aus dem Kloster nach Hause geholt zu werden, hören wir von Bettina keine Klagen. Das mochte damit zusammenhängen, daß sie naturverbundener war als die etwas zimperliche, stark aufs Stadtleben fixierte Schwester. Zwar war auch Bettina ein Stadtkind, aber eines, das die Sehnsucht nach Sonnenlicht, Blumen und lebendem Getier, nach einer Landschaft im Grünen in sich trug, eine Sehnsucht, die im hessischen

Bergland und den hängenden Gärten von Fritzlar irgendwie eine erste Erfüllung fand. Heimweh nach dem Haus in der Frankfurter Sandgasse empfand sie kaum. Dort regierte inzwischen eine andere Frau. Der Vater war zumeist geschäftlich abwesend. Die älteren Geschwister gingen ihre eigenen Wege. Sie war das kleine Mädchen, eine Art heimatlose Mignon, die ein wenig Wärme suchte und diese im Klostergarten bei einer alten Nonne eher fand als in dem düsteren Frankfurter Kaufmannshaus mit den vielen Angestellten.

Da trat im März 1797 eine unerwartete Wendung ein. Der Vater starb in Frankfurt. Alle Verhältnisse mußten dort neu geordnet werden. An der klösterlichen Erziehung der jüngeren Geschwister hatte niemand mehr Interesse. Da sich die Großmutter im benachbarten Offenbach bereit erklärte, die Betreuung der Mädchen zu übernehmen, wurden sie in den nächsten Monaten nach Frankfurt zurückgerufen. Der Priorin gefiel diese Entscheidung gar nicht; sie sah den Effekt ihres Erziehungsprozesses gefährdet. Bettina erzählt, wie sie die drei Schwestern zu sich kommen ließ, neben Bettina und Lulu auch die nun neunjährige Meline, die sich ein wenig später zu ihnen gesellt hatte, und wie sie ihnen einschärfte, »ja nicht den katholischen Glauben zu verlassen, wenn wir zu unsrer Großmutter kommen, die eine lutherische Dame sei, sondern wir sollten alles dran wenden, sie zu bekehren«. Bettina fügt hinzu: »Sie sagte das mit so viel Herzenswärme, ich hätte ihr die Hand drauf geben wollen, aber ich wußte nicht, was katholisch sei.«

Das Leben hinter Klostermauern ging damit zu Ende. Die Großmutter wird zwar dafür sorgen, daß der Religionsunterricht von Fritzlar eine Episode bleibt. Aber vergessen hat Bettine das dort Erfahrene nicht. Noch nach Jahrzehnten tauchten Bilder aus der Erinnerung auf und veranlaßten sie immer wieder, über die drei Jahre ihrer Kindheit zu berichten, als sie im Kloster war, so im 3. Teil von »Goethes Briefwechsel mit einem Kinde«, dem sogenannten Tagebuch, in der »Günderode«, im »Frühlingskranz« und im Märchen ihrer Tochter Gisela »Das Leben der Hochgräfin Gritta von Rattenzuhausbeiuns«.

3.
Bei der Großmutter

Sophie La Roche, der zu Anfang der siebziger Jahre so viel Beifall als Schriftstellerin zuteil wurde, war nun alt. Sie schrieb zwar immer noch, spielte aber nur noch eine geringe Rolle im literarischen Leben. Es gelang ihr nicht mehr, Aufsehen zu erregen wie einst beim Erscheinen ihrer »Geschichte des Fräuleins von Sternheim«. Im Gegenteil, sie stand in dem Ruf, Repräsentantin einer längst veralteten Mode zu sein, vor allem in Weimar. Die Wohlwollenden sagten ihr nach, daß sie zwar eine schlechte Schriftstellerin sei, aber eine herzensgute Frau und eine rührend gute Mutter. Doch selbst dieses Lob war fragwürdig angesichts der Tatsache, daß sie ihre jüngere Tochter Lulu in die Ehe mit einem Säufer drängte, den Frau Rat Goethe ein »Ungeheuer« und Merck einen »Kaliban« nannte. Wer die Verhältnisse näher kannte, war empört. In der geistreichen Unterhaltung schwärmte diese Diplomaten- und Hofdame für »Gefühle«, im realen Leben aber war sie eine kühle Rechnerin.

Seit 1786 wohnte sie im Frankfurt benachbarten Offenbach, einem noch halb ländlichen Gemeinwesen, das sich damals zur Stadt zu entwickeln begann und von dessen Zauber selbst Goethe beeindruckt war. Man lebte dort »in der freiesten Luft, aber nicht eigentlich auf dem Lande«. Offenbach besaß ansehnliche Gebäude, aber auch Gärten und Terrassen mit Blumen- und Prunkbeeten, die eine freie Übersicht über den Main boten. Dort hatten die La Roches mit Hilfe ihres Schwiegersohns Brentano ein kleines Haus an der Domstraße gekauft. Die Architektur war sehr einfach: ein Erd- und Obergeschoß mit einem hohen Mansardendach, dahinter ein verwilderter Garten mit einer Pappelwand, deren hohe Wipfel im Abendwind rauschten und Zeugen der frühesten Spielstunden der kleinen Bettina waren. Sie wurden in dem Jahr abgesägt, ehe die Hausherrin starb, und die Schriftstellerin Bettine hat diesen Pappeln in ihrem Günderode-Buch eine fast hymnische Beschreibung gewidmet. Sie kleidete ihre Elegie auf die verstümmelten Bäume in einen Dialog, in dem die Großmutter sagt: »Das Rauschen im Abendwind war meine Freude, ich werd's nicht mehr wieder hören; ich hätt mir's lassen gefallen, wenn ich unter ihrem

Rauschen am letzten Abend wär eingeschlafen! Sie hätten mir diesen friedlichen Dienst geleistet, die lieben Freunde, die ich jeden Tag besuchte, die ich mit großer Freude hoch über mir sah; – du hast sie auch geliebt, es war dein liebster Aufenthalt – ich hab dich oft vom Fenster sehen in ihrem Wipfel abends steigen und glaubtest, es säh es niemand – nimm meinen Segen, liebes Kind, ich hab an dich gedacht, wie man sie trotz der schmerzlichen Verletzung meiner Gefühle verstümmelte.«

Die Jahre in Offenbach hatten mit Kummer und Enttäuschung begonnen. Sophies Gatte, der kurtriersche Exkanzler, war ein schwerkranker Mann und starb im November 1788. Auch die Verhältnisse bei der Tochter Lulu in Koblenz verschlechterten sich. Im folgenden Jahr erhielt ihr Mann, der kurtriersche Revisionsgerichtssekretär von Möhn, die Entlassung, die Scheidung wurde eingeleitet. Die Tochter kehrte zur Mutter zurück. Dann verlor sie 1791 den Sohn Fritz, ihr jüngstes und liebstes Kind, und zwei Jahre später ihre Tochter Max. Die politischen Umwälzungen in den Rheinlanden im Gefolge der Französischen Revolution ließen die finanziellen Zuwendungen aus Trier versiegen. Zwar schriftstellerte sie, aber die Honorare flossen karg, und sie geriet zunehmend in Abhängigkeit von ihrem Schwiegersohn Brentano. Obwohl sie noch immer Besuche empfing, deutsche Schriftsteller, englische Reisende, französische Emigranten, fühlte sie: die gesellschaftlich so bewegten Tage von Ehrenbreitstein waren endgültig vorüber. Resignation erfaßte sie, und als dann im Juli 1797 die Enkelkinder als Pensionärinnen bei ihr einzogen, da hallte wohl helles Mädchenlachen durch das Haus, aber ein Ersatz für das, dem sie nachtrauerte, konnte diese Kinderfröhlichkeit nicht sein. Zwischen Großmutter und Enkeln stand ungewollt die Barriere der Zeit, das unterschiedliche Generationserlebnis.

Weil in der »Grillenhütte«, wie Sophie La Roche ihr Offenbacher Altersdomizil nannte, fast ausschließlich ältere Menschen verkehrten mit anderer Mode, anderen Allüren, anderen Lebensgewohnheiten, muß den jungen Menschen der Kontrast zur Gegenwart besonders fühlbar geworden sein. Die meisten der Besucher erschienen den Mädchen komisch, wie närrische Erscheinungen von gestern und vorvorgestern, die für sie Anlaß zur Belustigung wurden. »Meinungen von geistreichen Männern zu hören, was der Großmama ihre Passion ist, das scheint

Bettina, Selbstporträt

Ludwig Achim von Arnim, 1804

Clemens Brentano, 1837

Karoline von Günderode

mir leeres Stroh, liebe Großmama –« Den Mediziner Ebel nannte Bettine einen »naturforschenden Mistfinken«, »aber die Großmama geht ganz darüber hinweg, daß er immer ein schmutziges Hemd anhat und schwarze Nägel, und tat folgenden merkwürdigen Ausspruch: ›Mein Kind! – Die Reinlichkeit ist zwar die edelste Tugend und ist verschwistert mit der sittlichen Reinheit. Selbst ein lasterhafter Mensch erhebt sich aus seinem Sündenpfuhl, wenn er sich wäscht und ein reines Hemd anlegt, die Würde des Menschen fühlt sich dadurch neu belebt.‹« Dieser Naturforscher bekreuzigte sich immer vor dem Enfant terrible. »Jede Idee, die ich ausspreche, deucht ihm ein Pistolenschuß, das Geringste, was ich sage, hält er für eine Erbse, die ich ihm mit einem Blaserohr in die Perücke ziele; es kommt ihm vor, als erschüttre ich das Weltall mit meinen Behauptungen.«

Bei aller Achtung, die Bettina ihrer Großmutter entgegenbrachte, tanzte sie ihr keck auf der Nase herum. Die Schriftstellerin, in der man die Erzieherin von Deutschlands Töchtern sah, wurde nun von einer ihrer kleinen vorwitzigen Enkeltöchter belehrt: »Auch darüber kann ich mich trösten, wenn meine Gedanken nicht mit der Klugheit der Menschen übereinstimmen; diese Klugheit verträgt sich nicht mit meiner hüpfenden und springenden Natur, die in allem sich selber verstehen will und wie ein Speer sich der Klugheit entgegenwirft.« Mehr als einmal wird die verwunderte Frage gestellt worden sein: »Aber Kind, wie sieht es aus in dir?« – »Wie es aussieht in mir, liebe Großmama? Nicht wie hier in Offenbach ...«

Als ihr nahegelegt wurde, doch Latein zu erlernen, da schrieb sie an ihren Bruder Clemens: »Auch nicht Latein kann ich ein Jahr oder ein halb Jahr der Großmama zu Gefallen lernen; denn mir kann ich's nicht zuleid tun. Ich hab ja nicht eine Vernunft, der ich folge, ich bin ja ein elektrischer Funke, und ins Latein kann ich nicht hineinfahren, es stößt ab, sagst Du selbst.« Ein englischer Reisender, der verdienstvolle Propagandist deutscher Literatur und Philosophie Henry Crabb Robinson, der im Jahre 1801 bei Sophie La Roche seine Aufwartung machte, entwarf in seinen Aufzeichnungen folgendes gar nicht schmeichelhafte Porträt von dem Mädchen Bettina: »Als ich das erstemal nach Frankfurt kam, war sie ein kurzes untersetztes wildes Mädchen, die jüngste (?) und am wenigsten angenehme Enkelin der Frau von La Roche. Sie wurde stets als ein grillenhaftes unbehandelbares Geschöpf angesehen. Ich erinnere mich, daß sie auf Apfelbäumen herumkletterte und eine gewaltige Schwätzerin war; desgleichen auch, daß sie in überschwenglichen Ausdrücken ihre Bewunderung der Mignon in ›Wilhelm Meister‹ aussprach. Indem sie ihre Hände gegen ihre Brust drückte, sagte sie: So liege ich immer zu Bett, um Mignon nachzuahmen.«

Die Eingliederung dieses Mädchens in eine verbindliche Tradition war nicht gelungen. Kein Dogma, kein Bekenntnis, keine Lehre überzeugte sie. »Alles, was man lernen muß, hüllt den Verstand in eine Nebelkappe, daß die Wahrheit uns nicht einleuchte. Alles, was wir zu tun bewogen sind, ist Eselei.« Sie bewahrte weder die Kontinuität lebendiger katholischer noch die protestantischer Erziehung. Daher das Sich-Hinwegsetzen über hergebrachte Formen und Denkinhalte, das Hochgefühl des schrankenlos sich entwickelnden Subjekts, das nur dem folgen will, was es in sich selbst findet und für gut erachtet.

Was man in Fritzlar das Mädchen gelehrt, fand in Offenbach keine Unterstützung. Sophie La Roche stand allen Glaubensfragen und Dogmen gleichgültig gegenüber. Als protestantische Frau eines hohen Beamten in der Hierarchie eines geistlichen Fürsten und Erzbischofs hatte es für sie nie ein Entweder-Oder gegeben; sie war all diesen Entscheidungen ausgewichen, hatte nie Stellung bezogen. Nach ihrer Konfession befragt, pflegte sie zu sagen: »Ich bin meines Mannes Frau, ein anderes Religionsbekenntnis brauche ich nicht zu geben.« Die traditionelle katholische Kirchenfrömmigkeit ihres Schwiegersohnes Brentano war ihr unsympathisch. Die halbwüchsige Bettina spürte, daß auf diesem Gebiet Spannungen in der Luft lagen. Aber die Großmutter vermied es klugerweise, im Gespräch mit der Enkelin dem strengen Katholizismus protestantische Dogmen entgegenzusetzen. Vielmehr richtete sie die Autorität des Großvaters auf, der nominell ein Katholik und zugleich ein Vorkämpfer der Aufklärung gewesen war.

Georg Michael von La Roche, der sich während seiner Amtszeit aus Prestigegründen hatte adeln lassen, war kein Theologe, sondern ein Verwaltungsbeamter. Er gehörte zu jenen rheinländischen Bürokraten, die ähnlich wie in Österreich unter Joseph II. einige Ideen der Aufklärung verwirklichen wollten und die Kirche dem rationalistischen Zeitgeist anzugleichen versuchten. Die Kirche sollte nicht unterdrückt, aber alte Bräuche und Mißbräuche beseitigt werden. So waren wohl auch seine »Briefe über das Mönchswesen« gemeint, die sich nicht gegen die Ordensarbeit der Krankenpfleger richteten, sondern vor allem gegen den mittelalterlichen Wunder- und Aberglauben, den insbesondere die Bettelmönche fanatisch vertraten und den sie den Volksmassen überall predigten. Von den Querelen und Richtungskämpfen innerhalb des politischen Katholizismus, die den Kanzler La Roche schließlich zu Fall brachten, verstand die Enkelin Bettina nichts. Indessen leuchtete ihr ein, daß der Großvater gegen den Mißbrauch der vielen Feiertage und gegen die Verehrung der Heiligen war und im Grunde eine »verbesserte Religion« wollte. Sie pflichtete ihm bei, wenn sie hörte, daß es besser sei, »statt so viel Heiligengeschichten und Wundertaten und Reliquien alle Großtaten der Menschen zu verehren, ihre edlen Zwecke, ihre Opfer, ihre Irrungen auf der Kanzel begreiflich zu machen, sie nicht in falschem, sondern im wahren Sinn auszulegen, kurz, die Geschichte und die Bedürfnisse der Menschheit als einen Gegenstand dem Volk deutlich zu machen«. Sie sprach nun vom herkömmlichen katholischen Gottesdienst, wie sie ihn in Fritzlar kennengelernt hatte, als vom Ableiern »sinnloser Gebetsverslein«, von einem »mattherzigen, zeitversündigenden Wesen«, von »sinnlosen Übungen«, die, statt den Verstand zu wecken, den Menschen zum Idioten herabwürdigen. Bettina hat in ihrem späteren Leben noch manchesmal über Religion nachgedacht, sie hat sich sogar vorgenommen, gemeinsam mit ihrer Freundin Günderode eine sogenannte »Schwebereligion« zu begründen, aber an ihrer damals gefaßten Meinung über den herkömmlichen Kirchenkatholizismus hat sich nicht mehr viel geändert. Im Gegensatz zu ihrem Bruder Clemens war sie vor der Rückkehr in den Schoß der alleinseligmachenden Kirche gefeit, und das hatten zweifellos die Gespräche der Großmutter über das Leben des Großvaters mit bewirkt.

Die Konventionen, in denen Bettina heranwuchs, waren erschüttert, vor allem durch die Französische Revolution und den beschleunigten Verfall der Feudalordnung in Deutschland. Durch die Besetzung der linksrheinischen Gebiete reichte das Territorium der französischen Republik bis vor die Tore Frankfurts. Verwirrend mußten auf das junge Mädchen die Debatten des Emigrantenklüngels wirken, der im Hause der Großmutter verkehrte. In den Augen der emigrierten Royalisten spiegelte sich die französische Geschichte seit dem Jahr 1789 wie ein schlechter Hintertreppenroman: Ein Verräter, der Schweizer Hugenotte Necker, hatte Frankreich in den Abgrund gestoßen; ein anderer Verräter, Philipp von Orléans, spann Intrigen gegen die Königin, und der allzu gutmütige König ruinierte durch seine Nachgiebigkeit sich und die Seinen. Indes der unvermeidbare Sieg der europäischen Monarchen würde die alte Adelsmonarchie wieder herstellen. Freilich waren die Emigranten von 1800 nicht mehr die von 1790. Die klügeren Köpfe unter ihnen hielten sich längst für einen Kompromiß bereit und plädierten für eine konstitutionelle Monarchie, wie sie in der ersten Phase der Revolution unter der Leitung Mirabeaus gebildet worden war. Auch die Großmutter hatte sich zu jenen kompromißbereiten Anschauungen durchgerungen, und so erklärt sich ihr später Kult, den sie mit dem Grafen Mirabeau, dem wortgewaltigen Präsidenten der Nationalversammlung, trieb. Es klingt durchaus glaubhaft, wenn Bettine an den Bruder Clemens schreibt: »Abends, wenn alles fort ist, spricht die Großmama mit mir, Mirabeau sei ein Komet, der alles entzündet, was sich ihm nähert. Das Große in ihm verstehen lernen adle die Seele, sie macht Auszüge aus seinen Briefen, sie gibt mir eine Nadel, damit soll ich ins Heft stechen, welchen Satz ich treffe, den soll ich als Gedenkspruch bewahren, sie hatte diese Sätze selbst alle gesammelt ...« Nur muß sich der Leser von heute darüber im klaren sein, daß diese Begeisterung für Mirabeau bereits um 1800 verblaßt war. Diese Schwärmerei, öffentlich in Paris geäußert, hätte im Jahre 1794 mit ziemlicher Sicherheit zur Guillotine geführt, und noch im Jahre 1800 wäre man dafür aus der Hauptstadt verbannt worden. Soweit die Französische Revolution als Zeitgeschehen das Bewußtsein der sechzehnjährigen Bettina erreichte, begriff sie es als Geist der Rebellion und als Drang nach Freiheit, vor allem aber als Tat einer genialen Persönlichkeit, die eine Anzahl nötiger Reformen durchführte.

Das Parteiergreifen für große Ideale und Interessenkomplexe, wozu die Ereignisse im revolutionären Frankreich angeregt hatten, fand in Offenbach, im Umkreis der jungen Bettina, noch kein Echo. Dort sah man die Welt vor allem als einen Strudel von Leidenschaften und Zufällen und ließ sich vom überzeugenden Auftreten, von der Willensstärke der Akteure beeindrucken. Das zeigt sich deutlich auch in Bettinas Verhalten zu der Emigrantin Madame de Gachet, die man damals für eine Prinzessin aus der Vendée hielt und die im November 1801 in Offenbach auftauchte. Daß sie aus royalistischem Geist »in der Terroristenzeit durch ihre Kühnheit Unendliches gewirkt hat, und namentlich in der Vendée«, macht sie fast bewunderungswürdig. Bruder Clemens nannte sie »reizend wie Pompadour und herrschend wie Catharina und begeistert wie Jeanne d'Arc«. Bettina meinte: »Solche Naturen wie die Gachet sind keiner Kritik unterworfen, denn sie sind weit erhaben über die Gedanken, die wie ein ungeweihter Rauch aufsteigen aus Vorurteilen ...« Dann wieder kam sie ihr vor wie ein Seeräuber oder wie ein Kriegsheld. Daß sie sich von ihr distanzierte, hing nicht mit politischen Bedenken zusammen, sondern mit Bettinas Unabhängigkeitsbestreben, das sich niemandem unterwerfen wollte. »Welches Menschenschicksal auch über mich komme, das ist mir so jetzt ganz nicht von Gewicht, aber mich durchreißen, ich selber zu bleiben, das sei meines Lebens Gewinn, und sonst gar nichts will ich von allen irdischen Glücksgütern.« Deshalb verzichtete sie, mit dieser Amazone nach Spanien zu ziehen. »Und also, ich bleib hier, und sie reitet nach Spanien, am rauschenden Strom hin zwischen Felsen durch, der Schweiß rinnt ihr vom Gesicht. Was schadet's? – Immer hoch, immer frei, immer stolz; und ich hier in der Mansarde zähle die Dachziegel da drüben und betrachte dem Sperling sein Nest unterm Dach, die dort sieht die Adler über sich wegschweben und kämpft mit dem Lämmergeier, der die einsame Herde beraubt, und ich laufe mit der Gießkanne und begieße die Bohnen.«

4.
Frühe Freundschaften

Was Bettina jetzt am nötigsten brauchte, war eine Erweiterung des Gesichtskreises. Sie hatte in sich das Gefühl einer Hochgestimmtheit, die Kraft zur Rebellion, die Ahnung einer Lebensfülle, die sie »Natur« nannte. Aber diese Tendenzen waren gehemmt durch den gesellschaftlichen Kreis, in den sie sich in der »Grillenhütte« zu Offenbach einbezogen sah. Von moderner

Poesie wußte sie so gut wie nichts. Sie selbst bekennt im »Tagebuch«: »... ich war im Kloster erzogen und hatte noch nicht Poesie verstehen lernen...« Die Offenbacher Verhältnisse führten ebenfalls zu keiner entscheidenden Wandlung.

Ihre Schwester Gunda schrieb im Jahre 1801: »Siehe, ein Mädchen wie ich darf nicht sagen: bei Schlegel und Goethe. Denn das ist gegen die Ehrbarkeit, die sich für unsereins schickt. Wollen wir auch einmal von gelesenen Büchern etwas anbringen, so fragen wir ganz modest: Kennen Sie die moralischen Erzählungen von Frau von La Roche oder dieses und jenes Buch von dem beliebten Lafontaine?« Diese Situationsschilderung gilt analog auch für die fünf Jahre jüngere Bettina. Ein Wandel trat da erst ein, als sie mit dem Bruder Clemens in nähere Berührung kam.

Die Geschwister Clemens und Bettina kannten sich zunächst überhaupt nicht; denn der Bruder war zusammen mit seiner Schwester Sophie im Alter von sechs Jahren aus dem Haus gegeben worden, zuerst zu Tante Möhn nach Koblenz, dann in Internate. Im Oktober 1797, als er in den Semesterferien aus Halle nach Frankfurt kam, schenkte er seiner kleinen zwölfjährigen Schwester Bettina zum erstenmal Aufmerksamkeit. Damals fühlte er sich der ihm im Alter nahestehenden Schwester Sophie besonders verbunden. Erst nach deren Tod im September 1800 begann der engere Kontakt mit Bettina. Im Januar 1801 berichtete er seinem Freunde Savigny über das in Frankfurt verlebte Weihnachtsfest: »Eine, die mich liebt und mir allein im Leben ein erwidertes Begehren unter den Menschen finden läßt, bescherte mir eine Brieftasche, worauf sie einen Eichbaum gestickt hatte, an den sich ein Schild mit ihrem Namen lehnt; um die Eiche stehn die Worte: qui s'appuie à un bon arbre, a bonne ombre.« Die Verfertigerin des Geschenks war niemand anderes als Bettina. Mit diesem Weihnachtsfest begann die Geschwisterfreundschaft mit Clemens. Dieser schrieb kurz darauf aus Marburg an Gunda: »Willst Du meine Briefe an Bettinen treu und redlich besorgen, und die ihrigen an mich?... Die Hauptsache bleibt immer, daß weder die Brüder noch Offenbach es weiß.«

Der Briefwechsel, der da verschwörerhaft zwischen der 16jährigen Schwester und dem 23jährigen Bruder geplant wurde, entwickelte sich also in einer Sphäre der Vertraulichkeit, von der die Erzieher Bettinas nichts wissen durften. Diese Vorsichtsmaßregel hatte zwei Gründe: Einmal war der moralische Ruf von Clemens in der Familie nicht gut. Zumindest galt er als Leichtsinn und Wirrkopf. Er befürchtete anscheinend, die Großmutter La Roche, die Tante Möhn und die älteren Brüder, die die Erziehungsaufsicht über das Mädchen wahrnahmen, könnten die Korrespondenz unterbinden, weil sie darin irgendwelche Gefahren witterten. Zum anderen war der Poet und »Psychologe« in ihm nur an einem Briefwechsel interessiert, der im Zeichen letzter sorgloser Aufgeschlossenheit stand, der sich auch vor der Mitteilung des Intimsten nicht scheute. Die Zeiten der Empfindsamkeit, wo man Herzensgeheimnisse indiskret vor aller Welt auskramte, waren vorüber. Clemens Brentano suchte den echten Brief, der, aus der Wahrhaftigkeit geboren, die ganze menschliche Existenz des Schreibers offenbarte.

Zu diesem Zeitpunkt hatte Clemens bereits eine höchst krisenhafte Entwicklung hinter sich. Er war ein schlechter Schüler gewesen. Im kaufmännischen Beruf, zu dem ihn der Vater bestimmte, war er gescheitert. Er hatte danach angefangen, Kameralwissenschaft, also Ökonomie und Verwaltungslehre für die Bedürfnisse des Kleinstaatabsolutismus, zu studieren und war dann zur Medizin übergewechselt. Der letzte Stand der Dinge aber war, daß er dem Bruder Franz, seinem Vormund, erklärte, es sei platterdings unmöglich, Arzt zu werden, »wenn man nicht ein Scharfrichter oder ein Scharlatan werden will«.

In Jena, dessen Universität er im Juni 1789 bezog, verkehrte er im Salon der Karoline Schlegel und im »Romantiker-Haus« am Löbdergraben, wo August Wilhelm und Friedrich Schlegel residierten. Dort entschied sich, daß der derzeitige Student der Medizin ein Dichter werden wollte. Mit Elan stürzte er sich in den Kampf für die Apostel der neuesten ästhetischen Lehren, indem er gegen ein inferiores antiromantisches Machwerk, die Literatursatire »Der hyperboreische Esel« von Kotzebue, die scharfe Parodie »Gustav Wasa« schrieb. Als er Bettina nähertrat, war der erste Band seines Romans »Godwi oder das steinerne Bild der Mutter« soeben erschienen, ein Buch, worin – nach einer Bemerkung Chamissos – etwas steckt. Einen literarischen Ruf hatte er noch nicht. Bei Zusendung des »Gustav Wasa« war es der Großmutter kalt über den Rücken gelaufen, und sie schrieb an ihre Enkelin Sophie: »Clemens soll immer auf den Knien das Andenken seines Vaters segnen, der so zuverlässig für das Vermögen sorgte; denn ich fühle, daß er nicht den Weg einschlägt, solches zu erwerben.« Mit dieser Prophezeiung sollte sie nur zu sehr recht behalten.

Die erste bedeutsame Anregung, die Clemens seiner Schwester vermittelte und die weit in die Zukunft hinein Folgen haben sollte, war die Lektüre von Goethes Roman »Wilhelm Meisters Lehrjahre«. Am 8. September 1801 berichtete er an Savigny, daß Bettina in Offenbach, neben ihm sitzend, den »Wilhelm Meister« mit Ruhe und inniger Freude gelesen hat. Natürlich war es angesichts ihrer literarischen Vorbildung nicht zu erwarten, daß sich ihr bei dieser Lektüre die Goethesche Dichtung sofort erschließen würde. Sie selbst schreibt wahrheitsgemäß: »Mein erstes Lesen Deiner Bücher! Ich verstand sie nicht.« Und Clemens bestätigt: »Meister überhaupt ist ihr weder interessant noch das Gegenteil.« Aber sie fand – vielleicht durch den Bruder suggeriert – eine Identifikationsfigur, und das war Mignon. Es wurde schon erwähnt, daß sie diese Figur auch im täglichen Leben nachahmte. Wo lagen die Berührungspunkte und Gleichnisse? Eine Außenseiterin in der Boheme einer wandernden Komödiantentruppe wie das Seiltänzerkind war Bettina gewiß nicht. Aber als ein elternloses, vereinsamtes Kind, um das sich wie um Mignon niemand liebevoll kümmerte, fühlte sie sich durchaus. Von ihrem Verhältnis zur Musik sagte Bettina: »... ich fühlte mich in ihr, wie der Fisch sich im Wasser fühlt.« Sie lebte in Musik. Nur das Musikstudium befriedigte sie in Offenbach. Und wie in dem unbürgerlichen, seltsamen Naturgeschöpf Mignon war ihr Inneres von rätselhafter Sehnsucht erfüllt, dem immer wieder drängenden Wunsch nach Liebe, Aussprache, Heimat, und das unaufgeklärte Geheimnis bewegte sie, woher wohl alle diese Emotionen und Affekte in ihr Bewußtsein traten.

Zweifellos hat diese Lektüre, auch wenn sie vieles nicht verstand, stark zur Stützung ihres Selbstbewußtseins beigetragen. Die Sechzehnjährige wurde ja im Kreis ihrer Verwandten noch nicht für voll genommen, galt als undiszipliniert, leichtsinnig und überspannt. Von Pflichten wollte sie nichts hören. »Sehe ich mich um nach meiner Pflicht, so freut mich's recht sehr, daß sie sich aus dem Staub macht vor mir, denn erwischte ich sie, ich würde ihr den Hals herumdrehen.« Überall stieß sie mit ihrem Verhalten an. Nun erfuhr sie, daß ein großer Dichter eine Gestalt wie sie für poetisch darstellungswürdig gefunden hatte.

Denn daß Goethe ein großer Dichter sei, predigte Clemens bei jeder Gelegenheit. An Gunda schrieb er: »In Marburg oder Frankfurt sollst Du alles, was Goethe schrieb, und auch nicht eine Zeile nicht lesen, ja anbeten und studieren. Wenn du ihn ganz verstehst, so bist Du ruhig und glücklich; denn er ist der größte Mensch, der lebte, und seine Werke sind die schönste Welt, und wer in ihnen wohnt, der ist der glücklichste Mensch.« Bettina gab er nun den 7. Band der Neuen Schriften, die Gedichte, die er als »Antidotum (Gegenmittel) der Empfindsamkeit« empfahl. Die Hochmusikalische wurde weniger vom Inhalt der Dichtung als von dem ihr neuen Rhythmus und Klang der Sprache angezogen, und bald berichtete sie von dem Mädchen Veilchen aus dem Frankfurter Judengetto: »... da las ich ihr also vor aus den Büchern, die ich von Dir hatte, manches schöne Lied von Goethe hat sie auswendig gelernt während dem Sticken ...« Dann half Bettina dem Bruder bei der Inhaltsangabe des Dramas »Eugenie« (»Die natürliche Tochter«). So wuchs sie immer weiter in die Goethesche Welt hinein. Im Mai 1807 schrieb Frau Rat Goethe an ihre Schwiegertochter Christiane, daß sich die kleine Brentano besonders für »Egmont« begeistert. »Dagegen sind alle Trauerspiele, die je geschrieben worden, nichts, gar nichts.«

Mit solcher Erhebung Goethes ins Grenzenlose stand Bettina nicht allein. Sie stimmte mit jener Gruppe frühromantischer Dichter und Kritiker überein, aus deren Kreis ihr Bruder Clemens kam. Von dorther rührten auch die vielen romantischen Schlagworte, die nun ihre Reden und Briefe wesentlich mitbestimmten. Sie lernte nicht nur, sich besser auszudrücken, sondern auch jene Kunst, »dem Gemeinen einen hohen Sinn, dem Gewöhnlichen ein geheimnisvolles Ansehen, dem Bekannten die Würde des Unbekannten, dem Endlichen einen unendlichen Schein zu geben«, wie es Novalis formuliert hatte. Sie eignete sich in einem schöpferischen Prozeß jenen Stil an, der sie für die Geistesrichtung der Romantik bedeutsam macht.

Zugleich nahm sie das Losungswort »Philister« in ihr Vokabular auf, mit dem die Jenaer Romantiker eine Barriere zwischen ihrem Künstlerindividualismus und dem Rest der banausischen Welt aufrichteten. Auch Bettina belegte nun alles mit dem Verdikt »philisterhaft«, was ihrer freien, ungewöhnlichen Lebensgestaltung entgegenstand, ganz gleich, ob das feudalistischer oder bürgerlicher Herkunft war. Ihr eine Erziehungslehre als Lektüre zuzumuten, rechnete sie ebenso zu den »Philistertorturen«, wie sich als »freie Seele« im »Gesumse von geputzten Leuten« einer Ballgesellschaft bewegen zu müssen. Selbst die bürgerlichen Eßgewohnheiten verfielen ihrem Verdikt. Am liebsten hätte sie von der Luft, rohen Möhren und Zwiebeln gelebt »und die alten Küchenzettel und Bratspieße und Backgeschichten« dem Teufel in die Garküche geschmissen, damit er den Hals darüber bricht. Vom Jenaer Ästhetizismus war das alles weit entfernt. Was Bettina suchte, war eine Totalerneuerung des Menschen, ähnelte dem, was man einhundert Jahre später »Lebensreform« nennen würde. Sie fühlte sich berufen, in das Geschehen der Welt einzugreifen. »Schon jetzt nehmen mir die Regierungsgedanken den Schlaf, von allen Seiten, wo ich die Welt ansehe, möchte ich sie umdrehen.« Unversöhnlich stand sie der ihrer Meinung nach sinnlosen Traditionstreue wie dem sinnlosen Hang zur »Moderne« gegenüber und steigerte sich in die Ausgelassenheit hinein: »Könnt ich nur immer von der Himmelsleiter des Übermuts herab unter die Philister speien.« Ihre Gefährten sah sie nicht vor allem in der romantischen Künstlerboheme, sondern in jenem »Kreis der Allgemeinheit, wo sich fassen möchten: Kinder, Helden, Greise, Frühlingsgestalten, Liebende, Geister.«

Die herzlichen Kontakte waren wesentlicher als irgendeine soziale Position. Aus dieser Einstellung, diesem Blick in das einfache Leben des Volkes erwuchsen auch ihre damaligen Beziehungen zur jüdischen Goldstickerin Veilchen. Noch waren die Juden in Deutschland eine unterdrückte, verachtete Minderheit, von der sich jeder auf die geheiligte Standesordnung vereidigte Christenmensch distanzierte. Da konnte Bettinas Einfall, vor dem jüdischen Hause die Straße zu kehren, nur Kopfschütteln hervorrufen. Ihre Tante Möhn zankte: »Du hast gar kein Schamgefühl, gar keine menschliche Scheu ... Verstecke dich vor der Welt, damit man an deiner Stirn nicht die entehrenden Zeichen deiner Frechheit sieht.« Selbst der Bruder nannte diese Freundschaft töricht. In der unterschiedlichen Einstellung zum deutschen Judentum kündigte sich bereits die so gegensätzliche gesellschaftliche Entwicklung der beiden Geschwister an.

Das lag jedoch in der Zukunft. Im Augenblick hatte der Bruder aus seinem eignen poetischen Zentrum heraus den Horizont der Schwester entscheidend erweitert und bestimmte Seiten ihres Innenlebens, die damals ihren Zauber ausmachten, mit entwickelt oder doch beeinflußt. Aber so leidenschaftlich die jugendliche Bettina die Richtung auf schrankenlose Autonomie des Individuums und Ausbildung der schöpferischen Phantasie bejahte, sie hatte es nicht leicht auf diesem Wege. Zu oft wurde sie von ihren Verwandten wegen ihrer Eigenwilligkeiten und »Narreteien« getadelt. Am 10. Februar 1802 schrieb ihr Bruder Franz, das Oberhaupt der Familie seit des Vaters Tod und der Vormund der jüngeren Geschwister: »Bettine kann gut werden, wenn sie einfach und natürlich bleibt und nicht eigene Länder entdecken will, wo keine weibliche Glückseligkeit zu entdecken ist... sobald's sein kann, nimmt sie Toni zu sich und teilt ihre Zeit in Besorgung des Hauswesens und weibliche Arbeit, dieses ist einziger Balsam für Bettine.«

Im Herbst war es soweit. Bettina verließ Offenbach und kehrte nach Frankfurt in den »Goldenen Kopf« zurück. Sie bewohnte dort ein Zimmer zusammen mit ihrer älteren Schwester Gunda. Schon Ende Juli hatte Clemens in Anbetracht dieses Umweltwechsels geschrieben: »... sie sieht einer ewigen Sklaverei unter diesen schlechten Menschen entgegen.« »Schlecht« im Sinne gängiger Moral waren diese Menschen freilich nicht. Sie repräsentierten nur eine andere Lebensform, waren praktische und in ihrer Weise auch gebildete Geschäftsleute, die auf Gewinn, Ordnung, bürgerliche Sitte und Pflicht bauten, auf Werte, gegen die sich der romantische Antibürger Clemens empörte.

Als Vermittler zwischen den beiden Lebenseinstellungen darf der junge Savigny gelten, der nun in Bettinas Leben trat. Ihn hatte Clemens in Jena kennengelernt und mit ihm Freundschaft geschlossen. Dieser junge Gelehrte befand sich damals nach einem Blutsturz auf einer Erholungsreise durch Sachsen und Böhmen und trieb in Leipzig, Halle und Jena juristische Privatstudien mit dem Ziel, sich an der Universität Marburg zu habilitieren. Er war ein Mann des überlegenen Verstandes, ein Gelehrter von Format, der sich zum Führer der »historischen Rechtsschule« in Deutschland emporarbeitete. Als Jurist war er vom Ideal der Gerechtigkeit, zumindest vom Grundsatz, daß man beide Seiten hören müsse, inspiriert. Als Historiker neigte er dazu, alle geschichtlichen und gegenwärtigen Erscheinungen zu »verstehen«, die Begrenztheit und Relativität des eigenen Standpunktes zu erkennen. Sowohl Clemens als auch Bettina haben immer gespürt, daß dieser stille Beobachter und Kritiker menschlichen Treibens auch ihrer Wesensart und ihrer Einstellung zur gesellschaftlichen Umwelt Berechtigung zuerkannte.

Clemens hat gleich von Anfang an versucht, diesen seiner Bohemewelt so fremden Freund an seine Familie zu ketten. Es wirkt fast schon peinlich, wie er in seinen Briefen immer wieder wirbt, Bettina zur Frau zu nehmen. »Lernen Sie sie kennen, Sie werden sie lieben, Sie sind ihrer allein wert und sie Ihrer. Savigny, schlagen Sie Ihr Glück nicht aus den Augen, ich bitte Sie.« (Anfang Oktober 1800) »Wenn Sie das Mädchen nicht lieben können, adieu Savigny, so sind Sie ein ganz armer Schelm. Ob das Mädchen Sie will? sie will nichts, drum ist sie die Herrin von allem, drum kann sie lieben, und Sie sind liebenswürdig. Ich kenne alles, man wird sie Ihnen mit Freuden geben, weil man sie gern jedem Edlen gibt, der sie ernähren kann.« (Ende Oktober 1800) »Gott gebe, daß Savigny sich mit Bettinen verbindet. Sie gefällt ihm sehr, eigentlich zu sehr, er fürchtet sich vor ihr.« (An Gunda, 20. Mai 1801)

Diesem wohlgemeinten, aber doch fast kupplerischen Projekt, das das hochgemute »romantische Geschöpf« zur ehelustigen Spießerin degradierte, setzte Savigny sein eindeutiges Schweigen entgegen. Natürlich versuchte Clemens auch die ihn verehrende halbwüchsige Schwester zu animieren. Unter seinem Einfluß schrieb sie eine Charakteristik Savignys und zeichnete seinen Kopf aus dem Gedächtnis. Was er im Schilde führte, ahnte sie nicht. Sonst hätte sie ihm schon zu diesem Zeitpunkt gesagt: »Ich bitte Dich um Gottes willen, gebe doch Deine Stoßseufzer auf um einen lieben Mann, den Du mir herbeiwünschest ... glaube, daß ich keiner Stütze im Leben bedarf und daß ich nicht das Opfer werden mag von solchen närrischen Vorurteilen.« Savigny entschied sich dahin, die traditionstreue, harmlose, liebreizend-anständige Gunda zu heiraten. Im Frühjahr 1804 wurde die Ehe geschlossen.

Gleichgültig war ihr der Mann nicht, der ihr Schwager geworden war und den sie nun humorvoll mit dem Spitznamen »Habihnnie« titulierte. Streng verwies sie Clemens, ihn eine »Studiermaschine« zu nennen, und bekannte: »Welche Freude hab ich, wenn er mir schreibt, auch nur wenig Worte, seine

Briefe sind mir Heiligtümer.« Für sie war er der Mann der Ordnung, während Clemens und sie »außer aller Ordnung« standen. Schon sein Anblick forderte sie auf, »Gedanken zu haben, die seiner Teilnahme wert sind«. Er war ihr gleichsam der objektivierte Weltverstand, der auch sein Recht hatte und dessen man bedurfte, wenn man praktisch wirken sollte. Sein Einfluß auf sie erstreckte sich bis in spätere Epochen ihres Lebens. Als er ihr damals empfahl, Geschichtsstudien zu treiben, folgte sie diesem Rat, so schwer ihr das fiel; denn »ein Mathematiker, ein Geschichtsforscher, ein Gesetzlehrer, – gehört alles in die versteinerte Welt, ist Philistertum in einem gewissen tieferen Sinn«.

In ihrem Bemühen, ihre Persönlichkeit und ihre Talente frei zu entfalten, mußte Bettina früher oder später auf das Problem der Frauenemanzipation stoßen. Ihre Großmutter hatte sich, obgleich Schriftstellerin, ganz ihrem Mann unterworfen und den höfischen Konventionen angepaßt. Ursprünglichkeit, Hervorkehrung des unbeirrbaren inneren »Dämons«, romantische Wahrhaftigkeit des inneren und äußeren Lebens, Trotz gegen die konventionelle Umwelt – das waren ihr noch fremde Werte. Zutreffend schrieb Clemens: »Du wirst wohl empfinden, liebe Schwester, daß itzt durch die ganze Welt von was ganz anderem die Rede ist als vor dreißig Jahren, denn die meisten Leute, die vor dreißig Jahren mitsprachen, können nun nicht mehr recht antworten und kommen uns mit allem ihrem Wesen kleinlich, langweilig, unnütz gutherzig, ja verderblich gütig und überhaupt etwas abgeschmackt vor; daß dies so ist, ist nicht, als sei die heutige Welt töricht, überspannt etc. Denn du fühlst es ja auch, und ich weiß niemand, der Dich töricht, überspannt etc. gemacht hätte ... Die Menschen um uns her sind auf dem höchsten Punkte ihres Lebens stehengeblieben und haben irgend etwas Nützliches und Gutes drauf angefangen, aber dieser Punkt ist nun der höchste nicht mehr, denn das Leben konnte doch nicht etwa aus Höflichkeit bei ihnen stehenbleiben, sondern ist weitergegangen.« Eine Dichterin von 1800, die im Vortrupp romantischer »Antibürgerlichkeit« stand, wie Bettina das Glück hatte, sie in Karoline von Günderode kennenzulernen, war etwas völlig anderes als eine Schriftstellerin von 1770, wie etwa Sophie La Roche.

Diese junge Dichterin war fünf Jahre älter als Bettina, ihr aber in Wirklichkeit eine ganze Lebensperiode voraus. Bettina gegenüber wirkte sie wie eine Erwachsene, und dieser Unterschied des Alters und der inneren Reife verlieh ihrer Freundschaft einen pädagogischen Zug. Trotz aller Vertrautheit ähnelte ihr Verhältnis oft dem der schwärmenden hochbegabten Schülerin zur geliebten Lehrerin oder Erzieherin. Bezeichnenderweise verlor diese der Jüngeren gegenüber jedoch kein Wort von dem, was sie am meisten bewegte, von ihrem Liebeskonflikt.

Karoline stammte aus einer unbemittelten südwestdeutschen Adelsfamilie und trat mit neunzehn Jahren in ein Frankfurter evangelisches Stift für adlige Damen ein. In der Zurückgezogenheit ihrer Stube studierte sie klassische deutsche Philosophie, insbesondere Schelling und Herder, und Geschichte, besonders altgriechische sowie antike Mythologie. Verurteilt zur Vita contemplativa und zur Passivität, aber sich berufen fühlend zur Vita activa, entschied sie sich zur Tat: sie dichtete. Im Jahre 1804 veröffentlichte das Stiftsfräulein unter dem männlichen Pseudonym Tian »Gedichte und Phantasien«, 1805 »Poetische Fragmente«. Ihr Weltbild war nicht im theologischen Sinne christlich, sondern philosophisch-spekulativ. Trotz ihres schwarzen Ordenskleides stand sie der Askese fern, ja, in Spannung zu diesem Ideal kristallisierten sich bei ihr alle Werte um einen Geliebten, einen verheirateten Professor. Sie blieb fest in der Ablehnung der begrenzten bürgerlichen Sitte, kehrte nicht um und wählte den Untergang.

In dem unkonventionellen Mut, »die reine Gewissensstimme mit der Harmonie der Geister, der Sterne, der Natur einklingen (zu) lassen«, trafen sich die beiden Freundinnen. Dieser Zusammenklang, diese Ermunterung und Bestärkung ihres Strebens mußte der jungen Bettina hilfreich sein in einer Situation, wo sie sich in Frankfurt zunehmender Verständnislosigkeit gegenübersah. Denn »meine großen Anlagen werden jetzt sehr in Zweifel gezogen oder vielmehr mir gänzlich abgeleugnet, und meine Genialität gilt für Hoffart und mein Charakter für einen Schußbartel, dem man alle Dummheiten zutrauen kann ...« Ja, nicht nur das. Die Verwandten befürchteten eine neurotische Fehlentwicklung. Das war auch der Grund, warum man ihr einen Besuch beim kranken Hölderlin verbot. Bei der erhöhten Sensibilität ihres vegetativen Nervensystems waren unberechenbare Rückwirkungen nicht auszuschließen. Ihr Vormund Franz sprach es unverblümt aus: »Du bist nicht recht gescheut, was willst Du bei einem Wahnsinnigen? willst Du auch ein Narr werden?« Allerdings sparte auch die Günderode nicht an Kritik und mahnte immer wieder zu konzentrierter geistiger Arbeit. »Wenn's nur nicht bald einmal aus sein wird mit der Musik wie mit Deinen Sprachstudien, mit Deinen physikalischen Eruptionen und Deinen philosophischen Aufsätzen, und dies alles als erstarrte Grillen in Dein Dasein hineinragt; wo Du vor Hochmut nicht mehr auf ebnem Boden wirst gehen können, ohne jeden Augenblick einen Purzelbaum wider Willen zu machen.« Bettinas Konzentrationsschwäche war unübersehbar. Aber im Munde der geliebten Freundin waren solche negativen Prophezeiungen doch gemildert und gemischt mit Anerkennung. »Dein jung frisch Leben, das Schmettern und Tosen Deiner Begeisterung und besonders Dein Naturgenuß sind Balsamhauch für mich; laß mir's gedeihen und schreib fort; auch Deine dithyrambischen Ausschweifungen, die so plötzlich, der Flamme beraubt, verkohlen, als habe sie ein mutwilliger Zugwind ausgeblasen, sind mir gar lieb.«

Wie es in Bettinas Zimmer aussah, welch geniale Unordnung und Zerstreutheit herrschte, hat die Günderode in einem ihrer uns leider nur bearbeitet überlieferten Briefe geschildert. »... In Deinem Zimmer sah es aus wie am Ufer, wo eine Flotte gestrandet war. Schlosser wollte zwei große Folianten, die er für Dich von der Stadtbibliothek geliehen hat und die Du schon ein Vierteljahr hast, ohne drin zu lesen. Der Homer lag aufgeschlagen an der Erde, Dein Kanarienvogel hatte ihn nicht geschont, Deine schön erfundene Reisekarte des Odysseus lag daneben, und der Muschelkasten mit dem umgeworfenen Sepianäpfchen und allen Farbenmuscheln drum her, das hat einen braunen Fleck auf Deinen schönen Strohteppich gemacht; ich habe mich bemüht, alles wieder in Ordnung zu bringen. Dein Flageolett, was Du mitnehmen wolltest und vergeblich suchtest, rat, wo ich's gefunden habe? – im Orangenkübel auf dem Altan war es bis ans Mundstück in die Erde vergraben; Du hofftest wahrscheinlich, einen Flageolettbaum da bei Deiner Rückkunft aufkeimen zu sehen; die Lisbeth hat den Baum übermäßig begossen, das Instrument ist angequollen, ich hab es an einen kühlen Ort gelegt, damit es gemächlich wieder eintrocknen kann und nicht berstet, was ich aber mit den Noten anfange, die daneben lagen, das weiß ich nicht, ich hab sie einstweilen in die Sonne gelegt; vor menschlichen Augen darfst Du sie nicht mehr sehen lassen, ein sauberes Ansehen erhalten sie nicht wieder. – Dann flattert das blaue Band an Deiner Gitarre, nun schon seitdem Du weg bist, zum großen Gaudium der Schulkinder gegenüber, so lang es ist, zum Fenster hinaus, hat Regen und Sonnenschein ausgehalten und ist sehr abgeblaßt; dabei ist die Gitarre auch nicht geschont worden, ich hab die Lisbeth ein wenig vorgenommen, daß sie nicht so gescheut war, das Fenster zuzumachen hinter den dunklen Plänen; sie entschuldigte sich, weil's hinter den grünseidenen Vorhängen versteckt war, da doch, sooft die Tür aufgeht, die Fenster vom Zugwind sich bewegen. Dein Riesenschilf am Spiegel ist noch grün, ich hab ihm frisch Wasser geben lassen, Dein Kasten mit Hafer, und was sonst noch drein gesäet ist, ist alles durcheinander emporgewachsen; es deucht mir viel Unkraut drunter zu sein, da ich es aber nicht genau unterscheiden kann, so hab ich nicht gewagt, etwas auszureißen; von Büchern hab ich gefunden auf der Erde den Ossian, die Sakontala, die Frankfurter Chronik, den zweiten Band Hemsterhuis, den ich zu mir genommen habe, weil ich den ersten Band von Dir habe; im Hemsterhuis lag beifolgender philosophischer Aufsatz, den ich mir zu schenken bitte, wenn Du keinen besondern Wert darauf legst, ich hab mehr dergleichen von Dir, und da Dein Widerwille gegen Philosophie Dich hindert, ihrer zu achten, so möchte ich diese Bruchstücke Deiner *Studien wider Willen* beisammen bewahren, vielleicht werden sie Dir mit der Zeit interessanter. Siegwart, ein Roman der Vergangenheit, fand ich auf dem Klavier, das Tintenfaß draufliegend, ein Glück, daß es nur wenig Tinte mehr enthielt, doch wirst Du Deine Mondscheinkomposition, über die es seine Flut ergoß, schwerlich mehr entziffern. Es rappelte was in einer kleinen Schachtel auf dem Fensterbrett, ich war neugierig, sie aufzumachen, da flogen zwei Schmetterlinge heraus, die Du als Puppen hineingesetzt hattest; ich hab sie mit der Lisbeth auf den Altan gejagt, wo sie in den blühenden Bohnen ihren ersten Hunger stillten. Unter Deinem Bett fegte die Lisbeth Karl den Zwölften und die Bibel hervor und auch – ein Lederhandschuh, der an keiner Dame Hand gehört, mit einem französischen – Gedicht darin; dieser Handschuh scheint unter Deinem Kopfkissen gelegen zu haben, ich wüßte nicht, daß Du Dich damit abgibst, französische Gedichte im alten Stil zu machen; der Parfüm des Handschuh ist sehr angenehm und erinnert mich und macht mir immer heller im Kopf, und jeden Augenblick sollte mir einfallen, wo des Handschuh Gegenstück sein mag; indes sei ruhig über seinen Besitz, ich hab ihn hinter des Cranachs Lukretia geklemmt, da wirst Du ihn finden, wenn Du zurückkommst; zwei Briefe hab ich auch unter den vielen beschriebenen Papieren gefunden, noch versiegelt, der eine aus Darmstadt, also vom jungen Lichtenberg, der andre aus Wien. Was hast Du denn da für Bekanntschaft? – und wie ist's möglich, wo Du so selten Briefe empfängst, daß Du nicht neugieriger bist oder vielmehr so zerstreut. – Die Briefe hab ich auf Deinen Tisch gelegt. Alles ist jetzt hübsch ordentlich, so daß Du fleißig und mit Behagen mit Deinen Studien fortfahren kannst.

Ich habe mit wahrem Vergnügen Dir Dein Zimmer dargestellt, weil es wie ein optischer Spiegel Deine aparte Art zu sein ausdrückt, weil es Deinen ganzen Charakter zusammenfaßt; Du trägst allerlei wunderlich Zeug zusammen, um eine Opferflamme dran zu zünden, sie verzehrt sich; ob die Götter davon erbaut sind, das ist mir unbekannt.«

In jugendlicher Trotzreaktion antwortet Bettine etwas gereizt: »Mein Zimmer gefällt mir wohl in seiner Unordnung, und ich gefall mir also auch wohl, da Du meinst, es stelle meinen Charakter vollkommen dar.«

Wie immer man auch das Verhalten der Günderode beurteilen mag, eines liegt klar zutage: Versagt hat die Ältere in diesem Freundschaftsbund nicht. Sie hat der so weitgehend unberatenen Jüngeren ein Maß gesetzt, dem sie sich in ihrer weiteren Entwicklung stellen mußte. Dabei lag ihr auch daran, in ihrem Dialog endgültig zu klären, daß Bettina nicht zur Dichterin berufen war. Der Bruder Clemens hatte gemeint, daß seine Schwester vor allem dichten müsse und nichts sie berühren dürfe, was nicht diese Kräfte entfalte. Er war überzeugt, daß der »Naturschmelz«, der ihren Briefen und ihrem Wesen innewohnte, in Gedichten und Märchen erfaßt werden könne. Die Günderode behauptete: »Du kannst nicht dichten, weil Du das bist, was die Dichter poetisch nennen; der Stoff bildet sich nicht selber, er wird gebildet.« Bettina vermochte zwar poetisch-musikalische Wortgruppen aufs Papier zu sprudeln, aber ein »Entwurf« bildete sich in ihrem Innern nicht, und selbst wenn ihr eine solche

Kompositionseinheit zugefallen wäre, hätte sie womöglich ihre Konzentrationsschwäche an der mühsamen Ausarbeitung der nötigen Einzelheiten gehindert. Wer schreibt: »Ich bin so gedächtnislos, daß wenn ich den Brief schließe, ich schon nicht mehr weiß, was er enthält«, wird kaum in der Lage sein, eine musikalische oder poetische Schöpfung zu organisieren. Balzac schrieb später zu diesem Problem: »Wenn ein Künstler das Pech hat, von der Leidenschaft erfüllt zu sein, die er ausdrücken will, wird er sie nicht schildern können, denn er ist die Sache selber, anstatt ihr Abbild zu sein.«

Der Abbruch der Beziehungen durch die Günderode im Sommer 1806 traf Bettina bitter. Sie begriff wohl damals nicht sofort, daß diese von ihrer Seite ins Leidenschaftliche gesteigerte Freundschaft der noch leidenschaftlicheren Liebe zu einem Mann geopfert wurde. Erst nach der Nachricht vom Freitod Karolines am Rheinufer bei Winkel und den sich daran knüpfenden Gerüchten stieg in Bettina die Vermutung auf, daß Creuzer so oder so die Veranlassung zu diesem Schritt gegeben hatte. Vergessen hat sie die Günderode nie. Diese war so wenig in ihrem Inneren abgeschrieben, daß sie fünfunddreißig Jahre später den Briefband »Die Günderode« zusammenstellte.

Zu den wichtigen Jugendfreundschaften zählt auch die Verbindung mit dem jungen märkischen Adligen Achim von Arnim. Wie Savigny trat er ihr als Freund ihres Bruders Clemens näher. Als er Anfang Juni des Jahres 1802 zum erstenmal in Frankfurt erschien, hatte er seine Universitätszeit beendet und befand sich mit seinem Bruder Karl Otto auf der für junge Adlige jener Zeit üblichen »Kavalierstour« durch Europa. Er hatte ein Jahr zuvor in Göttingen Clemens Brentano kennengelernt und sich mit ihm befreundet. Nun besuchte er ihn im »Goldenen Kopf« und machte bei dieser Gelegenheit die persönliche Bekanntschaft mit dessen Geschwistern, auch mit der damals siebzehnjährigen Bettina. Es kam damals sogar zu einem Abendspaziergang zu dritt mit der Günderode und Bettina hinauf zur »Grünen Burg«, einem Gut vor dem Eschersheimer Tor, auf einer kleinen Anhöhe gelegen, von der aus man die Stadt übersah. Sie wurden von einem Gewitter überrascht und verbrachten die Nacht gemeinsam auf jenem Gutshof. Für alle drei war das eine lustige Sommerepisode. An eine feste Partnerschaft dachte keiner, und es verging eine lange Zeit, ehe sie sich wiedersahen.

Zwei Jahre später, im Jahre 1804, kehrte Arnim von England über Holland nach Berlin zurück, und als im November Clemens von Heidelberg kam, knüpften sich die Fäden zwischen beiden sofort wieder, und sie unternahmen gemeinsam Ausflüge in die südliche Kurmark nach Wiepersdorf und in die östliche Neumark nach Ziebingen zu dem Dichter Tieck. Ende des folgenden Jahres reiste Arnim nach Heidelberg, um zusammen mit Clemens am Manuskript der Liedersammlung »Des Knaben Wunderhorn« zu arbeiten. Nun folgten auch wieder gemeinsame Ausflüge mit Bettina. Aber erst vier Jahre später kamen sie zum vertrauteren Du. Im Februar 1808 schrieb Bettina, sie möchte ihn sagen hören: »Ich bin Dir gut, mehr wie alle.« Arnim erwiderte darauf: »Ob ich Dir gut bin, mehr wie allen? Daß ich Dir gut bin, das ist bald gesagt; wie gut, das ist schon schwerer ...« Sie bemühte sich nun, den Freund durch Beiträge zu seinem Liederbuch und seiner Zeitschrift zu erfreuen, indem sie Volksliteratur aufzeichnete. Sie sandte skizzenhafte Märchentexte, Materialien, von denen sie wohl annahm, daß der Dichter Arnim daraus etwas machen könnte. Doch wurde von diesen Einsendungen damals nichts genutzt. Nur der Anfang der Legende von einem Einsiedler, die Arnim weiter ausgestaltete und zu Ende führte, erschien in der »Zeitung für Einsiedler«. Zuvor hatte sie ihm schon 20 Liedbeiträge für die Wunderhornsammlung geliefert.

Es ist kaum bekannt, daß Bettina zu den Mitarbeitern des Heidelberger Romantikerkreises gehörte. Im Rahmen der Gesamtliteratur gesehen war das gewiß eine bescheidene Leistung. Viel wichtiger bleibt, daß dieses Engagement dazu beitrug, gewisse Komponenten ihres Lebensgefühls beschleunigt auszubilden. Ihre Überzeugung von der kulturellen Bedeutung der unteren sozialen Schichten sowie ihr Vertrauen in die Utopie, daß alle anstehenden deutschen Probleme von der Kunst her gelöst und geheilt werden könnten, wurden in dem geistigen Raum ihres Freundes Achim von Arnim entscheidend gestärkt und bestätigt. Die für sie später so charakteristische Verbindung von Demokratismus und Romantik wurde hier begründet.

5.
Zu Füßen von Frau Aja

Die unruhigen Jahre, die Frankfurt damals durchlebte, mit Kriegsgeschrei, Kontributionen, Geiselnahme, Einquartierungen, waren an Bettina spurlos vorübergegangen. Sie lebte zu dieser Zeit gleichsam abgeschirmt vom rauhen Tagesgeschehen in Fritzlar und Offenbach. Mit dem dritten Koalitionskrieg, den Napoleon, unterstützt durch die Kurfürsten von Bayern, Württemberg und Baden, gegen Österreich und Rußland führte, und dem entscheidenden Sieg, den er in der »Dreikaiserschlacht« von Austerlitz erfocht, wurde das anders. Viele ahnten, daß damit das Ende des »Heiligen Römischen Reiches« gekommen war und sich politisch vieles ändern würde. Die Ungewißheit über das Schicksal Frankfurts spiegelt ein Brief von Clemens aus Heidelberg: »Man spricht noch immer, daß Frankfurt badisch wird.« In einer Nachschrift aber heißt es: »Soeben erhalte ich die Nachricht, Frankfurt werde bayrisch.«

Bettina befand sich in diesen Tagen zu Besuch in Marburg bei ihrer Schwester Gunda und dem Schwager Savigny. Aber auch sie war von der allgemeinen gesellschaftlichen Erschütterung gepackt und stand im Verdacht der Napoleonbegeisterung. Nun, drei Wochen nach Austerlitz, am 21. 12. 1805, äußerte sie sich zum ersten Male ausführlich über ihre persönliche Stellung zum Franzosenkaiser in einem Brief an die Günderode: »Ach, Günderode, Deine fatale Idee, als habe ich eine närrische Ehrfurcht vor dem Napoleon, peinigt mich, das Roß des Übermuts tobt unter ihm, er setzt in wildem Feuer über Abgründe und durchfliegt in stolzem Selbstgefühl die Ebne, um über neue zu setzen, dahin eilt er, an den Zeiten vorüber, die umgewandelt sich nicht mehr erkennen. Die Menschen schlafen ohne Ahnung vom Erwachen, aber unter seinem brausenden Huf reißen sie plötzlich die Augen auf, und seine Glorie blendet sie, daß sie sich selber nicht begreifen, ihr dumpfer Schlaf geht in Taumel über, sie umjauchzen ihn im Gefühl ihrer Trunkenheit.«

Aus dieser Meinungsäußerung spricht ebenso Bewunderung wie Distanz. Zu sehr war Bettina von den Emigrantendebatten beeinflußt, die sie im Salon der Großmutter mit angehört hatte. Die Entführung des Herzogs von Enghien, eines Mitgliedes des

Hauses Bourbon, im badischen Ettenheim und seine Erschießung im Festungsgraben von Vincennes, der Versuch einer Einschüchterung der Royalisten, die im Ausland Verschwörungen gegen das Leben Napoleons anzetteln, rief im gesamten monarchistischen Europa eine Agitationskampagne gegen diese Verletzung des Völkerrechts hervor. Der Vorwurf der grausamen Despotie im Reich der französischen Zwangsherrschaft gehörte zur psychologischen Vorbereitung des dritten Koalitionskriegs, und diese Propaganda zündete bei Bettina. Der Tod des Herzogs von Enghien hatte auf sie, wie sie sagte, »einen tieferen Eindruck gemacht als alles Durchbrausen der Welt«. Die harten Maßnahmen gegen die Royalisten, von denen sie einige zu ihren Freunden und Bekannten zählte, entsetzten sie. Sie dachte nicht politisch, sondern ließ sich vom Mitgefühl leiten. Sie vergaß das Unrecht von gestern, das diese aristokratischen Emigranten mitverschuldet hatten, und sah in ihnen Unglückliche und Unterdrückte, gegen die ein grausamer Herrscher keine Güte zeigte. Sie meinte nicht die im Untergrund lebenden Jakobiner, sondern jenen Klüngel von Bourbonen-Anhängern, wenn sie äußerte: »... es liegt größere Freiheit darin, mit dem Unterdrückten die Ketten tragen und schmählich vergehen, als mit dem Unterdrücker sein Los teilen.« Es bedurfte der Erfahrung eines langen Lebens, um zu erkennen, wo die wirklich Unterdrückten zu suchen waren.

Die politischen Folgen, die sich aus den Siegen Napoleons ergaben, hat Bettina durchaus akzeptiert. Im Juli 1806 wurde der Rheinbund gegründet, eine Zusammenfassung jener süd- und westdeutschen Territorialfürsten, die von dem französischen Kaiser völlig abhängig waren und ihn als Protektor des Bundes offiziell anerkannten. Frankfurt verlor seine reichsstädtische Selbständigkeit und wurde Hauptstadt eines neuen Großherzogtums. Zum Fürstprimas des Rheinbundes wurde der letzte Kurfürst von Mainz und Erzkanzler des Heiligen Römischen Reiches Deutscher Nation, der Reichsfreiherr Karl Theodor von Dalberg, erhoben. Seiner Regierungsgewalt unterstand nun auch die Stadt Frankfurt. Kaiser Franz in Wien leistete dem keinen Widerstand. Er legte vielmehr am 6. August 1806 die Kaiserwürde nieder. Wie dieses Ende des alten Reiches die Zeitgenossen beeindruckte, illustriert ein Brief der alten Frau Rat Goethe an ihren Sohn in Weimar. Sie schrieb am 19. August

1806: »Mir ist zu Mute, als wenn ein alter Freund sehr krank ist, die Ärzte geben ihn auf, man ist versichert, daß er sterben wird, und mit all der Gewißheit wird man doch erschüttert, wenn die Post kommt, er ist tot. So geht's mir und der ganzen Stadt. – Gestern wurde zum ersten Mal Kaiser und Reich aus dem Kirchengebet weggelassen – Illuminationen – Feuerwerk – und dergleichen, aber kein Zeichen der Freude – es sind wie lauter Leichenbegängnisse – so sehen unsre Freuden aus!«

In Frankfurt regierte nun Dalberg. Dieser Parteigänger Napoleons, zu dessen Empfängen auch die Familie Brentano geladen wurde, mit dem Bettina wiederholt ins Gespräch kam und von dem sie an verschiedenen Stellen in ihren Schriften berichtet, hat von der preußisch-deutschen Geschichtsschreibung schlechte Noten erhalten. Er war ein Repräsentant der katholischen Aufklärung ähnlich wie Bettinas Großvater La Roche. Wie Goethe und Hegel erhoffte er die notwendige Erneuerung Deutschlands zu einem bürgerlichen Staat auf dem Wege der »Rheinbundisierung«. In diesem Sinn hat er das Großherzogtum Frankfurt nach napoleonischem Muster reorganisiert. Auf allen Gebieten des staatlichen Lebens führte er vorsichtig bürgerliche Reformen durch, in der Verwaltung, der Rechtspflege, der Polizei. Den Juden versuchte er gegen den Widerstand der gesamten Einwohnerschaft die Bürgerrechte zu geben. Frau Rat Goethe nannte ihn »ihren Messias«. Bettina, die »Beschützerin« der Juden, informierte Goethe wiederholt über diese »heilsamen Anstalten«. Für die christlichen Konfessionen führte er die Gleichberechtigung ein. Diese Reform betraf die Familie Brentano unmittelbar, denn erst mit den Dalbergschen Reformen wurden die Katholiken mit den Protestanten gleichgestellt, konnten nun auch Bürgermeister werden und in andere hohe Stadtämter gelangen. Seine besondere Aufmerksamkeit widmete er der Schule und Bildung sowie der Armenfürsorge. Er stand mit Wieland, Herder, Goethe und Schiller im persönlichen geistigen Austausch. Als Goethes Sohn August im April 1808 seine Großmutter in Frankfurt besuchte, gab der Fürstprimas ihm und der Frau Rat Goethe ein Fest. Der Dichter bat daraufhin Bettina, »unserm vortrefflichen Fürsten Primas« seinen Dank und seine Verehrung auszudrücken. Bettina schätzte an Dalberg die humane Gesinnung und seine liebenswürdige Herzensgüte. Lästig waren ihr die sich häufenden Festivitäten mit ihren modischen Albernheiten, so daß sie zu glauben anfing, daß sie für gesellschaftliche Verpflichtungen kein Talent habe.

Obgleich die Ereignisse der »großen Welt« das junge Mädchen nur oberflächlich berührten, zeigen ihre Reaktionen auf das politisch-gesellschaftliche Geschehen der Zeit, daß sich schon damals der Blick für die Außenwelt entwickelte. Noch lebte sie in der romantischen Jugendvorstellung, daß das freie Subjekt in eine feindliche Umwelt gestellt sei, in der es sich behaupten müsse. Wichtiger erschienen ihr jene momentanen Ereignisse in ihrer kleinen privaten Welt, die ihr Inneres, die Seele mit dem unbeirrbaren »Genius« oder »Dämon«, in Bewegung setzten.

In den Wochen, nachdem die Günderode ihre Freundschaft aufgesagt hatte, fielen Bettina bei einem Besuch in der Grillenhütte zu Offenbach die Briefe des jungen Goethe, die er dreißig Jahre zuvor an die Großmutter geschrieben hatte, in die H nde, und zu ihrem höchsten Erstaunen las sie darin, wie oft und mit welch verehrenden Komplimenten der Dichter da von ihrer Mutter sprach. Sobald sie Sätze las wie »... doch wenn sie mir begegnet, ist immer eine Erscheinung vom Himmel«, konnte das in der jugendlich sprudelnden Einbildungskraft Bettinas nur eine Liebeserklärung bedeuten. Obgleich Goethe in seiner Autobiographie das Verhältnis zu einem »geschwisterlichen« herunterspielte, in den Augen der jungen Bettina war es ein leidenschaftliches, das sie sich zur großen Liebe hochstilisierte. Erst jetzt wurde ihr die Mutter wichtig und zu einer verklärten Gestalt. Verzaubert von der Entdeckung, daß der »Götterjüngling« Goethe nicht nur ein großer Dichter und Frankfurter Landsmann war, sondern ein Freund der Familie und vielleicht gar der Geliebte ihrer Mutter, daß sie gleichsam in persönlicher Beziehung zu diesem »Genius« stand, setzte sie sich an den Tisch und kopierte alle Schriftstücke. Am 10. Juni teilte sie Achim von Arnim mit, daß sie vor acht Tagen dreiundvierzig der schönsten Briefe Goethes abgeschrieben habe, »an Frau v. La Roche, voll Liebe zu meiner Mutter«.

Das Erlebnis dieser Entdeckung ließ das Mädchen in den nächsten Wochen nicht mehr los. So ist nicht verwunderlich, daß ihr eines Tages bei ihren Streifzügen durch die Stadt der Impuls kam, die Frau Rat Goethe aufzusuchen. Die Schwester Meline unterrichtete Savigny in einem Brief vom 10. Juli 1806 von diesem Unternehmen: »Ich habe vergessen, Dir zu schreiben, daß ich am Dienstag mit der Bettine bei Frau Rat Goethe war. Wir sind auf unsere Faust hingegangen und werden, da sie uns gut aufnahm, die Besuche erneuern.«

Goethes Mutter war damals 75 Jahre alt. Sie wohnte nicht mehr in dem alten Familienhaus am Großen Hirschgraben, sondern hatte in den Kriegsjahren dieses Heim aus Zweckmäßigkeitsgründen mit einer bequemen Mietwohnung im »Goldenen Brunnen« am Roßmarkt vertauscht. Noch immer trat sie anspruchslos auf und rühmte sich bloß, daß noch keine Menschenseele mißvergnügt von ihr weggegangen sei. Schon ehe der Ruhm ihres Sohnes auf sie zurückstrahlte, stand sie in Frankfurt in dem Ruf, eine originelle Frau zu sein, deren kernige Äußerungen in der Unterhaltung immer den Nagel auf den Kopf trafen und darum die Runde machten. Während die Großmutter La Roche von der Pose lebte und in ihrer wahren Meinung schwer zu durchschauen war, überzeugte die Frau Rat alle Welt durch ihre Natürlichkeit und ihr offenes Temperament. Imponiergehabe und heuchlerisches Getue mochte sie nicht. Vor dem bengalischen Theaterfeuer der Frau von Staël ergriff sie die Flucht. »Mich hat sie gedrückt, als wenn ich einen Mühlstein am Halse hätte; ich ging ihr überall aus dem Wege, schlug alle Gesellschaften aus, wo sie war, und atmete freier, als sie fort war.« Die kleine Brentano und ihre Schwester wurden indes aufs freundlichste aufgenommen, und es entwickelte sich in der nächsten Zeit jenes Idyll von der alten Frau im Lehnstuhl, die einem jungen Mädchen, das auf der Fußbank sitzt, aus der Kindheit ihres Sohnes erzählt.

Nach damaligen Anschauungen wäre Bettina mit ihren 21 Jahren eine etwas gesetzte Jungfer. In diesem Alter war ihre Mutter längst verheiratet und hatte schon zwei Kinder geboren. Sie selber jedoch machte überhaupt noch nicht den Eindruck einer erwachsenen Person. Von ihrer Präsentierung beim Fürstprimas Dalberg berichtet sie folgenden lustigen Vorfall, der ein bezeichnendes Licht auf ihre Situation wirft: »Da wir ihm vorgestellt wurden, faßte er mich am Kinn und nannte mich kleiner Engel, liebliches Kind; ich fragte, wie alt er denn glaubt, daß ich sei? – ›Nun zwölf Jahre allenfalls.‹ – ›Nein, dreizehn‹, sagte ich. – ›Ja‹, sagte er, ›das ist schon alt, da müssen Sie bald regieren.‹« Bettina war offenbar biologisch eine Spätentwicklerin, und dieses Geschick legte ihr immer wieder nahe, in die Rolle des Kindes zu schlüpfen.

In ihrem letzten Brief an die Günderode hatte sie in auftrumpfendem Trotz und aus dem Bedürfnis nach Vergeltung der Untreue geschrieben: »Ich habe mir statt Deiner die Rätin Goethe zur Freundin gewählt...« Das war in dem Augenblick, da sie den Brief absandte, noch ein Wunschtraum, vielleicht nur eine Eskapade der Phantasie, denn sie hatte erst kurz zuvor ihren Antrittsbesuch absolviert. Es sollte ein Jahr dahingehen, bis sich die alte Frau zu dieser Freundschaft bekannte und ihre Briefe als »deine wahre Freundin Elisabetha Goethe« (19. 5. 1807) unterschrieb. Aber die Verbindung gestaltete sich von Anfang an verheißungsvoll. In der zweiten Julihälfte berichtete Bettina ihrem Schwager Savigny fast enthusiastisch: »Ich bin täglich bei der Goethe, sie hat mir das ganze junge Leben ihres Sohnes erzählt und soll es mir erzählen, solange sie lebt. Es gibt nichts Schöneres auf Gottes Welt, von dem Moment, als er auf die Welt kam, wie er nachher anfing zu schreiben, wie er in die Schweiz reiste, Berlichingen schrieb, Egmont, Werther, bei jedem Buch besondere Anekdoten, was er sprach, dachte, wie und was er tat, was er für Urteile fällte, über die Urteile von seinen Büchern. Sie weiß noch Verse von ihm auswendig, die er über Werthers Tod machte und die nicht aufgeschrieben sind...« Und Clemens bestätigte das in einem Brief vom 24. September an seine Frau Sophie: »Bettine ist täglich bestimmt zwei Stunden bei der Goethe, ohne die sie und die ohne sie nicht leben kann, sie hat ein großes Buch dort liegen und schreibt aus dem Munde der Mutter die Geschichte der Mutter und des Sohnes in der bekannten kräftigen Manier auf.«

Die Intensität der Besuche in dem Haus am Roßmarkt ließ nicht nach. Bettina, die Berufs- und Pflichtenlose, hatte dort bald eine Aufgabe entdeckt. Schon in den Gesprächen mit der Günderode war das Projekt aufgetaucht, die »Erzählungen aus der Großmutter Mund zu sammeln«, ein »Werk der Pietät« zu vollbringen und dabei den Geist zu üben. Diesen Plan nahm Bettina in veränderter Gestalt wieder auf: sie wollte das biographische Material, das ihr aus den Gesprächen der Frau Rat zufloß, in irgendeiner Form literarisch nutzen. Schon im nächsten Frühjahr sprach deshalb ihr Bruder Clemens mit einem Verleger, voreilig wie immer, denn zunächst gab es nur eine Reihe

»zerstreute und abgebrochene Notizen« in einem Foliobuch. Aber die Aufzeichnungen wurden kontinuierlich fortgesetzt, und sie gediehen allmählich zu einem Schatz, aus dem später Goethe selber bei der Darstellung seiner Lebensgeschichte manch wertvollen Beitrag schöpfen konnte. Der Dichter hatte sogar die Absicht, bei einer Neuausgabe von »Dichtung und Wahrheit« Bettinas Darstellung der Frau Rat einzuflechten. Er gab dieser Arbeit den Titel »Aristeia der Mutter« und erläuterte sie als »wunderbare Auszüge aus einer Hauschronik, wie sie von einer jungen Familienfreundin aufgefaßt, im liebenden Herzen verwahrt und endlich in Schriften niedergelegt wurden«. Bettina hat Goethe bei seiner Arbeit geholfen, und das dürfen wir als ihre erste bemerkenswerte Leistung für die deutsche Literatur buchen.

Für sie selbst war indes etwas anderes noch wichtiger. In ihr baute sich zugleich bei diesen Erzählungen und Aufzeichnungen ein Goethebild auf, das sie halb unbewußt mit mystischem Zauber ausstattete und aus dem sie den Auftrag einer Sendung empfing. Es war ein Kulturbild, in dem sich die phantastischen Reflexionen über den »Genius« niederschlugen, die sie vor kurzer Zeit mit der Günderode ausgetauscht hatte. Und sosehr damals Bettine über die »Mammutsknochen der Vergangenheit« die Nase rümpfte, das Bild entstand nicht aus der Gegenwart, zeigte nicht den würdigen Geheimrat von 1807, die Exzellenz mit dem Ordensstern, wie sie Kügelgen malte, es war eine von Utopieglanz umspielte romantische Traumgestalt, der Stürmer und Dränger von 1770, der Autor des Werther, »ein schöner Junge von fünfundzwanzig Jahren, der vom Wirbel bis zur Zehe Genie und Kraft und Stärke ist; ein Herz voll Gefühl, ein Geist voll Feuer mit Adlersflügeln, der in der unerschöpflichen Fülle des Ausdrucks stürmt«, wie Wilhelm Heinse an Gleim damals schrieb.

Für Frau Aja, wie Goethes Mutter seit jenen Frankfurter Sturm-und-Drang-Jahren scherzhaft genannt wurde, bedeutete »die kleine Brentano« die Sonne, die Belebung und das Glück ihres Alters. Bald nannte sie das junge Mädchen nicht nur ihre Freundin, sondern »Liebe – liebe Tochter« und forderte sie herzhaft auf: »Nenne mich ins künftige mit dem mir so theuren Nahmen Mutter – und du verdienst ihn so sehr, so gantz und gar – mein Sohn sey dein inniggeliebter Bruder – dein Freund –

der dich gewiß liebt und Stolz auf deine Freundschaft ist.« Das mutterlose Kind hatte wirklich eine Mutter gefunden. Kurz vor ihrem Tode, an Goethes Geburtstag des Jahres 1808, faßte die alte Frau noch einmal zusammen, was ihr das eigenartige Mädchen bedeutet hatte: »... daß ich Gott auch für dich dank als meine Beste Freud hier auf Erden in der mir alles genossene aufs neue lebendig geworden ist; das ist Erstens – und dann zweitens hab ich dich in mein Herz geschlossen; apart, weil du nicht zum Narrenhaufen gehörst und hast dich zu mir retiriert als weil ich alleine einen rechten Verstand von dir hab denn du gehörst zu der Art die mir Seel- und Blutsverwandt ist ...« Frau Rat traf wieder einmal den Nagel auf den Kopf: das Fundament dieser Freundschaft war eine Herzensverwandtschaft. Auch sie sah die Seltsamkeiten und Extravaganzen, die Neigung zum Übertreiben, phantastischen Erfindungen und manchmal auch »Lügen«. »Wenn's nur auch wahr ist«, sagte sie eines Tages zu ihr, »denn in solchen Stücken kann man dir nicht wenig genug trauen. Du hast mir ja schon manchmal hier auf deinem Schemel Unmöglichkeiten vorerzählt, denn wenn du, mit Ehren zu melden, ins Erfinden gerätst, dann hält dich kein Gebiß und kein Zaum.« Das war die Seite ihrer kleinen Freundin, die dem oberflächlichen Betrachter auffiel. Sie sah aber auch die andere, die ihr verwandte: das Natürliche und Ursprüngliche, die Furchtlosigkeit und den lebensbejahenden Optimismus, die freie, eigene Anschauung und den durch keine Konventionen getrübten Blick.

Bettina war von der Begegnung mit dieser Frau beglückt und fühlte deutlich: So sollte man eigentlich sein. Sie wurde ihr im Laufe der Zeit zu einem Vorbild und glich ihr im Alter mehr und mehr. Wenn sie sich in ihrem Königsbuch hinter der Maske von Frau Aja versteckte, so war das nur die literarisch sichtbarste Folge dieser Vorbildwirkung, die bis in den Ton ihrer sprachlichen Äußerungen hineinreichte; sie sprach, wie ihr der Schnabel gewachsen war. Wenn Bettina ihrem Schwager Savigny im Jahre 1843 auf seine Unzufriedenheit mit ihrer politischen Schriftstellerei antwortete: »Ich muß doch dem König vollkommen klarmachen, daß er Esel zu Ministern hat, das kann ich nicht in aller Kürze ...«, so geschah das in jenem bildhaften Lutherdeutsch, das sie von Frau Aja gehört hatte.

6.
Begegnungen mit Goethe

Im Sommer 1805 fand im Hause Brentano wieder einmal eine Hochzeit statt. Die achtzehnjährige Lulu heiratete den Bankier Karl Jordis, den Clemens einen »gemeinen Patron« nannte, was immer das für Gründe haben mochte. In künstlerischer Hinsicht war er ein Banause. Er spielte das große Spiel der Kaufleute, ein Glücksritter, der in jenen wechselvollen Zeitläuften des Napoleonischen Zeitalters seine Chancen wahrnahm. Bald verlegte er sein Tätigkeitsfeld von Frankfurt nach Kassel, wo er sich als Hofbankier des westfälischen Königs Jérôme erfolgreich am »Enréchissez-vous«, an der wirtschaftlichen Ausplünderung des Landes, beteiligte, um sich 1812 endgültig in Paris niederzulassen. Lulu war jung und lebensfroh und besaß die Kenntnisse, die sie brauchte, um sich in der Gesellschaft bewegen zu können. Sie gab sich immer liebenswürdig und wurde deshalb der zwei Jahre älteren Bettina oft als Vorbild hingestellt. »Seien Sie wie Ihre Schwester Lulu, sprechen Sie ruhig mit einem, und bezeugen Sie doch nur ein klein wenig Teilnahme an was man Ihnen sagt«, lautet eine Erinnerung, die sie in der »Günderode« zitiert. Und die Hochzeit gab natürlich auch genug Anlaß, über die noch immer unverheiratete Bettina zu spotten, sie würde wohl »sitzenbleiben«. Bruder Franz hielt ihr vor, daß sie gewiß auch einen Mann bekommen haben würde, wenn sie ebensoviel häusliche Tugenden gezeigt hätte wie Lulu.

Bettina fühlte sich in der Frankfurter Atmosphäre nicht behaglich. Sie kam sich vor wie ein eingesperrter Vogel, der von einer Stange zur anderen hüpft, von Frankfurt nach Marburg, von Marburg nach Trages, dem Landgut Savignys in der Nähe von Hanau, dann wieder nach Schlangenbad, dem Kurort im Taunus, wo ihr ein kurhessischer »krebsroter Kammerherr« nachstellte und sie den Vorgang so wenig verstand, daß sie meinte, er wolle sie ermorden. Dann wieder flog sie nach Winkel am Rhein, wo Bruder Franz sein Landhaus hatte, oder wenigstens zur Gerbermühle, dem Sommersitz des Bankiers Willemer, wo zehn Jahre später Goethe sein Suleika-Erlebnis haben sollte. Da ihr Frankfurt »wie Blei auf dem Herzen lag«, nahm sie im Februar des Jahres 1807 gern das Anerbieten ihrer Schwester an, sie nach Kassel zu begleiten. Schon ein Jahr zuvor hatte sie kurze Zeit in der kurhessischen Residenz geweilt und dort zum erstenmal eine Bildergalerie gesehen. Nun sollte ein längerer Aufenthalt »mitten auf dem Markt der Abenteuer« folgen.

Seit einigen Monaten wiegte sich Bettina in ihrem Goethetraum. Alle Tage waren von seinem Bild erfüllt. Nichts wünschte sie sehnlicher, als ihren angebeteten Genius in persona kennenzulernen. Ein wunderbarer Einfall ihres Schwagers Jordis half ihr. Er wollte sie auf eine längere Geschäftsreise nach Berlin mitnehmen, wenn sie Lulu überreden könne, ihn in Männerkleidung zu begleiten, und zur Belohnung würde der Rückweg ihr zuliebe über Weimar gehen. Die Männerkleidung hielt man für notwendig, weil nach der preußischen Katastrophe von Jena und Auerstedt ganz Norddeutschland von napoleonischem Militär besetzt war und eine Reise mit jungen Damen unter diesen Verhältnissen nicht ungefährlich schien. Beim Schneider wurden die notwendigen Kleidungsstücke bestellt. Bettina äußerte dazu fast dreißig Jahre später: »Ein Paar Hosen? – Ja! – Vivat! – Jetzt kommen andre Zeiten angerückt! – und auch eine Weste und ein Überrock dazu. Morgen wird alles anprobiert, es wird schon sitzen, denn ich hab mir alles bequem und weit bestellt, und dann werf ich mich in eine Chaise und reise Tag und Nacht Kurier durch die ganzen Armeen zwischen Feind und Freund durch ...«

Die Männertracht gestattete Bettina viele neue Freiheiten. Romanhaft ausstaffiert, hat sie ihre Fahrt nach Berlin beschrieben: »Die ganze Reise hab ich auf dem Bock gemacht; ich hatte eine Mütze auf von Fuchspelz, der Fuchsschwanz hing hinten herunter. Wenn wir auf die Station kamen, schirrte ich die Pferde ab und half auch wieder anspannen. Mit den Postillons sprach ich gebrochen Deutsch, als wenn ich ein Franzose wär. Im Anfang war schön Wetter, als wollt es Frühling werden, bald wurde es ganz kalter Winter; wir kamen durch einen Wald von ungeheuren Fichten und Tannen, alles bereift, untadelhaft, nicht eine Menschenseele war des Wegs gefahren, der ganz weiß war; noch obendrein schien der Mond in dieses verödete Silberparadies, eine Totenstille – nur die Räder pfiffen von der Kälte. Ich saß auf dem Kutschersitz und hatte gar nicht kalt; die Winterkält schlägt Funken aus mir; wie's nah an die Mitternacht rückte, da hörten wir pfeifen im Walde; mein Schwager reichte mir ein Pistol aus dem Wagen und fragte, ob ich Mut habe loszuschießen, wenn die Spitzbuben kommen, ich sagte: ›Ja.‹ Er sagte: ›Schießen Sie nur nicht zu früh.‹ Die Lulu hatte große Angst im Wagen, ich aber unter freiem Himmel, mit der gespannten Pistole, den Säbel umgeschnallt, unzählige funkelnde Sterne über mir, die blitzenden Bäume, die ihren Riesenschatten auf den breiten, mondbeschienen Weg warfen – das alles machte mich kühn auf meinem erhabenen Sitz.«

Am 23. April um die Mittagsstunde zog das Trio in Weimar ein. Das Ehepaar Jordis verzichtete auf einen Besuch am Frauenplan und legte sich zur Ruhe nieder. Da Bettina wohl unsicher war, ob sie im Goethehaus überhaupt empfangen würde, besorgte sie sich bei Wieland, dem Renommierfreund ihrer Großmutter, ein Empfehlungsschreiben. Es lautete: »Bettina Brentano, Sophiens Schwester, Maximilianens Tochter, Sophien La Roches Enkelin, wünscht dich zu sehen, l. Br., und gibt vor, sie fürchte sich vor dir, und ein Zettelchen, das ich ihr mitgäbe, würde ein Talisman sein, der ihr Mut gäbe. Wiewohl ich ziemlich gewiß bin, daß sie nur ihren Spaß mit mir treibt, so muß ich doch tun, was sie haben will – und es soll mich wundern, wenn dir's nicht ebenso wie mir geht.«

Die entscheidende Szene nahte. Es war gegen vier Uhr nachmittags. Bettina hatte dem Diener den Wielandschen Zettel übergeben und harrte im Besuchszimmer auf das Erscheinen der Exzellenz. Clemens hat sie diesen ersten Empfang beschrieben:

»Ich wartete in einem Zimmer, das voll kleiner Holzschnitte und Zeichnungen hängt, ich blieb bei einer Madonna in Holzschnitt stehen und dachte so in meinem Sinn, was Goethe wohl gedacht haben mochte, daß er es so schön eingerahmt hatte. Indem trat er herein, grüßt mich, führt mich auf sein Zimmer. Nachdem ich saß, rückt er sich einen Stuhl herbei. Nun, da sind wir ja, jetzt wollen wir schwätzen, bis Nacht ist, er sprach mir viel von Arnim, den hat er wirklich lieb, auch über Dich sagte er mir mancherlei Gutes und Schönes, was mir sehr lieb ist, er ist doch sehr gerecht und mild und auch nachsichtig, er hat eigentlich den wahren Respekt vor der menschlichen Natur. Wer vor ihm steht ohne Prätension, mit aufrichtiger Liebe, dem muß es wohlgehen bei ihm. Ich plauderte alles, was mir auf die Zunge kam, und er war damit zufrieden, ich sagte ihm, daß ich seine

Lebensgeschichte schreiben wollte, dies freut ihn, er eiferte mich ordentlich dazu an. Er war so ehrend in allem, was er sprach, ich konnte nicht begreifen, wie ihm alles so ernst war, was wir gegenseitig sprachen, ich fragte ihn darum, es ist einmal nicht anders und kann nicht anders sein, sagte er, nicht alle Menschen haben ein Recht auf mein Herz... Als ich wegging, steckte er mir einen Ring an den Finger und erinnerte mich nochmals an seine Biographie. Sein Leben will ich nicht schreiben, das kann ich nicht, aber den Duft seines Lebens will ich erschwingen und auffassen und zum ewigen Andenken seiner bewahren. Ach, lieber Clemens, was mir so wohl gefiel – ich war so ruhig bei ihm, er war mit mir wie mit einem Jugendgespielen.«

Ob Bettina auf Goethes Knien saß und an seiner Brust einschlief, wie sie in »Goethes Briefwechsel mit einem Kinde« erzählt, diese Frage kann nicht beantwortet werden. Sie ist wohl auch falsch gestellt, beruht auf einer Verwechslung von poetischer Erzählung und sachlichem Bericht, von imaginärer und realer Welt. Die Szene wäre für einen Antrittsbesuch so ungewöhnlich gewesen, daß Bettina sie in ihrem Briefbericht nicht übergangen hätte. Sie gehört nicht zur »Lebensgeschichte«, die sie weder schreiben wollte noch konnte, sondern zum »Duft seines Lebens«, den sie eines Tages hervorzuzaubern sich vornahm.

Wie dieser Überraschungsbesuch auf Goethe wirkte, wissen wir nicht exakt. In sein Tagebuch trug er unterm 23. April lediglich ein: »Mamsell Brentano.« Ganz ohne Mißklang ging es wohl nicht ab, zumindest wurde nachträglich über diesen Damenbesuch gespöttelt. Als seine Mutter in ihrem nächsten Brief ein paar enthusiastische Worte Bettinens zitierte, schrieb er von Jena aus an seine Frau: »Diese wenigen Zeilen haben ihr mehr bei mir geschadet als Deine und Wielands Afterreden.« Aber nach Frankfurt berichtete Christiane nur Gutes und Frau Rat teilte ihrer jungen Freundin nach Kassel mit, wie sehr sie ihrem Sohne bei ihrem Auftritt in Weimar gefallen habe. Daraufhin entschloß sich Bettina am 15. Juni, einen Brief an Goethe zu schreiben.

Bettina war damals zweiundzwanzig Jahre alt. Um kundzutun, was ihr auf den Nägeln brannte, konnte sie nicht als erwachsene Frau schreiben. Sie schlüpfte deshalb in die Rolle des Kindes und versetzte sich auf die Ebene des Imaginären. Sie schrieb nicht an den weimaranischen Minister oder den berühmten Schriftsteller, sondern an ein »Idol«; sie wandte sich »wie die Sonnenblume nach meinem Gott«. Die konventionellen Briefgepflogenheiten ließ sie ganz außer Betracht; sie äußerte keinen Wunsch, sandte keinen Gruß, plauderte nicht von seiner Mutter, sondern bekannte ihre Liebe. Der angebetete Halbgott soll wissen, »wie mächtig mich die Liebe in jenem Augenblick zu Ihnen hinwendet«, und sie darf sich nicht scheuen, sich diesem Gefühl hinzugeben. Denn diese Liebe ist der Ausdruck einer schicksalhaften Bestimmung, in ihr offenbart sich das »Göttliche«. »Denn ich war's nicht, die mir es ins Herz pflanzte«, erläuterte sie. Der Leser weiß nicht, ob da ein Gott menschliche Züge annimmt oder ein Geliebter vergöttlicht wird. Beides vermischt sich. Plötzlich preist sie »den Mann glücklich, den die Bettine so sehr liebt«, und er soll das »in freundlicher Großmut bejahen«. Sie schließt mit dem Ausruf: »Weh mir, wenn dies alles nie zur Wahrheit wird.« Dieser Brief enthüllt geheime und tiefsitzende Gedanken der Schreiberin, die ihr Leben und Denken über Jahrzehnte hin beherrschen sollten. Die Hauptmotive ihres großen Themas »Goethe«, deren Durchführung Generationen von Lesern in Verwirrung stürzen sollte, sind hier zum ersten Male deutlich angeschlagen.

Eine Antwort auf diesen Brief erfolgte nicht. Am Ende war er ja auch unbeantwortbar. Einen Briefwechsel dieser Art wollte der fast sechzigjährige Goethe nicht provozieren. Freilich als lästige Bremse mochte er das kleine enthusiastische Persönchen auch nicht abtun. Er war froh, daß seine Mutter eine aufgeschlossene Gesellschafterin gefunden hatte, und so fand er es passend, in einem Brief an sie ein paar freundliche Zeilen über Bettinas Epistel einzuflechten. Die Frau Rat, eine erfahrene Menschenkennerin, durchschaute die Schwierigkeiten, die Zurückhaltung ihres Sohnes und den alles verderbenden Übereifer ihrer jungen Freundin. Sie hielt es darum für angemessen, Bettinas Enthusiasmus zu zügeln. Wie sie sich in ihrer Mittlerrolle verhielt, geht aus ihrem Brief vom 8. September 1807 hervor. Dort schrieb sie: »Bettina Brentano ist über die Erlaubniß dir zuweilen ein plättgen zuschicken zu dürfen entzückt – antworten solt du nicht – das begere sie nicht – dazu wäre sie zu gering – belästigen wolle Sie dich auch nicht – nur sehr selten – ein Mann wie du hätte größeres zu thun als an Sie zu schreiben –

Sie wolte die Augenblicke die der Nachwelt und der Ewigkeit gehörten nicht an sich reißen.«

Das war natürlich gar nicht nach Bettinas Geschmack, und so widersprach sie in ihrem eigenen Brief den von der alten Frau geäußerten Ansichten lebhaft: »Ihre Mutter schrieb, wie von mir, daß ich keinen Anspruch an Antworten mache, daß ich keine Zeit rauben wollte, die Ewiges hervorbringen kann; sie hat unrecht gehabt, denn ich mögte gern alle Zeit, alle verfloßne und alle zukünftige, Ihnen rauben, wenn mir's möglich wäre, ohne böses Gewissen zu haben …«

Auf diesen zweiten Brief reagierte Goethe überhaupt nicht. Diese Enttäuschung hinderte sie nicht, ihr Traumgespinst weiter zu kultivieren. »Seine Büste steht auf meinem Tisch, oft leg ich die Hand an die kalte breite Stirn, so lebendig ist das Bild, daß ich glauben muß, er winkt mir, er lacht, er scheint traurig, je nachdem ich es selbst bin, alles wie unter einem Schleier.« Und Trost fand sie weiterhin bei Goethes Mutter, die sie noch immer regelmäßig aufsuchte mit ihrem Schreibbuch unterm Arm, um Erinnerungen zu notieren und zu plaudern. Einen Brief der Frau Rat, den sie zur Beförderung übernahm, nutzte sie als Anlaß, am 6. Oktober einen dritten Brief nach Weimar zu senden. Hin- und hergerissen zwischen ihrem Bedürfnis nach kultischer Anbetung und dem Zweifel, ob ihr Ruf nicht etwa doch mißfalle, unterschrieb sie: »Bettine – Euer Kind, Dein Herz und gut Mädgen, das den Goethe gar zu lieb hat, allein über alles lieb hat und sich mit seinem Andenken über alles trösten kann.« Auch auf diesen dritten Brief kam keine Antwort. Aber völlig mißfallen haben Goethe die von Bettina angeschlagenen Töne wohl kaum, sonst hätte er nicht einzelne ihrer Briefwendungen in seinen Sonettenzyklus übernommen, den er – Minna Herzlieb widmete.

Um nicht länger im ungewissen zu sein über die tatsächliche Haltung Goethes zu ihrer jugendlichen Schwärmerei, nutzte sie eine neue, ganz unerwartete Chance, sich an Ort und Stelle persönlich zu überzeugen. Gunda Savigny wollte ihrer jüngeren Schwester nicht nachstehen und setzte bei ihrem Manne durch, auf der Rückreise von Wien die Route über Weimar zu nehmen und dem berühmten Dichter einen Besuch abzustatten. Als Bettina davon erfuhr, faßte sie den Plan, zusammen mit ihrer Schwester Meline den Verwandten entgegenzufahren. Clemens, der sich in Giebichenstein bei dem Musiker Reichardt und seinem Dichterfreund Arnim aufhielt, wurde gleichfalls verständigt. Es kam gleichsam zu einem improvisierten Familientreffen in Weimar, in dessen Mittelpunkt Goethe stand.

Als erste waren Bettina und ihre Schwester Meline zur Stelle. Es war am 1. November. Ohne die Ankunft Savignys abzuwarten, eilten die beiden am Nachmittag zu dem Haus am Frauenplan, wo sie liebenswürdig empfangen und für den nächsten Tag zum Mittagessen eingeladen wurden. Am Abend begegneten sie dem Dichter noch ein zweites Mal im geselligen Kreis der Schriftstellerin Johanna Schopenhauer. Am folgenden Tage traf das Ehepaar Savigny ein und am 8. November auch Clemens Brentano, Arnim und Reichardt. Zehn Tage lang belagerte der Schwarm das Goethehaus, und dem Dichter wurde das offenbar nicht zu viel. Er lud die jungen Leute, die trotz ihrer entfernten Bekanntschaft doch eigentlich nur Durchreisende waren, immer wieder zu sich, erwies seinen Gegenbesuch, traf sich mit ihnen auf Abendgesellschaften, zum Konzert, bei Besichtigung der herzoglichen Bibliothek, im Theater, auf Spaziergängen. Bettina sah Goethe wiederholt allein. Unkonventionell wie sie war, erschien sie auch uneingeladen bei ihm. Der Höhepunkt dieser zweiten Begegnung liegt zweifellos in der Szene, die sich am 4. November in der Bibliothek abspielte. Vor der Goethebüste von Trippel blieb sie mit dem Dichter stehen und küßte sie. »Auf der Bibliothek da konnte ich nicht umhin, mich zu Deiner jungen Büste aufzuschwingen und meinen Schnabel gleichsam wie eine junge Nachtigall daran zu wetzen, Du breiter voller Strom …«, schrieb sie Anfang Januar 1808 an Goethe. Die Szene hat der Dichter in dem Sonett »Das Mädchen spricht« poetisiert:

> Du siehst so ernst, Geliebter! Deinem Bilde
> Von Marmor hier möcht ich dich wohl vergleichen:
> Wie dieses gibst du mir kein Lebenszeichen.
> Mit dir verglichen zeigt der Stein sich milde.
>
> Der Feind verbirgt sich hinter seinem Schilde,
> Der Freund soll offen seine Stirn uns reichen.
> Ich suche dich, du suchst mir zu entweichen;
> Doch halte stand, wie dieses Kunstgebilde.

An wen von beiden soll ich nun mich wenden?
Sollt' ich von beiden Kälte leiden müssen,
Da dieser tot und du lebendig heißest?

Kurz, um der Worte mehr nicht zu verschwenden,
So will ich diesen Stein so lange küssen,
Bis eifersüchtig du mich ihm entreißest.

Bettina hat dieses Sonett nicht mit in ihr Goethebuch übernommen, weil des Dichters Zurückhaltung der Fiktion dieser Dichtung widersprach. In ihm spiegelt sich deutlich die wirkliche Reaktionsbasis des bejahrten Mannes. Sobald Bettina in jenen Tagen allzu stark entflammte und ungeduldig auf ihren Erfolg zufliegen wollte, verhielt sich der Dichter reserviert. Gegenüber Riemer soll sie damals geklagt haben, daß der Verehrte »so wunderlich und sonderbar sich gegen sie zeige«. Und auch ihr erster Brief nach dieser erneuten Begegnung erwähnt, daß sie jetzt glücklicher im Andenken des Vergangenen sei, als sie es im Augenblick des Erlebens war. »Meine eifrige Liebe hatte so schnell eindringende Wolken gesammelt ...«

Als dann am 10. November die »ganze Karawane in drei Kutschen« nach Kassel abreiste, hatte Bettina dennoch Entscheidendes erreicht: Sie hatte Goethe die Duzfreundschaft, das erste Symbol der völligen Vertraulichkeit, abgewonnen und dazu die Erlaubnis, ihm so oft zu schreiben, wie es ihr gefiel. Sie fühlte sich angenommen und bestätigt.

7.
Etappe München

Wie sollte es weitergehen? Bettina hatte nun Goethe wiedergesehen und konnte in ihr Erlebnisbild ein paar neue Details einbauen. Doch vermochte sie nicht alle ihre leeren Stunden mit der Anbetung ihres Idols auszufüllen. Zurückgekehrt in den Frankfurter Alltag, versank ihre erlebnishungrige Seele bald wieder im Schlamm der Langeweile und in der Routine des Familienclans. Sie war vom Fluch des Brentanoschen Reichtums gezeichnet, nicht arbeiten zu müssen. Sie brauchte auch über keine häusliche Gemeinschaft zu wachen. Das war das Vorrecht der Schwägerin Toni, der Frau ihres Bruders Franz. Sie klimperte auf dem Klavier, versuchte ein Goethelied zu komponieren, ohne diese Versuche mit Konsequenz zu verfolgen. Sie verlachte die Konventionen ihrer »seriösen« Familienmitglieder und bekundete in jeder Weise ihre Abneigung gegen die Mittelmäßigkeit ihrer Umgebung, ohne sich jedoch zu einer Tat aufraffen zu können. Selbst die schöne Meline, von der Goethes Mutter gesagt haben soll, die Stadt sollte sie malen lassen und sollte sie auf den Ratsaal hängen, da könnten die Kaiser sehen, was ihre gute Stadt für Schönheiten hat, distanzierte sich innerlich von ihrer »närrischen« Schwester. An Savigny schrieb sie am 22. 6. 1808 aus Winkel: »Die Bettine und ich passen gar nicht zusammen; ich bin ihr in allem bis auf die geringste Kleinigkeit ganz entgegengesetzt; wie sollte sie daher wissen können, was mir nötig tut? Ich kenne Bettine nur wenig, sie kennt mich nur wenig. Ich bin ihr durchaus nichts im Leben, so wie sie mir nichts. Wir lieben uns gegenseitig, weil wir uns nicht im Wege stehen, sowie wir uns gegenseitig nicht lieben würden, wenn dies der Fall wäre. Ich habe die größte Achtung für ihren Verstand, den ich verehren, aber nicht begreifen kann. Ich glaube mit Dir, daß sie feinen Takt hat, um Menschen zu beurteilen, aber nur was den Geist angeht, ins Bürgerliche, worin ich stehe, kann sie nicht einsehen ...« Und die alte Frau Rat Goethe beobachtete wohl richtig, wenn sie an ihre Schwiegertochter über Bettina schrieb: »... sie hat hier im eigentlichen Verstand niemand wie mich.«

Deshalb begrüßte die innerlich Heimatlose jeden Milieuwechsel, der ein wenig frische Luft verhieß. Sie war stets bereit, von Frankfurt zu »emigrieren«. Als der Schwager Savigny eine Berufung an die bayrische Universität Landshut annahm, war auch sie sofort geneigt, ihren Aufenthaltsort zu wechseln, sich ihm anzuschließen und ein neues Erlebnisfeld zu suchen.

Es wurde vereinbart, daß Bettina die Betreuung der Savignykinder übernehmen sollte, des dreijährigen Bettinchens, genannt Poulette, und des sechs Monate alten Franz. Sie stieg also erstmals mit einem festen Auftrag in den Reisewagen. Auch Clemens, dessen Lage wieder einmal »bodenlos« geworden war, beschloß gleichfalls zusammen mit seiner zweiten Frau Auguste nach Landshut umzusiedeln. Mitte September des Jahres 1808 setzte sich die Karawane in Bewegung. Freund Arnim, der von Heidelberg herübergeeilt war, gab bis Aschaffenburg das Geleit. Dann fuhr die Reisegesellschaft über Würzburg, Nürnberg, Regensburg nach Landshut. Da dort noch keine Wohnung eingerichtet war, fuhr man weiter nach München. Bettina bezog Quartier bei Madame de Moy, einer alten Bekannten der Brentano-Familie, die in Offenbach einen emigrierten französischen Aristokraten geheiratet hatte und nun im Zentrum Münchens in der Rosengasse, nahe dem Marienplatz, ein Modemagazin führte. Dort in der dritten Etage des alten »Pilgramhauses« ließ sich Bettina zusammen mit Gunda und den Kindern in zwei möblierten Zimmern nieder. Hier wurde an einem alten Kamin Schokolade gekocht oder etwas gebrutzelt, auf einem alten Klavier musiziert, und abends saßen Madame Moy und ihr Anhang samt der hübschen Putzmacherin um den Tisch, und Bettine las aus Molière und Shakespeare vor. Das Lesekränzchen der Aufklärungszeit war installiert. Die romantische Geselligkeit blühte auf.

Bettina kam nach München, als diese Stadt begann, ein neuer Sammelpunkt der Romantiker zu werden, nachdem sich der Jenenser und Heidelberger Kreis aufgelöst hatte. Dieses Ziel wurde zwar erst nach den Befreiungskriegen, als König Ludwig I. die Regierung antrat, erreicht; aber hier wirkten bereits der Philosoph Schelling mit seiner Frau Karoline und der Philosoph Franz Baader, dessen theosophische Spekulationen schon Novalis und Friedrich Schlegel als ihrer Naturphilosophie verwandt erkannten und mit Interesse verfolgten. Im Oktober kam der Dichter Ludwig Tieck mit seiner Schwester Sophie und ließ sich für längere Zeit in einer splendiden Wohnung am Max-Joseph-Platz nieder. Auch die Brüder Sulpiz und Melchior Boisserée, die das Sammeln altdeutscher Kunstdenkmäler betrieben, stellten sich ein. Bettina brauchte ihre Münchner Tage nicht hinter zugezogenen Gardinen zu verbringen, sie fand dort Gefährten, die ihrer Geisteshaltung verwandt waren und an denen sie sich messen konnte.

Gleich an einem der ersten Tage wurde sie von Savigny bei Friedrich Jacobi eingeführt, einem Philosophen, der 1805 nach München berufen worden war und Präsident der Bayrischen Akademie der Wissenschaften wurde, einem subjektivistischen Gefühlsmetaphysiker, den Friedrich Schlegel neben Kant, Schelling und Fichte zu den vier Systemhäuptern der damaligen deutschen Philosophie rechnete. Er verkehrte in seiner Jugend im Hause der Sophie La Roche, hatte Bettinas Mutter Maxe verehrt und stand seinerzeit in engerem persönlichem Kontakt zum jungen Goethe. Es gab also hinreichende Anknüpfungspunkte, und schon am 5. Oktober konnte Bettina mitteilen: »Zu Jacobi gehen wir beinah alle Tage, dem Clemens gefällt er über alle Maßen, vorzüglich durch sein sehr bescheidenes, freundliches Wesen gegen ihn; so gleiche ich in seinen Augen meiner Mutter, in die er auch verliebt war, so sehr, daß ich ihm ebenfalls eine sehr angenehme Erscheinung bin.«

Sie zögerte nicht, diesem 65jährigen Witwer, den zwei ältliche, ihr unsympathische Stiefschwestern betreuten, zu sagen: »Es hat mich zuweilen mit schneller Ahndung vor dem Antlitz eines Menschen eine Liebe ergriffen, die ich nicht zu deuten wußte, mit welcher ich nichts erreichen wollte, unabhängig von allen übrigen Verhältnissen meines Lebens.« Es scheint, sie hatte vorübergehend ein Ersatzidol für Goethe gefunden. Wenn sie sich ihre Gefühle nicht zu deuten wußte, so dürfen wir sagen, daß sie bei älteren Männern – und Jacobi sollte nicht der letzte sein – ein imaginäres Liebeserlebnis suchte. Liebe war zu jener Zeit für Bettina eine innerliche, rein subjektive Erfahrung, die sie in keiner Weise verpflichtete, ihr eine Selbstbestätigung war und doch ermöglichte, wirklicher Liebeserfahrung aus dem Wege zu gehen.

Bettina schlüpfte nun nicht mehr in die Rolle des Kindes, wie sie das in Frankfurt zu Füßen von Frau Aja und in Weimar am Frauenplan getan hatte. In München setzte sie sich als kleine kapriziöse Exzentrikerin in Szene, die mit paradoxen Behauptungen und pikanten Geständnissen bei ihren Zuschauern triumphierte. Bei Jacobi begegnete ihr Wilhelm von Humboldt bei seiner Durchreise von Rom nach Berlin, und er schreibt darüber fasziniert an seine Frau: »Eine junge Brentano, Bettina, 23 Jahre alt, Carl Laroches Niece, hat mich hier in das größte Erstaunen versetzt. Solche Lebhaftigkeit, solche Gedanken- und Körpersprünge (denn sie sitzt bald auf der Erde, bald auf dem Ofen), so viel Geist und so viel Narrheit ist unerhört. Das nach sechs Jahren in Italien zu sehen, ist mehr als einzig. Sie hat mir den Tod der Günderode erzählt. Man ist wie in einer andern Welt.«

Das ist das erste Dokument aus der Feder eines kompetenten

Beobachters, und es bezeugt, daß die Persönlichkeit Bettinas unter den anerkannten Vertretern des intellektuellen Lebens Beachtung fand, ja, wie sie im Begriff stand, zu einem Mittelpunkt der Geselligkeit humanistisch orientierter Zirkel zu werden.

Inzwischen war auch der Dichter Ludwig Tieck mit Gefolge in München eingetroffen. Dieser populäre Erzähler aus dem Kreis der Frühromantiker – damals Mitte der Dreißig – war für Bettina kein Unbekannter. Schon im Herbst 1806, als er von seiner Romreise zurückkehrte, war er in Frankfurt aufgetaucht und hatte acht Tage in dem Labyrinth des »Goldenen Kopfs« zugebracht. Auf Bettinas Zimmer las Tieck ein Shakespeare-Stück, und sie sang so wunderbar schön vor ihm, »ihren wilden Seelenschlag«, wie Clemens an Arnim berichtete, und er vergaß nicht hinzuzufügen, daß Tieck darüber bis zu Tränen gerührt war. Schon damals waren sie auf du und du gekommen, ja sie hatte sich in den bewunderten Dichter verliebt und ihm die Worte nachgesandt: »Ich habe Sie unendlich lieb, und abermals: Ich habe Sie unendlich lieb. Und doch, was ist diese Liebe – als vom Zaune gebrochen. Ein frisch grünendes Reis, um solch ein strahlend Haupt! Und deswegen bin ich es auch, jung – im Frühling muß man es suchen, wenn man es haben will, ein einziger Sonnenstrahl zu viel nimmt die glänzende Farbe hinweg – und hiermit Ihnen ans Herz, lieber Tieck!« Diesem Billett schickte sie vierzehn Tage später einen ausführlichen, nicht minder herzlich gehaltenen Brief nach. Aber sie erhielt keine Antwort. Der Angerufene stand im Begriff, nach langer Abwesenheit zu seiner Familie und seiner Freundin Henriette von Finckenstein zurückzukehren.

Das alles hatte Bettina nicht vergessen, und so verwundert es kaum, daß sie gleich am zweiten Vormittag nach seiner Ankunft in der bayrischen Metropole mit ihm und Sulpiz Boisserée in der Bildergalerie zusammentraf. Bald besuchte er sie, und sie verbrachten den Abend »in dem allertraulichsten Gespräch«. An ihren Schwager schrieb sie: »Ich kenne wenig Menschen, die durch ihren Geist so bestimmt Einfluß auf mich haben als Tieck. Er hebt meine Natur ...« Aber dieses Idyll wandelte sich bald zur Komödie der Irrungen. Tieck fing bei einer anderen jungen Dame Feuer, und das konnte Bettinas Eitelkeit freilich gar nicht gefallen. Anfang Dezember meldete sie ihrem Schwager: »Der Tieck ist in die Fräulein Wiebeking verliebt und kann mich deshalb weniger leiden, und so wäre ich dann verstoßen und verschimpelt!« Im Bewußtsein ihrer Überlegenheit pflegte sie in solchen Situationen nicht aufzugeben. Die Umstände kamen ihr zu Hilfe. Gegen Ende des Jahres wurde Tieck von einem neuen schweren Gichtanfall heimgesucht, der ihn monatelang ans Bett fesselte, und nun war es wieder Bettina, die ihn unermüdlich pflegte und ihm Gesellschaft leistete. Verliebt war sie dabei nicht mehr, hatte aber den Ehrgeiz, als aufopferungsvolle Krankenpflegerin eines berühmten Dichters ihr Bestes zu geben. Karoline Schelling, die bedeutendste Frau aus dem Kreis der Frühromantik, hat sie in einem Brief porträtiert:

»Hast Du noch nicht von ihr gehört? Es ist ein wunderliches kleines Wesen, eine wahre Bettine (aus den ›Venezianischen Epigrammen‹) an körperlicher Schmieg- und Biegsamkeit, innerlich verständig, aber äußerlich ganz töricht, anständig und doch über allen Anstand hinaus; alles aber, was sie ist und tut, ist nicht rein natürlich, und doch ist es ihr unmöglich, anders zu sein. Sie leidet an dem Brentanoischen Familienübel: einer zur Natur gewordenen Verschrobenheit, ist mir indessen lieber wie die andern … Hier kam sie mit ihrem Schwager Savigny her, welcher in Landshut angestellt ist, blieb aber ohne ihn, um singen zu lernen und Tieck zu pflegen, der seit Weihnachten an der Gicht kläglich daniederliegt und viel zartes Mitleid erregt. Den Leuten, die ihn besuchten, hat sie viel Spektakel und Skandal gegeben; sie tändelt mit ihm in Worten und Werken, nennt ihn du, küßt ihn und sagt ihm dabei die ärgsten Wahrheiten, ist auch ganz im klaren über ihn, also keineswegs etwa verliebt. Ganze Tage brachte sie allein bei ihm zu, da seine Schwester auch lange krank war und nicht bei ihm sein konnte. Manche fürchteten sich ihretwegen hinzugehn, denn nicht immer gerät ihr der Witz, und kann sie wohl auch grob sein oder lästig. Unter dem Tisch ist sie öfters zu finden wie drauf, auf einem Stuhl niemals. Du wirst neugierig sein zu wissen, ob sie dabei hübsch und jung ist, und da ist wieder drollicht, daß sie weder jung noch alt, weder hübsch noch häßlich, weder wie ein Männlein noch wie ein Fräulein aussieht.«

Mit liebevollen Augen ist Bettina hier nicht gesehen. Der Gestus der Schilderung deutet jedoch auf Fairneß und objektive Distanz, und das ehrt Karoline, denn die beiden Frauen standen in München auf sehr gespanntem Fuß. Es war nicht nur der Generationsunterschied, der die Dreiundzwanzigjährige von der Fünfundvierzigjährigen trennte. Karoline war ein harmonischer Mensch; sie bezauberte durch Anmut, Geist und Liebenswürdigkeit, während Bettina daneben wie ein ungebärdiges Kind wirkte. Zwischen diesen beiden Typen ist es schwer, eine Brücke zu finden.

Bettina genoß in München zweifellos ihre Selbständigkeit. Daß sie in der Stadt allein zurückblieb, als die Schwester und die Kinder nach Landshut zogen, nachdem dort die Wohnung installiert war, wurde von Savigny großzügig gebilligt, zumal sie es sachlich mit ihrem Interesse an der Ausbildung im Gesangsfach begründete. Bettina hatte den Kapellmeister der Münchner Hofoper, Peter Winter, kennengelernt, einen Opernkomponisten aus der Generation Mozarts, der von ihrer Stimme begeistert war. »Es hat mich ordentlich geschaudert, da er mir sagte, nachdem ich ihm etwas gesungen hatte, ich habe eine Ähnlichkeit in der Stimme mit der Grassini, und wenn ich hier bleiben wolle, so würde er mich alle Rollen, die er für sie geschrieben hat, lehren.« Nun war Winter kein beliebiger Musikant. Er war zwar kein Mozart, aber immerhin ein Mann vom Range Salieris, dessen Opern damals europäischen Ruf genossen, ein gewiefter Theaterfachmann und kompetenter Musiker. Er wußte, wie eine Koloratur zu meistern war. Offenbar entdeckte er bei Bettina ein beachtliches Musikverständnis, die seedeckte er bei Bettina ein beachtliches Musikverständnis, die seelische Anlage zu einer wirklichen Künstlerin und eine ausbildungsfähige suggestive Stimme. Wir schließen aus, daß er, der ja immerhin königlicher Hofkapellmeister war und als solcher bezahlt wurde, diese Schülerin bloß um des Honorars willen angenommen hat. Hingegen kann der Einfluß des erotischen Moments eine Rolle mitgespielt haben, denn Bettina erwähnt unterm 11. Februar 1809: »Denkt nur, die Leute sagen, der Winter sei in mich und ich in ihn verliebt.«

Täglich waren zwei Unterrichtsstunden angesetzt, eine am Morgen und eine am Abend, teils bei Winter am »Englischen Garten«, teils bei Bettina in der Rosengasse. Manchmal mußte sie schon morgens um 6 Uhr erscheinen. Das Studium wurde also mit großer Intensität betrieben, an Ernst und gutem Willen hat es nicht gefehlt. Am 9. Mai 1809 schrieb Bettina nach Landshut: »Nun bin ich aber wie ein Kind am Gängelbande einer etwas dummen Amme (die jedoch ihr Amt versteht), an dem des alten Winter, und ich muß Euch gestehen, daß ich recht im festesten Sinn habe, es mit dem Lernen so weit zu bringen als möglich. Leider geht es aber sehr langsam.«

Die humorvolle Seite dieser Stunden lernen wir aus den »Lebenserinnerungen« Ludwig Grimms, des jüngsten der Brüder Grimm aus Kassel, kennen, der sich damals in München zum Grafiker ausbilden ließ. Er berichtete: »Am schönsten war es, wenn der alte kolossale Kapellmeister Winter kam und ihr Singunterricht gab. Wenn er kam, sagte sie ihm so viel Artigkeiten, daß der alte Riese ganz freundlich wurde, sich ans Klavier setzte und nun anfing, auf dem Klavier herumzuschlagen und mit den großen Händen darauf loszuhämmern, daß jedesmal nachher der Flügel verstimmt, oft auch die Saiten gesprungen waren. Wenn sie nun neben ihm stand und sang, so sah sie aus wie ein klein Kind; da stellte sie sich einen Stuhl hinter ihn und stieg hinauf und schlug mit einer Rolle Noten den Takt auf seinem großen Kopf, der reichlich mit weißen Haaren bedeckt war... Manchmal wurde er über der Bettine ihren Mutwillen, besonders aber über das Taktschlagen auf seinem Kopfe mißmutig und stand erzürnt auf und wollte gehen. Wie der Blitz aber hatte die Bettine die Tür schon abgeschlossen, besänftigte ihn und ließ ihn nicht zu Worte kommen, und nach einem Glas Zuckerwasser, das sie ihm recht süß machte, hörte der Vulkan auf zu toben, setzte sich, und die Stunde nahm wieder ihren Fortgang.«

Es bleibt zu vermuten, daß Winter seine Schülerin bis zur Bühnenreife bringen wollte. Als er merkte, daß es dazu nicht reichte, erlahmte er. Trotzdem war dieses so gründlich betriebene Studium für Bettina nicht vergeblich. Nicht nur daß sich ihre Stimme wesentlich erweiterte, wie sie selbst sagt, und daß sie nun einen faszinierenden Empfindungsreichtum auszudrücken vermochte, wie ein musikbeflissener Student alsbald in Landshut feststellte; die einst in Offenbach und Frankfurt so verspielte Dilettantin war durch den Umgang mit Winter in ihrem Musikverständnis so gefestigt und gereift, daß sie nun auch darauf vorbereitet schien, einem Beethoven gegenüberzutreten.

Sosehr es Bettina darauf anlegte, die Welt durch ihr Benehmen und ihren Geist aufhorchen zu lassen, so sehr fürchtete sie den Skandal vor der Münchner Gesellschaft. Und dieser Skandal kam von einer Seite auf sie zu, von der sie ihn am wenigsten erwartete, von ihrer Familie, von jener Schwägerin Auguste, mit der sie im letzten September zusammen im selben Reisewagen nach Bayern gefahren war. Schon bei der überstürzten Eheschließung ihres Bruders Clemens waren ihr die schlimmsten Befürchtungen gekommen, und in der Tat entwickelte sich das Verhältnis der beiden Gatten zu einer »verfluchten Ehestandszankschaft«, wie Arnim meinte. Der Ehering soll schon wenige Tage nach der Hochzeit in schlankem Bogen zum Fenster hinausgeflogen sein. Die verwöhnte Tochter aus der Frankfurter Hochfinanz spielte das launenhafte, unbändige und freche Enfant terrible, dem es Spaß machte, den Ehemann herauszufordern und bis aufs Blut zu peinigen. Der selber höchst kapriziöse Clemens sah sich nicht in der Lage, diese Komödiantin zur Vernunft zu bringen, und wußte sich nicht anders zu helfen, als daß er die Flucht ergriff und nach München zu Bettine durchbrannte. Auguste, die das ausspionierte, fuhr ihm nach. Clemens, der einen Wink von Savigny erhielt, verschwand für sechs Wochen in einem bayrischen Jagdschlößchen. Um ihn zur Rückkehr zu bewegen, veranstaltete die von Trivialromanen inspirierte junge Dame eine öffentliche Skandalszene. In einem der Münchner Restaurants spielte sie die vom Schicksal getretene unschuldige Frau, die, von ihrem Mann böswillig verlassen, in einem inneren Aufruhr der Verzweiflung aus dem Leben scheiden will. Sie ließ Bettina herbeirufen, und in ihrer Gegenwart simulierte sie einen Selbstmord, indem sie aus einer Strohflasche eine obskure Flüssigkeit in ein Glas mit Malaga mischte und zum Trunk ansetzte. »In diesem Augenblick übernahm mich Zorn und Angst, daß ich ihr das Glas aus der Hand schlug«, berichtet Bettina. Es kam zum Handgemenge, bei dem Bettinas Nerven so versagten, daß ihr Körper zuckte und sie in einen hysterischen Schreikrampf ausbrach. Inzwischen simulierte Auguste die Sterbende, wobei sie alle Umstehenden »durch unerträgliches lügenhaftes Geschwätz« rührte. Man brachte sie schließlich auf das Zimmer, das Bettina für Clemens ihrem Haus gegenüber gemietet hatte, Ärzte wurden geholt, der Hofprediger der Königin alarmiert. Das angebliche Gift erwies sich bei näherer Untersuchung als harmlose Flüssigkeit. Der Patientin mit dem dramatischen Schauspielernaturell wurde angedeutet, daß ihr die polizeiliche Ausweisung drohe, weil der

König Selbstmörderinnen nicht toleriere. Nach zwei oder drei Tagen verschwand sie. Drei Jahre später wurde die Scheidung ausgesprochen.

Bettina nannte diesen Münchner Tag in einem Brief an Savigny den elendsten ihres Lebens und meinte, »geht Auguste von hier nicht weg, so werde ich wegmüssen«.

Sie war bereit, sich jederzeit auch mit Alltagsdingen herumzuschlagen, und hatte dabei soeben ihre Energie bewiesen. Aber der Selbstmordversuch der »Gift-Marzibille« im Gasthaus war zum Münchner Stadtgespräch geworden, und das zu einer Zeit, als Bettina mit dem etwa gleichaltrigen Kronprinzen Ludwig in Kontakt gekommen war. Sollte sie nun beschämt vom Schauplatz abtreten in dem Augenblick, da sie sich Hoffnungen machte, zum Rang einer Grassini aufzusteigen? Wenigstens vor dieser Enttäuschung bewahrte sie die eilige Abreise der mißratenen Schwägerin.

Während das Familienungewitter über sie niederging, wurden die politischen Verhältnisse immer unsicherer. Österreich bereitete die Erhebung gegen Napoleon vor. Acht Tage, nachdem unter Augustes Vergiftungskomödie der Schlußstrich gezogen war, schrieb Bettina an Goethe: »... heute spricht man vom Krieg mehr wie jemals; die Bibliotheksdiener rennen umher, um ausgeliehene Manuskripte und Bücher wieder einzusammeln, denn alles wird eingepackt.« Sie war über die politischen Verhältnisse damals bestens informiert durch den Grafen Friedrich von Stadion, einen Bruder des österreichischen Staatskanzlers, der einst ihre Mutter verehrt hatte, durch den Großvater La Roche weitläufig mit ihr verwandt war und als kaiserlicher Diplomat den Anschluß Bayerns an Österreich bewirken sollte. Sie nannte ihn ihren »einzigen Freund« hier, den einzigen Mann, »den ich oft sehe«. Während Napoleon in einen aufreibenden Guerillakrieg der Spanier verwickelt war, sollte in Österreich der antinapoleonische Volkskrieg ausgerufen werden. Man hoffte auf Anfangserfolge und meinte, daß sich dann auch Norddeutschland dem Befreiungskampf anschließen würde. Das war ein kühner Plan mit vielen Unbekannten. Die bayrische Regierung ließ sich nicht aus dem Rheinbund herauslösen. Am 15. März 1809 verließ der kaiserlich-österreichische Gesandte Stadion München. Seine Mission war gescheitert.

Bettina war unter seinem Einfluß eine passionierte Gegnerin

Napoleons und eine Anhängerin des Volksaufstands der Tiroler geworden. Noch Anfang August, als der Krieg längst verloren war, die österreichischen Truppen aus Tirol abzogen, Franzosen und Bayern in das Land einmarschierten und die Tiroler den Kampf dennoch auf eigene Faust ohne Unterstützung durch eine reguläre Armee fortsetzten, teilte sie Goethe ihre Bewunderung für die freiheitliebenden Tiroler Bauern mit: »Diesen ganzen Sommer bin ich nicht ans Sonnenlicht gekommen. Die Gebirgsketten, die einzige Aussicht, die man von hier hat, waren oft von den Flammen des Kriegs gerötet, und ich habe meinen Blick nie mehr zwingen können, sich dahin zu wenden, wo der Teufel ein Lamm würgt, wo die einzige Freiheit eines selbständigen Volkes sich selber entzündet und in sich verlodert. Diese Menschen, die mit kaltem Tritt über ungeheure Felsklüfte schreiten, die den Schwindel nicht kennen, machen alle andre, die ihnen zusehen, von ihrer Höhe herab schwindlig; es ist ein Volk, das für den Morgen nicht sorgt, dem Gott unmittelbar, grade wenn die Stunde des Hungers kömmt, auch die Nahrung in die Hand gibt, das, wie es den Adlern gleich auf den höchsten Felsspitzen über den Nebeln ruht, auch so über den Nebeln der Zeit wohnt, das lieber im Licht untergeht als wie im Dunklen ein ungewisses Fortkommen sucht. O Enthusiasmus des eignen freien Willens, du bist so groß, daß du allen Genuß, der über ein Leben verbreitet ist, wohl in einem Augenblick zusammenfassest, darum läßt sich um einen solgen Moment auch wohl das Leben wagen.«

Bettinas Begeisterung für die Tiroler war zu jener Zeit wohl mehr eine gefühlvolle Geste. Sie schien sich nicht daran zu stoßen, daß sie in einem Lande lebte, das gegen die Österreicher Krieg führte, Tirol annektierte und den Aufstand grausam niederdrücken half. Als der bayrische König aus dem Krieg zurückkehrte und unter dem Jubel der Bevölkerung durch die Straßen Münchens fuhr, warf auch sie ihm »Kußhände zu und lächelte ihm ins Angesicht«. Bettina lebte damals ganz aus den Impulsen des Augenblicks und vermochte mühelos umzuschwenken. Sie war erfüllt von patriotischen Ideen und Hoffnungen, entschuldigte aber auch die Regierenden, die sich mit Napoleon verständigten. Ihre politische Entwicklung lag noch vor ihr.

8.
Zwischenspiel in Landshut

Die Wohnung bei Madame de Moy wurde in der zweiten Septemberhälfte aufgegeben. Savignys drängten Bettina, nach Landshut zu kommen. Nach Gundas Meinung gab die Schwester in München zu viel Geld aus. Darüber war sie bestens durch ihren Mann informiert, der über die pekuniären Mittel verfügte, die Bettina je nach Bedarf bei ihm anforderte. Zudem war es in letzter Zeit unter den guten Münchnern um sie doch recht still geworden. Ihr Freund, der Graf von Stadion, hatte bei Ausbruch des Krieges die Stadt verlassen. Mit Tieck hatte sie gebrochen. Von Jacobi zog sie sich allmählich zurück. Es hieß nun: »... er ist so dünn im ganzen Wesen wie eine Oblate, und dann erkühnt er sich, bald über dies, bald über jenes von Goethe sich aufzuhalten.« Mit Schellings stand sie ohnehin auf gespanntem Fuße. Franz Baader war nach Böhmen in seine Glashütte gereist. Die Starkarriere, die ihr Winter vorgegaukelt hatte, erwies sich mehr und mehr als ein Traum. Nur der junge Rumohr, ein angehender Kunsthistoriker aus dem Kreise Tiecks, war ihr treu geblieben und holte sie regelmäßig zu Spaziergängen an der Isar und auch zu größeren Wanderungen ab. Vereinsamt und enttäuscht schrieb sie: »Wo sind die Freunde? Wo sind die Gefährten? mit denen ich gewohnt bin, des Herzens Meinung zu wechseln, mit denen ich gewohnt bin, zu lächeln in vertraulichem Gespräch, den eignen Geist in der Seele fühlend.« Es fiel ihr nicht allzu schwer, München zu verlassen, zumal ihr Musiklehrer Winter sich bereit erklärte, für einige Zeit mit nach Landshut zu kommen.

Der städtebauliche Reiz dieser Stadt am Hochrand des Isartales mit der Burg Trausnitz auf dem Hofberg beruht noch heute auf der Geschlossenheit des historischen Stadtbildes. Zwischen der Stauferzeit und der Reformation war sie Residenz des niederbayrischen Teilherzogtums Bayern-Landshut gewesen. Von dieser »Glanzzeit« ihrer Entwicklung war nicht mehr viel vorhanden. Erst im Jahre 1800 erhielt sie einen neuen Impuls, indem sie zur Universitätsstadt erhoben wurde. Aber das geistige Niveau war bescheiden. Clemens Brentano, der die Universitäten von Halle, Jena, Göttingen und Heidelberg kannte, fällte das vernichtende Urteil, daß diese Universität mehr einer katholischen Knabenschule gliche, wo die »Studenten« von einem bigotten Direktor gezügelt werden, und den Lehrkörper nannte er eine »Gesellschaft katholischer Pfarrer«. »Sie kommen abends alle zusammen bei einem guten Mann und modernen Mystiker, dem Religionsschriftsteller Sailer, und spielen Schach, oft zu zehend.« Bettina schrieb an Arnim, die Menschen seien »wie die Bärenhäuter«, und an ihre Schwester Lulu: »Eine öffentliche Gesellschaft wär daher ein Gaudium für Dich, Du hättest für Jahre genug dran zu erzählen.«

Mit dem Einzug Savignys trat zweifellos eine Wende zum Besseren ein. Er verstand es, eine kleine Anzahl aufgeschlossener, den romantischen Tendenzen der Zeit zugewandter Studenten um sich zu sammeln, nicht nur Juristen, sondern auch Mediziner, die zur Schellingschen Naturphilosophie neigten, und er lud sie regelmäßig in sein Haus zu Musik, Schach- und Billardspiel, Lektüre und Unterhaltung. Als Bettina nach Landshut kam, fand sie ein Forum vor, dem sie sich stellen konnte, und so ist nicht ganz unbegreiflich, daß sie später in ihrem Goethebuch diese Periode in Glanzlicht tauchte. »Landshut war mir ein gedeihlicher Aufenthalt, in jeder Hinsicht muß ich's preisen. Heimatlich die Stadt, freundlich die Natur, zutunlich die Menschen und die Sitten harmlos und biegsam.«

Bettina lebte also fortan wieder in der Familie ihres Schwagers, in der warmen Jahreszeit im Schlössel auf dem Hofberg in der Nachbarschaft der Burg Trausnitz, im Winter in der Neustadt im Hause des Grafen Jonner. Die interessanteste und eindrucksvollste Gestalt in der neuen Umgebung war zweifellos der damals fast sechzigjährige katholische Theologe und religiöse Volksschriftsteller Michael Sailer. Bettina hatte ihn schon bei Jacobi kennengelernt. Im Goethebuch erzählt sie die Anekdote, wie die beiden Schwestern in der Annahme, das Fräulein Brentano sei nicht im Zimmer, in Anwesenheit Sailers über sie spotteten. Sie revanchierte sich damit, daß sie die eine beim Kopfe nahm und ihr »auf ihr böses Maul« einen herzhaften Kuß gab. Mit dieser unerwarteten menschlichen Versöhnungsgeste hatte sie sich Sailers Herz gewonnen. An ihn schloß sie sich in Landshut besonders eng an. Oft unternahmen sie gemeinsame Spaziergänge, »stiegen miteinander über die Hecken von einem Zaun zum anderen, und alles, was ich ihm mitteilte, daran nahm er gern teil«. Regelmäßig besuchte sie seine Predigten in der Universitätskirche und vertiefte sich unter seinem Einfluß in religiöse Fragen. Spuren der Sailerschen Diktion drangen damals bis in ihren Briefstil. Freilich bis zur »Bekehrung« und Mitwirkung an einer Erneuerung der Katholischen Kirche, den Zielen Sailers, verstieg sie sich nicht. Ihr Interesse aneinander lag mehr im Persönlichen, in der gemeinsamen mutigen Naivität des altbayerischen Häuslersohnes und der Frankfurter Kaufmannstocher, die unbekümmert das aussprach, was andere sich nicht zu sagen getrauten. Sailers oberster moralischer Grundsatz, daß die Kirche vor allem duldsam sein müsse, machte diesen Gedankenaustausch möglich und fruchtbar.

Für die Musikausbildung eröffneten sich neue Aspekte. Ihr Gesangslehrer Winter kann sich nicht lange in Landshut aufgehalten haben; und sie selbst wird beim Abschied zu der betrüblichen Einsicht gelangt sein, daß die Grenze ihrer Ausbildungsfähigkeit mehr oder weniger erreicht war. Die Enttäuschung wurde dadurch gemildert, daß Savigny sie wieder auf die Musiktheorie hinlenkte. Unter seinen Studenten fand er einen Musikanten, der sich in der Harmonielehre auskannte. Schon in Offenbach unterrichtete sie ein tüchtiger Berufsmusiker in »Generalbaß und Musikalischer Komposition«. Freilich, einen soliden Grund hatte er nicht legen können. Bettine war eine originelle, aber ungelehrige Schülerin, eine begabte Autodidaktin, die alles Lernen und alle Regeln für Philisterei hielt und alle Antwort von ihrem »inneren Genius« erwartete. Lernen und von den Älteren profitieren war nicht ihre Sache. Sie setzte auf das für jeden Künstler gefährliche Experiment, das Handwerk zu verachten. Ihr Offenbacher Lehrer Hoffmann ließ ihre Einstellung gelten, mit der sie meinte, »der Musik eine neue Bahn zu brechen«, weil er, im Umbruch der Zeit lebend, wahrscheinlich selbst nicht mehr ganz an die Ewigkeit der Musikregeln des 18. Jahrhunderts glaubte und der Meinung war, daß sich eine musikalisch gebildete Dilettantin solche Extravaganzen erlauben dürfe. Weit gekommen war die Kompositionsschülerin damit allerdings nicht. Nun sollte das, was vor Jahren im Versuch steckengeblieben war, unter Anleitung eines zwanzigjährigen Jurastudenten fortgesetzt werden. Das war ein Mißgriff Savignys, da er hätte wissen müssen, daß das immerhin erstaunliche Talent seiner Schwägerin auf diesem Wege nicht zu fördern war. Einer anerkannten Autorität wie Winter hatte sich Bettina gefügt, aber von einem Jüngling, der auch nur als Dilettant oder fortgeschrittener Schüler gelten konnte, war es ihr unmöglich, Unterweisungen und Ratschläge entgegenzunehmen. So führten ihre Landshuter Bemühungen nicht über die Sammlung einiger Elementarerfahrungen hinaus. Aber, und das blieb für ihre weitere Entwicklung verhängnisvoll, sie wurde dort im Kreis jugendlicher Anbeter in der Vorstellung bestärkt, die sie bis zu ihrem Lebensausgang nicht aufgeben sollte, eine Führerin zu neuen musikalischen Ufern zu sein. Damals komponierte sie unter anderem das Lied »O schaudre nicht« und eine Ouvertüre zu »Faust«.

Alois Bihler, der Landshuter »Musiklehrer« und Gefährte, mit dem sie gemeinsam ihre Kräfte erprobte, schildert in seinen Jugenderinnerungen, wie er Bettina damals erlebte: »Wir studierten und komponierten nach Herzenslust und mit übereinstimmendem Geschmack. Einmal jedoch liefen unsere Ansichten weit auseinander. Bettina hatte nämlich die kühne Idee, eine Ouvertüre zu Faust komponieren zu wollen, und bestand darauf, hierbei der Trommel eine überragende Rolle zuzuweisen, was ich begreiflicherweise nicht zugeben konnte, und so scheiterte das gewagte Projekt schon im Beginnen. Unwiderstehlich dagegen herrschte Bettina auf dem Gebiet des Gesanges. Hier entfaltete sie völlig ihre wunderbare Eigentümlichkeit. Selten wählte sie geschriebene Lieder, singend dichtete sie, und dichtend sang sie mit prachtvoller Stimme eine Art Improvisation. So zum Beispiel wußte sie in die einfach getragene Skala ebensowohl als in die ihr momentan entquellenden Solfeggien eine Fülle der Empfindung und des Geistes zu legen, daß ich hingerissen ihrem schöpferischen Genius lauschte. Gewöhnlich saß Bettina während des Musizierens auf einem Schreibtische und sang von oben herab wie ein Cherub aus den Wolken. Ihre ganze Erscheinung hatte etwas Besonderes. Von kleiner, zarter und höchst symmetrischer Gestalt, mit blassem klarem Teint, weniger blendend schönen als interessanten Zügen, mit unergründlich dunkeln Augen und einem Reichtum langer, schwarzer Locken schien sie wirklich die ins Leben getretene Mignon oder das Original dazu gewesen zu sein. Abgeneigt modischem Wechsel und Flitter, trug sie fast immer ein schwarzseidenes, malerisch in offenen Falten herabfließendes Gewand, wobei nichts die Schlankheit ihrer feinen Taille bezeichnete als eine dicke weiße oder schwarze Kordel, deren Ende ähnlich wie an Pilgerkleidern lang herabhing. Eines Abends, im Begriff zu einer Gesellschaft zu gehen, bemerkte sie erst, daß ihre Kleidung zu diesem Zwecke allzu abgetragen war. Augenblicklich entschlossen, ließ sie schwarzen Taffet holen, schnitt denselben in mehrere einfache, gerade Teile von verschiedener Länge, heftete diese Teile mit unzähligen Stecknadeln zusammen, gürtete sich mit der bekannten Kordel und besuchte auf solche Weise die Soiree, wobei die wenigsten ahnten, auf welche leichte Art das äußerst malerische Gewand zustande gekommen war. Fast immer traf sie der Eintretende auf niedrigen Fußbänken oder Fensternischen sitzend, bequem zusammengekauert, einen Band aus Goethes Werken auf dem Schoße haltend ... Wer diesem eigentümlichen Wesen jemals nahegetreten war, konnte es im Leben nicht mehr vergessen. Ihr reicher Geist, ihre sprudelnde Regsamkeit voll poetischer Glut und Phantasie, verbunden mit ungesuchter Anmut und grenzenloser Herzensgüte, machte sie im Umgang unwiderstehlich.«

So also wurde Bettina von der studentischen Jugend gesehen, die bei Savigny verkehrte. Die Stimmung dieses Kreises, den man ohne Übertreibung einen schöngeistigen »Salon« nennen darf, war ästhetisch-literarisch romantisch gerichtet. Auf Bildung wurde Wert gelegt, nicht auf Geburt oder Geld. Einige Professoren und deren Frauen gehörten dazu, wie der Mediziner Röschlaub, der Anatom Tiedemann, der Mathematiker Magold, der Forstwissenschaftler Dätzl, der junge Mediziner Ringseis, der damals Assistent bei Röschlaub war, und dann die von Savigny ausgewählten Lieblingsschüler wie Alois Bihler, Karl von Gumppenberg, Eduard Schenk, Antonio Salvotti, Xaver Bußbaum und Max Prokop von Freyberg. Den Mittelpunkt dieser regelmäßigen Zusammenkünfte stellte zweifellos Savigny selbst dar. Aber die weibliche Hauptrolle fiel Bettina zu. Hier war sie keine Außenseiterin wie in München, hier fühlte sie sich gleichsam als jugendliche Pythia, die ihre »Orakel« verkündete, und als Mentorin und Beraterin, die der Jugend den rechten Weg wies. Ringseis spricht wohl für alle, wenn er bekennt, daß er mit »staunender Bewunderung« ihrer »unvergleichlichen Genialität« gegenüberstand. Bettina nahm in diesem Kreis zum erstenmal ihre Chance als Erzieherin der studentischen Jugend wahr, die sie dann Jahrzehnte später in ihren Briefen an Philipp Nathusius und Julius Döring und in ihrer Zueignung des Günderode-Buches an die Studenten wieder aufgriff. Ihr tastendes Suchen nach angemessener Betätigung hatte in Landshut eine für ihr praktisches Tun bestimmende Richtung erhalten.

Von den Welthändeln war in diesem »cercle intime« nicht die Rede. Höher als der Streit, wie man sich zu Napoleon zu stellen habe, stand das Freundschaftsbedürfnis, auf dem diese Geselligkeit beruhte. Außerdem hatte Savigny als ein aus dem »Ausland« berufener Professor darauf zu achten, daß er mit der offiziellen Politik des bayrischen Hofes nicht in Konflikt geriet. Man wandte sich in der Unterhaltung anderen Seiten der sich verändernden Wirklichkeit zu.

Dazu bot das damals in Mode gekommene Vorlesen neuester Dichtungen Gelegenheit. Im Oktober 1809 war Goethes Roman »Die Wahlverwandtschaften« erschienen. Der Grafiker Ludwig Grimm erzählt in seinen Erinnerungen, wie im Hause Savignys aus dem Buch vorgelesen wurde und alle Gäste aufmerksam zuhörten, bis der Hausherr das Buch langsam zumachte, sich von seinem Stuhl erhob und sehr ernst sagte: »Es ist doch erstaunlich, wie der alte Mann noch so lebendig schreibt!« Die anderen aber schwiegen alle still. Bettina freilich nicht. Sie hatte das Buch zu ihrem Namenstag von ihrem Schwager als Geschenk erhalten. Am 21. November schrieb sie an Arnim: »... ich durchwachte die Nacht, um es durchzulesen, selten hatte ich noch den Eindruck eines Buches so rasch und so deutlich empfunden. Lieber Arnim, die Seele, die mir mit Gewalt durch den Schmerz, der eindrang, geweiht wurde, empfand es als herb.« Und an Goethe: »Das Buch war mir ein Bad im Sturm erregten Meer, in dem die Wellen mit großer Gewalt an mein Herz schlugen, mich zu zermalmen drohten ...« Das waren zurückhaltende Worte angesichts der bitteren Enttäuschung, die sie während der Lektüre erfahren hatte. Sie griff zu dem Roman in der Erwartung, sich selbst und ihre Vorstellung von der Liebe dargestellt zu finden. Aber je weiter sie las, desto unbegreiflicher wurde ihr die Führung der Fabel und das Verhalten der Figuren. Sie erkannte richtig, daß Ottilie die Schlüsselfigur des Romans war. Aber wenn sie sich mit Egmonts Klärchen oder der Iphigenie vielleicht noch hätte identifizieren können, mit der sich läuternden und entsagenden Ottilie gelang ihr das beim besten Willen nicht. War sie, Bettine, denn nicht die Wahlverwandte Goethes? Wie konnte es dann diese Frau mit der Seele einer auf alles Glück verzichtenden Dulderin und Märtyrerin sein? Das Buch war ihr ein unbegreifliches Rätsel. Bettina erkannte nicht, daß Goethe in einem völlig anderen Wertsystem lebte als sie, die Romantikerin, daß sie sich nicht nur altersmäßig auf ganz verschiedenen Ebenen befanden, und das Mißverständnis entstand aus der Verblendung, daß sie in ihrem verehrten Dichter noch immer den Frankfurter Sturm-und-Drang-Goethe sah.

Konsequenzen hat sie aus dieser Enttäuschung nicht gezogen. Sie klammerte sich vielmehr an einen Brief Goethes, den sie am Tag nach der traurigen Lesenacht erhielt und »der ganz war, als hätte er geahndet, wie ich durch sein Buch des Trostes bedürftig geworden«. Goethe hat vermutlich um das Dilemma gewußt. Ihrem Wunsch, ihr das Buch zu schicken – sogar die Farbe des Einbandes und den Wortlaut der Dedikation hat sie bestimmt –, war er nicht nachgekommen. Ein halbes Jahr später schrieb er die klarsichtigen Worte: »Denn eigentlich kann man dir nichts geben, weil du dir alles schaffst oder nimmst.«

Im April des folgenden Jahres herrschte dann Aufbruchstimmung. Savigny war an die in Berlin neu gegründete preußische Zentraluniversität berufen worden, die im Herbst 1810 eröffnet werden sollte. Der bayrische Staat hatte ihm mit Ablauf des Wintersemesters den Abschied bewilligt. So stand Zeit für eine ausgedehnte Reise zur Verfügung. Man wollte Österreich kennenlernen, die Verwandten in Wien besuchen und schließlich das Familiengut Bukowan (Bukovany) in Böhmen, das Bettinas Bruder Christian verwaltete, besichtigen. Die Studenten halfen beim Packen und geleiteten zusammen mit den Professoren die Abreisenden wie in einem »Triumphzug« aus der Stadt.

Bettina schilderte den Auszug am 2. Mai in einem Brief an Goethe: »Bei dem Ausmarsch fanden sich viele zu Wagen und zu Pferd ein, die von ihrem Freund und Lehrer Savigny nicht sogleich scheiden wollten, die ganze Welt war in und vor unserm Haus versammelt, es ward Wein ausgeteilt, und unter währendem Vivatrufen ging der Zug zu Fuß zum Tor hinaus, die Reiter begleiteten das Fuhrwerk; auf einem Berg, wo der

Frühling eben zum erstenmal die Augen aufgetan hatte, nahmen die Professores und ernsteren Personen einen feierlichen Abschied; dann fuhren wir noch eine Station. Unterwegs trafen wie alle 4tel Stunde noch auf Partien, die dahin vorausgegangen waren, um Savigny zum letztenmal zu sehen; ich sah schon eine Weile vorher die Gewitterwolken sich zusammenziehen. Im Posthause drehte sich einer um den andern nach dem Fenster, um die Tränen zu verbergen. Ein junger Schwabe, der mich Musik gelehrt hatte, war in seiner Betrübnis so sonderbar rührend, daß den übrigen das Herz beinah brach. Dieser Mensch ist ohnedem wie die personifizierte Volksromanze. Ich werde das nie vergessen, wie er weit vorausgelaufen war, um dem Wagen noch einmal zu begegnen, und nun im Felde stand, ohne aufzusehen, sein kleines Schnupftüchlein im Wind wehen ließ und tausend Tränen vergoß; es ist ein eignes aber treues Volk, die Schwaben. 9 bis 10 der geliebtesten Schüler von Savigny begleiteten uns bis Salzburg.«

Je weiter man sich von Landshut entfernte, desto mehr nahm die romantische Verschwärmtheit Bettinas und der Studenten zu. Die Gefolgschaft von Jünglingen, die ihrem Professor das Geleit gaben, verwandelte sich auf dem Wege zu einem Zug begeisterter und gläubiger Jünger, die ihrer »Meisterin« folgten. Bei ihnen fand Bettina das, was sie suchte: Beistand und Zustimmung. Der, auf den das Wort »Jünger« ganz zutraf, war Max Prokop von Freyberg-Eisenberg, den sie Goethe gegenüber folgendermaßen charakterisierte: »20 Jahr alt, eine Gestalt, als ob er 30 hätte, groß und stark, ein Gesicht wie eine römische Gemme, die Liebe und das Wohlwollen leuchtet aus allen Bewegungen; spricht beinah nie – selbst seine besten Freunde, denen er auf alle Art seine Zuneigung beweist, haben noch kein vertrauliches Wort von ihm gehört – verträgt die härtesten Anstrengungen, schläft wenig, guckt alle halbe Stunde nachts zum Fenster hinaus nach den Sternen; hat gar nicht das, was man äußerlich Bildung nennt, geht doch mit Fürsten um, ändert nie sein Wesen in Gesellschaft, ist von den andern als der Erste angesehen, obschon er weder Verstand noch Witz äußert, aber was der Freyberg will, das muß geschehen.« Im Goethebuch schreibt sie ihm außerdem eine »geheimnisvolle Natur« und eine »magische Gewalt« zu, und wir dürfen vermuten, daß damit etwas Religiöses angedeutet wird; denn Freyberg gehörte zu der damals in Bayern und im Allgäu grassierenden pietistisch-mystischen »Erweckungsbewegung«.

Die erste Station, wo man übernachtete, war der Wallfahrtsort Alt-Ötting. Bettina hat ihn in »Goethes Briefwechsel« ausführlich beschrieben. Dort kam es zumindest für Freyberg zu einem bedeutsamen Erlebnis. Im Gasthof müssen sein Zimmer und das Bettinas nebeneinander gelegen haben; denn es entwickelte sich an den Fenstern ein nächtliches Gespräch, das nicht ohne erotischen Reiz war. Er berichtete in seinem Tagebuch: »Sie neigte ihr Haupt ganz zu dem meinen herüber«, und dabei erzählte sie ihm die »Mythe von Castor und Pollux«. Dieses Sternbild wählten sie zum Symbol ihres Freundschaftsbundes. Am nächsten Tag ging es weiter nach Salzburg. Freyberg durfte neben ihr auf dem Kutschbock sitzen. Bettina genoß; sie tauchte mit allen Sinnen wie in ein Meer von Glück. »Die Täler breiteten sich links und rechts, als wären sie das eigentliche Reich, das unendliche gelobte Land.« Mit der hereinbrechenden Dunkelheit fuhren sie in die Stadt ein, wo es galt, Abschied zu nehmen. Bettina gestaltete diesen Akt zu einem Höhepunkt für alle. Am folgenden Morgen unternahm die Gruppe eine Wanderung zum nahen Gaisberg (1287 m). Auf dem Gipfel oder auf einer der Alpen versammelten sich alle, um einen enthusiastischen Schwur ewiger Freundschaft abzulegen. Im Taumel der Begeisterung zerbrach Bettina ihren Granatschmuck, und »jeder nahm sich einen Stein und den Namen eines Berges, den man von hier aus sehen konnte«. Halb ernst, halb spielerisch berief sie die ihr zujubelnden Studenten in Reminiszenz an romantisch gesehenes und verklärtes Rittertum zu »Rittern vom Granatorden«. Man versprach sich, auch künftig zusammenzuhalten und Briefe zu schreiben. Von Max Prokop verabschiedet sie sich mit den Worten: »Freyberg: jetzt erkenne ich die Stellung meines Gestirns, meine Briefe an Sie sollen felsenfest sein ... wer weiß, was sich Göttliches in uns verbirgt!«

Von diesem Briefwechsel hat sich nur der mit Freyberg vollständig erhalten. Auf Bettinas damalige innere Verfassung wirft er ein seltsames Licht. Er demonstriert die romantische Proteusnatur dieses Mädchens, das in die fließende, kaum faßbare Wahrhaftigkeit eines jeden Augenblicks einzutauchen versucht. Bettina hat viele, oft sich widersprechende »Seelen« in ihrer

Brust, und sie lebte mit dem Vorsatz, in einer höheren Aufrichtigkeit ihre persönliche Wahrheit zu leben. Die von Sailer angeregte religiös-mystische Ausdrucksweise feierte in den Briefen an Freyberg ihre Triumphe. Sie hatte ihr Ich in einen »profanen« und einen »sakralen« Bereich aufgespalten. Nur so und aus dem schwärmerischen Geist der Zeit sind ihre Geständnisse begreiflich: »Ich sage Dir, zu allem bin ich bereit, aber nicht dazu, von Dir zu lassen ...« Oder: »Meine Hand hab ich Dir gereicht, und ich lasse sie Dir, ich nehme nimmer zurück, nimmer!« Und dann in Hinblick auf ihre Eheschließung mit Arnim: »Geb dem Kaiser, was des Kaisers ist.« Für sie war Freyberg zumindest für einige Jahre der Typus des neuen Menschen, den sie erziehen wollte, der wie sie in höheren, übergeordneten und verpflichtenden Beziehungen zu ihr stand, ein »herrliches Werkzeug« Gottes, wodurch dieser »gute Dinge wirkt«. Das Bild, das sie sich von ihrem »Zögling« entwarf, hatte nichts mehr mit der Realität zu tun. Der junge Mann war überfordert und irritiert. Er nahm ihre »Geständnisse« für profane Liebeserklärungen und wollte sie heiraten.

9.
Wien – die Entdeckung Beethovens

Von Salzburg ging die Reise nach Wien. »Es trennten sich die Gäste von der Familie. Bei Sonnenaufgang fuhren wir über die Salza: hinter der Brücke, wo ein sehr großes Pulvermagazin ist, standen sie alle, um Savigny noch ein letztes Vivat zu bringen, ein jeder rief auf seine Art noch ein liebend Wort zu; Freyberg, der uns noch begleitete bis zur nächsten Station, sagte: ›Wenn sie nur alle so schrieen, daß das Magazin in die Luft sprengte, denn es ist uns doch das Herz zersprengt.‹«

In den nächsten Tagen erreichten sie die alte Kaiserstadt, in Maienfestlichkeit verjüngt. Hier stieg man im Birkenstockschen Haus in der Erdberggasse ab, wohin der Bruder Franz mit seiner Frau Antonie nach dem Tode des Vaters Birkenstock im Jahre 1809 übergesiedelt war, um ein Zweiggeschäft der Firma Brentano zu begründen. Sie wohnten hier, schrieb Bettina an Goethe, »mitten zwischen 20 000 Kupferstichen, 27 000 Handzeichnungen, so viel hundert alten Aschenkrügen und hetrurischen Lampen, marmornen Vasen, antiken Händen und sonstigen Gliedern, vielen Bildern – unter andern ein Raphael, An. del Sarto, Dürer pp – alten chinesischen Kleidern, Münzen, Steinsammlung, Meerinsekte, Ferngläser, unzählbare Landkarten, Pläne alter längst versunkener Städte, Stöcke, sehr künstlich ausgeschnitzt, und endlich das Schwert vom Kaiser Carolus, welches ihm die Stadt Augsburg zum Präsent gemacht, dies alles lag bunt um uns her, wurde grad in Ordnung gebracht ...«

Nach der Hochstimmung in Salzburg wirkt die Nüchternheit der ersten Wochen unterm traumhaft hellen Frühlingshimmel von Wien befremdlich. Für die eigentümliche Schönheit dieser glänzendsten Stadt im deutschen Sprachgebiet, die Grillparzer in der Formel von »Capua der Geister« zusammenfaßte, entwickelte Bettina wenig Sinn. Es mochte damit zusammenhängen, daß sie mit dem Einzug ins Birkenstocksche Haus in jene Atmosphäre des arrivierten gebildeten Bürgertums zurückgekehrt war, die ihr schon in Frankfurt nicht behagt hatte. Gleichsam von der Himmelsleiter ihrer triumphalen Träume herabgestiegen, befand sie sich wieder unter prosaischen Philistern. Kontakte zu den Wiener Salons, in denen zwei Jahre zuvor Madame de Staël geglänzt hatte, ergaben sich nicht. Die berühmten Vorlesungen Friedrich Schlegels »Über die neuere Geschichte«, eine Art »Reden an die österreichische Nation über ihre deutsche Bestimmung«, gingen gerade zu Ende, als Bettina eintraf. Sie betreute ein scharlachkrankes Kind ihres Bruders und spazierte mit dem Grafen Herberstein, dem ehemaligen Verlobten ihrer verstorbenen Schwester Sophie, auf den Spuren der Wehmut und sentimentaler Erinnerungen. So kam es zu jener oberflächlichen, mißmutigen Schilderung der Wiener Gesellschaft, wie sie sich im Brief an Goethe niederschlug:

»Was ich vom Theater gesehen, war unter aller Kritik: elende Kleidung, noch elenderes Spiel, die Sprache halb singend, halb schreiend, das Orchester so ausgelassen wie die Straßenjungen: da hört keiner auf den andern, sie spielen – wer zuerst fertig ist, der kann ausruhen; jedoch ist das Theater auf der Wien wegen seinem Luxus in Dekoration und Kleiderpracht ausgezeichnet; auch ist lauter schönes Volk da, selbst die Statisten sind gewählt.«

Da lauten die Urteile, die Eichendorff und der junge Grillparzer, deren Ansprüche an Leben und Kunst irgendwie den ihren verwandt waren, ein Jahr später ganz anders. Eine Begegnung mit den Opern Mozarts, die sie hätten begeistern können, fand nicht statt. Auch von der Wiener Volksmusik drang noch kaum etwas an ihr Ohr. »Wiener sind Wiener und sonst gar nichts«.

Selbst die Juden, für die sie in Frankfurt immer Partei genommen hatte, fielen ihr nun in Wien auf die Nerven. »Die Juden halten groß Schmausens, was aber sauer schmecken sollte, schmeckt da süße, da kömmt einem der Ekel an; die Jüdinnen setzen sich nach Tisch zusammen und fasern die alten Goldborten aus, und das geht immer ganz hochdeutsch: hat Krämpfe, die Kinder sind getauft, müssen Kreuz machen, die göttliche Unzelmann deklamiert am Abend – endlich wickeln sie sich in einen 11 000-Gulden-Schal und fahren in den Prater.« Mit einer Wendung zum Antisemitismus haben diese Urteile nichts zu tun. Bettina bemerkte nur mit illusionslosem Blick, daß auch in den Kreisen dieser Minorität Geistlosigkeit und Langeweile dominierten, und sah das Menetekel an der Wand, daß Reichtum die ausschließliche Bürgschaft für Ansehen und Zukunft bot. Von dem neuen Menschen, den sie suchte, fand sie auch dort nichts.

Wenige Tage vor dem Aufbruch kam es jedoch zu einer Begegnung, die den ganzen Wien-Aufenthalt, der ja zunächst rein familiär motiviert war, in einem höheren Sinn rechtfertigte und zu einem denkwürdigen Augenblick im Leben Bettinas erhob. Es war das Zusammentreffen mit Beethoven, dem »ungeleckten Bär«, wie ihn Cherubini nannte, der gesuchtesten Persönlichkeit in allen adligen und bürgerlichen Häusern Wiens, wo Musik gepflegt wurde. Eine »Phantasie« von ihm, die sie »ganz vortrefflich vortragen hörte«, packte sie stark und entzündete in ihr das Verlangen, die Bekanntschaft des Komponisten zu machen. Es handelt sich vermutlich um eine der beiden Klaviersonaten op. 27, deren jede den Titel »Sonata quasi fantasia« trägt und die der italienischen Sängerin Gräfin Giulietta Guiccardi gewidmet sind, vielleicht um die legendäre »Mondscheinsonate«. Die Verbindung zu dem Künstler ließ sich leicht anbahnen, da Beethoven auch im musikliebenden Birkenstockschen Hause verkehrte. Bettina drängte ihre Schwägerin Toni, mit ihr den Meister aufzusuchen. Sie hat diesen Besuch gegenüber ihrem jungen Musikfreund Alois Bihler sachlich geschildert und beschreibt die Erscheinung Beethovens und seiner Wohnung etwa so, wie wir es aus den Erinnerungen Karl Czernys kennen.

»Seine Person ist klein (so groß sein Geist und Herz ist), braun, voll Blatternarben, was man nennt: garstig, hat aber eine himmlische Stirn, die von der Harmonie so edel gewölbt ist, daß man sie wie ein herrliches Kunstwerk anstaunen möchte, schwarze Haare, sehr lang, die er zurückschlägt ...« Sie schätzte ihn auf dreißig Jahre, in Wirklichkeit war er damals vierzig. Wie immer bei Beethoven herrschte »Junggesellenwirtschaft«: Im ersten Zimmer zwei Flügel, Koffer, worin seine Kleidungsstücke lagen, ein Stuhl mit drei Beinen; im zweiten Zimmer ein Bett mit einem Strohsack und dünner Decke, ein Waschbecken auf einem Tannentisch, die Nachtkleider auf dem Boden. Der Künstler rasierte sich gerade, und sie mußten deshalb eine gute halbe Stunde warten.

Beethoven war damals in Hochstimmung. »Jeden Tag kommen neue Nachfragen von Freunden, neue Bekanntschaften, neue Verhältnisse, selbst auch in Rücksicht der Kunst. Manchmal möchte ich bald toll werden über meinen unverdienten Ruhm: das Glück sucht mich, und ich fürchte mich fast deswegen vor einem neuen Unglück.« So schrieb er am 3. Juli 1810 an seinen Freund Zmeskall. Zu den neuen Bekanntschaften zählte er zweifellos auch die kleine Brentano. Ihr unkonventioneller Musikenthusiasmus gefiel dem Künstler. Dazu begegneten sie sich in ihrer Goetheverehrung. Beethoven hatte soeben vier Goethelieder vertont und die Musik zu »Egmont« geschrieben, die vierzehn Tage nach Bettinas Abreise ihre Uraufführung im Wiener Hoftheater erlebte. Bettina wird nicht versäumt haben, auf ihre engen Kontakte zum Dichter des »Egmont« hinzuweisen. Die innere Kommunikation war hergestellt, der Erfolg eklatant. »In einer Viertelstunde war er mir so gut geworden, daß er nicht von mir lassen konnte, sondern immer neben mir herging, auch mit uns nach Hause ging und zur größten Verwunderung seiner Bekannten den ganzen Tag dablieb.«

Im Birkenstockschen Haus animierte sie ihn dann, sich ans Klavier zu setzen. Beethoven soll daraufhin die Frage gestellt haben: »Nun, warum soll ich denn spielen?«, und Bettina gab ihm die Antwort: »Weil ich mein Leben gern mit dem Herrlichsten erfüllen will und weil Ihr Spiel eine Epoche für dieses Leben sein wird.« Sie fährt fort: »Er versicherte mich, daß er dieses Lob zu verdienen suchen wolle, setzte sich neben das Klavier auf die Ecke eines Stuhls und spielte leise mit einer Hand, als wollte er suchen, den Widerwillen zu überwinden, sich hören zu lassen. Plötzlich hatte er alle Umgebung vergessen, und seine Seele war ausgedehnt in einem Weltmeer von Harmonie.«

Wie Bettina auf Beethoven wirkte, ob er eine gewisse »Wahlverwandtschaft« spürte, wissen wir nicht. Jedenfalls war die Affinität stark. Das dürfen wir aus der Tatsache schließen, daß er, wie Bettina berichtet, die letzten Tage, die sie noch in Wien zubrachte, alle Abende ins Birkenstocksche Haus kam. Er gab ihr bei diesen Zusammenkünften auch einige Goethelieder, die er komponiert hatte. Nach den Angaben ihres Goethebuches handelte es sich um das Mignon-Lied »Kennst du das Land« und das Kurzgedicht »Wonne der Wehmut« (Trocknet nicht Tränen der ewigen Liebe!). Beim Abschied wurde verabredet, weiterhin in Verbindung zu bleiben, und in der Tat wurden in der Folgezeit einige Briefe gewechselt, von denen der vom 12. April 1811, der zur Heirat mit Arnim gratuliert, erhalten geblieben ist.

Was die Begegnung mit Beethoven für Bettina bedeutete, steht in dem Brief, den sie unmittelbar nach dem Abschied von Wien am 8. Juni von Prag aus an ihren »Schwurbruder« Freyberg richtete. Mit Befriedigung registrierte sie, daß sie eine geniale Persönlichkeit entdeckt hatte, die genau den Vorstellungen entsprach, die sie mit diesem Begriff verband. »Er ist so stolz wie ein König auf seine Kunst, er sieht alles Irdische mit Verachtung an, läßt sich an nichts binden, sein Blick ist mitten unter Menschen aufs tiefste Geheimnis der Natur gerichtet, dabei ist er so einfach, daß er selbst der Sprache nicht mächtig ist, nur durch Musik spricht.« Bettina fühlte sich als »Kennerin« bestätigt. Sie schloß diesen ersten Bericht über ihr Beethoven-Erlebnis mit den Worten: »Siehst Du, das hat mir wieder so wohl getan, daß auch dieser von allen anderen mich unterschied.« Was sie einst mit der Günderode noch dunkel tastend diskutiert hatte, war ihr nun in der Begegnung mit Beethoven klargeworden. Sie fühlte sich beglaubigt und sah die Aufgabe ihres Lebens vor sich, eine genieblinde Menge zur Genieverehrung zu erziehen.

Als Bettina Beethoven begegnete, weilte Goethe zur Kur in Karlsbad, und er hatte sie kurz vor seiner Abreise aus Jena aufgefordert, ihm dorthin zu schreiben. Die aufwühlenden Erlebnisse auf dem Gaisberg und in Wien drängten jedoch den verehrten Dichterfreund vorübergehend in den Hintergrund. Bettina mochte auch vermuten, daß ihr Enthusiasmus für das Wiener Musikgenie bei Goethe möglicherweise nicht die erwartete Resonanz finden könnte. Denn mehr oder weniger genau wußte sie, daß sein Musikgeschmack in den traditionellen Hörgewohnheiten des 18. Jahrhunderts befangen war und daß er eine gewisse Antipathie gegen die modernen Musici hegte. So beeilte sie sich nicht. Erst am 28. Juli, also zwei Monate nach ihrem Wiener Erlebnis, kam sie in ihrem Brief, den sie am 6. Juli begann, auf das Thema Beethoven zu sprechen. Leider ist dieser Teil des Schreibens nicht erhalten. Einen gewissen Ersatz mag der Brief im Goethebuch bieten, der mit dem Datum »Wien, am 28. Mai« versehen ist. Aber mit hoher Wahrscheinlichkeit war das authentische Schriftstück noch in gemäßigtem Enthusiasmus gehalten, etwa in dem Ton, den sie gegenüber Bihler angeschlagen hatte: »Ich habe diesen Mann unendlich lieb gewonnen. In allem, was seine Kunst anbelangt, ist er so herrschend und wahrhaft, daß kein Künstler sich ihm zu nähern getraut... Warum ich Ihnen dies alles so umständlich schreibe? Weil ich erstens glaube, daß Sie wie ich Sinn und Verehrung für ein solches Gemüt haben, zweitens weil ich weiß, wie unrecht man ihm tut, gerade weil man zu klein ist, ihn zu begreifen, so kann ich's nicht lassen, ihn ganz, wie er mir ist, darzustellen...«

Bettina kam nicht mehr dazu, ihren ausführlichen Reisebericht abzusenden. Denn inzwischen erschien Savigny von Berlin, um seine Familie und die Schwägerin vom böhmischen Familiengut Bukowan abzuholen, und sie nahmen die Reiseroute über Teplitz, wo sich Goethe, wie man zufällig erfahren haben mochte, seit dem 6. August zur Nachkur aufhielt. So kam es zu der für alle überraschenden Wiederbegegnung in dem berühmten nordböhmischen Badeort. Ob bei dieser Gelegenheit auch über Beethoven gesprochen wurde, ist nicht mit Sicherheit zu sagen. Doch nichts lag näher. Wenn Goethe seiner Frau Christiane am 11. August mitteilte: »Sie hat mir Unendliches erzählt von alten und neuen Abenteuern«, so wäre es eigentlich ganz gegen Bettinas Natur gewesen, ihr größtes Abenteuer, eben die Begegnung mit Beethoven, zu verschweigen. Zudem war ja auch des Dichters Musikorakel Zelter anwesend. Da mußte sich die Vorkämpferin der neuen »Geniemusik« ja geradezu herausgefordert fühlen, von dem »göttlichen Zauber« der Beethovenschen Musik und ihrer Begründung »einer neuen sinnlichen

Basis im geistigen Leben« zu sprechen. Es war nicht ihre Art, aus Gründen der Konvention oder der Höflichkeit mit ihrer Ansicht hinter dem Berge zu halten. Freie Meinungsäußerung hatte sie von jeher als allgemeines Menschenrecht für sich in Anspruch genommen. Weder für Zelter noch für Goethe war damals der Name Beethoven unbekannt. Schon am 12. November 1808 hatte der Stammvater der Berliner Musikpädagogen nach Weimar geschrieben: »Talente von der größten Bedeutung wie Cherubini, Beethoven und mehr entwenden Herkules' Keule, – um Fliegen zu klatschen; erst muß man erstaunen und nachher gleich drauf die Achsel zucken über den Aufwand von Talent, Lappalien wichtig und hohe Mittel gemein zu machen. Ja, ich möchte verzweifeln, wenn mir einfällt, daß die neue Musik verloren gehen muß, wenn eine Kunst aus der Musik werden soll.« In diesem Urteil sprach sich Unverständnis gegenüber dem Neuen aus, das die enthusiastische und in ihren rezeptiven Fähigkeiten geniale Verehrerin instinktiv bekämpfte. Und wenn Goethe schrieb, daß sie damals »gegen andre Menschen sehr unartig« war, so gehörte zu denen zweifellos Zelter, dessen schullehrerhafte Pedanterie sie bis aufs Blut peinigte und dessen Sinnesart sie keck ihre eigene Ansicht entgegenstellte.

Goethe hat bei diesem von uns vermuteten Disput offenbar nicht Partei ergriffen. Das darf aus jenem fiktiven Goethebrief geschlossen werden, den Bettina in ihr Buch mit dem Datum 6. Juni 1810 einfügte und der, soweit er Wahres enthält, nur das aus seinem Munde Gehörte zur Grundlage haben kann. Er äußerte da, daß er »keinen Widerspruch gegen das, was sich von Deiner raschen Explosion erfassen läßt«, fühlte, vielmehr möchte er für einen inneren Zusammenhang seiner eigenen Natur mit der Beethovens »einstweilen eintreten« und ihn nicht »klassifizieren«, weil es schwierig sei, »das wahre Fazit der Übereinstimmung herauszuziehen«! Der Dichter ließ die Tür zu einer Begegnung mit dem großen, damals aber noch umstrittenen Musiker offen, die sich dann im folgenden Jahr zunächst schriftlich und im Sommer 1812 auch persönlich ergab. Es war Bettinas Verdienst, daß die beiden bedeutendsten schöpferischen Persönlichkeiten der Zeit einander nähertraten, obwohl dieser Kontakt nicht von Dauer war und für beide zu einer Enttäuschung wurde. Die beiden folgten zu verschiedenen inneren Gesetzlichkeiten, als daß sie ungeteilte Freude aneinander hätten empfinden können. Die bekannte Straßenszene in Teplitz, wo Goethe angeblich auf der Kurpromenade mit tiefer Verbeugung vor den kaiserlichen Herrschaften und ihrem Gefolge zur Seite trat, während Beethoven trotzig mitten durch die hohe Gesellschaft hindurchschritt, brachte die Verschiedenheit der beiden Temperamente und Charaktere nur sinnfällig zum Ausdruck. Daß diese Szene als eine der einprägsamsten Anekdoten unserer Kulturgeschichte im Gedächtnis der Menschheit weiterlebt, war wiederum Bettinas Leistung, indem sie das Vorkommnis in ihrem Goethebuch der Nachwelt überlieferte.

10.
Bettina und Goethe in Teplitz

Trotz aller Wirren und Wandlungen, die die Französische Revolution und die napoleonischen Kriege über Deutschland brachten, lebte Bettina in einer »formierten« Gesellschaft. Bei all ihren Freiheiten, die sie sich herausnahm, fiel es ihr nie ein, die von Brauch und Gesetz gezogenen Schranken zu überschreiten. Daß sie auch noch mit fünfundzwanzig Jahren in vielen Dingen unter Vormundschaft stand, nahm sie als Gegebenheit hin. Davon mochte sie sich nicht befreien. Sie wollte keine »pilgernde Törin« werden. Sie besaß ein Vorgefühl künftigen Wertes und Wirkens; was aber ihre Aufgabe sein könnte, davon hatte sie keine klare Vorstellung. Ihre Familie erwartete von ihr, daß auch sie sich wie die anderen Brentanotöchter verheiraten würde. Dazu wurde es nach damaligen Verhältnissen höchste Zeit. Anfang des Jahres 1810 hatte ihre jüngste Schwester, Meline, die Ehe geschlossen. Damals schrieb sie an Goethe: »Die Meline mit den schönen Augenwimpern, die einem jeden eine Freud und Wohlgefallen als Jungfrau, ist gleich einer jungen Rose, die der Tau vom Schlaf erweckt, heuratet, einen Herrn Guaita, einen vortrefflichen Menschen nach der gemeinen Sage; jetzt bitt ich Dich: wenn einer vortrefflich ist und sonst gar nichts, das ist gar zu gering. Ich muß mir nun dies alles gefallen lassen. Jetzt hab ich auch keine liebe Schwester mehr, die ich gar zu sehr liebe. Denn sie weicht durch diese Wahl gar zu sehr ab von dem, was mir wohlgefällig ist.«

Inzwischen hatte sich auch Arnim für sie erklärt. Aber als er im Juni in Bukowan erschien, um sich das Jawort zu holen, erteilte sie ihm unklare Antworten, sprach davon, daß sich vieles verändert habe: es wären Erfahrungen gemacht worden, er könne nichts verlangen; von einem »Hingeben zu großen Zwecken der Zeit, an Musik« war die Rede. Offenbar war auch Bettina vom Virus der romantischen Ehescheu gepackt. Wie E.T.A. Hoffmanns Kapellmeister Kreisler, der in der Liebe nur die Himmelsbilder, in der Ehe nur die zerbrochene Suppenschüssel sah, mochte auch sie nicht gern die Illusionen ihrer Träume gegen die Eintönigkeit eines Provinz- und Philisterlebens eintauschen. Irritiert von ihren hochgeschraubten Huldigungen an Max Prokop von Freyberg und den durch die Begegnung mit Beethoven angeregten Spekulationen ihrer »Geniereligion«, wich sie der Entscheidung aus. Nun ergab sich der Besuch in Teplitz bei Goethe, ihrem ältesten Idol, dem Mann von Genie, neben dem Arnim und Tieck bloß Talente blieben, dieser ungewöhnlichen Existenz, in die einzudringen sie aufs heftigste verlangte. Es wurde ihre dritte Begegnung, und nach den erregenden Erlebnissen in Österreich während der letzten Wochen und Monate erhoffte sie sich eine neue Verzauberung.

Zusammen mit ihrem Schwager Savigny und ihrer Schwester Gunda kam sie im Laufe des 9. Augusts in Teplitz an. Ungeduldig wie stets eilte sie ihren Verwandten voraus zum »Goldnen Schiff«, einem großen Gasthof mit vielen Zimmern, wo Goethe im ersten Stock logierte, um ihren geliebten Dichterfreund zu begrüßen. Goethe hat von dieser Überraschung seiner Frau zwei Tage später nach Weimar berichtet: »Ich war eben in ein neues Quartier gezogen und saß ganz ruhig auf meinem Zimmer. Da geht die Tür auf, und ein Frauenzimmer kommt herein. Ich denke, es hat sich jemand von unseren Mitbewohnern verirrt; aber siehe, es ist Bettine, die auf mich zugesprungen kommt und noch völlig ist, wie wir sie gekannt haben. Sie geht mit Savignys nach Berlin und kommt mit diesen auf dem Wege von Prag her hier durch...« In seinem Tagebuch erwähnt er: »Abends Savignys«. Das Ehepaar machte vermutlich alsbald seine Aufwartung, und man verbrachte den Abend zu viert bei Goethe oder in einem Extrazimmer des Gasthauses.

Am nächsten Vormittag erwiderte der Geheime Rat den Besuch und unternahm anschließend mit seinen Verehrern einen

Spaziergang im Park. Mittags war er vom Herzog Karl August zur Tafel geladen. Aber im Laufe des Nachmittags kam er nochmals mit Savignys und Bettina zusammen. Goethe erwies sich bei diesen Zusammenkünften zweifellos als ein Meister der geselligen Form, zu dem er sich in Weimar entwickelt hatte. Aber diese leichte unverbindliche Geselligkeit brachte freilich nicht das, was Bettina erwartete und suchte. Endlich am Vormittag des folgenden Tages, dem 11. August, wurde ihr Gelegenheit gegeben, allein mit dem Dichter Zwiesprache zu halten. Sein Tagebuch verzeichnet: »Mit Bettinen im Park spazieren. Umständliche Erzählung von ihrem Verhältnis zu Fräulein Günderode. Charakter dieses merkwürdigen Mädchens und Tod.« Diese lakonischen Stichworte vermitteln natürlich nichts von der vibrierenden Atmosphäre während dieses Spazierganges. Wir wissen, wie sehr auch der ältere Goethe unter gegebenen Umständen dazu neigte, jungen Mädchen den Kopf zu verdrehen, »mit der größten Zärtlichkeit und mit den geistreichsten Wendungen« um die Erlaubnis bat, die Hand zu küssen. Und Bettinas »Nebenbuhlerin«, die schon erwähnte Pauline Gotter, schrieb an ihre Freundin: »Aber ich glaube auch, daß seine Gegenwart sehr gefährlich sein kann, und ich versichere Dich, daß ich mein ganzes bißchen Verstand zusammengenommen habe, um mir jeden Augenblick klar zu gestehen, daß alle süßen Worte, die er mir ins Ohr raunte, nicht mir insbesondere, sondern jedem jungen Mädchen gelten würden.« Auf diesem Spaziergang kam es möglicherweise zu größeren Vertraulichkeiten. Das dürfen wir aus einem Passus in Bettinas Brief vom 18. Oktober herauslesen, in dem sie an Goethe schrieb: »Seitdem wir in Töplitz zusammen gesessen haben, kann ich keine Komplimente mehr mit Dir machen, buchstabiere Dich durch, wie damals durch mein Geschwätz.« Goethe und Bettina waren sich also bei diesem Zusammensein nähergekommen als bisher. Das läßt auch seine Bemerkung im Brief an Christiane vermuten: »Sie war wirklich hübscher und liebenswürdiger wie sonst.«

Am Abend kam man wieder bei Goethe zusammen. Neben dem Ehepaar Savigny und Bettina waren diesmal auch Riemer, der Sekretär des Dichters, und Zelter, der Freund und Musikprofessor, anwesend. Bettina beteiligte sich lebhaft an der Konversation, sie erzählte »drollig von ihrer Aufzieherei der Vögel auf dem Gut in Böhmen, die ihr schlecht gelungen«. (Riemer:

Friedrich Creuzer

Oben: Johann Wolfgang von Goethe, 1810
Unten: Frau Rat Goethe

Bettina

Karoline von Günderode mit Bettina

Mitteilungen über Goethe) Mit Vergnügen ließ sie das spitze Bonmot fallen, Tieck habe die »Wahlverwandtschaften« Qualverwandtschaften genannt. Sie gab sich an diesem Abschiedsabend unbefangen und formlos-vertraulich, liebenswürdig gegenüber dem Meister, »sehr unartig« gegenüber Zelter und Riemer. Am folgenden Morgen reisten Savignys mit ihr nach Berlin. Ihrem Dichterfreund hatte sie zuvor noch anvertraut, daß sie demnächst Arnim heiraten werde.

So ungefähr liefen die Teplitzer Tage ab, soweit wir sie historisch rekonstruieren können. Freilich, ein vollständiges Tatsachenbild ergibt das nicht. Dazu fehlt es an Details. Nur soviel läßt sich sagen, daß Bettina vom Verlauf dieser Tage beglückt war. Das geht aus jenen Manuskriptblättern hervor, die sich in ihrem Nachlaß fanden und die die Überschrift »in Töpplitz anno 10« tragen.

Um einen Tatsachenbericht handelt es sich bei diesen Blättern nicht und wohl auch kaum um einen Briefentwurf, wie man manchmal behauptet hat. Das Prosastück liegt in fünf Varianten vor. Ein realer Bericht, der auf pragmatischen Gebrauch orientiert, entzieht sich weitgehend der freien Bearbeitung. Auch sonst deutet alles darauf hin, daß hier ein Dichtungsentwurf, eine literarische Skizze, überliefert ist, die freilich einen Rückbezug auf die Wirklichkeit zuläßt, wie schon die Überschrift vermuten läßt. Die Erzählung beginnt auch ganz episch:

»Es war in der Abenddämmerung im heißen Augustmonat, in Töpplitz. Er saß am offnen Fenster, ich stand vor ihm und hielt ihn umhalst, und mein Blick, wie ein Pfeil scharf ihm ins Aug gedrückt, blieb drinn haften, bohrte sich tiefer und tiefer ein. Vielleicht weil er's nicht länger ertragen mochte, frug er, ob mir nicht heiß sei und ob ich nicht wolle, daß mich die Kühlung anwehe; ich nickte, so sagte er: ›Mache doch den Busen frei, daß ihm die Abendluft zugut kommt.‹ Und da er sah, daß ich nichts dagegen sagte, obschon ich rot ward, so öffnete er meine Kleidung; er sah mich an und sagte: Das Abendrot hat sich auf Deine Wangen eingebrennt, und dann küßt er mich auf die Brust und senkte die Stirn darauf; – kein Wunder, sagte ich, meine Sonne geht mir ja im eignen Busen unter. Er sah mich an, lang, und waren beide still. – Er fragt: Hat dir noch nie jemand den Busen berührt? – Nein, sagt ich, mir selbst ist es so fremd, daß du mich anrührst. – Da drückte er viele, viele und heftige

Küsse mir auf den Hals; mir war bang, er solle mich loslassen, und er war doch so gewaltig schön, ich mußte lächeln in der Angst und war doch ganz freudig, daß mir's galt, diese zuckenden Lippen und dies heimliche Atemsuchen, und wie der Blitz war's, der mich erschüttere, und meine Haare, die von Natur sich krausen, hingen herunter ...«

So beginnt die Situationsschilderung, und so wird sie durchgehalten. Die Akteure sind ein Mann, der zum Gott Zeus emporstilisiert wird, und ein junges Mädchen, das, vom erotischen Anruf verwirrt, die Welt mit poetischen Bildern füllt. Im Mittelpunkt steht die tiefe menschliche Erschütterung, die diese beiden in ihren Wirbel zieht. Der Schlußsatz: »Wie hat der Eindruck dieser Stunde mich durchs Leben begleitet ...« zeigt den bleibenden Gewinn dieses wunderhaften Ereignisses: nicht Liebesleid und Verzicht, sondern ein Bild, in dessen Zeichen die Erzählerin gelebt und gewirkt hat.

So sicher es ist, daß dieses Prosastück seinen biographisch-psychologischen Grund in der Teplitzer Begegnung hat, so gewiß wird auch sein, daß die Figuren nur als Chiffren stehen, daß diese zwei Menschen nicht ohne weiteres mit dem Goethe und der Bettina von 1810 gleichgesetzt werden dürfen. Das verbietet schon die Erhöhung zum antiken Zeus. Goethe war kein antiker Gott und Bettina nicht so kindlich verwirrt und unerfahren wie das Mädchen, das sie gezeichnet hat. Beide sind vielmehr »Idole« im Goetheschen Sinne, »kunstreiche Abbilder«. Ebenso ist der Ort des Geschehens nicht der reale nordböhmische Badeort, sondern romantisches Phantasieland. Der schale Alltag und die rauhe Wirklichkeit sind rigoros verbannt.

Entstanden ist diese Studie erst in den dreißiger Jahren, vermutlich in Zusammenhang mit der Ausarbeitung des Buches »Goethes Briefwechsel mit einem Kinde«. Dieses Buch war auch als Roman einer Liebe konzipiert. Noch Balzac hat es so gelesen. Und diese Liebe bedurfte in der literarischen Gestaltung sowohl einer Steigerung als einer sichtbar-sinnlichen Darstellung. Der Rückblick auf Teplitz in künstlerischer Bildverdichtung konnte diese Funktion ausüben. Kompositorische Schwierigkeiten und wohl auch leise Zweifel an der »Echtheitswirkung« jener Szene haben wahrscheinlich letztlich verhindert, das Prosastück dem Goethebuch einzugliedern. Für Bettina selbst hatte das utopisch imaginierte Bildnis von jener Begegnung seinen Zweck dennoch voll erfüllt: Der Gehalt dessen, was sich in Teplitz abgespielt hatte, wurde ihr deutlicher, und sich so zu sehen, wie sie es in diesem Bild festgehalten hatte, blieb ihr stärkster Lebenstrost. Wie immer der heutige Leser diese Apotheose ihrer Liebe zu Goethe einschätzen mag, eines darf mit Sicherheit gesagt werden, daß diese Liebe zumindest von Bettinens Seite her nicht rein geistig begriffen werden kann. Ähnlich wie Madame de Staël, das französische Meteor jener Zeit, war auch Bettina ein panerotisches Wesen, das zwischen den verschiedenen Arten ihrer Zuneigung wenig unterschied, bei der kindliche, geschwisterliche, kameradschaftliche, mütterliche oder triebmäßige Zärtlichkeiten, Freundschaften und Sympathien alle der Liebe glichen.

Die Universalität ihrer Gefühle ermächtigte sie, etwa zu gleicher Zeit mit Max Prokop von Freyberg Treueschwüre auszutauschen, sich leidenschaftlich in die Arme Goethes zu werfen und an Arnim zu schreiben: »Liebes Kind meines Herzens, warum soll ich nicht Dein sein? warum, wenn Du an mich verlangst, soll ich Dir nicht geben?«

Zweiter Teil

Die Frau Achim von Arnims

11.
Langwierige Werbung

Als Bettina im August des Jahres 1810 zusammen mit der Familie Savigny in Berlin einzog und sich am grünen Monbijouplatz niederließ, da war sie 25 Jahre alt und stand im Begriff, sich zu verloben. Die Freundschaft mit Arnim hatte unerwarteterweise diese Wendung genommen. Schon im Sommer 1808, als Madame de Staël mit ihrem Troß durch Frankfurt kam, war sie deshalb ins Gerede gekommen und hatte geantwortet, der Arnim sei ein lieber Vogel in der Luft, dem man die Schwingen nicht rauben dürfe, um ihn in einem Hühnerhof einzusperren. Dies Bild traf aber auch auf sie selber zu. Die starke Bindung an die Gesetze ihrer eigenen Natur schloß weitgehend die Möglichkeit aus, sich einem Lebenspartner anzupassen oder gar unterzuordnen. Hinzu kam ihre Neigung, die Ehe als spießbürgerliche Einrichtung geringzuschätzen. Auch die Ehegeschichten ihres Bruders Clemens schreckten ab. Freilich, so problematisch es sein mochte, in der Gesellschaft, in der sie lebte, zu heiraten, die Ehe blieb für eine Frau das einzige Mittel, zu Selbständigkeit und zu einem Zuhause zu gelangen. Wollte sie nicht ewig ihr Leben als Anhängsel ihrer Brüder und Schwestern verbringen, mußte auch sie wohl oder übel diesen Weg beschreiten, und als Arnim um ihre Hand anhielt, entschloß sie sich, diesen Schritt zu wagen. Denn auch bei ihrem Freund waren Veränderungen eingetreten, die ihm eine Familiengründung nahelegten.

Arnim zählte damals dreißig Jahre und zeichnete sich durch vornehmes Wesen und gute Manieren aus. Obwohl er aus einem alten adligen Geschlecht brandenburg-preußischer Gutsbesitzer stammte, war er nicht der Typ des märkischen Junkers, sondern ein gebildeter Berliner, dem Wissenschaft und Literatur näherlagen als das Soldatentum oder die Landwirtschaft. Sein Vater war Gesandter in Kopenhagen und Dresden gewesen und besaß auch künstlerische, vor allem musikalische Fähigkeiten, weshalb ihn der König mit der Leitung der Hofoper in Berlin betraute. Da die Mutter gleich nach der Geburt des Knaben starb, wurde er zusammen mit seinem zwei Jahre älteren Bruder Karl Otto bei der Großmutter, einer Baronin Labes, aufgezogen, die aus einer reichen Potsdamer Kaufmannsfamilie stammte, in erster Ehe mit dem Kammerdiener Fredersdorf, dem bekannten Günstling des Preußenkönigs Friedrich II., verheiratet war und in dritter Ehe mit dem Kammerherrn Hans Labes, einem bürgerlichen Abenteurer, der später das Adelsdiplom erhielt. Ihre Erziehung förderte bei dem Knaben entschieden bürgerliche Züge wie Lebensernst, Leistungswillen, Fleiß und Sparsamkeit, eine Gewissenhaftigkeit, die ihn von den meisten anderen Romantikern und besonders von seinem Freund Brentano auffällig unterschied. Er besuchte außerdem eine bürgerliche Schule, das Joachimsthalsche Gymnasium in Berlin, in dem er durch Übereifer und unstillbaren Wissensdurst auffiel, ein guter Schüler, dem im Abschlußzeugnis bescheinigt wurde, daß er »zu fleißig« war. Dieser Wissenschaftseifer setzte sich auch auf den Universitäten Halle und Göttingen fort. Zwar war er als Student der Rechtswissenschaften immatrikuliert, widmete sich aber vor allem der Mathematik, Chemie und Physik. Durch zahlreiche Aufsätze in wissenschaftlichen Zeitschriften und Einzelveröffentlichungen zur Theorie der Elektrizität und des Magnetismus zog er die Aufmerksamkeit der einschlägigen Gelehrten auf sich. Im Hause Brentano wurde er als renommierter Physiker eingeführt, nicht als Dichter. Sein erstes poetisches Werk, »Hollins Liebeleben«, befand sich damals in Druck und war noch nicht erschienen.

Schon von der äußeren Erscheinung her wirkte Arnim ungewöhnlich anziehend. Er war, so bezeugt Eichendorff, »von hohem Wuchs und so auffallender männlicher Schönheit, daß eine geistreiche Dame einst bei seinem Anblick und Namen begeistert das Wortspiel ›Ach im Arm ihm!‹ ausrief«. Und ein anderer Zeitgenosse, der Philologe Creuzer in Heidelberg, der Geliebte der Günderode, äußerte: »Wenn ich so ihm seitwärts ging, hab ich mich an seiner Erscheinung geweidet. Zuversicht und Kraft sind ihm aufgeprägt. Es ist doch etwas Herrliches um dieses kräftige Auftreten auf den Erdboden und dieses heitere, feste Blicken in die Welt hinaus, wie wenn ... sie einem dienen müßte. Das vermag Arnim, und zwar ohne gesuchte Kraft, ohne Brutalisieren, sondern so, daß die Kraft freundlich ist und gemildert und folglich schön. So soll der Mann sein.« Bettina meinte: »Der Arnim sieht königlich aus!«

So übte er auf seine Altersgenossen einen fast unwiderstehlichen Zauber aus. Mit Clemens war eine Fahrt auf dem Rhein verabredet. Sie bestiegen in Frankfurt das Postschiff. Bettina geleitete sie bis zur Anlegestelle und beschrieb Arnim als »schlampig in seinem weiten Überrock, die Naht im Ärmel aufgetrennt, mit dem Ziegenhainer (dem Knotenstock), die Mütze mit halb abgerißnem Futter, das neben heraussah ...« Solche Nachlässigkeit in der Kleidung wurde damals bei der Jugend Mode, die damit ihren Widerspruch gegen die ältere Generation zur Schau trug. Börne zeichnete Görres, einen Freund Arnims, im bestaubten altdeutschen Rock ohne Weste, durchs offene Hemd die nackte Brust darbietend, dazu zerrissene Stiefel. Diese nivellierte Tracht, die von fern an die Kleidung eines »fahrenden Schülers« des Mittelalters erinnerte, sollte die oppositionelle Haltung der Jugend gegen das Volk der Philister betonen. In ihr dokumentierte sich aber auch eine Annäherung an die plebejischen Schichten, die das grobe Erlebnis der volkstümlichen Richtung der Romantik wurde und von der uns Arnim gerade auf dieser Rheinreise in einem Brief an seine Tante Kunde gibt: »Auf den Postschiffen ist ein herrliches Leben, ganz wie im Himmelreich, nur nicht umsonst, und etwas heißer. Die Rheinländer sind ein so edles Volk wie ihr Wein; sie haben außer dem Sinn für Dichtung eine helle, klingende, hohe Stimme, besonders die Schiffer. In einen alten Mantel gehüllt, ohne Plan mit einem Freunde und einem Buche umherirrend, im Gesange der Schiffer von tausend neuen Anklägen der Poesie berauscht, ohne Tag und Nacht zu sondern, frei von Sturm und Ungewitter, denn unser Gesang führte sie uns wie Bilder unsres Gemüts – so möchte ich wohl noch einmal leben; das Leben war frisch angebrochen wie die echte Quelle des rheinischen Weins. Wir trafen viele frohe Menschen und wurden in ihre Fröhlichkeit eingeweiht, zogen mit Schauspielern und färbten ihnen die Backen und sahen ihre Probestunden beim Kindergeschrei und hörten ihre eignen Klagen über Kindergeschrei ... Ich möchte wohl gut singen und dichten können, um mein Leben auf dem Marktschiff zwischen Frankfurt und Mainz zu versingen.«

Daß zwischen Arnim und Bettina bei aller Sympathie und Zuneigung noch keine innere Bindung bestand, bezeugen die Ereignisse des Jahres 1806. Nach der Niederlage von Jena und Auerstedt wurde Arnim in die Flucht der preußischen Truppen hineingezogen. Er erlebte den Zusammenbruch der preußischen Monarchie, und wie so viele Patrioten schloß er sich dem Zug nach Ostpreußen an, wohin sich der Hof, die hohen Beamten und viele unbeugsame Napoleongegner zurückzogen, um zu retten, was noch zu retten war. In Königsberg verkehrte er im Kreis der »Reformer« und wohnte im Haus des Kommerzienrates Schwink, in dessen Tochter Auguste er sich verliebte und die er damals gern zur Frau genommen hätte. Über sie schrieb er am 27. März 1807 an seine Brieffreundin Bettina: »... wie eine dunkle nächtliche Himmelsbläue über einem Schlachtfelde ist ihr Anblick meine Ruhe, sie stört keinen Eindruck, vielmehr scheinen die ewigen Sterne ferner Freundschaft heller und glänzender durch sie zu mir her!« Aber das Mädchen erwiderte seine Gefühle nicht. In einem Briefentwurf bekannte er: »... ich habe viele schönere Mädchen gesehen, aber nie diesen unbegreiflichen törigten Reiz so gewaltsam empfunden.« Schließlich machte der Tilsiter Friede seinen Aufenthalt in Königsberg überflüssig. Ende September verließ er gemeinsam mit dem Kapellmeister Reichardt die Stadt. An Bettina schrieb er: »Mein Abschied von Königsberg hat mich sehr verstört, das Eis schien da zu schmelzen, war es Verstocktheit, so muß ich sie hassen, war es Kälte, so darf ich sie nicht lieben ... Am Morgen überbrachte mir der Bediente eine kleine seidene Schreibtasche mit getrockneten Blumen und Haarlocken der ganzen Familie, ich mußte eben in den Wagen steigen.« Bald nannte er diese unerwiderte Liebe seine »Passionsblume« und ferner eine »unnatürliche Leidenschaft« während eines »unnatürlichen Krieges«. Bettina schwieg dazu. Sie hatte sich ja nicht viel anders verhalten, als sie ihren Liebesbrief an Tieck schrieb und darauf keine Antwort erhielt.

Die Reise nach Königsberg erwies sich als Schlag ins Wasser, und zwar nicht nur wegen der Zurückweisung durch die Kommerzienratstochter. Er war ja dorthin gegangen, um beim Neuaufbau des Staates praktisch mitzuwirken. Aber entsprechende Kontakte blieben aus. Es war ihm nicht gegeben, sich bei den Maßgeblichen ins rechte Licht zu setzen, er demonstrierte seine antibürgerliche Haltung zu stark. Als er zwei Jahre später noch einmal Wilhelm von Humboldt seine Dienste anbot, schrieb dieser an seine Frau: »Auch an den Achim von Arnim, den Wunderhornmann, der wirklich in Dienst gehen will, habe ich gedacht. Allein er hat so grobe Streitigkeiten ... und geht in solcher Pelzmütze und mit solchem Backenbart herum und ist so verrufen, daß nicht daran zu denken ist.« Dabei forderte seine ökonomische Lage eine Berufswahl. Großmutter Labes, der er ja Weltklugheit nicht absprechen konnte, drängte zu einem Entschluß und zog die finanziellen Zügel immer enger. Sie schrieb: »Ihr erwerbet nichts, lebet mit Kosten, statt obgl. ihr wohlfeil in euren Eigentum leben könntet; warum wohnet ihr nicht wenigstens auf euren Gütern? lernet darauf die Landwirtschaft, um nach etlichen Jahren Euch selbst wie andere Edelleute damit beschäftigen zu können.«

Arnims Situation wandelte sich im Frühjahr 1810. Frau von Labes war im Alter von 80 Jahren gestorben und hinterließ ein bedeutendes Vermögen in Form von Grundbesitz. Aber sie herrschte noch über ihren Tod hinaus. Bei Eröffnung des Testaments zeigte sich, daß sie für das Erbteil ihrer Tochtersöhne Karl und Achim ein »Fideikommiß« errichtet hatte, wonach der Grundbesitz unveräußerlich blieb und sich erst für die Kinder ihrer Enkel auflöste. Wenn die Erben also die Hinterlassenschaft annahmen, waren sie gezwungen, sich der Verwaltung der Güter zu widmen, zu heiraten und Kinder zu zeugen. Der romantischen »Vagabondage« hatte sie damit einen Riegel vorgeschoben. Achim zögerte nicht, aus dieser Sachlage die Konsequenzen zu ziehen. Er hatte zwar als Schriftsteller fleißig gearbeitet. Nach »Hollins Liebeleben« erschienen 1803 seine Schweizernovelle »Aloys und Rose«, 1804 der Roman »Ariels Offenbarungen« und die theaterkritische Schrift »Erzählungen von Schauspielen«, 1806 der erste Band der Sammlung »Des Knaben Wunderhorn«, 1808 der zweite und dritte »Wunderhorn«-Band sowie die »Zeitung für Einsiedler«, 1809 die Novellensammlung »Der Wintergarten«, die Bettina gewidmet war, 1810 der Roman »Gräfin Dolores«. Anerkennung wurde ihm freilich nur langsam zuteil. »Durchgesetzt« hatte er sich damit noch nicht, und es blieb zweifelhaft, ob er es je schaffen würde. Er beschloß deshalb, die Erbschaft anzunehmen, zu heiraten und eine Familie zu gründen.

Der Gedanke an Heirat tritt im Briefwechsel Arnims mit Bettina zum erstenmal Ende August 1809 auf. Da schrieb er: »Es ist mir zuweilen, als sollten wir beide zusammen in alle Welt gehen, aber wo liegt alle Welt? und fast ermüde ich. Paßte ich in irgendeine bürgerliche Ordnung und könnte eine Frau ernähren, so könnten wir uns wie andere ehrliche Leute dreimal aufbieten lassen, Gäste laden, kochen und backen und heiraten. Ungeachtet wir einander noch nie vom Heiraten vorerzählt, womit andere sonst anfangen, so meine ich doch, daß Dir so wenig wie mir der Gedanke sehr fremdartig ist, wenn ich es gleich mit großer Verwunderung vor mir geschrieben sehe.« Diese zaghaften Worte malten ein sehr unbestimmtes Gedankenbild, das ihm selbst unwirklich erschien, an den Horizont.

Inzwischen hatte sich die Lage beider Partner verändert. Arnim war Gutsbesitzer geworden und hatte den Entschluß gefaßt zu heiraten. Bettina aber stand noch im Bann ihres euphorischen Erlebnisses mit Freyberg. Als er nach Bukowan reiste, um die Situation zu klären, wich die Freundin aus, sprach von ihrer Hingabe an große Zwecke der Zeit und an die Musik. Hatte sie überhaupt an eine Ehe gedacht? Noch am 7. August schrieb sie an Freyberg: »... ich wollte frei bleiben von allem Verhältnis, um einst Dir nachzugehen; aber Gott, dem wir beide uns anvertrauen, will mir einen andern Weg zeigen, noch weiß ich's nicht gewiß, ob es kömmt, ich werde so lang wie möglich mich frei erhalten.« Auch Clemens glaubte um die Mitte des Jahres 1810 nicht an eine Heirat. Er berichtete Arnim: »Sie selbst hatte mir einmal auf ihre Art erklärt, Dich zu heiraten habe sie nie gedacht... und ich glaubte Gott weiß warum... sie werde den Freyberg heiraten.«

Arnim beschloß nun, die Entscheidung schriftlich herbeizuführen. Wieder antwortete Bettina unbestimmt und unklar: »... was weiß ich selber von mir und der Liebe? als nur, daß ich eines festen Willens bin, gut zu sein und Gutes zu tun, und Dir vor allen andern! ... Wir wollen Gott vertrauen und abwarten, was er fügt; wir wollen uns fassen und nicht loslassen ...« Nun wurde Arnim ungeduldig und schrieb am 29. Juli 1810: »Ich soll harren und warten, sage mir, was? Ich meine, wir heiraten uns, wann und wo es sei, nur bald. An Mobilien brauchst Du so nicht viel, wenn Du ein Fortepiano hast, ich hab mein Schreibpult.« In Teplitz hat sich Bettina dann wohl entschieden und das auch Goethe anvertraut. Er schrieb am 13. August an Christiane, der er zur Beruhigung die Abreise des überraschenden Besuchs meldete: »Mit Arnim ist's wohl gewiß.«

Im Sturm der Leidenschaft ward diese Ehe nicht geschlossen.

Eher gründete sie im Freundschaftsempfinden der Zeit. Äußere Anstöße waren erforderlich, daß sie überhaupt eingegangen wurde. Ihrer beider Liebe zur Natur, ihre Verehrung Goethes und die Gegnerschaft zu Napoleon, ihr Bekenntnis zur Geisteswelt der Romantik mochten eine hinreichende Grundlage für ein gemeinsames Leben bilden. Eine vorbildliche Hausfrau war Bettina nicht. Zur Wirtschaftlichkeit war sie nicht angeleitet, wie Arnim klar erkannte. Sie fiel durch unkonventionelles Verhalten und Extravaganzen im geselligen Verkehr auf. Aber über diese Fehler sah der Partner hinweg. Daß sie auch weiterhin Raum für Entfaltung ihrer Eigenart brauchte, dafür brachte er Verständnis auf. Daß es nicht ohne Krisen abgehen würde, darüber hatte er ausgiebig beim Schreiben seines Eheromans »Gräfin Dolores« nachgedacht. Dolores ist wie Bettina ein problematisches Erziehungsprodukt der Romantik. Für Bettina aber stand Arnim im Schatten Goethes. Immer erhob sich dessen überlebensgroßes Bild vor ihrer Seele, und sie beklagte im stillen ihr Schicksal, nicht immer mit ihm zu leben. Ihr Traum war, die Gattin eines Genies zu sein. Immerhin erwies sich Arnim als ein Dichter, nicht bloß als »tüchtiger« Mann wie ihr Schwager Guaita in Frankfurt oder Savigny; denn »wenn einer vortrefflich ist und sonst gar nichts, das ist gar zu wenig«! Freilich, mit der poetischen Schaffenskraft allein war es für sie noch nicht getan. Sie brauchte einen Mann, der sich als Dichter auch durchsetzte, und da haperte es bei ihrem künftigen Ehepartner. Und nie – auch in späteren Jahren nicht – erlebte sie viel öffentlichen Glanz um ihn, und das enttäuschte sie.

Ehe die beiden ihr Schicksal endgültig miteinander verbanden, ging noch ein halbes Jahr hin. Bettina betrat zum erstenmal den Boden Berlins. Clemens hatte in seinen Briefen an Savigny und seine Schwester Gunda die preußische Hauptstadt in den leuchtendsten Farben gemalt, sprach von »dieser bequemen, wohlfeilen, an allem guten Willen und Lebensbedürfnis und Verstand und gastfreier Vertraulichkeit ebenso überfließenden als an Reichtum, Hoffart und undeutscher Gesinnung blutarmen Stadt«. »Du wirst hier ein paar Frauen finden«, schrieb er, »die gewiß Deine Freundinnen werden und Dich und Savigny und Kind schon recht sehnsüchtig erwarten, um Euch mit Rat und Tat und einer so herrlich vertraulichen Gefälligkeit zu unterstützen, wie Ihr sie vielleicht nie genossen. Es ist dies unsre geliebte Hausfrau, die Geheime Rätin Pistor, die rüstigste gütigste Hausfrau, und an Gemüt ein rechter Engel, und ihre Schwester die Staatsrätin Alberti, eine der bravsten und angenehmsten Hauswirtinnen der Stadt ...« So optimistisch sah Bettina die neue Umwelt indes nicht. Gegenüber Freyberg äußerte sie: »In Berlin werd ich in ein Gewühl von Menschen kommen, Gelehrte und Ungelehrte aller Art. O dort hab ich manches zu ertragen; ein Herz wie Arnims, das vor mir auf der Folter liegt, keine Gegend, kein Berg, kein Himmel zum Ausschauen bis weit, wo er die Erde begrenzt, ich werde am Abend schmähen über meinen Tag, der im leeren Treiben hinging.«

Aber noch immer spannte Bettina ihren Freund auf die Folter. Am 3. Dezember schrieb sie an Freyberg: »Gestern kam Arnim, kurz nachdem ich Deinen Brief empfangen hatte, ich sagte ihm, daß er von Dir sei; er ward rot, faßte mich in seine Arme und fragte mit niedergeschlagnen Augen: ob ich denn mit ihm verlobt sei? Ich fragte ihn, ob er mir versprechen wolle, nie eifersüchtig auf Goethe zu sein, dann wolle ich am nächsten schönen Tag mit ihm ins freie Feld gehen und ihm alles geloben, was er begehre.« Am folgenden Tage verlobten sie sich. Bettina berichtete darüber an Goethe: Es »war kalt und schauerlich Wetter, es wechselte ab im Schneien, Regnen und Eisen, da hielt ich Verlobung mit Arnim unter freiem Himmel um ½ 9 Uhr abends, in einem Hof, wo hohe Bäume standen, von denen der Wind den Regen auf uns herabschüttelte; es kam von ungefähr.«

Offizielle Feierlichkeiten, wie sie im Bürgertum und den adligen Kreisen üblich waren, liebten beide nicht; die rechneten sie zu den Trivialitäten der Philisterwelt. Am Weihnachtsabend steckten sie bei Savignys in Anwesenheit Zelters die Ringe an. Bettina schenkte ihm einen Reif mit goldenen Lilien auf schwarzer Emaille; er ihr einen Ring in antiker Form, mit einem Chrysopras, worin zwei Hände einander fassen. Die Ehe wurde am 11. März 1811 ohne jedes Zeremoniell, fast heimlich, vollzogen. Arnim berichtete darüber ausführlich an Wilhelm Grimm:

»Es war die Aufgabe zu lösen, wie zwei Verlobte, von denen der eine mit dem Bruder der Braut, die Braut aber mit ihrer Schwester (Frau v. Savigny) zusammenwohnt, so daß Braut und Bräutigam durch eine halbe Stunde Weges voneinander geschieden sind, unbemerkt miteinander verheiratet werden können, Mittel dazu – die Kammerjungfer Lisette ... Den 11. März hatten wir dazu bestimmt, nachdem das Aufgebot an lutherischer und katholischer Kirche den 10. vollendet war, uns zu verheiraten. Die Unterschrift von Ehepakten gab mir die Veranlassung, Bettinen allein abzuholen, und ihr die Gelegenheit, sich sorgfältiger als gewöhnlich anzukleiden. Aber ein unseliger Umstand hätte beinahe alles gestört. Der katholische Küster, statt mir den Aufgebotsschein zu schicken, war damit zu Bettinen gelaufen, dort von der Savigny an mich zurückgeschickt worden, und so schwebte ich ihm nach, ohne ihn zu treffen, ungeachtet ich in dem Ärger die meisten Leute, die etwas Küsterhaftes in ihrem Ansehen hatten, auf der Straße anrief, worauf mir einer mit ›Gott bewahre mich davor!‹ antwortete. Ganz in Schweiß gebadet, beschloß ich endlich mit Bettinen ohne Aufgebotsschein zum alten Prediger Schmid zu fahren, dessen goldene Amtsfeier Bettine einen Monat vorher mit besingen half. Der würdige Alte machte auch keine Umstände wegen des mangelnden Scheines, auf seiner Bibliothek ruhten wir erst in einem grünseidenen Sofa aus und ließen die ersten ungestümen Bewegungen des Herzens vorübergehen ... Nach der Trauung führte ich eilig Bettinen nach Hause und aß in einer freudigen Einsamkeit beim Restaurateur. Erst abends kam ich wie gewöhnlich zu Savigny ... Zum Glück für unsre Heimlichkeit war Clemens schon seit einiger Zeit gewöhnt, weil ich gern mit Bettinen noch etwas zusammenblieb, voran nach Hause zu gehen; ich mußte ihm meinen Schlüssel geben, er wollte ihn aufs Fenster für mich legen. Als er fort war, gingen Savignys auch zu Bette, ich tat, als wenn ich Abschied nähme, trappte die Treppen in Begleitung der kleinen Kammerjungfer hinunter, als ob ich schwere beschlagene Hufeisen trüge, unten aber schlug ich die Türe scheinbar zu, zog dann die Stiefel schnell aus und war in drei Sprüngen in Bettinens Zimmer, das mit großen Rosenstöcken und Jasminen, zwischen welchen die Nachtlampe stand, sowohl durch den grünen Schein der Blätter wie durch die zierlichen Schatten an der Decke und Wand verziert war. Die Natur ist reich und milde, was aber von Gott kommt und zu Gott kehrt, ist das Vertrauen. Früh schlich ich mich unbemerkt fort. Fünf Tage darauf erzählte Bettine Savigny und der Gundel das ganze Ereignis. Da sie aber an ihr dergleichen Erdichtungen gewohnt waren, womit sie ihnen unschuldig die Zeit vertrieb, so wurden sie diesmal etwas böse, daß sie ihnen so leichtsinnig von etwas vorschwatzte, das ihr heilig sein sollte. Erst am andern Morgen überzeugten sie sich von der Wahrheit des ganzen Vorgangs, und nachdem ihnen die üble Laune vergangen, um einige Beobachtungen betrogen zu sein, gaben sie mir sowohl wie Clemens recht, daß wir, die wir beide in mancherlei Art bekannt mit vielerlei Leuten, beide nicht so jugendlich unbesonnen, um alles um uns her zu übersehen, beide abgesagte Feinde aller Gratulationen und Hochzeitsspäße, uns auf diesem Wege allen entzogen hatten. Noch zehn Tage ungefähr schliefen wir bei Savignys, unter der Zeit wurde täglich an der Einrichtung unserer jetzigen Wohnung gearbeitet.« Bettina aber schrieb an Freyberg: »... und meinen Freunden bleibe ich treu, das war mein Gebet während der Einsegnung.«

12.
Das erste Ehejahr

Bettina hieß nun Frau von Arnim, war sechsundzwanzig Jahre alt und wohnte fortan im Zentrum Berlins, in einem kleinen Gartenhaus des gräflich Vossischen Palais in der Wilhelmstraße 78 am Wilhelmsplatz. Am 11. Mai 1811 schrieb sie an Goethe: »Ich wohne hier in einem Paradies! Die Nachtigallen schmettern in den Kastanienbäumen vor meinem Schlaffenster, und der Mond, der nimmer so hell geschienen, weckt mich mit seinen vollen Strahlen; da schau ich denn wie in einer Optik die vergangnen Tage, was mich Dein Geist so früh schon gelehrt... und nun geht unser Tagwerk folgendermaßen vor sich: von morgens früh an gehe ich der Musik nach, und Arnim treibt seine eigenen Geschäfte; gegen Abend bearbeiten wir ein kleines Gärtgen hinter unserem Häuslein, das mitten in einem großen Garten steht; und nun! Philemon und Baucis konnten nicht ruhiger leben.« Ein paradiesähnliches Idyll zeichnet Bettina von ihrem ersten eigenen Wohnsitz; aber es war ein Idyll mitten in einer brausenden Flut.

Das geistige Klima Berlins hatte sich nach dem Wettersturz von Jena und Auerstedt und der französischen Okkupation stark gewandelt. Die »gute alte Zeit« mit den schöngeistigen Salons war vorüber. Die »arme«, aber gleichzeitig patriotische Zeit hatte begonnen. Die aus Ostpreußen zurückkehrenden Offiziere, Beamten, Gelehrten, Poeten, Publizisten – reaktionäre und fortschrittliche Adlige – gaben nun den Ton an. Die von Stein und seinen Gefolgsleuten in die Wege geleiteten Reformmaßnahmen zur Reorganisation von Staat und Gesellschaft bewegten die Geister. Auf der Tagesordnung stand der Plan, den antinapoleonischen Widerstandskampf zu mobilisieren. Nicht ästhetische Konversation war mehr gefragt, sondern Politik und Beschäftigung mit den öffentlichen Angelegenheiten galten als Gebot der Stunde. Es bildeten sich Gruppierungen von Patrioten adliger und bürgerlicher Herkunft, und an Stelle der von Frauen beherrschten Geselligkeitszirkel nach Art des Salons der Rahel Levin traten »Männerbünde«, in der die Frau zu schweigen hatte oder gar nicht zugelassen war, von Friedrich Ludwig Jahns Turngemeinde bis zu Chassots »schießender«, Reimers »lesender Gesellschaft« und Zelters »Liedertafel«. Auch Arnim hatte zusammen mit dem Publizisten Adam Müller im Januar 1811 ein solches Unternehmen gestiftet, die Christlich-Teutsche Tischgesellschaft. Er hat diese Vereinigung gelegentlich zur »deutschen Freßgesellschaft« heruntergespielt. So harmlos war der Zweck des Zusammenschlusses freilich nicht. Das lassen schon die Namen der Mitglieder vermuten. In dieser Runde versammelten sich Offiziere wie Clausewitz, Gelehrte wie Fichte und Savigny, Literaten wie Kleist, Brentano, Adam Müller, hohe Beamte wie der Staatsrat Stägemann, Musiker wie Zelter und Reichardt, Gutsbesitzer wie Arnims Bruder Karl, Fürst Lichnowski oder Fürst Radziwill. Aus diesem Kreis gingen die »Berliner Abendblätter« hervor, in denen die konservative Welt- und Staatsanschauung ihre früheste publizistische Vertretung in Deutschland fand. Satzungsgemäß duldeten sie unter sich keine Franzosen, keine Juden und keine Philister. Die Franzosenfeindschaft ergab sich aus dem Gedanken des Widerstandes gegen die napoleonische Fremdherrschaft und gegen die Konzessionspolitik der Regierung des liberalen Staatskanzlers von Hardenberg. Der Antisemitismus war durch die Ablehnung des in Vorbereitung befindlichen »Edikts über die bürgerlichen Verhältnisse der Juden« hervorgerufen, das dieser Minorität die Gleichheit der Rechte im Wirtschaftsleben und in der Justiz gewähren sollte. Aus »christlichem Vorurteil« und »christlichem Handelsneid«, wie der Militärreformer Boyen damals sagte, wandte sich diese Gruppe gegen die Politik der Assimilation. Als Arnim dafür plädierte, zumindest getaufte Juden von der Gesellschaft nicht auszuschließen, fand er keine Zustimmung. Philister aber waren alle, die keines höheren Enthusiasmus fähig, nur vom Gelderwerb besessen waren, die Gewürzkrämer ebenso wie die Bürokraten, die Spekulanten, die Güter erwarben, wie die Kommandeure »mit den dicken Bäuchen und dünnen Köpfen« und die Diplomaten, alle dumpfegoistischen Elemente, ob sie nun strebsam waren oder faul. Man war in diesem Kreise nicht ganz so borniert wie in der Anhängerschaft des Junkers von der Marwitz, der Hardenberg vorwarf, »aus dem ehrlichen brandenburgischen Preußen einen neumodischen Judenstaat« machen zu wollen. Aber man glaubte doch in illusionistischer Selbstverblendung, den Staat mehr adlig-konservativ als bürgerlich-fortschrittlich erneuern zu können. Man berief sich lieber auf das Geheimnis der Willensstärke, die auch das schier Unmögliche, den Sturz Napoleons, bewirken könne, als auf die objektiven Notwendigkeiten einer Staats- und Gesellschaftsreform.

Diese Art von preußischem Patriotismus kann Bettina nicht mit Jubel begrüßt haben. Zu vieles stand in schneidendem Kontrast zu dem, was sie bisher erlebt hatte. Für ihr Freiheitsbedürfnis, ihre Generosität wurde der Horizont in Berlin enger. Unter der neuen Zeitströmung kam Toleranz aus der Mode. Die »Pflicht«, von der sie einmal gesagt hatte, daß sie ihr »den Hals herumdrehen würde«, wenn sie die erwischte, beanspruchte die Geltung eines höchsten ethischen Wertes. Auch das neue Ideal der Hausfrauenwürde dürfte ihr wohl kaum sehr zugesagt haben. Daß man die nationalen Leidenschaften auch in Preußen erwecken wollte, dafür brachte sie Verständnis mit. Sie gedachte der Volkserhebung der Tiroler, für die sie sich in München begeistert hatte. Die Philister verachtete sie nicht weniger, als es die Patrioten der Tischgesellschaft taten, nur ob die darunter dasselbe verstanden wie sie, blieb zweifelhaft. Die Diffamierung der Juden konnte ihr nur mißfallen. War Arnims Antisemitismus auch gemäßigt, so hatte er als Stifter und »Gesetzgeber« der Tischgesellschaft die Verantwortung dieses Grundsatzes vor der Öffentlichkeit zu tragen.

Bei den Betroffenen und allen, die sich für Aufklärung, Emanzipation und bürgerliche Reform engagierten, geriet er dadurch in Verruf. Zuschriften flatterten ins Haus. Ein junger Jude namens Moritz Itzig warf ihm vor, daß er mit unritterlichen Waffen gegen seine Glaubensgenossen vorginge; er sollte sich ihm als Mann zeigen; das hieß, sich mit ihm duellieren. Als der Adlige Arnim dies als Zumutung ablehnte, kam es im Juli 1811 zu einer handgreiflichen Auseinandersetzung, wobei der christlich-teutsche Arnim von dem militanten Vorkämpfer der Juden im Badehaus angefallen wurde. In einer Schlägerei mit Stöcken taumelte der Angreifer gegen die Wand und wurde schließlich kampfunfähig dem Badediener übergeben. Der Vorfall führte zu einem Prozeß, der Arnim, trotz der Verurteilung Itzigs, schwer in seinem gesellschaftlichen Ansehen schädigte. Das falsche Bild von Humboldt, daß er »grobe Streitigkeiten« habe und »verrufen« sei, wurde durch dieses skandalöse Vorkommnis bestätigt. Die politische Karriere, auf die Arnim zu der Zeit immer noch hoffte, hatte dieser Zwischenfall zunichte gemacht.

Bettina war zweifellos betroffen. So banal hatte sie sich die Hingabe an »große Zwecke« nicht gedacht. Von den Sachverständigen in Fragen des guten Tons brauchte sie keine Belehrung. Aber so viel wußte sie: in eine Schlägerei dieser Art wäre ihr Idol Goethe nie verwickelt worden. Das war jedoch kein Grund, nicht zu Arnim zu halten. Schließlich hatte auch sie sich damals im Münchner Gasthof zu handgreiflichen Auseinandersetzungen mit ihrer Schwägerin Auguste hinreißen lassen.

Nach so viel Unerfreulichem sollte Bettina bald entschädigt werden. Arnim bemühte sich, ein braver und zärtlicher Ehemann zu sein. Schon in ihrem Maibrief an Goethe hatte sie angedeutet, daß ihr Mann ein Wiedersehen für den Sommer in Aussicht gestellt habe. Auf einer Reise zu den Verwandten in Frankfurt sollte ein längerer Aufenthalt in Weimar eingeschoben werden. Am Abend des 25. August, einem Sonntag, langte das junge Paar, von Halle kommend, wo man auf Giebichenstein den Komponisten Reichardt besucht hatte, in der Residenz von Sachsen-Weimar-Eisenach an. Arnim hatte durch Riemer ein Quartier besorgen lassen, »eine allerliebste Wohnung am Park«, in der Nachbarschaft von Goethes Garten. Der Dichter wurde noch am Ankunftstag aufgesucht, und er empfing seine Gäste aufs herrlichste. Obwohl er mit den Abschlußarbeiten des ersten Teils von »Dichtung und Wahrheit« beschäftigt war, widmete er in den nächsten Tagen und Wochen fast seine ganze freie Zeit dem Ehepaar. Fast täglich verbrachte man die Mahlzeiten gemeinsam, oft suchte man sich mehrmals am Tage auf, unternahm Spaziergänge und Ausfahrten, amüsierte sich im Schießhaus, dem Treffpunkt der Schützengesellschaft und der Besucher des Vogelschießens, feierte die Geburtstage von Goethe, Wieland und dem Herzog. Wiederholt erschien Bettina schon am Vormittag unter dem Vorwand, Christiane Gesellschaft zu leisten, möglicherweise jedoch, um eine Gelegenheit zur Begegnung mit dem Hausherrn abzupassen. Bei den abendlichen Unterhaltungen erzählte sie »nach ihrer Weise«, wie es in Goethes Tagebuch heißt, berichtete ausführlich von ihren Erlebnissen mit der alten Frau Rat, gab Tieck-Anekdoten zum besten, äußerte sich über ihre Berliner Erfahrungen und bekundete immer von neuem ihre Verehrung für den Meister, was Riemer zu der Bemerkung in seinen »Mitteilungen« veranlaßte: »Als sie im Herbst des Jahres 1811 bei ihren abendlichen Besuchen ihm gern von ihrer Liebe oder sonst was vorgeschwatzt hätte, kam er ihr beständig dadurch in die Quere, daß er sie auf den Kometen, der, damals wunderschön am Himmel stehend, in seiner völligen Größe und Pracht zu sehen war, aufmerksam machte und dazu ein Fernrohr nach dem andern herbeiholte und sich des breitern über dieses Meteor erging – da war nicht anzukommen.« Das Jahr war das Jahr des Kometen und des guten Weins.

Der Weimar-Besuch der Arnims zog sich in die Länge, weil sich bei Bettina die ersten Anzeichen einer Schwangerschaft meldeten, die ihren Gesundheitszustand beeinträchtigten. Riemer hatte auf einen Aufenthalt von einer Woche gehofft, Arnim an vierzehn Tage gedacht, nun dehnte sich das Intermezzo schon in die vierte Woche hinein. Bettina mochte das recht sein; denn sie fühlte sich als die privilegierte, allzeit getreue Hausfreundin, aber im Hause des Dichters wurde dieser intensive Freundschaftsverkehr allmählich lästig. Erste Symptome von Überdruß und Nervosität kündigten sich an, besonders bei Christiane entwickelten sich unter der Maske der Höflichkeit Gereiztheit und Feindschaft gegen die Nebenbuhlerin. So geriet die Beziehung zum Goethehaus in kurzer Zeit an den Rand einer schweren Belastungsprobe.

Für den Nachmittag des 13. September war der Besuch einer Kunstausstellung angesetzt, die Goethes Freund und Berater in bildender Kunst, der Maler Heinrich Meyer, veranstaltete. Da der Dichter sie schon besichtigt hatte, gingen Arnims zusammen mit Christiane, deren Gesellschafterin Karoline Ulrich und der Schauspielerin Ernestine Engels hin. In der präsentierten Sammlung mag sich neben Gekonntem auch manches Dilettantische befunden haben, so daß sich Bettina veranlaßt sah, manche ihrer Eindrücke mit spöttischen Bemerkungen zu kommentieren. Es kam wiederholt zu Gelächter. Christiane, die von Kunst sicher weniger verstand als die begabte Laienmalerin Bettine, hatte in Goethes Haus immerhin so viel ästhetische Erziehung genossen, um diesen Dingen mit Achtung, Andacht und Pietät zu begegnen. Sie wunderte sich, machte aber zunächst gute Miene zum bösen Spiel. Als die Sticheleien jedoch auch ihren Freund Meyer nicht verschonten, verlor sie die Geduld. Es kam zu einem heftigen und lauten Wortwechsel, in dessen Verlauf Christiane der naseweisen Rivalin die Brille herunterriß und ihr schließlich echauffiert verbot, sich in ihrem Haus wieder blicken zu lassen. Damit verließ sie mit ihren Freundinnen die Ausstellung. Arnim, der sich während der Szene in einem Nebenraum aufgehalten hatte, fand seine Frau bleich und zitternd, umringt von einer Traube neugieriger Weimaraner.

Der Skandal war groß. Noch am 3. Oktober berichtete Charlotte Schiller an die Erbprinzessin Karoline von Mecklenburg-Schwerin: »... die Flut des Klatschens ist ungeheuer. Die ganze Stadt ist in Aufruhr, und alles erdichtet oder hört Geschichten über den Streit mit Arnims.« Bald machte Bettinens grell witzige Wendung die Runde, »es wäre eine Blutwurst toll geworden und hätte sie gebissen«.

Es war klar: der Zugang zum Goethehaus war Arnims nun versperrt. Bettina versuchte zwar die Situation zu retten und schrieb an Goethe einen Brief. Aber der Dichter antwortete nicht. Vor die Alternative gestellt, zwischen seiner Frau und der kapriziösen Verehrerin zu wählen, stellte er sich voll hinter Christiane, eine Entscheidung, die Bettina als »Herzlosigkeit und Schwäche des Meisters« auslegte. Auch Arnim konnte sich nur noch schriftlich verabschieden, ehe das Paar gegen den 20. September aus Weimar abreiste. Für Goethe war der Verlust verschmerzbar; er hatte eine von zahlreichen Anbeterinnen verloren. Möglich, daß ihm der fatale Frauenzank ein willkommener Anlaß war, sich einer lästig werdenden Verpflichtung zu entziehen. Für Bettina bedeutete dieser unglückliche Ausgang ihres Besuchs die bittere Enttäuschung einer Liebe, den Abschied von ihrem schönsten Traum, den Verlust einer Lebensdimension. Denn so wichtig sie das selbst investierte Gefühl nahm, war ihr doch bewußt, daß Freundschaft als soziale Vollendung die Erwiderung voraussetzt. Und die hatte ihr Goethe bei der ersten Belastung versagt.

Die nächsten Wochen und Monate verlebte Bettina in Frankfurt und im Rheingau, im langen Weindorf Winkel, wo Bruder Franz seinen Landsitz hatte, im »Überfluß von Trauben vom Morgen bis in die Nacht«. Für Arnim waren es Tage des Glücks. Am 4. Dezember schrieb er: »Meine Frau wird alle Tage schöner und dicker; was mich sonst an ihr zuweilen gestört, hat sich allmählich ganz verloren, und indem ich heute am 4ten den Jahrestag unserer Verlobung feiere, denke ich des schönsten Jahres meines Lebens und daß ich nicht umsonst in der Welt umhergetrieben bin ...« Ob Bettina ähnlich über ihre derzeitige Situation dachte? Sie hatte immerhin in diesem letzten Jahre mit Goethe, der ihr das »Göttliche« verkörperte, ihre schönste Hoffnung verloren und suchte unablässig nach einer Möglichkeit, alles zu vergessen und wiedergutzumachen.

Als sie im Januar 1812 endlich die Heimreise antraten, wurde wohl auf Bettinas Wunsch wieder der Weg über Weimar genommen. Sie wollte noch einmal versuchen, eine Versöhnung herbeizuführen, und war entschlossen, alle Schuld an dem Zerwürfnis auf sich zu nehmen. Aber Goethe blieb hart. Christiane stand in Rächerpose in den Kulissen. Bettina erhielt eine Dürerkopie, die sie vor zwei Jahren geschenkt hatte, auf ihren Wunsch zurück, ohne Kommentar. Es war kaum zu fassen; aber eine Aussprache war unmöglich geworden.

Der Sommer des Jahres 1812 brachte dann noch ein Nachspiel. Anfang Mai war Arnims erster Sohn, Freimund, geboren worden. Der Arzt empfahl der Mutter zur Rekonvaleszenz eine Badereise. Gundel, die mit von der Partie war, entschied für Teplitz. Dort kam es Ende Juli noch einmal zu einem unvorhergesehenen Zusammentreffen. Arnim berichtete an Savigny: »Goethe wurde von meiner Frau im Garten angeredet, wandte sich aber mit einem Lebewohl fort.« An Christiane schrieb er: »Von Arnims nehme ich nicht die mindeste Notiz; ich bin sehr froh, daß ich die Tollhäusler los bin.« Diese mephistophelische

Randbemerkung war ja wohl mehr für den Hausgebrauch gedacht. Wie er selber bei sich den Zwist beurteilte, geht aus einem Epigramm hervor, das damals entstand und sich zweifellos auf Arnims bezieht:

»Was nicht zusammengeht, das soll sich meiden!
Ich hindr' euch nicht, wo's euch beliebt zu weiden:
Denn ihr seid neu und ich bin alt geboren.
Macht, was ihr wollt; nur laßt mich ungeschoren!«

13.
Achtzehnhundertdreizehn

Das Jahr 1813 verwandelte das deutsche Leben. Was man so lange erhofft, aber nicht erwartet hatte, wurde durch die Vernichtung der Großen Armee in Rußland überraschend Wirklichkeit: der Aufstand der unterworfenen Völker gegen Napoleon. Die Nerven bebten im Vorgefühl des Ungeheuerlichen, das bevorstand, und auch in Berlin war »das Gedränge der Freiwilligen, die sich einschreiben lassen, so groß auf dem Rathause wie bei Teuerung vor einem Bäckerladen«, schrieb der Historiker Niebuhr in einem Brief.

Bettina stand damals im dritten Jahre ihrer Ehe und ging ihrer zweiten Niederkunft entgegen. Der spontane Enthusiasmus der Zeit war ihr Element und beflügelte sie. Sie fühlte in sich die Kraft der Jugend, war im tiefsten aufgewühlt und zugleich gefestigt. In einem Briefentwurf aus jener Zeit sagte sie: »... ich war, was ich noch bin, unbesonnen über irdischen Vorteil, leichtsinnig über Schicksal und Gefahr und Zukunft; aus diesen Fehlern entstand eine heldenmäßige Gleichgültigkeit über das, was in der gewitterhaften Zeit mir zustoßen könne.«

Die preußische Hauptstadt, nur durch schwache militärische Kräfte gedeckt, war in jenem Frühjahr ernstlich bedroht. Der König, der Hof, die Regierung und die leitenden Beamten hatten sich schon im Januar in das weniger gefährdete Breslau zurückgezogen. Seit der Krieg erklärt und Napoleon in zwei Schlachten wieder siegreich geblieben war, setzte eine wahre Auswanderung von Berlin nach Schlesien ein. Auch die Schwester Gundel ging mit ihren Kindern ins vermeintlich sichere Riesengebirge und bat Bettina inständig, sie zu begleiten. Über dieses Ansinnen schrieb Bettine: »... es war mir unmöglich, eine Stunde auf meine Sicherheit anzuwenden, die ich in Arnims Nähe noch verleben konnte, und wenn es auch nur noch höchstens acht Tage währen konnte, daß wir ungetrennt blieben, so waren ja diese acht Tage um so köstlicher überfüllt, und es war gerade darum die heiligste bedeutendste Zeit meines Verhältnisses zu ihm, die ich um keinen Preis wegschleudern durfte. Er war damit zufrieden und fand es nicht übermütig, sondern natürlich von mir.« Sie, die mutige Mitstreiterin, blieb in Berlin, um ihren Mann und Savigny zu versorgen, in dessen Haus in der Oberwallstraße die Arnims nun wohnten.

Für Arnim war die neue Lage komplizierter, als gemeinhin angenommen wird. Daß er sich in den Kampf gegen Napoleon irgendwo einreihen mußte, darüber gab es bei ihm keinen Zweifel. Schon im Jahre 1805 in Jena war er zur Mithilfe bei der Verteidigung des Landes entschlossen. Inzwischen aber war er älter geworden, kein Student mehr, sondern ein reifer Mann und Familienvater. Außerdem hatte er nie Gelegenheit gehabt, Erfahrungen in der praktischen Ausbildung des Soldaten zu sammeln, obwohl er sich in Aufsätzen, die unveröffentlicht in seinen Schubladen ruhten, Gedanken über die Verbesserung des Kriegswesens gemacht hatte. Darin kritisierte er zu Recht das Offiziersprivileg der Adligen. Er zweifelte nicht daran, daß er »als Adliger gleich Leutnant werden könnte, und doch könnte ich nach meiner Überzeugung in der Ausübung nur fürs erste gemeiner Soldat sein nach Gewissen und Recht«. Solche Gedanken mußten jetzt beim Eintritt in den Waffendienst seine Skrupel vermehren. Wo also sollte er sich einreihen?

Schon am 3. Februar war der Aufruf zur Bildung freiwilliger Jägerbataillone ergangen. Zu ihnen eilte zum Beispiel der Dichter Fouqué, der jedoch schon 1794 am Rheinfeldzug als preußischer Kornett, quasi als Fähnrich, teilgenommen hatte und folglich als Offizier übernommen werden konnte. Theodor Körner und Eichendorff traten in das Freikorps Lützow ein. Sie aber waren jünger und unverheiratet, noch ungebärdige »Musensöhne«. Auch Arnim schien entschlossen, in eine solche Formation einzutreten; denn Bettina berichtet: »Er machte sich reisefertig, seine ganze Equipage bestand in zwei Paar starken

Strümpfen und zwei Hemden, er wollte als gemeiner Soldat gehen; ich will nicht leugnen, daß, wenn ich manchen Abend in der Einsamkeit auf ihn wartete, sich meine Gedanken häufig in Tränen verwandelten, die, weil ich sie nicht aus den Augen ließ, mir die Kehle einengten.« Er hatte ihr ein »Abschiedslied« auf den Tisch gelegt. Aus uns unbekannten Gründen wurde jedoch nichts aus diesem Vorhaben.

Nun blieb nur die Möglichkeit eines Eintritts in die »Landwehr« offen oder, wie Scharnhorst sich noch ausgedrückt hatte, in die »Nationalmiliz«, eine Organisation der ungedienten, meist sehr jungen Leute, die als Reservoir und Verstärkung der aktiven Armee dienen sollte. Doch auch das schlug fehl. Bettina berichtet: »Nachdem die Ängstlichen geflüchtet und Berlin einem stillen Dorfe ähnlich geworden war, meldete er sich als Offizier bei der Landwehr, es war kurz vorher der Befehl eingegangen, daß die Edelleute, namentlich die Gutsbesitzer, nicht unter diesem Grade dienen sollten (vorher hatte Arnim schon ums Los gezogen und war ausgefallen). Arnim wurde abgewiesen mit dem Bedeuten, daß die Offiziere der Landwehr schon vollzählig seien; er kam zerschmettert nach Hause; womit hatte er diese Herabsetzung, diesen Mangel an Zutrauen verdient?«

So blieb ihm nur die Mitwirkung im »Landsturm«, einer partisanenähnlichen Kampfgruppe, die keine Uniform trug, jedes taugliche Werkzeug als Waffe benutzen sollte und eine Volkserhebung vorbereitete. Viele seiner Freunde und Bekannten übten sich in dieser Formation für den Kampf mit den französischen Truppen, die damals mit jedem Tag erwartet wurden. Arnim selbst wurde Hauptmann und Vizechef eines Landsturmbataillons, das mehrmals wöchentlich vor Bettinas Fenster exerzierte. In einem Brief schilderte sie ihrer Schwester Meline das Treiben jener Tage:

»Stelle Dir z. B. in Gedanken Savigny vor, der mit dem Glokkenschlag 3 wie besessen mit einem langen Spieß über die Straße rennt (eine sehr allgemeine Waffe bei dem Landsturm), den Philosoph Fichte mit einem eisernen Schild und langen Dolch, der Philolog Wolf mit seiner langen Nase hatte einen Tiroler Gürtel mit Pistolen, Messern aller Art und Streitäxten angefüllt... Pistor trug einen Panzer von Elendstierhaut mit vielen englischen Ressorts, einen Spieß und zwei Pistolen, dieser war auch Hauptmann und exerzierte seine Kompanie alle Tage vor meinem Hause. Bei Arnims Kompanie fand sich allemal ein Trupp junger Frauenzimmer, die da fanden, daß das Militärwesen ihm von vorn und hinten gut anstand... Das war eine Zeit voll Geschäfte, man konnte sich kaum umsehen, und doch war jedermann gesünder und stärker wie sonst. Savigny, der morgens um halb vier aufstand, nach dem Schießplatz rannte (er war Gemeiner in einer Schützenkompanie), von da nach seiner Kommission, wo er oft vor 6 Uhr nicht zum Mittagessen kam und nach Tische gleich wieder fort, meistens bis Mitternacht, ja oft noch länger da zu tun hatte, hat sich nie wohler befunden als in dieser Zeit.«

Aber das Vaterland forderte noch andere Opfer als die Teilnahme am Freiheitskampf und den Einsatz des Lebens. Die militärische Ausrüstung kostete Geld, und die preußischen Staatskassen waren leer. Mit Freude wurde gegeben. Auch Bettina wollte da nicht zurückstehen. Sie berichtet: »Ich war damals hochschwanger, wir lebten vom Verkauf der Sachen, die uns entbehrlich deuchten; von dem Silberzeug, welches ich noch mitgebracht, hatte Arnim schon früher einen Reiter ausgestattet..., er wollte mir auch die Freude machen, etwas zur Verteidigung des Vaterlandes beigetragen zu haben.« Arnim selber stiftete den Ertrag einer Sammlung dramatischer Arbeiten mit dem Titel »Schaubühne«. Wiederholt stand die Anzeige in der Zeitung: »Mögen diese kleinen, meist lustigen Stücke etwas zur Erheiterung besorgter Gemüter beitragen; ihr ernster Zweck ist, durch die Einnahme das Anschaffen von Kanonen für das siebente Bataillon des hiesigen Landsturms zu erleichtern, dem sie der Verfasser, auf dessen Kosten sie gedruckt sind, zum Geschenk gemacht hat. Ladenpreis 1 Thlr. Corant.«

Anfang Juni wurde alle Welt von einem Waffenstillstand überrascht, der freilich nicht den Frieden vorbereiten sollte, sondern beiden kämpfenden Parteien die Gelegenheit verschaffte, noch besser aufzurüsten. Diese Waffenruhe brachte aber auch innenpolitische Konsequenzen. Da der Frühjahrsfeldzug für Preußen einigermaßen glimpflich verlaufen war, gewannen im Hauptquartier die reaktionären Elemente Oberwasser, denen das Edikt über den Landsturm nie behagt hatte. Am 17. Juli wurden diese Kampfgruppen in den Städten aufgehoben, weil angeblich die Voraussetzungen für eine Verwendung nicht gegeben waren. Viele Patrioten fühlten sich brüskiert. Arnim war empört und schrieb eine Eingabe an den König. Er kleidete seinen Protest in die Form eines Vorschlags, dem Landsturm ein Ehrendenkmal zu errichten. Wie solche »unschickliche« Forderung an höchster Stelle in einem Augenblick wirken mußte, wo noch nichts Entscheidendes geleistet war, hat er dabei wohl kaum bedacht. Sie bestätigte dort nur die anmaßende Haltung jener demokratischen Kräfte, die sich der zentralen Führung entzogen, die »unten« alles besser wissen wollten als »oben«. Jedenfalls hatte Arnims »Opposition« zur Folge, daß sein Antrag, nunmehr der Landwehr zugeteilt zu werden, abgelehnt und er wieder in das Privatleben des Poeten zurückgewiesen wurde.

Für den Patrioten Arnim, den Gründer und Gesetzgeber der Christlich-Teutschen Tischgesellschaft, der sich nach großen Werken und Taten im Freiheitskampf seines Volkes sehnte, der das Idealbild des vaterländisch entflammten deutschen Jünglings und Mannes in seinem Herzen trug, war dieser klägliche Abschied eine schwere Enttäuschung. Ihm war nicht wie Bettina der Beruf des Dichters das Höchste. Über das »Schöne« und »Poetische« hinaus lag ihm das heroisch »Kriegerische«. Das Ideal des Menschen war für ihn damals die Gestalt des vollkommenen Helden. Deprimiert schrieb er nun an Clemens Brentano am 3. August, daß er »nach vieler verlorener Zeit wieder auf die Poesie reduziert« sei, das hieß verkleinert, in seinem Standard herabgesetzt, moralisch nur noch ein halber Mensch. Er fügte hinzu: »Schinkel grüßt; er malt wieder recht brav, nachdem der Landsturm ihn freigelassen, will aber auswandern, ich auch ...«

Das Mißgeschick ihres Gatten nahm Bettina anscheinend gelassen hin. Sie fühlte sich beruhigt, aber auch ein wenig enttäuscht. Sie konstatierte, wie wenig Arnim übertrieben hohen Vorstellungen entsprach, die sie sich vielleicht in ihrer Phantasie von ihm gemacht, verteidigte ihn aber in seinem entsagungsvollen Wirken für die nationale Erhebung, das ihn keinen Blick werfen ließ auf die Seiten, »wo die Glorie des Ruhms, aber auch die Prahlerei ihre Fahnen entwickelte«. Seine Eingabe an den König fand gewiß ihren Beifall. Solche freimütige Redeweise war ihr Element, und noch in jenen späteren Jahren, als sie im Namen von vielen zu dem Nachfolger dieses Königs zu sprechen begann, wird sie sich durch diese mutige Meinungskundgabe ihres Mannes angespornt und bestätigt gefühlt haben. An ihrer Begeisterung für die deutsche Erhebung änderte sich nichts. Bettina identifizierte sich zweifellos zunehmend mit dem preußischen Staat, dem die geborene Frankfurterin nun durch ihren Heiratsakt zugehörte. Sie begann sich als Preußin zu fühlen. Ihr Enthusiasmus für die nationale Freiheitsbewegung spiegelte sich in dem skurrilen Wunsch, ihren zweiten Sohn, den sie am 2. Oktober gebar, auf die Namen »Dreizehntche« und »Landstürmerche« taufen zu lassen. Auf Einspruch des Pfarrers gab sie sich dann mit dem Namen »Siegmund« zufrieden, der an die Siege des denkwürdigen Jahres erinnern sollte. »Er ruft den Sieg Tag und Nacht aus«, schrieb Arnim Mitte November an Clemens Brentano.

Nicht alle waren der Meinung, daß nur der, der eine Uniform und eine Muskete trug, seinen Manneswert bewies. Die Besonneneren wußten, daß der Staat im Kriegsfall auch noch anderer Berufe als der des Soldaten bedürfe. Gerade zu der Zeit, als sein zweiter Sohn geboren wurde, bot sich Arnim die Gelegenheit, als Journalist zu arbeiten. Der Staatsrat Niebuhr, der Finanzfachmann der Regierung, hatte auf Ermunterung Scharnhorsts eine politische Zeitung gegründet, den »Preußischen Correspondenten«, die den nationalen Unabhängigkeitskampf propagandistisch unterstützen sollte und für die er vorübergehend einen Redakteur suchte. Die Stellung war bescheiden und schlecht besoldet. Arnim schrieb nun patriotische Artikel, besprach politische Bücher, brachte Nachrufe auf Körner und Fichte sowie militärische und politische Nachrichten, die er auswärtigen Zeitungen oder seinem persönlichen Briefwechsel mit Freunden und Bekannten entnahm. Da für die Bezahlung eigener Korrespondenten kein Geld zur Verfügung stand und auch die Zensur viel Verdruß bereitete, klagte er gegenüber Görres: »... Endlich wurde mir sogar im Abschied an die Leser gestrichen, daß ich die Lust verlöre, das Erlaubte zu sagen, weil soviel unerlaubt sei.« Am 1. Februar 1814 schied Arnim aus der Redaktion aus.

Seine Lage in Berlin war zu der Zeit moralisch peinlich und wurde finanziell unhaltbar. Schon Mitte November hatte er gegenüber seinem Schwager Clemens Brentano geäußert: »Meine Vermögensumstände sind in hohem Grade drückend, ich bin fast ohne Einkommen und ernähre mich von der Herausgabe des ›Preußischen Correspondenten‹ bis zu Niebuhrs Rückkehr.

Der bringt mir monatlich für unzähliges Laufen und Schmieren 30 Taler ein. Dennoch kann ich ehrenhalber meine hiesigen Verhältnisse nicht aufgeben, auch muß ich auf zwei Söhne denken.« Zudem stand nun das Ende des Feldzugs bevor und damit die Rückkehr der Freiheitskämpfer im Glanze des Sieges. Wie würden sie ihm entgegentreten? Mußte er nicht die Verse Theodor Körners: »Pfui über den Buben hinter dem Ofen, unter den Schranzen und hinter den Zofen! Bist doch ein ehrlos erbärmlicher Wicht!« auch auf sich beziehen? Es wurde ihm in Berlin ungemütlich, und so entschloß er sich zu jenem Schritt, den Großmutter Labes schon immer angeraten hatte: Er zog sich im Frühjahr 1814 zusammen mit Bettina und den Kindern auf eines seiner Güter, nach Wiepersdorf, zurück. Wie er auf das in der preußischen Hauptstadt Geleistete zurückblickte und es einschätzte, verrät ein Brief an Clemens vom 22. April 1814: »Die Freuden über die Einnahme von Paris waren der Schluß meines Berliner Aufenthalts. Gewissermaßen kann ich es als einen wohlverdienten Lohn meiner Wünsche und Sorge annehmen. War mir keine bedeutende Tätigkeit dabei vergönnt, so hab ich doch mit Ergebenheit Zeit und Gedanken und Lieblingswünsche und Geistesspiel dem großen Ernste dieses Jahres geopfert und will nun auch alle Sorge von mir abschütteln!«

14.
Der Rückzug nach Wiepersdorf

In jenen Apriltagen des Jahres 1814, als sich die preußischen Soldaten in Paris häuslich einquartierten und Napoleon seine Verbannungsfahrt nach der Insel Elba antrat, rollte eine Kalesche mühsam durch den Sand der südlichsten Mark Brandenburg. Es dämmerte schon. In der Ferne winkten noch die Türme von Jüterbog. Vor den Augen der Reisenden breiteten sich die Kiefernwälder des Fläming aus, und dazwischen schimmerten hier und da die hellen Flecke der Wiesen, die im ersten Frühlingshauch ergrünt waren. Zeitloser Friede lag über allem. Nur die Straße war so schlecht, daß der Ehemann, der mit seiner Frau und zwei kleinen Kindern in der altmodischen Karosse fuhr, ausstieg und dem Wagen voranging, um den verlorenen

Weg zu suchen. Bald dunkelte es, das Ziel war noch immer nicht erreicht, und die Reise glich am Ende einer Irrfahrt. Nach 1 Uhr endlich langte man am Bestimmungsort, dem Herrenhaus des Gutes Wiepersdorf, an. Die Kinder waren wohlauf, die Frau von der Nachtfahrt etwas angegriffen. Bettina stand vor ihrem neuen Zuhause. Die weitere Zukunft lag in undurchdringlichem Dunkel vor ihr wie diese Nacht.

Vorerst machte sich das junge Paar kaum Gedanken darüber, ob es hier am Ende der Welt überhaupt auf die Dauer leben könnte. Zunächst bedeutete dieser Rückzug aufs Land nichts weiter als einen vorübergehenden Tapetenwechsel, der ökonomisch begründet war. »Ersparnis hat mich hierher zu gehen veranlaßt, ungeachtet diese Ersparnis nicht so groß sein kann wie bei dem Leben in Bukowan, weil hier alles verpachtet ist und daher alles vom Pächter, wenngleich zu billigeren Bedingungen, gekauft werden muß. Wohnung, Holz und Einquartierung, die ich hier spare, kann ich immer auf 600 Taler anschlagen, an Lebensmitteln vielleicht 200 Taler.« So erklärte Arnim die Sachlage. Von einem Umsatteln auf die Landwirtschaft war zu diesem Zeitpunkt noch nicht die Rede. Noch verstand er seine Existenz als die eines Schriftstellers, wenn er sich auch darüber im klaren war, daß er von dieser Tätigkeit auf die Dauer seine Familie nicht ernähren konnte. Wie es weitergehen sollte, wußten beide nicht. Kommt Zeit, kommt Rat. Arnim hielt immer noch einen Eintritt in den Staatsdienst für möglich. »Kommt in Frankreich, wie es scheint, eine Art englischer Verfassung, so müssen die andern schon nach … Vielleicht finde auch ich dann noch eine öffentliche Tätigkeit.« Dann wieder spekulierten beide über eine Umsiedlung ins Rheinland. »Bettine ist mit dem Landleben zufrieden, dennoch machen wir alle Tage neue Reisen in unsern Gesprächen. Am liebsten verweilen wir in Frankfurt, es ist uns dort recht wohl ergangen. Vielleicht halte ich Vorlesungen – hab so was im Kopf!« Vorerst aber gab es zu werkeln und zu basteln. Das Herrenhaus von Wiepersdorf, das wie alle diese kleinen Adelssitze auf dem Lande »Schloß« genannt wurde, war heruntergewirtschaftet und in vieler Hinsicht renovierbedürftig. »Wir haben hier alle Handwerker in Bewegung gesetzt. Arnim hat mit dem Maurer um die Wette angestrichen, unter andern einen Wandschrank so oft wohl zwanzigmal und noch öfter, wenn es nicht zuletzt an

Farbe gefehlt hätte.« Zu einer gründlichen Rekonstruktion kam es freilich nicht; sie überstieg die Kräfte. Als Wilhelm Grimm zwei Jahre später Wiepersdorf besuchte, stellte er fest: »Arnims Haus ist geräumig und der Garten daran und der Wald von Birken dahinter schön, doch ist jenes inwendig ziemlich verfallen...« Herrschaftlich sah es dort nicht aus. Bettina versuchte sich inzwischen inmitten der verschlissenen Pracht als Köchin. Savignys zum Besuch einladend, schrieb sie: »Ich denke so ziemlich Euch in Nahrung zu erhalten mit perfekten liebenswürdigen Gerichten bis auf Rindfleisch, welches hier schwer zu haben ist.« Und Arnim kommentierte dazu: »Savigny wird hier Unterricht bekommen auf der Milchsuppe, die ein sehr angenehmes Instrument für Landküchen ist und alle schleichenden Nervenfieber kuriert.« Später berichtete sie von ihren Backkünsten, wobei sie gemeinsam mit Arnim einen Teig bereitete, in den sie nach Gutdünken allerlei gute Sachen zusammenkneteten: »... er eine Handvoll Zucker, ich eine Handvoll Mehl, er Schnaps, ich Milch, er Zimmet, ich Butter, er Eingemachtes, ich Eier; und dann haben wir ihn gewelgert und in den Backofen getragen, und hätten wir nicht so oft gekuckt, so wäre er noch besser geworden, aber er ist doch ganz vortrefflich geworden, und nun müssen wir bereuen, daß wir nicht wissen, wie er eigentlich gemacht ist, um Euch das Rezept zu schicken!«

Bettina führte zunächst ein Sommerfrischlerdasein auf dem Lande, wie sie es von Winkel am Rhein und von Bukowan in Böhmen her schon kannte. Sie fühlte sich vielleicht etwas einsamer, aber die Einförmigkeit wurde durch Besuche und Feste unterbrochen. Es begann schon kurz nach ihrer Ankunft mit dem ländlichen Siegesfest zur Einnahme der Stadt Paris durch die verbündeten Armeen, bei dessen Ausrichtung Arnim als Grundherr des Ländchens Bärwalde die führende Rolle zukam. Er berichtet: »Um neun Uhr waren alle Schulzen und Gerichtsmänner des Ländchens mit den musikalischen Banden und den Chorschülern im Schulhause versammelt und zogen nach dreimaligem Salve aus zehn Feuerschlünden mit dem Liede ›Nun danket alle Gott‹ zur Predigerwohnung, wo ich, schwarz gekleidet wie ein Adler, mit dem Prediger zur Rechten, dem Amtmann zur Linken, in den Zug und mit dem Zuge durch das Haupttor, wo ich zum Andenken des Tages zwei Eichen hatte pflanzen lassen, in den Kirchhof und in die Kirche eintrat und mich dann auf mein Chor begab, wo ich sehr weitläufig allein saß, während sich alle in der Kirche schrecklich drängten, daß auch der Pfarrer vor dem Gottesdienste eine scharfe Ermahnung an das zweite höchste Chor, wo die jungen Leute sind, ergehen ließ. Die Kirche war ungemein zierlich geschmückt, die Kanzel ist von zwei kolossalen Statuen des Christus und Moses gehalten, jeder hat seinen Kranz, außerdem umgaben sie Laubgewinde, und hohe Birken leuchteten mit ihrem frischen Grün wunderbar auf dem alten Schnitzwerke ... Mittags war große Tafel bei mir, der Prediger und die Amtleute. Es wurde Landwein getrunken, aber sehr gut gegessen, nachher die gewöhnlichste musikalische Belustigung und Schauspiel: ›Die Befreiung von Wesel‹. Das Feuern hörte erst in der Nacht auf. In Meinsdorf war großer Tanz, auch hatte der Bäcker des Ländchens Semmel gebacken, die ihm sehr wohl gelungen. Meine Frau war in Blau mit türkischem Schawlbesatz gekleidet, trug Korallen um den Hals. Als die Gäste entlassen waren, aß ich noch den Rest des Kuchens auf, eine delikate Kirschmustorte.«

Dann kam um die Wende des August zum September der Bruder Clemens für längere Zeit zu Besuch, auch er ein Enttäuschter, auch er ohne berufliche Karriere. Sein letzter Versuch, in Wien als Theaterdichter festen Fuß zu fassen, war völlig fehlgeschlagen. Nun suchte er sich in Wiepersdorf von seiner Niedergeschlagenheit zu erholen. Bettina berichtet: »Clemens wirtschaftet auch hier recht friedfertig mit uns, nach dem Frühstück geht ein jeder in seine Stube ... Nachmittags helfen wir bei dem Bauen; die beiden fällen große Bäume mit Hülfe einiger Arbeiter, oder sie graben und karren Steine zum Fundament. Abends (wir essen um 7 Uhr zu Nacht) geht's an ein Erzählen und Aufschneiden, daß die Balken krachen. Clemens ist voller Geschichten und Seltsamkeiten. Um halb zehn legt sich alles ins Bett. Morgens stehen wir gesund wieder auf.« Dann wieder heißt es in einem Brief an Savigny: »Seit einigen Tagen schreiben wir dreie hier alle Abend miteinander Biographien, das heißt Anekdoten, halte Dich gut mit uns, daß wir Dich loben, wenn wir auf Dich zu schreiben kommen.«

Man führte ein Landhausleben im Stil der »Wahlverwandtschaften«, kein Gutsleben. Noch betätigte sich Arnim nicht als »Ökonom«, kannte Bettina nicht die Pflichten einer »Gutswirtin«. Noch führten sie ein Leben jenseits der eigentlichen Arbeit, ein Idyll mit bescheidener Küche, sorglosen Gesprächen, halbwegs freundlichem Geschick. Arnim entwarf Pläne zu einem neuen Drama »Der Graf von Gleichen«. Brentano schrieb an einer Novelle »Die Schachtel mit der Friedenspuppe«, deren Schauplatz Züge von Wiepersdorf aufweist. Bettina sang und spielte Klavier. Die Fläminglandschaft am Rande der Kultur war zur Zufluchtsstätte enttäuschter Großstadtbürger geworden. Die »Waldeinsamkeit«, ein Leitbegriff romantischen Landschaftsempfindens, bestätigte sich als Stätte des Sich-Besinnens.

Brentano kehrte im November nach Berlin zurück. Arnim begleitete ihn, um für den Winter dort Quartier zu machen. Anfang Dezember war die ganze Familie wieder in der Stadt. Zwei Monate später, am 9. Februar, kam ein kleiner Zettel bei Savignys an: »Ein Bube – mit der Zange geholt – und doch glücklich auf die Welt gekommen. Bettine ist wohl.« Dieses dritte Kind erhielt, weil es im Friedensjahr 1814 gezeugt war, den Namen Friedmund.

Aber nur zu bald befand sich Europa wieder in kriegerischer Verwirrung. Am 26. Februar hatte Napoleon seinen Verbannungsort, die Insel Elba, verlassen. Am 1. März landete er an der französischen Mittelmeerküste, und am 20. März zog er nach einem beispiellosen Marsch, dem sich Tausende von Soldaten und Bauern anschlossen und auf dem kein einziger Schuß abgegeben wurde, unter dem jubelnden Beifall seiner Anhänger in Paris ein. Das von den Siegermächten wiederhergestellte feudale Adelssystem der Bourbonen mit dem alten, gichtkranken Ludwig XVIII. hatte sich in panikartiger Flucht aufgelöst. Napoleon trat noch einmal die Herrschaft über Frankreich an.

Um den »Feind der Menschheit«, zu dem Napoleon erklärt wurde, endgültig zu bezwingen, riefen die Regierungen der großen antinapoleonischen Koalition erneut zu den Waffen. In den Apriltagen, als Arnims wieder nach Wiepersdorf zogen, erfolgte der Aufruf des preußischen Königs, der die waffenfähige Jugend zum Kampf befahl. Arnim wußte, daß jetzt von vielen seiner Freunde seine Beteiligung erwartet wurde, denn ihm war bekannt, daß einzelne seine bisherige Nichtbeteiligung am Befreiungskrieg als Feigheit deuteten. Selbst die immer wohlwollend denkenden Grimms in Kassel wunderten sich. Jacob fragte: »Wie steht es wohl mit Arnim, ob er diesmal mitgeht oder nicht?« Und Wilhelm antwortete: »Arnim ist wieder auf seinem

Gut; es scheint, wie ich stets überzeugt war, an besonderen Verhältnissen zu liegen, daß er nicht mitgegangen ist, Du wirst darüber in seinen Briefen hier lesen.« Noch immer verbittert über die Zurückweisung, die man ihm im Jahre 1813 erteilt hatte, zog er sich grollend als mißvergnügter Junker nach Wiepersdorf zurück, freilich nicht ohne inneren Konflikt mit seinem patriotischen Gewissen. Eine alsbald auftretende seltsame Krankheit mochte von diesen inneren Schwierigkeiten mitverursacht sein. Bettina schrieb im Juli 1815 an Savigny: »Arnim war recht sehr krank, er konnte nicht schlafen und nicht wachen; das Aufsein und das Liegen war ihm zuwider, er sah aus wie ein Gespenst, und ich hab mir manchmal sehr schreckliche Gedanken gemacht. Ich hab ihm auch in der Zeit gekocht und vorgelesen; es war doch eine Zeit von 3 bis 4 Wochen, daß er krank war ...«

Viel Freude gab es in jenem Sommer in Wiepersdorf nicht. Die siegreichen Feldzüge der Verbündeten in Frankreich fielen so glänzend aus, daß die Armseligkeit des Lebens auf dem verschuldeten und verwahrlosten Gut kraß ins Bewußtsein treten mußte. Bettina schrieb damals an ihre Schwester Gundel: »Ich werde auch äußerlich bald das Ansehen vom Bettelstande haben.«

Was war aus ihnen geworden? Wilhelm von Humboldt, dessen Nachfolger in Rom Arnim einmal hatte werden wollen, repräsentierte als führender Politiker den preußischen Staat auf dem Wiener Kongreß. Stägemann, der mit ihm an der Tafel der Christlich-Teutschen Tischgesellschaft saß, war die rechte Hand des Staatskanzlers Hardenberg geworden. Niebuhr, dessen »Preußischen Correspondenten« er redigiert hatte, stand im Begriff, als preußischer Gesandter an den Vatikan zu gehen. Und Arnim bosselte an Dramen, die keine Bühne aufführen wollte. Bettina, die sich noch kurz zuvor den großen Erfordernissen der Zeit hatte widmen wollen, schnitzte an einem Abtrittsdeckel, während Frau von Kruedener im Lager von Vertus gemeinsam mit Kaiser Alexander die große Truppenparade abnahm und die Gründung der Heiligen Allianz inspirierte und Rahel Varnhagen wenigstens am Rande des »tanzenden« Kongresses in Wien ihre wachen Beobachtungen anstellen konnte. Infolge der eigenen Misere war der Elan, am Enthusiasmus der Zeit teilzunehmen, im Schwinden. Fast wäre der Jahrestag der Völkerschlacht von Leipzig überhaupt vergessen worden. Bettina meldete an Arnim, der unterwegs war: »Der Landrat hatte vor dem 18. Oktober ein Zirkular herumgehen lassen, denselben zu feiern durch Predigt, Feuer in der Nacht und Tanz dazu; da ich aber kein Holz und keine Spielleute hatte, so hab ich es unterlassen und nur dem Salpius das Ganze durch eine überausige Predigt feiern lassen. Nun schickt er durch den Amtsboten ein Zirkular, worin er die Beschreibung des Festes von jeder Gutsherrschaft verlangt, weil er solches in die Zeitung einzurücken willens ist. Ich schrieb ihm daher: ›Bei uns war die Feierlichkeit so groß, daß ich es gar nicht zu beschreiben vermag. Die ganze Natur feierte mit, und unser Auge war geblendet von den Flammen, die des Herrn Predigers Rede in uns auflodern machte, unser Ohr war taub von dem Kanonendonner unserer freudigen Herzen und dem Jubel unserer eigenen Kehlen, die Nacht brachten wir nach einem mäßigen Abendmahl in einem erquickenden Schlaf zu.‹ – Wenn Du dies also in der Zeitung liest, so denk, daß es von mir ist.«

Auch Bettina verstand sich auf die romantischen Verwirrungskünste. Ihre Erhebung über die nicht bewältigten Mißlichkeiten dieses kleinen Festschwindels mutet beinahe wie eine Episode aus einer Humoreske Jean Pauls an, wie eine Parodie des Großen durch das Kleine.

So leicht vermochte sich der stolze Arnim freilich nicht über seine Misere zu erheben. Ihm machten soziale Minderwertigkeitsgefühle zu schaffen. Resigniert äußerte er: »Ein größeres öffentliches Leben war mir unerreichbar, ein kleineres Mitlaufen gestattete meine Lage nicht, so ist mir die Einsamkeit willkommen, und das mühsame Erhalten dessen, worauf doch endlich das Ganze mitberuht, verliert seine Verdrießlichkeit.« So stellte er den Freunden seine Lage dar, aber selbst diese Schilderung war eine zu optimistische Einschätzung angesichts der wirtschaftlichen Schwierigkeiten, in die er sich verstrickt sah. Schon begann er sich auch vor dem Forum seiner Familie als Versager zu fühlen. Wiederholt beriet er sich mit Justizrat Beelitz in Berlin, der als Kurator für das Erbe eingesetzt war, was geschehen müsse, um eine Wende zum Besseren herbeizuführen. Ende September schrieb er an Bettina: »Ich war bei Beelitz und überlegte mit ihm alles Unglück, das an meinem Vermögen genagt hat, und da stieg mir eine bittere Wehmut in die Augen, daß die

Kinder mir einst zürnen werden, daß ich nicht besser wirtschaftete, während ich sparte all mein Tagelang ...«

Die Güter des Ländchens Bärwalde, wie das Gebiet von der Feudalzeit her noch immer genannt wurde, brachten an Pacht etwa 8000 Taler; die aber wurden durch die Verzinsung der Schulden aufgezehrt. Oft konnten nicht einmal diese Zinsen bezahlt werden, so daß Arnim Bettelbriefe an Hardenberg schreiben mußte, um einen Zahlungsaufschub zu erreichen. Ihre kritische wirtschaftliche Lage war auch dadurch nicht zu lösen, daß Bettina sich noch mehr einschränkte. Es war nicht so, wie sie meinte: »... unsre Kuh gibt täglich 8 Quart Milch. Wenn wir uns nur noch ein klein wenig vereinfachen, so können wir von uns selbst leben, auch wenn wir uns vervielfachen in einem andren Sinn ...« Bettina besaß zwar noch ihr nicht unbeträchtliches Vermögen, das sie mit in die Ehe gebracht hatte, aber Arnim wollte es nicht angreifen. Es sollte seiner Frau als Sicherung für den Fall seines Ablebens bleiben. Noch war die Harmonie der Ehe durch diese Belastungen nicht getrübt. Bettina machte gute Miene zum schlimmen Spiel. Als Wilhelm Grimm im Juni 1816 Wiepersdorf besuchte, stellte er jedoch fest: »... die Bettine führt die Haushaltung selbst, hat alles Schwere, z. B. gutes Kochen, leicht erlernt, hat aber keine Lust an diesem Wesen, daher wird ihr alles sauer und ist doch in Unordnung. Dabei wird sie betrogen und bestohlen von allen Seiten. Beiden wäre zu wünschen, daß sie aus dieser Lebensart herauskämen.«

Ein solcher Vorschlag war leichter ausgesprochen als in die Tat umgesetzt. Die Hauptschwierigkeit Arnims lag nicht darin, daß seine Güter schwer verschuldet waren und keinen Ertrag abwarfen – in dieser Lage befand sich z. B. Joseph von Eichendorff auch –, sondern in der Kalamität, daß er nichts Ordentliches gelernt hatte. Er konnte weder in den Justizdienst eintreten noch in die Armee, und auch von der Landwirtschaft verstand er nichts. Er war gleichsam ein Opfer der romantischen Bildungsidee geworden, ein hin- und hergeworfener Mann zwischen dem Ideal der totalen Ausbildung seiner Subjektivität, feurigem Patriotismus und suchender Folklorenostalgie. Bettina klammerte sich an jeden Strohhalm. Als Savigny zu Besuch in Frankfurt weilte, kam ihr der Einfall: »Könnte denn Arnim nicht Theaterdirektor werden in Frankfurt mit frei Licht, Holz, Wohnung und einem Malter Borsdorfer Äpfel, die er sehr gerne ißt?«

Arnim war schon damals klar, daß es für das Defizit seines Bildungsganges nur noch einen Weg gab: die Qualifizierung zum Ökonomen, um die Bewirtschaftung der Güter selbst in die Hand zu nehmen und sich in die Doppelrolle von Landwirt und romantischem Poeten zu finden. Diese Stellung galt es in zäher, entsagungsvoller Arbeit zu erobern, denn nur so konnte er sich als Mann bewähren und den Nachweis der eignen Würdigkeit erbringen. Wie weit ihm Bettina auf diesem Weg folgen würde, blieb eine offene Frage. Anlagen zur tätigen Gutsfrau und idealen »Kernwirtin« brachte die Frankfurter Kaufmannstochter nur in geringem Maße mit. Ihre Individualität und ihr persönlicher Bildungsgang machten sie für eine solche soziale Rolle höchst ungeeignet. Wer die »Tüchtigkeit« so gering achtete wie Bettina, gegen den »Mottenfraß der Häuslichkeit« rebellierte, der Pflicht das Genick umdrehen wollte, im hausbackenen nüchternen Verstand nur Spuren des Philistertums erkennen konnte, eignete sich wenig, auf einem abseits gelegenen Landsitz als Gutsherrin zu wirken.

Noch war es nicht so weit. Noch war nicht entschieden, wie Arnim sagte, was »die allmächtigen Geschicke« über ihn beschließen mochten. Noch wurstelte man in Wiepersdorf nach dem Prinzip der größten Sparsamkeit weiter. Demzufolge blieb man diesmal auch in den Wintermonaten auf dem Lande.

Innerlich begehrte Arnim gegen sein Geschick auf. Voll Protest gegen die eitle Welt in Berlin und voll Hader mit all seinem »Pech« rang er um Besonnenheit, die Fähigkeit zum Wartenkönnen, um Ökonomie der Kräfte. In solchem Unbehagen ist manchmal Krankheit unbewußt ein probates Mittel, die inneren Konflikte einer Lösung näher zu bringen. Im April 1816 wurde Arnim von einer schweren Lungenentzündung niedergeworfen. Erschüttert schrieb Bettina: »Die Krisis der Krankheit war diese Nacht, die für mich fürchterlich war. Ich lag zu Arnims Füßen und hatte in der hülflosen Stille nichts als die grausamsten Phantasien anzuhören... Ich war gefaßt, das Ärgste ohne Murren zu ertragen; das war nun unmittelbare Gnade von Gott; denn aus mir kam diese Kraft nicht...«

Nach der Genesung erschien Arnim innerlich gefestigt. Bettina versuchte nun vor allem Bedingungen zu schaffen, um die dichterische Produktivität zu aktivieren. Sie lud die engsten Freunde nach Wiepersdorf ein. Im Mai kamen Savigny, Clemens Brentano und Wilhelm Grimm. Etwas vom unverstellten, unbestaubten Dasein fern vom berufsbedingten Leben unter Philistern, von dem sie in der Jugend alle geträumt hatten, zog in die Stuben des Landhauses. Aber dann und wann drängte sich doch auch ein Hauch von Enttäuschung und Resignation in die liebenswürdige Geselligkeit, und Wilhelm Grimm wünschte, daß Bettina und Achim doch bald aus dieser Wiepersdorfer Lebensart herauskämen. Arnim geleitete den Freund bei der Abreise bis nach Meißen. Mit Savigny unternahm er im Herbst eine Reise in den Harz, und danach nahm er die Arbeit an seinem Roman »Die Kronenwächter« wieder auf, dessen erster Band zur Ostermesse 1817 erschien und bei der Leserschaft beachtliches Echo fand. Von solchem Achtungserfolg ließ sich Arnim indes nicht irritieren. Er hielt nicht viel von der Lesewelt, und seine Zukunft wollte er nicht von der Konjunktur des Buchmarktes abhängig machen.

Als er Anfang Januar 1817 seine Frau nach Berlin brachte, die der Geburt ihres vierten Kindes entgegensah, da stand sein Entschluß fest, sich künftig der landwirtschaftlichen Praxis zu widmen. Bettina aber gab Wiepersdorf als ihren Wohnsitz auf und siedelte für ständig in die preußische Hauptstadt über. Die Verpflichtung, daß die Ehegatten den Wohnsitz und die Wohnung zu teilen haben, wurde damit aufgehoben. Man hat in der Vergangenheit diese gravierende Veränderung zumeist damit erklärt, daß die schulische Ausbildung der Kinder diesen Schritt erforderte. Nun, Freimund war damals 5 Jahre alt, Siegmund 4 Jahre, Friedmund zwei Jahre, und Kühnemund wurde am 24. März 1817 geboren. Im Schulalter war also noch keiner der Knaben, und Arnim hätte die Kinder viel lieber auf dem Lande aufwachsen sehen. An die alleinseligmachende Ausbildung der Stadtschulen glaubte er nicht. Auch die finanziellen Schwierigkeiten, unter deren Aspekt ein doppelter Haushalt zum närrischen Luxus wurde, bestanden uneingeschränkt weiter. Am 3. 8. 1818 schrieb Arnim seiner Frau: »Denke daran, daß wir mit 4 bis 5 Kindern bei so teurem Quartier, Kost usw. in Berlin gar bald nicht mehr bestehen können, daß der Buchhändlererwerb nur durch Glück begünstigt etwas Bedeutendes abwirft, daß ich fast nur auf ökonomischem Wege zu einer gesicherten Existenz geführt werden kann.« Wir können nur annehmen, daß Bettina diese Trennung im eigenen Interesse vollzog. Was andere schon lange gesehen hatten, war nun auch ihr völlig klar geworden, daß sie auf die Dauer nicht aufs Land paßte, daß sich ihre Persönlichkeit dort nicht entfalten konnte. Sie hatte einen Dichter geheiratet und war bereit gewesen, für dessen Inthronisierung große persönliche Opfer zu bringen. Nun, da er sein weiteres Heil mit der landwirtschaftlichen »Tüchtigkeit« verband, machte auch sie ihre Lebensansprüche geltend, und die lagen in der Stadt, in der städtischen Geselligkeit, im Gespräch mit interessanten Menschen, in der Kunst, in der weiteren geistigen Ausbildung. Wenn Arnims Einnahmen den Unterhalt von zwei Wohnungen nicht tragen konnten, mußte sie eben auf ihr eigenes Vermögen zurückgreifen. In die Entscheidung zwischen Stadtkultur und Landleben gestellt, mußte sie sich auf Grund ihrer Herkunft und ihrer Lebensanschauungen für die Stadt entscheiden. Der Rückzug nach Wiepersdorf war für sie ein Experiment gewesen. Sie hatte dort schöne, unvergeßliche Tage des Zusammenseins mit Arnim erlebt; für ihre persönliche Entwicklung aber war das Experiment fehlgeschlagen.

15.
Auf Erkundung in Berlin

Die Rückkehr in die Stadt war ein Akt der Selbstbehauptung. Mochten andere auf das Ideal der »Landedelfrau«, einer Synthese von »Hausfrau und Königin«, schwören, es war ein Meisterstück, wie Bettina mit plötzlichem Ruck diese ihr drohende Existenzform von sich schüttelte und ihrem Leben eine neue Richtung gab.

Es ist bezeichnend, daß Gneisenau, der Sieger von Belle-Alliance, nachdem er in Berlin Bettina näher kennengelernt hatte, sie in einem seiner Briefe eine »Schriftstellerin« nannte, obwohl sie zu diesem Zeitpunkt keine Zeile veröffentlicht hatte und sich auch kaum mit der Absicht trug, Schriftstellerruhm zu erwerben. Was immer der hochgebildete Offizier mit seiner Bezeichnung exakt gemeint haben mag, sie offenbarte die Erkenntnis, daß er diese Gutsherrin auf Grund ihres Auftretens und ihres Redens als modernen Typ der Schriftstellerin einschätzte. Dem Menschenkenner kam es nicht so sehr auf ihre momentane Stellung im sozialen Gefüge an, sondern darauf, was sie in den tieferen Schichten ihres Wesens fühlte und offenbarte.

Jeder für Kunst und Poesie aufgeschlossene Geist, der Bettina begegnet war, spürte, daß in dieser Frau etwas Schönes und Ursprüngliches lebte, das früher oder später einmal hervortreten würde. Auch unter diesem Aspekt muß der Abschied von Wiepersdorf gesehen werden. Was sie dort bedrückte, war nicht nur das dem Stadtkind ungewohnte Milieu eines heruntergekommenen märkischen Adelsnests, sondern auch das Leid einer Adeptin der Poesie, die spürt, wie ihr im ungeliebten Beruf der Hausherrin allmählich die Muse untreu wird.

Nichts fürchtete Bettina als Symptom ihres Niedergangs so sehr wie das seelische Debakel, nur noch philiströse Briefe schreiben zu können, keine von Leidenschaft zitternden. Als ihr Mann Anfang Juli 1817 zur Kur nach Karlsbad fuhr und bis in den August hinein bleiben wollte, wobei die Möglichkeit bestand, Goethe dort zu begegnen, fühlte sie sich innerlich gedrängt, wieder einen Brief an den Dichter zu schreiben. Dies nicht nur, um die Wiederaufnahme der abgerissenen Kontakte zu erreichen, sondern auch als Akt der Selbsterprobung, ob sie überhaupt noch fähig sei, Goethebriefe, und das bedeutete Schriftstellerbriefe, zu schreiben. Sie begann am 28. Juli mit dem Satz: »Nicht geahndet hab ich es, daß ich je wieder so viel Herz fassen würde, an Dich zu schreiben«, und sie endete am 18. August mit dem Geständnis: »... so ist Dein Bett in meinem Herzen bereitet, verschmähe es nicht.« Sie schwang sich zu ihrem alten lyrischen Pathos empor, als sie davon erzählte, wie ihr zumute war. Goethe antwortete zwar wieder nicht. Aber Bettina hatte sich vergewissert, daß sie noch die Metaphern für ihre Emotionen beherrschte.

Vor die Frage gestellt, wie sie nun in Berlin leben sollte, konnte sie nur an ihre Erfahrungen von München und Landshut anknüpfen. Sie suchte Geselligkeit, Kontakte, Aussprache, Erweiterung ihres Gesichtskreises, ein Forum für ihren Gesellschaftsauftritt und ihre Wirksamkeit, eine Szene, wo man von ihrem Widerspruch entzückt war. Auch Berlin bot dafür ähnliche Gelegenheit. Sie fand den gesellschaftlichen Rahmen für ihre Bedürfnisse in einigen Zirkeln, in denen sich die ästhetisch-literarische Nachkriegsgesellschaft etablierte, wie im Haus ihres Schwagers Savigny am Pariser Platz, beim Staatsrat Stägemann an der Ecke Charlotten- und Behrenstraße, im Reckschen Palais des Bankiers Mendelssohn in der Leipziger Straße Nr. 3, seit Ende 1827 im Salon des Ehepaars Varnhagen in der Mauerstraße 36 und nicht zuletzt auf den Sonnabendgesellschaften der Amalie von Helvig, die sich 1816 mit ihrem aus schwedischen in preußische Dienste übergetretenen Generalsgatten in Berlin niedergelassen hatte.

Was Bettina nur potentiell darstellte, das war Amalie von Helvig anerkanntermaßen: eine Dichterin. Frühe lyrische, balladeske und versepische Dichtungen hatte schon Schiller in seinen »Musenalmanach« und in die »Horen« aufgenommen, als sie noch als Amalie von Imhoff bescheiden am Weimarer Hofe lebte. Unter Goethes persönlicher Anleitung überarbeitete sie damals ihr klassizistisches Hexameter-Epos »Die Schwestern von Lesbos«, und unter Heinrich Meyers Anleitung bildete sie ihr Talent im Porträtieren und Kopieren aus. Nach ihrer Heirat und einem Aufenthalt in Stockholm geriet sie dann in Heidelberg in den Bann der jüngeren Romantik. Sie wandte sich nun dem altdeutsch-historischen Genre zu und gab die so entstandenen Erzählungen gemeinsam mit Fouqué 1812 in einem »Taschenbuch der Sagen und Legenden« heraus, dem sie 1817 ein zweites »Taschenbuch« mit vornehmlich altnordischer Thematik folgen ließ. Als ihr Bettina in Berlin begegnete, zählte sie zu den Mitläufern der romantischen Literaturrichtung. Diese Meinung wurde in der Öffentlichkeit noch durch die engen Beziehungen verstärkt, die sie zu führenden Persönlichkeiten der schwedischen Romantik hatte. Sie übersetzte Dichtungen Geijers, Atterboms und Tegners und wurde überhaupt zu einem wichtigen Vermittler im schwedisch-deutschen Literaturaustausch.

Daß sich Bettina, die mit Frauen nur selten gut auskam, dieser Schriftstellerin anschloß, läßt vermuten, daß sie sich zu dieser Zeit auf dem Berliner Parkett noch nicht recht sicher fühlte. Sie suchte bewußt oder unbewußt noch einmal eine »Mentorin«. Wie schon im Freundschaftsverhältnis mit der Günderode war die Helvig die neun Jahre ältere und erfahrenere. So unterschiedlich die beiden in ihrem Charakter sein mochten, es gab doch auch mancherlei Gemeinsamkeiten. Beide stammten aus dem süddeutschen Raum, schwärmten von Weimar als dem Dichterparadies, waren zugleich aber in dem Vorstellungsbereich der Heidelberger Romantik zu Haus. Beide sahen sich an einen Mann gebunden, der über keine bedeutende soziale Stellung verfügte, und beide betrachteten es als Ehrensache, in Berlin das Banner der Literatur hochzuhalten. Zweifellos war die Helvig als ehemalige weimaranische Hofdame die besser erzogenere. Sie beherrschte die Spielregeln der Geselligkeit vollendet bis zur Routine. Bettine fiel noch immer durch bewußte Vernachlässigung der konventionellen Formen auf, und selbst ein Gneisenau mochte das bei ihr nicht immer billigen. Für Amalie war diese junge Frau von Arnim ein kindlich-hilfsbedürftiges, begabtes und willkommenes Mündel, dessen genialische Gestik ihren Salon nur interessant machen konnte. Sie nahm sich ihrer mit rührender Aufmerksamkeit an. Zum 4. April 1818, Bettinas 33. Geburtstag, schickte sie ihr ein langes Gedicht mit der Strophe:

»Entzücke denn auf deine Weise,
Du reges Lichtkind des April!
Nur laß gewähren, was sich leise
Wie Maienglocken öffnen will.«

Wie oft sie sich bei Bettina einfand, verraten die Briefe an Arnim. So schreibt Bettina am 12. August 1818: »Die Helvig hat mir abermals Beweise wo nicht von Freundschaft, doch von Aufmerksamkeit gegeben, die ich während meiner Krankheit von niemand in Berlin, selbst nicht von der Pistor bekommen habe; sie hat darauf gedrungen, mich zu pflegen, weil sie bei ihren Besuchen mich zufällig immer allein im Bett angetroffen hat.« Am 16. August 1818 heißt es: »... die Helvig kam angefahren und ließ nicht nach, ich mußte mit ihr spazierenfahren, während die Verdier das Haus und die Kinder hütete ...« Unterm 7. September berichtet sie: »Die Helvig fährt fort, Behagen an meiner Bekanntschaft zu äußern, gestern hat sie wieder ihren Wagen geschickt, um mich in ihre Sonnabendgesellschaft zu holen, die keineswegs an Reiz für mich zunimmt, ihre Selbstgenügsamkeit breitet sich da aus wie ein Pfau in der Sonne, ich bin überzeugt, daß wenn sie statt dessen ein edles Mißtrauen in sich selbst hätte, sie gewiß mit ihrem Talent und ihrer Liebe zur Kunst manches Interessante geliefert haben würde.«

Dann wieder dringt Bettina unangemeldet in die Wohnung der Generalin ein, findet deren Säugling unbewacht und schreiend, bündelt ihn auf, legt ihn trocken und verschwindet heimlich wieder. Man gab und nahm freigebig, wie man war, obwohl man nicht viel hatte, förderte und ließ sich fördern mit Wohlwollen und Duldsamkeit, ein Zug jener Berliner Geselligkeit, die während des Biedermeier für das übrige Deutschland ein Muster wurde. Zu einer Zeit, da die offizielle Politik im Zeichen der Karlsbader Beschlüsse eine tiefgreifende Veränderung des geistigen Klimas anstrebte, die Demagogenverfolgung mit dem zugehörigen staatlichen Apparat einer Geheimpolizei, eines Spitzelsystems, der Gesinnungsschnüffelei, Kabinettsjustiz und eines Inquisitionsverfahrens in Schwang kam, boten diese improvisierten Zusammenkünfte ein Forum für das Spiel von freier Rede und Gegenrede. In erster Linie sprach man zwar über Theater, Literatur und Kunst, aber doch auch über aktuelle Fragen wie diese, ob man das Turnwesen für wichtig oder für hochverräterisch zu halten habe oder ob eine Tat wie die des Kotzebuemörders Sand unbedingt zu verdammen sei. Gespräche Bettinas über diese Themen sind zufällig nicht überliefert, in den Novellen und publizistischen Aufsätzen ihres Mannes aus jenen Tagen jedoch spiegeln sich diese Probleme deutlich genug. Es herrschte Großherzigkeit in der Anerkennung verschiedener Wege und Weltanschauungen. Der Mensch und seine individuelle Ausprägung sowie die Freundschaftskontakte erschienen als das Wesentliche. Mochte man sich auch Arges mitzuteilen haben, es war dennoch eingebettet in das Zutrauen der Freundschaft. Ohne dieses Verhaltensmuster des Berliner »Salons«, von dem Bettina entscheidend mitgeprägt wurde, bliebe vieles in ihrem künftigen Betragen unverständlich. Mochte sich ihr Bruder Clemens dem katholischen Mystizismus zuwenden und als Chronist einer stigmatisierenden münsterländischen Nonne sein Talent vergeuden, ihr Schwager Savigny der eignen Zeit jede Berufung zur Schaffung neuer Rechtsnormen absprechen, Stägemann zur Restauration konvertieren, mochte sich Friedrich Wilhelm IV. zunehmend in der politischen Trivialromantik verhärten – ihre Freundschaftsbeziehungen störte das wenig.

Noch wurde der Wert des Menschen nicht von seiner ökonomischen Bewährung abhängig gemacht. Es gab keine verschämten Armen in diesem Kreis. Bei allen war der Grundbesitz mit Schulden belastet, und was die Bezüge der Offiziere, Beamten und Professoren anbetraf, so waren die jedermann aus der staatlichen Besoldungsordnung ersichtlich. Jeder bekannte sich offen zu seiner wirtschaftlichen Realität, zu seiner »Familienpimpelei«, wie Eichendorff gesagt hätte. Seit Bettina Unter den Linden 76 wohnte, erörterte sie das Projekt, eine Kuh aus Wiepersdorf nach Berlin zu holen, die ihr in den Jahren der Teuerung billige Milch und Sahne liefern sollte. Sie glaubte noch immer an die Magie der Sparsamkeit, mit deren Hilfe sie den Arnimschen Haushaltsplan wieder ins Lot zu bringen gedachte, solange sie die Philisterwelt überhaupt ernst zu nehmen vermochte. In diesem Kreis galt das, was Clemens Brentano in seiner Abhandlung über den »Philister« als neue Grundwahrheit herausgestellt hatte, daß die romantischen Luftschlösser die eigentliche höhere Wirklichkeit darstellen und die banale Alltäglichkeit eben nur »Philisterei« sei, daß der höhere romantische Mensch für die meisten in einem ewigen Inkognito lebe und nur für eine kleine Elite in seinem wahren Wesen erkennbar sei.

Das war der gesellschaftliche Raum, in dem Bettina zu Beginn der zwanziger Jahre Trost, Verständnis und auch einen gewissen gesellschaftlichen Erfolg fand. Denn wie immer man heute die poetische Tätigkeit der Amalie von Helvig einschätzen mag, Bettina hatte sich ihr mit richtigem Instinkt genähert. Das zeigte sich eklatant in jenen Jahren, als eine Anzahl schwedischer Dichter und Literaten, die an der deutschen Romantik interessiert waren und sich auf planmäßig vorbereiteten Deutschlandreisen längere Zeit in Berlin aufhielten, im Salon der Helvig auftauchten. Sie schenkten Bettina wie einem literarischen Phänomen Beachtung, nicht nur als Staffagefigur in ihrer Eigenschaft als Schwester eines typisch romantischen Poeten und als Frau des bekannten Wunderhorn-Herausgebers, sondern als wandelnde Romantikfrau, gleichsam als eine Sibylle des romantischen Deutschlands. Deutlich spiegelt sich das in dem Reisebuch der Malla Montgomery-Silfverstolpe, einer schwedischen Journalistin aus dem Kreis des romantizistischen »Gotenbundes«, die gleichsam auf den Spuren der Madame de Staël unter Fühlungnahme mit den Akteuren ein Bild vom romantischen Deutschland zu geben versuchte.

Als diese Frau im Herbst 1825 in Berlin erschien, verkehrte sie nicht nur bei der Helvig, sondern auch im Hause Savigny. Von Bettina notierte sie: »Sie sieht wunderlich aus! Kohlschwarzes

Haar in großen hängenden Locken um das kleine, magere, bleiche Antlitz, braune, scharfe Augen, dazu eine kleine, feine, fast zierliche Gestalt, kleine Hände und Füße.« Die Journalistin fand sie »witzig, lebhaft und unterhaltend – nur sehr unruhig«.

In diesem Kreise fiel ein junger Mann auf, ein Offizier, Major im preußischen Generalstab, der damals im Haus der Savignys wohnte. Über ihn schrieb die Schwedin: »Major Wildermeth ist ein ungewöhnlich angenehmer Mann – aber Bettina scheint ihm gar zu viel Aufmerksamkeit zu schenken.« Zwischen beiden soll es zu einem leidenschaftlichen Briefwechsel gekommen sein, den Bettina, wie sie der Silfverstolpe erzählte, auch Goethe vorgelegt haben will. Bestätigende Zeugnisse haben sich dafür nicht gefunden. All diese Wiedergaben von Unterhaltungen und Gesprächen sind mit gebührender Skepsis zu bewerten, weil Bettina dem Buch der Berichterstatterin ungefähr so gegenüberstand wie Arnim der Historizität seiner »Kronenwächter«. Für ihn hieß das Credo: »Die Geschichte in ihrer höchsten Wahrheit gibt den Nachkommen ahndungsreiche Bilder.« Nach Bettinas Auffassung aber benötigte der Künstler keine faktologische Biographie, sondern eine Legende, die ein Bild seines Wesens vermittelt. In diesem Sinne sind ihre Aussagen stilisiert, berichtete sie von dem angeblichen Besuch Goethes im »Goldenen Kopf« kurz nach ihrer Geburt, von ihrem Teplitzerlebnis, von der Goethe-Antwort auf den Wildermeth-Briefwechsel. Bettina arbeitete damals bereits bewußt an ihrem schriftstellerischen Profil. Überlegt und geschmeidig lenkte sie das Gespräch auf die Briefe der Marquise de Sévigné (1626-1696), mit denen sich diese Frau einen dauernden Platz in der französischen Literatur erobert hatte. Mochte die Silfverstolpe auf die Gefahr der Banalität in Briefsammlungen hinweisen, Bettina wußte damals schon, daß sie im Briefgenre Originelles zu bieten hatte und nur dort würde mitreden können.

16.
Zwischen Partnerbewährung und Selbstbehauptung

Was sich in der Arnimschen Ehe während der ersten Nachkriegsjahre bereits ankündigte, daß die Interessen der beiden Partner in verschiedener Richtung tendierten, kam völlig zum Durchbruch, als Achim im Sommer 1818 das Gut Bärwalde in Ermangelung eines Pächters in eigene Bewirtschaftung übernahm. Mit dieser beruflichen Veränderung wandelte sich Arnims Leben von Grund auf und auch seine Weltanschauung. In der praktischen Betätigung als Grundbesitzer auf seinen Gütern entwickelte er eine sentimentalische Beziehung zur körperlichen Arbeit, die ihm ein Gefühl menschlicher Harmonie vermittelte, eine Übereinstimmung seiner Anschauungen und seiner Lebensführung, die über das hinausging, was ihm schriftstellerische Arbeit je an Befriedigung zu geben vermochte. Voller Lebensfreude meldete er Bettina nach Berlin: »... dieses Leben mit der gesamten Natur hat inzwischen doch einen Ersatz für die Mühe, wie es kein königlicher Dienst aufzuweisen hat. Wenn ich über dem Dampfe der Braupfanne stehe, daß mir in Dunst und Wohlgeruch die ganze Welt wie im Morgennebel stehe, und über die bessere Einrichtung der Flüsse nachdenke, welche diese Brauwelt befruchten, es hat etwas von einem Schöpfer.« Diese Durchdringung mit ewig gegenwärtigen natürlichen Kräften liegt für Arnim auf einer Ebene mit der traumhaft schöpferischen Spontaneität künstlerischen Schaffens. Nur war diese Sphäre der Realität Bettina verschlossen, so daß sie für solche Worte völlig taub blieb, und zwar nicht nur, weil ihr persönliche Erfahrung fehlte, sondern wegen des romantischen Geredes von der »Philisterwelt«, die des Bezugs zum »Höheren«, zur Kunst, ermangelt.

Bettina war mit geringen Illusionen, aber mit guten Vorsätzen in die Ehe getreten. Zu keiner Stunde hatte sie daran gezweifelt, daß sie einen Dichter geheiratet hatte und folglich eines Dichters Frau sei. Nun wurde der Mann dieser Aufgabe unvorhergesehenerweise untreu und überließ sich dem Abenteuer, Felder zu bebauen und Milch zu erzeugen, einer Arbeit, die man nach ihrer Meinung jedem beliebigen Verwalter oder Pächter überlassen konnte. Mit Besorgnis beobachtete sie, wie er sich seiner künstlerischen Aufgabe mehr und mehr entzog, und fühlte sich deshalb bewogen, ihn immer wieder auf seine poetische Mission hinzuweisen. So schrieb sie im September 1820: »Die rechten Dichter sind geistiger Weise, was die Kron- und Erbfürsten irdischerweise sind und repräsentieren, sie sind nämlich als das geboren, was sie der Welt einst werden sollen, verzweifeln sie aber an ihrer inneren Macht, so legen sie die Krone nieder, noch ehe sie ihnen öffentlich verliehen ist, – ja sie müssen gleich den irdischen ihre Stimme zu erheben wissen, wo man sie nicht hören will; sie müssen züchtigen, wo man sie nicht anerkennen will, und vor allen Dingen müssen sie das Element behaupten, was ihnen Nahrung gibt, nämlich den Beifall und das Bewußtsein in jeder Menschenbrust von seinem Dasein (als) ein Komet unter den Sternen. Wenn aber je ein Dichter ein geborener war, so bist Du es …«

Obwohl sie ihn in seinen tieferen Absichten nicht mehr verstand, hörte sie nicht auf in dem Bemühen, ihn auf den Poetenweg zurückzurufen. »Daß Du die Leier empfangen, ist ein Zeichen, daß Du durch sie herrschen sollst. Es ist kein Traum, es ist keine Chimäre, das Haus, wo Tausende mehr hinwallen werden und mit gespannterem Geist aufmerken werden wie in die Kirche zur Predigt, ist in der edelsten Pracht erbaut, es fordert durch seine Verherrlichung schon zum tieferen, edleren Genuß auf; und Du, dessen Begeisterung sich unwillkürlich zur Darstellung gewendet, regst Dich nicht.«

Arnim antwortete darauf: »Meine Seligkeit ist, die weiche Schnauze meines kleinen falben Füllens zu küssen und mit der bunten Schar Kälber unter viel hundertjährigen Eichen des Walles zu jagen, die Sonnenstrahlen zu locken über das Tal mit meiner Freude, die grauen Hagelstreifen abzulenken mit meinem Gebete, andere Ordnung zu bringen den Feldern und Wiesen, einen neuen Bund des Volkes umher, daß jeder seines Eigentums gewiß werde und dies heimliche Trachten nach fremdem Eigentume aussterbe; dann wird Ehre und Sitte und Zucht wieder bei diesen Menschen wohnen!«

Arnims Ideal war die Synthese von Familienvater, Landmann und Dichter in einer patriarchalisch-ländlichen Ordnung, die in einer Sozialreform zu einer gewissen Gemeinschaft des Gutsbesitzers mit den Bauern führt und zugleich die ökonomische

Grundlage für künstlerisches Schaffen gewährt. Aus dieser Utopie folgt, daß er sich zunehmend als Gegner der städtischen Kultur und Zivilisation empfand und als solcher auftrat. Er verachtete das Leben der Großstadt mit seiner Lüge, seiner Hast, seiner gesellschaftlichen Etikette und seinen Lastern. Daß seine Kinder in Berlin aufwuchsen, bedauerte er. »Ich habe ein inniges Mitleid mit ihrer Existenz in dumpfen Zimmern, Höfen und Staubgassen, der Wert der Schule, die sie besuchen, ist mir nach den Erfolgen sehr problematisch. Verderben aller Art steht ihnen nahe und die Anregung fürs Höhere fern.« Aber er wollte darüber keinen Streit. »Ich wiederhole noch einmal..., daß ich lieber die Einsamkeit hier ertragen will als Dich oder die Kinder in ihrer Existenz stören. Ich fühle in Berlin physisch und geistig meinen Untergang, ich bedarf körperlicher Tätigkeit, um mich auch geistig tätig zu erhalten. Ein Unwohlsein, das mich in Berlin einen Tag umdüstert, ist mit etwas Graben oder mit einem Ritt über Feld verscheucht, mein landwirtschaftliches Geschäft hat das Gute, mich zu so etwas zu zwingen.«

Der Ehehimmel zeigte sich merklich eingetrübt. Bettina hatte Freuden und Leiden der Mutterschaft ausgiebig erfahren. Im Sommer 1818 war zu den vier Knaben die Tochter Maximiliane und im Frühling 1821 die blonde Armgart hinzugekommen. Ihre Gesundheit war durch die Schwangerschaften nicht stabiler geworden. Wiederholt klagte sie: »... ich bin so mitgenommen von Husten, Schnupfen, Nachtwachen, Pflegen, daß ich am Abend um halb 10 Uhr, wo ich zu Savignys gehe, um noch eine Tasse Tee zu finden, mich unterwegs ausruhen muß, weil mir Hüften und Rücken zu weh tun.« Dann wieder berichtete sie von Brust- und Magenkrämpfen, die sie des Tages drei- bis viermal befallen und ganz entkräften. »Der Krampf hatte so zugenommen, daß ich oft an einem Tag zwanzig Tassen Kamillentee hinunterstürzte.« Selbst von der Reise meldete sie: »Unterwegs hab ich beinah auf jeder Station Pfefferminztee trinken müssen, wegen fortgesetztem Magenkrampf.« Leber- und Gallenbelastungen überschatteten ihre Emotionen. Arnims Wünsche für ihre Gesundheit veranlaßten sie zu der ironischen Reaktion: »... aber sehr gut wird es sein, wenn wir die Zahl unserer Kinder zu vermehren meiden, und dies wird wunderbar zur Kräftigung aller Wünsche für mein Wohl einwirken.«

Daß Zusammenleben ein Glück sein kann, hatten beide inzwischen vergessen. Bettina kam immer weniger nach Wiepersdorf, Achim mied tunlichst Berlin. Am Tag nach ihrem 37. Geburtstag schrieb Bettina: »Ich erfahre..., daß Du die Feiertage nicht kommst; ich hatte sicher darauf gerechnet, und wie leid es mir tut, mag ich Dir nicht sagen, denn Du glaubst es nicht und verdienest es daher auch nicht, ich mache keine Ansprüche an Deine Zärtlichkeit, denn ich war nicht das Ideal, dem Du Dich aus Leidenschaft ergeben hast. Aber mich wundert, daß Dir Dein kleinstes Kind nicht lieb genug ist, um Wort zu halten; es gleicht Dir und nicht mir...«

Aber gerade die Kinder gaben immer wieder Anlaß, die Spannungen noch zu vertiefen. Bettina engagierte sich für eine »Pädagogik der Freiheit«; sie glaubte an die angeborenen Kräfte der jugendlichen Seele und ließ ihnen Raum. Arnim wünschte Disziplin und wunderte sich, sobald sie ihn in Wiepersdorf besuchten, wie schlecht erzogen sie auftraten. »Die Kinder sind schrecklich faul und unwissend, ich quäle mich jeden Tag und Nacht, wie ich es bessern soll, dabei kann ich sie wegen der Plumpheit ihres Betragens keinem anständigen Besuche vorstellen, ja, nicht einen Bissen wissen sie in gesitteter Weise zum Munde zu bringen, und in ihrem Zimmer hausen sie wie die Schweine.«

Bettina bekämpfte den Eigensinn der Kinder mit Wurmpulver und gestand: »... ich kann nicht zwingen, ich kann mit Gewalt keinen Gehorsam verlangen... Die Ohrfeige, die ich dem Siegmund gab, hatte ich mir gewissermaßen abgezwungen, es war nicht aus Zorn oder Übereilung geschehen, jedoch bin ich so erkrankt, daß ich hinter meinem Ofen ohnmächtig hingefallen bin, daß ich am andern Tag ganz zerschlagen war, und ein Gefühl, als habe ich ihm in seiner Eigentümlichkeit Unrecht getan, zwang mich zur zärtlichsten Achtsamkeit für ihn.«

Die Kindererziehung gehörte zwar zu den herkömmlichen Pflichten der Frau. Aber das war in den Augen Bettinas spießige Konvention; zu ihrer »Sendung« zählte sie diese Aufgabe nicht. »Ich weiß, daß ich allein nichts ausrichte, und kann nicht länger widerstehen; Du mußt selbst einsehen, daß es für mich kein Amt ist, 4 Knaben von dieser Heftigkeit in Ordnung zu erhalten. Die Max allein macht mir Not genug, die Kinder sind außer allen Banden und haben die unsittlichsten Erfahrungen gemacht.« Obgleich sie ernstlich auf das Wohl ihrer Kinder bedacht war, blieb sie doch überzeugt, daß Erziehung, Unterricht und Anleitung zum Spiel vor allem das Geschäft des Hauslehrers und der Kinderfrau seien. Auf diese Weise wurde der Haushalt immer umfänglicher und kostspieliger. Mit den Kindern und dem Lehrer tummelten sich in den gemieteten Wohnungen Unter den Linden, in der Georgenstraße, Friedrichstraße oder Dorotheenstraße eine Köchin, ein Hausknecht, eine Bonne und die Küchenmagd, also ein Dutzend Menschen.

Eine glückliche Lösung stellte Bettinas Berliner Häuslichkeit damals nicht dar. Der häufige Wohnungswechsel ließ kein Gefühl der Geborgenheit entstehen. Sobald sie für ein paar Sommerwochen aufs Land zog, gab sie aus Ersparnisgründen die Wohnung auf und stellte die Möbel in billigen Dachkammern unter. So wurde das Heim oft zur kleinen armseligen Unterkunft. Savigny gestand sie: »Ich habe die 12 Jahre meines Ehestandes leiblich und geistigerweise auf der Marterbank zugebracht, und meine Ansprüche auf Rücksicht werden nicht befriedigt. ... Meine Perspektiv ist das End aller Dinge.« Dieses »Ende aller Dinge« wäre in ihren Augen gleichbedeutend mit dem Verrat an ihrem idealen Jugendstreben, wäre das Absinken in eine mittelmäßige spießbürgerliche Existenz. Angesichts der trostlos drückenden Jahre nach einer glänzenden, ruhmversprechenden Jugend schämte sie sich vor Arnim und vor sich selber. »Glaub mir, doppelt jämmerlich erscheint mir in den kranken Stunden das Leben, wenn ich denk, daß ich Dir nichts Besseres bereiten konnte, als teilzunehmen an diesem alle Geisteskraft auflösenden Unbehagen ... hast eine kränkliche Frau vor Dir, der's alle Augenblicke grün und gelb vor den Augen wird und die den ganzen Tag schlafen und kein lautes Wort hören möchte; bald kommt wieder das Wochenbett, wer weiß mit wieviel unangenehmen Vorfällen verknüpft, und das sind die zufälligen Schicksale, in denen ein Dichter gedeihen soll. Nur den Verdruß mache mir nicht, daß ich mir am Ende meines Lebens sagen muß, daß das Deinige genußlos geworden von dem Augenblick an, wo Du mich Teilhaber desselben gemacht.«

Aber ihre Jugendhoffnung gab sie nicht auf. Im Grunde ihrer Seele fühlte sie, daß sie ohne ihre Träume verkümmern würde. Ihre Phantasie blieb jenem poesieerfüllten Leben geöffnet, das sie als Zeichen eines höheren Menschentums ansah, und klammerte sich an ein Jugendbild Arnims, das, eben weil es unverständlich blieb, von Tag zu Tag falscher wurde. »Lieber Freund«, schrieb sie im September 1820, »hätte mich einer vor meiner Verheiratung gefragt: Glaubst Du, daß Arnims Geschick und Glück innerhalb Deiner Kinderstube, Deiner Küche und dem bornierten Kreis Deiner Gedanken begründet ist?, so hätte ich mit einem bestimmten Nein geantwortet; schon in der Zeit in Frankfurt sah ich Dich mit einer Art Behagen Abschied nehmen, weil mir deuchte, die weite Welt gehöre jetzt Dein und Deine Lebensbahn gehe weit über die kleine Beschränkung der meinigen hinaus und für Dich würde die lächerliche Vorurteilskette der Umständlichkeit im Leben nie existieren, ja Du kamst mir vor wie ein rechter Phönix von Lebensfreude, der bei jedem Sonnenstrahl es nicht lassen konnte, mit ausgespannten Flügeln ihm entgegenzuschweben, jetzt mache ich mir Vorwürfe, daß ich die schwersten Gewichte an diese Schwingen gehängt habe...«

Der Erfolg des Romans »Die Kronenwächter«, dessen erster Band zur Ostermesse 1817 herauskam, schien die Idee vom vorbestimmten literarischen Ruhm ihres Mannes zu bestätigen. Sie versäumte nicht, in den Berliner Salons die Aufmerksamkeit der Freunde und Bekannten auf diese Neuheit zu lenken. Voll naiven Selbstvertrauens schrieb sie einen Aufsatz über das Buch, den sie dann Wilhelm Grimm als Grundlage für eine Rezension zuleitete. Dieser antwortete am 12. Oktober 1817: »...ich habe viel davon aufgenommen, alles nämlich, was den Geist des Buches darstellt, manches einzelne, was mir wohlgefiel, hab ich ausgelassen, weil es mir vorkam, als gehöre es nicht für die Welt...« Die Buchbesprechung in den »Heidelberger Jahrbüchern« war mit einem griechischen Beta und Gamma gezeichnet, die für Bettina und Grimm standen. – Nun hoffte sie auf die Fortsetzung des Romans, der sicher mit Beifall aufgenommen würde, zumal der Tagesgeschmack der Berliner Gesellschaft im Zeichen der historischen Romane Walter Scotts stand und man dort begann, Arnim mit Scott zu vergleichen.

Bettina drängte immer wieder zu einer Reise nach den süddeutschen Handlungsschauplätzen, von der sie sich für den Dichter vielfältige Anregungen versprach. Endlich im Herbst 1820 war es soweit. Arnim fuhr mit der ordinären Post bei wunderschönem Herbstwetter nach Frankfurt und von dort nach

Schwaben. Doch die an das Unternehmen geknüpften Erwartungen erfüllten sich nicht, obwohl er viel sah, was ihn anregte und ihm nützlich werden konnte. Die Fortsetzung des Romans kam nicht zustande.

Seine besten Leistungen lagen auf dem Gebiet der Novelle. Aber die erschienen sehr versteckt in Zeitschriften und Taschenbüchern, so daß sie wenig Beachtung fanden. Bettina hielt die Bühnenstücke ihres Mannes für geeigneter, seinen Namen ins Gespräch zu bringen, und sie traute sich zu, einen Mann wie den Grafen Brühl, den Generalintendanten der Königlichen Schauspiele in Berlin, für solch einen Versuch zu gewinnen. »Ich gestehe Dir«, schrieb sie am 18. Juni 1818, »daß es mein großer Wunsch wäre, etwas von Dir aufführen zu sehen, und es wäre mir ein leichtes, ohne alle Um- und Nebenwege, die Sache in Anregung zu bringen, jedoch mag ich ohne Deine innere Beistimmung nicht daran denken.«

Arnim, dessen dramatische Produktion sich an der Idee eines »Volkstheaters« entfaltete, das sich an den Komödiantenbuden der Hans-Sachs-Zeit orientierte, hegte seine Vorurteile gegen das »Hoftheater« jener Zeit und fürchtete sich vor dem negativen Ausgang eines solchen Experiments. Er spürte zu deutlich, daß er in der Berliner tonangebenden Gesellschaft kein Publikum hatte, und wußte, daß selbst die nächsten Freunde sich seinen Dichtungen gegenüber kritisch verhielten. Bettina schien das ebenfalls zu wissen, wenn sie hinsichtlich ihrer Aufführungspläne äußerte: »Savignys würden mich für närrisch halten mit meinem Enthusiasmus.« Sie war die einzige, die daran glaubte, daß Arnims Berufung ausschließlich in der literarischen Produktion lag und seine einzige Mühe darin bestehen sollte, sich als Poet zu finden.

Noch im Sommer 1829 beschwor sie ihn in dem geheimen Drang, den Traum ihrer Jugend zu verwirklichen, sich auf sein dichterisches Vermögen zu besinnen. »Du bist ein Dichter, und wenn Du mein Mann nicht wärest, wie sehr würde ich mich sehnen, eine Liebschaft mit Dir anzufangen, ja wie würde mich jedes kleine Gedicht, jede neue Erzählung aufs neue zu Dir hinziehen, und so wahr ich leb, ich würde Deine alte Hutzel von Hausfrau nicht schonen, die nichts mehr sich von Dir angedeihen ließ als das tägliche Brot und das tägliche Sprechen, Schreiben, eheliche Küssen ...« Die große Synthese von Gatte,

Vater, Landmann und Dichter, um die Arnim rang, galt ihr nichts. Lebenswert erschien ihr ausschließlich die Hochstimmung des Künstlers. Und sie bedauerte, daß sie ihm das Gute nicht geben könne, was sie ihm wünschte, klagte aber zugleich auch sich selbst an, indem sie bekannte: »... ein ganz anderes, viel tieferes Leben, was sich nicht willkürlich einem anderen Menschenherzen mitteilen läßt, fordert noch zu ganz andern Dingen auf, und daß ich auch diesem nicht willfahren kann, das rechne ich mir zur Sünde der Schwächlichkeit ... an.«

Jedoch war das Selbstvertrauen zu ihren geistigen Fähigkeiten nicht erloschen. Sie glaubte noch immer an ihren Jugendtraum und gedachte nicht zu resignieren.

17.
Hinwendung zur bildenden Kunst

Die alte tiefsitzende Vorstellung vom Gegensatz zwischen Künstler und Bürger war für Bettina so gültig wie eh und je und keineswegs durch die Ehe, die Anpassungen an die ländlichen Verhältnisse von Wiepersdorf oder an die großstädtisch-bürgerlichen Gewohnheiten in Berlin überwunden. Zwischen diesen beiden Menschentypen lag in ihren Augen grundsätzlich eine Kluft, die daher rührte, daß der Künstler angeblich durch seine Inspiration an einer übernatürlichen, »höheren«, transzendenten Sphäre teilhatte, die dem gewöhnlichen Menschen versagt blieb. Sein romantisches Genie schloß ihn für alle Zeiten aus der bürgerlichen Gesellschaft aus und machte ihn dort zum Außenseiter.

Inwiefern sich das »Genie« vom bloßen »Talent« unterscheidet, darüber besitzen wir heute vage Kriterien. Bettina indes glaubte es ziemlich genau zu wissen. Die Berliner Literaten, die Gubitz und Streckfuß, Rellstab und Heun, Langbein, Fouqué oder Helmina von Chezy, waren nach ihrem Urteil nicht einmal Talente, sondern bloß Philister. Was Alexander von Humboldt, Hegel oder der Naturphilosoph Heinrich Steffens dem gebildeten Publikum Berlins vortrugen, galt ihr alles als versteinerte Welt, und dafür gab sie keinen Groschen. Zelter, den »Musikheiligen« der Stadt, verspottete sie als subalternes Naturell »mit so breiten Knochen und so langer Weste«. Die Kluft lief für sie nicht zwischen den schönen Künsten und dem praktischen Leben, sondern mitten durch den Literatur-, Mal- und Musikbetrieb der Zeit hindurch. Aber mit fast nachtwandlerischer Sicherheit entdeckte sie große schöpferische Begabungen: in Weimar Goethe, in Wien Beethoven und jetzt in Berlin den Maler und Architekten Karl Friedrich Schinkel, mit dem sie bald, wie die Schwedin Malla Silfverstolpe notierte, eine exaltierte Freundschaft verband.

In zweierlei Hinsicht war Schinkel für Bettina segensreich: Er weitete ihren Gesichtskreis über das Poetische und Musikalische hin zum Gebiet der bildenden Kunst und bestärkte sie zugleich in ihrer Grundüberzeugung, daß die große künstlerische Persönlichkeit das gesamte Leben der Epoche aus künstlerischem Geist reformieren könne. Welchen Anklang seine menschlichen Qualitäten im Umkreis Bettinas fanden, bezeugt ein Brief Clemens Brentanos aus Berlin an seinen Bruder Georg in Frankfurt vom 16. Januar 1816: »Wie glücklich würdest Du sein, wenn Du des Umgangs eines Künstlers genießen könntest, dessen vertrauter Freundschaft ich hier genieße seit Jahren und dessen unermeßlich reiches und herrliches Talent nach allen Seiten der bildenden Kunst, verbunden mit der größten Bescheidenheit und der lebendigsten und schnellsten Produktion, eigentlich das ist, was mich von hier, nebst Savignys Reinheit, Wahrheit und Tiefe, eigentlich gern leben macht. Es ist der Geheime Oberbaurat Schinkel, eine so reiche Kunstnatur, als sie das große, italienische Mittelalter hervorgebracht... Ohne je von einem anderen gelernt zu haben, ist er zugleich der größte Architekt seit Jahrhunderten, einer der reichsten und vielleicht der tiefsinnigste Landschaftsmaler seit Claude Lorrain, und in der Historienmalerei, woran er nie gedacht, so er will, gewiß größer als das meiste, was lebt, was eine Menge herrlicher Zeichnungen beweisen. Wenn Du eine Unzahl der herrlichsten Skizzen, die er auf seinen Reisen durch Europa mit der Feder und Tinte, rein und sicher, wie das schönste Kupferblatt und schnell wie einen Brief, vollendete, sähest, Du würdest vor Freude jauchzen.

Bei ungeheuren Baugeschäften, die ihm bei dem mangelhaften Sinn und der großen Armut des Landes höchst kleine Entwickelung seines ganzen Ideenreichtums erlauben, bei beständigen Anforderungen von tausend Privatleuten um Zeichnungen aller Art malt er jährlich wenigstens sechs bis acht große Landschaften von einem bis jetzt nie gesehenen Reize. Wer ihn so kennt wie ich, weiß nicht, ob er mehr über den Fleiß oder die schnelle Produktion, oder die ungemeine Kunst, oder die Bescheidenheit dieses herrlichen Mannes erstaunen soll. Lebte dieser Mann in einer so reichen und baulustigen Stadt als Frankfurt, Frankfurt wäre für ewige Zeiten der schönste und kunstreichste Ort der Welt. Es ist noch keine Hütte von seiner Hand erbaut, welche nicht ein ewig schönes Monument wäre.«

Schon in München hatte Bettina engen Verkehr mit Vertretern der bildenden Kunst unterhalten. Als sie im September 1809 einen Brief an Goethe schrieb, schmückte sie den Kopf mit einer kleinen, mit Tusche lavierten Vedute, einer Aussicht auf das jenseits des Rheins gelegene Köln, wo die Schreiberin im Jahr zuvor eine Reihe froher Sommertage verlebt hatte. Im Vordergrund ragt der zu jener Zeit noch turmlose Dom. Die Zeichnung stammte von der Hand des jungen Rumohr, der damals davon träumte, ein deutscher Ruisdael oder Ostade zu werden, und der die kleine Landschaft auf Bettinens Zimmer angefertigt hatte. Goethe nahm die Talentprobe verständnisvoll und gutgelaunt auf. Er antwortete: »Der Freund, welcher die Kölner Vignette gezeichnet, weiß, was er will, und versteht mit Feder und Pinsel zu hantieren …« Dieser Gefährte der Münchener Tage hat Bettina zweifellos sowohl in der praktischen Kunstübung als auch im Kunsturteil sehr gefördert, während die Arbeiten ihres Schützlings, des Grafikschülers Ludwig Grimm, wohl damals hinter ihren eigenen improvisatorischen Fertigkeiten zurückblieben und sie höchstens dazu anregen konnten, sich mit dem Zeichenstift mit ihm zu messen.

Als sie nun in den Jahren nach den Befreiungskriegen bei Schinkel, im Atelier des Bildhauers Rauch, bei dem Maler Wilhelm Schadow und den Schülern Rauchs der hohen Berliner Zeichenkunst begegnete, da mußte sie sich an vieles erinnert fühlen, worüber sie seinerzeit mit Rumohr disputiert hatte. Die Berliner Zeichner praktizierten jene fruchtbare Nachahmung der lebendigen Natur, die Rumohr ihr gepredigt hatte. Aber zugleich fand sie, zumal in den großen Landschaften Schinkels, jene konstruierende und zugleich dichtende Phantasie, die das Kunstwerk gemäß romantischer Philosophie zum mythischgöttlichen Ursprung zurückführte, der bestehenden gesellschaftlichen Wirklichkeit den Rücken kehrte und eine utopische Gegenwelt entwarf. Sie strebte nach klassischer Schönheit und griechischen Götterbildern, aber nicht im Sinne von Konvention und Überliefemng, sondern von phantastischer Größe und aus subjektivistisch verinnerlichter Weltdeutung. Bei allem Drang nach dem Außergewöhnlichen vernachlässigte sie dennoch nicht das Zeichnen nach der Natur. Am 8. November 1823 schrieb der elfjährige Freimund seinem Vater: »Die Mutter vertreibt sich die Zeit mit Zeichnen, wobei sie uns immer braucht, heute hat sie mein Ohr abgezeichnet.« »Realismus« und Größe schlossen sich nach ihrer Auffassung nicht aus, die sie an den Florentiner Meistern des 15. Jahrhunderts gewonnen hatte und deren geistige Tendenzen sie mehr oder weniger bewußt bei ihrem Versuche leiteten, ein Denkmal zum Ruhme Goethes zu entwerfen.

Schon im Herbst 1821 anläßlich ihres Aufenthaltes bei den Verwandten am Rhein mochte Bettina von dem Plan Frankfurter Bürger gehört haben, Goethe, dem großen Sohn der Stadt, ein Denkmal zu errichten. Die Angelegenheit zog sich indessen in die Länge. Schließlich wurde der Berliner Bildhauer Christian Daniel Rauch für die Aufgabe gewonnen, in dessen Atelier Bettina im Herbst 1823 das Modell eines ersten Entwurfs sah. Diese Skizze sagte ihr gar nicht zu, ja, forderte sie zum Widerspruch heraus. Sie war ihrer Auffassung nach ohne »Inspiration« gearbeitet und dem Goetheschen Genius in keiner Weise gemäß. Sie sah einen »alten Kerl im Schlafrock« vor sich, aber keinen Dichtergott. Auch gegenüber dem Vertreter des Frankfurter Denkmalkomitees, dem Bankier Moritz Bethmann, hielt sie mit ihrem negativen Urteil nicht zurück. Dieser alte Bekannte aus den Frankfurter Jugendtagen animierte sie bei dieser Gelegenheit, einmal ihre eigenen Vorschläge zu skizzieren, und Bettina, die künstlerische Autodidaktin, trat in Wettbewerb mit den ersten Bildhauern der Nation. Sie gefiel sich darin, schier Unmögliches von sich zu verlangen. Die Arbeit am Goethedenkmal mußte ihr wie eine glückliche Erfüllung ihres einstigen Traumes von der Hingabe an »große Zwecke der Zeit« erscheinen.

Bettina scheint gleich nach dem Gespräch mit Moritz Bethmann ans Werk gegangen zu sein. Am 12. November 1823 meldete sie Arnim: »... ich habe in den letzten Tagen viel gezeichnet und eine Statue des Goethe zur Welt gebracht, die sich gewaschen hat...« Und wenige Tage später gesteht sie: »... ich bin aber auch ganz verliebt in dieses mein Werk, abends, wenn ich ins Bett gehen wollte, hab ich's immer noch halbe Stunden lang betrachtet, und da ich's aus dem Haus gegeben, war mir, als ob mein einziger Freund abgehe...« In der Tat war ihr ein origineller Entwurf geglückt, und sie zögerte nicht, ihn im Kreis der Honoratioren und Kenner zur Diskussion zu stellen. An Bethmann, den Initiator des Frankfurter Denkmalvorhabens, schrieb sie über die Aufnahme ihrer Zeichnung: »Ich habe mehr Glück als Verstand dabei gehabt, da sie bei den Laien wie bei den Künstlern Beifall fand; die meisten nahmen sich die Freiheit, sie durchzuzeichnen, und so kam es, daß sie auf ihrer Musterungsreise ein wenig lange verweilte; sogar bei Hof hat sie ihr Glück versucht und sich bewährt, besonders hat das kritische Auge des weitberühmten Hirt den Leuten die Augen darüber geöffnet.«

Vor allem aber mußte ihr an der Zustimmung Goethes gelegen sein. In der euphorischen Erregung, daß sie im Begriff stand, ein großes Projekt in die Tat umzusetzen, begann sie am Silvestertag des Jahres 1823 einen langen Brief, mit dem sie die Verbindung zu dem Dichter wieder zu knüpfen versuchte, ihrem Verhältnis zu ihm begeistert Ausdruck verlieh und den tieferen Sinn ihrer Entwurfskizze deutete.

Wenn auf dem Gebiet der Literatur die Romantiker mit ihrem Schönheitsideal in Opposition zu den Anschauungen des Klassizismus standen, auf dem Felde der Plastik und der Bildhauer behauptete sich die Orientierung an den griechischen und römischen Klassikern als dem allein zulässigen Stil der Zeit. Nur darf man bei diesem Sachverhalt nicht die Nuancen übersehen. Dieser Klassizismus in der Plastik besaß zu Beginn des 19. Jahrhunderts ein breites Spektrum. Er konnte von der Formenstrenge Thorvaldsens bis zur Historizität Christian Daniel Rauchs und von der Orientierung an Michelangelo bis zur Verwerfung aller Regeln reichen. Wenn Bettina in Rauchs Goethestatue nur einen »alten Kerl im Schlafrock« zu sehen vermochte, so besagte dies, daß für ihre Begriffe das Bildwerk der großen Form ermangelte, daß ihre bildnerische Gesinnung aufs Monumentale ging, sie in dem Dichter einen Typus von überpersönlicher, allgemeiner Gültigkeit sah, einen reckenhaften Weisen, halb griechischer Philosoph, halb römischer Cäsar. In ihrem Goethebuch hat sie das später ähnlich ausgedrückt: »Der erfundene Goethe konnte nur so dargestellt werden, daß er zugleich einen Adam, einen Abraham, einen Moses, einen Rechtsgelehrten oder auch einen Dichter bezeichnet, keine Individualität.« Aus solchen Worten sprach zweifellos ein Begriff von Größe, wie ihn Michelangelo dreihundert Jahre zuvor am Anfang des 16. Jahrhunderts in den Gestalten der Propheten in der Wölbung der Sixtinischen Kapelle verkündet hatte. Auch der Steinthron, die Sitzhaltung des olympischen Barden, das unbedeckte Haupt, das Flammenhaar, die schwungvolle Gewandung deuten auf jenes Monumentalwerk, und sogar noch die kindliche Psyche, die sich »den höheren Standpunkt erklettern muß«, ist in dem Knaben, der dem Propheten Daniel das Buch hält, vorgebildet.

In einem Nachsatz zu ihrem ausführlichen Neujahrsbrief an Goethe hieß es: »Soeben hat Rauch meine Zeichnung gesehen und sich gleich entschlossen, sie nach einer Durchzeichnung zu modellieren, einen Abguß davon nach Frankfurt zu schicken und, wenn es Dir und den Frankfurtern so gefällt, sie im Großen auszuführen ...«

Das war wohl die voreilige Wunschdeutung einer Äußerung des Künstlers, jedenfalls kam es nicht zur Anfertigung des Gipsmodells, so daß Bettina mit Hilfe eines anderen Bildhauers, des Schadowschülers Ludwig Wichmann, selbst ans Werk ging. Es entstand jenes kleine Modell in der Höhe von etwa 60 cm, von dem ein Exemplar für Goethe und eines für die Frankfurter Kunstfreunde bestimmt wurde. Daß sie sich des Beistandes eines anderen bediente, schränkt die künstlerische Bedeutung nicht ein. Das Manuelle einem Praktiker zu überlassen war bei den Ägyptern und Griechen, den Bildhauern der Gotik selbstverständlicher Brauch gewesen. Noch Schadow und Schinkel sahen darin nichts Ungewöhnliches. Die ungebrochene Jugend Bettinas erwies sich, indem sie mit 38 Jahren Bildhauerin wurde und um die Realisierung ihres Goethedenkmals zu kämpfen begann.

Wie immer man heute diesen Entwurf zu einem Goethedenkmal beurteilen mag, die Mehrheit der kunstempfänglichen Zeitgenossen spendete dieser Apotheose des Weimarer »Dichtergottes« Beifall, ja es gab Enthusiasten wie Niebuhr, die den

Schöpfer dieses Bildwerks »für den größten Künstler Deutschlands« ausriefen. Zwar hatte Goethe auf ihren Neujahrsbrief wieder nicht geantwortet, aber Bettina war doch überzeugt, daß sie sich mit diesem sichtbaren Beweis ihrer Verehrung erneut vor ihm blicken lassen durfte, zumal Christiane nicht mehr im Haus am Frauenplan waltete. Als Bettina im Juli 1824 auf eine Badereise in die Rheinlande ging, plante sie darum einen Aufenthalt in Weimar ein und packte zu diesem Zweck den Gipsabguß ihres Entwurfs und allerhand Zeichnungen ein. In der Tat gelang es ihr auf diese Weise, dem Dichter wieder näherzukommen. Zweimal empfing er sie. Über den zweiten Abend berichtete sie an Arnim: »Goethe war wunderbar in seiner Erscheinung wie im Betragen, mit großer, erhabner Feierlichkeit entließ er mich, er legte mir beide Hände auf den Kopf und segnete mich mit folgenden Worten, indem er die ausgepackte Skizze betrachtete, an der die Leier und Psyche zerbrochen war: ›Dies Werk hast Du nur aus Liebe zu mir vollbringen können, und dies verdient wieder Liebe, und darum sei gesegnet, und wenn mir's Gott vergönnt, so sei alles Gute, was ich besitze, auf Dich und Deine Nachkommen vererbt‹ – er grüßt, er rief mir noch auf der Treppe nach: ›Grüß mir den Arnim recht ordentlich‹.«

Dann fuhr sie, von Magenkrämpfen geplagt, über Kassel nach Frankfurt weiter. Dort war die zweite entscheidende Stelle, wo es die Denkmalpläne zu fördern galt. Nicht nur der Bankier Bethmann, der Chef des Denkmalausschusses, war ihr hier bekannt und wohlgesinnt, auch ihr Schwager Guaita, der Gatte Melines, regierte als Erster Bürgermeister und setzte sich für ihre Sache ein, und überhaupt verfügte sie über so viele Beziehungen zu einflußreichen Persönlichkeiten, daß es fast eine Ehrensache war, ihr Modell öffentlich im Städelschen Kunstinstitut auszustellen und für das von einer Tochter der Stadt geschaffene Denkmalmodell zu werben. Am 16. Januar erschien in der Zeitschrift »Iris. Frankfurter Unterhaltungsblatt für Freunde des Schönen und Nützlichen« ein ausführlicher Aufsatz »Modell zu einer Bildsäule Goethes«, der sich auf den ausgestellten Entwurf bezog, für ihn Partei ergriff und mit folgendem gloriosen Ausblick schloß: »Sollte aber auch die Ausführung im Großen diesem Modelle nicht vorbehalten sein, so ist es schon für sich ein Denkmal, großartiger und edler gedacht als das meiste, was in unseren Tagen entstand; ein Werk, wie es nur die Liebe schaffen konnte, doppelt interessant und ehrenvoll für unsere Vaterstand durch die Hände, welche es bildeten. Und so glauben wir schließlich eine unseren Mitbürgern angenehme Nachricht auszusprechen, wenn wir ihnen sagen, daß es dazu bestimmt ist, auch künftig an einem passenden Orte ausgestellt zu bleiben.«

Damit war die Denkmalfrage zu einem Punkt vorangetrieben, wo eine Entscheidung fällig wurde. Sollte der Entwurf Rauchs, ein in antikem Sessel sitzender idealisierter Goethe, als Denkmal ausgeführt werden oder der Vorschlag Bettinas, der Olympier mit der Leier und der Psyche? Bethmann trat mit Rauch in Verbindung und erbat gleichsam ein sachverständiges Urteil darüber, ob Bettinas Studie bildhauerisch in großen Dimensionen zu verwirklichen sei. Der Meister äußerte sich negativ. »Die idyllische Darstellung Goethes, auf dem bilderreich verzierten, fast gotischen Sessel, mit dem Lorbeerkranz in der Rechten, in der Linken das tote Symbol der Leier haltend ..., mag in einem Gemälde oder Relief gelingen, ... aber als eigentliche ikonische Statue, welche die charakteristische Persönlichkeit des Darzustellenden verewigen soll, ist sie als solche durchaus nicht ausführbar ...« Und er bekräftigte diese Meinung noch einmal mit der eindeutigen Erklärung: »Nach dem Entwurf der Frau Bettina v. Arnim und des Herrn p. Wichmann kann ich es aber nicht unternehmen, da als ein rundes Skulpturwerk die Linien und Formen weder schön noch brauchbar sind und der Ausführung derselben im Marmor die größten Schwierigkeiten entgegenstehen.« Das war das Urteil eines strengen Klassizisten. Ein Barockbildhauer wie Permoser hätte darüber wahrscheinlich anders gedacht. Selbst die Berliner Bildhauer jener Tage äußerten unterschiedliche Meinungen. So berichtete Bettina am 7. März 1828 an Arnim von einem Gespräch mit dem Bildhauer Friedrich Tieck auf einer Abendgesellschaft: »Tieck war wie ein Ohrwürmchen gegen mich, setzte sich bei Tisch neben mich, flüsterte mir ins Ohr unter Erbittung der Diskretion: er sei bereit, Goethes Statue nach meiner Skizze zu machen ...« Die Frankfurter sowie Goethe entschieden sich jedoch für das leicht veränderte Modell Rauchs, und über das Vorhaben wurde nun ein Vertrag abgeschlossen. Ein heute verschollener Bronzeabguß davon war im Jahre 1825 auf der Berliner Kunstausstellung zu sehen. Da aber Bethmann, der Hauptmotor der Aktion, schon im folgenden Jahre starb und der Künstler durch andere Denkmalaufträge in den nächsten Jahren ausgefüllt war, verliefen all diese Bemühungen schließlich im Sand. Freilich nur was den Bildhauer Daniel Rauch und die Frankfurter Kunstfreunde anbetraf, nicht für Bettina.

Für den renommierten Bildhauer war das Ganze eine folgenlose Episode in einer an Höhepunkten reichen Künstlerlaufbahn. Bettina hatte das Werk aus innerer, unausweichlicher Notwendigkeit geschaffen. Dieser Entwurf war nicht nach einer ästhetischen Theorie entwickelt, sondern aus ihrem inneren Erlebnis heraus gebildet, war eine Umsetzung eigener Erfahrung und Möglichkeiten und bedeutete ein unsterbliches Denkmal ihrer Liebe. Noch ahnte sie nicht, daß dieses Gipsmodell sie durch all die Jahre und Jahrzehnte, die noch vor ihr lagen, immer wieder neu beschäftigen würde und daß sie einst in ihrer Todesstunde vor diesem Goethemonument aufgebahrt werden sollte als dem Altar, vor dem sie ein Leben lang geopfert und sich ihres Wertes und ihrer Macht vergewissert hatte.

18.
Krise der Lebensmitte

Bettina hatte nun die Vierzig überschritten. Das »gefährliche Alter«, die »Mitte des Lebens«, der Umschlag von der Reife zum beginnenden Herbst kündigte sich in ihren Überlegungen an. Seit Anfang Oktober 1826 wohnte sie in der Dorotheenstraße 31 neben den Artilleriegebäuden mit Blick auf einen großen Holzhof in Richtung Spree. An der Hinterfront lag ein Garten zur Straße Unter den Linden. Bettina meinte, daß die Wohnung »alle Bequemlichkeit vereinigt, die man wünschen kann«; freilich Arnim fand den Mietpreis wieder einmal viel zu hoch und stöhnte: »Gott weiß, welcher Fluch auf uns ruht, daß wir nie ein Quartier finden, welches unseren Vermögensumständen angemessen ist.«

Gegenüber solchen Klagen stellte sich Bettina taub. Sie dachte selbst in wirtschaftlichen Krisenzeiten nicht daran, das teure Wohnen in Berlin aufzugeben, obwohl sie ihre Existenz auch dort als ärmlich empfand, wenn sie den nicht ausgeschöpften

Reichtum ihrer Persönlichkeit und ihre unerfüllten Wünsche in Betracht zog. Zweifellos fühlte sie sich selbst in der Stadt unverstanden, und zwar mehr von Frauen als von Männern. Sie las ihrem Arnim tüchtig die Leviten und nannte ihn einen »dummen Peter«, als er sie ermahnte, doch nicht alle Freundinnen durch närrisches Betragen aus ihrem Kreis zu verscheuchen. »Vivat, daß ich keine Freundinnen mit in den Strom meines Geschickes führe, mögen diese Nymphen andere Ufer verschönern, vor mir können sie mit ihren Nacktärschgen ungelitten bleiben…«

Bettinas starke Bindung an die Gesetze ihrer eigenen Natur schloß von vornherein die Möglichkeit aus, sich den oberflächlichen Rhythmen der Berliner Restaurationsgeselligkeit anzupassen. Sie wußte zwar um ihre Isolierung: »…Meine Wohnung wird geflohen von alt und jung wie wenn die Pest darinnen wär« oder »sonst lebe ich wie in der Bastille, nur mit mehr Sorgen und Unbequemlichkeit wie die Gefangenen…« Aber andererseits nahm sie solches Ungemach auch wieder auf die leichte Schulter und behauptete: »Ich beklag mich durchaus nicht über mein Los; mit keinem besseren möcht ich tauschen, es wären doch nur scheinbare Vorteile.«

Strenggenommen gab es in Berlin überhaupt nur eine Frau, die sie als ebenbürtig anerkannte: Das war Rahel Levin, die nach ihrem Übertritt zum Christentum und ihrer Eheschließung mit dem Diplomaten August Varnhagen sich Friederike Varnhagen von Ense nannte. Im Freundeskreis und für die Nachwelt blieb sie die Rahel. Diese Frau war indes vierzehn Jahre älter, gehörte einer anderen Generation an und besaß andere geistige Voraussetzungen. Die Schauspielerin Karoline Bauer, die im Jahre 1824 siebzehnjährig an das Berliner Schauspielhaus kam, hat versucht, diesen Unterschied zu präzisieren. Sie schrieb in ihrem Erinnerungsbuch »Aus meinem Bühnenleben«: »Bettina war ganz ewig gärende Poesie, die mit dem Klärungsprozeß nie völlig fertig wird und immer am Gefäß haftet – Rahel ganz ewig gärende klärende Philosophie voll größter Selbständigkeit im Leben und Denken.« Von diesen Beobachtungen war zumindest so viel zutreffend, daß Rahel sich vor allem von einem kühlen Denken leiten ließ, während Bettinas Handeln von Impulsen, plötzlichen Intuitionen und imaginären Enthusiasmen bestimmt wurde. Auch das Auftreten beider im Salon unterschied sich nach Einstellung und Stil wie würdevoller Klassizismus und turbulente Romantik. Während Rahel in diesen späten Jahren zur etwas steifen Repräsentation neigte, improvisierte Bettina noch mit vierzig Jahren die wunderlichsten Szenen.

Aus diesen unterschiedlichen Veranlagungen mußten sich Spannungen ergeben. Aber Rahels zunehmende Toleranz und Bettinas allmählicher Übergang zu einer reiferen, mitunter resignierenden Haltung entspannte die Atmosphäre und ließ Kontakte und vorübergehendes freundliches Einvernehmen zu. Wie zwiespältig sich die Beziehung gestaltete, geht aus Bettinas Äußerungen gegenüber Arnim vom Juli 1827 hervor: »Die Varnhagen war noch den Tag vorher mit mir im Tiergarten, wo sie mich aus Freundschaft gegen meinen Willen räderte. Ihre Tränen flossen, da ich ihr sagte, daß ich dies Jahr zum erstenmal im Grünen wär, sie schimpfte Dich einen Barbar und wurde krank von beleidigter Empfindung, obschon ich ihr tausendmal wiederholte, daß ich durchaus keine Sehnsucht nach dem Tiergarten habe; einerlei, sagte sie, es zerreißt mir das Herz, daß Arnim nicht besser dafür gesorgt hat, Ihre Verbindung mit der Natur zu befestigen; sie nannte mich einen Engel und meine Schwangerschaft einen von bösen Geistern verzauberten Zustand, sie sagte mir, daß man mich auf Händen tragen müsse wegen meiner Erhabenheit und daß ich und sie ganz aus einem Guß seien. Nun, mein Schutzengel hat, Gott sei Dank, ... mich von dieser Liaison befreit.«

Wie sich die Kurve ihrer Sympathiegefühle bewegte, hing weitgehend von der Thematik ihrer Gespräche ab. Über Landschaftsempfinden mochte sich Bettina nicht von Rahel belehren lassen. Beim Umgang mit Kindern und im Austausch über Erziehungsfragen kamen sie sich schon viel näher. Rahel berichtet in einem Brief an Varnhagen über einen Besuch Bettinas Ende Januar 1829: »Liebender, vernünftiger habe ich sie nie gesehen. Aufwartend, leise, voller Einsicht... Nach drei Viertelstunden kamen die Kinder. Da war sie erst göttlich, ... betrug sich wie eine mythologische Bonne mit ihnen. Kurz, wir waren *darin ganz eins.* So müssen Menschen sein: so ist Freundschaft; Menschenliebe; Einsicht; geöffneter Sinn. Sie sagte auch sehr schöne Dinge: besonders aber einverstanden über Kinderbehandlung.« Der Höhepunkt der gegenseitigen Wertschätzung lag am Ende des Annäherungsprozesses dieser beiden Frauen, als Bettina im August 1831 das Bekenntnis ablegte: »Ich habe mich gestern bei dem unvermuteten Zusammentreffen mit Ihnen alles Guten erinnert, was mir durch Sie zuteil geworden. Außer allem Wohlwollen, aller Anerkenntnis, die ich Ihrer selbstverleugnenden Großmut zu danken habe, hat mich auch Ihre geistige Nähe immer zu tieferem Eingehen in die noch unmündigen Anlagen und Bestimmungen meines Wesens gereizt, und so habe ich Genuß und Vorteil durch Sie gehabt, der mir nicht leicht zu ersetzen ist.« Bettina und Rahel hatten sich endlich als Partnerinnen erkannt und gefunden. Diese erzielte Kommunikation und Solidarität wird auch durch die Tatsache bekräftigt, daß Bettina zu den wenigen Vertrauten gehörte, die die sterbende Rahel am Krankenlager besuchen durften. Sie hatte die Konsultation eines vorübergehend in Berlin anwesenden namhaften Homöopathen vermittelt. Bettinas letzter Dienst war die Meldung, daß der Arzt seine Abreise verschob, und Rahel nannte sie bei dieser Gelegenheit scherzend »minister of heaven«, einen vom Himmel gesandten Gehilfen.

Männlicher Gegenpol in dieser seltsamen Welt am Ende der zwanziger Jahre war der junge Professor Leopold Ranke. Sie hatte den jungen Historiker, der in Thüringen geboren und 1825 an die Universität Berlin berufen worden war, bei Varnhagens kennengelernt und zu sich geladen. Der Dreißigjährige, der sich damals noch nicht entschieden hatte, preußischer Hofhistoriograph und eine Säule des politischen Konservatismus zu werden, bestach sie durch seine umfassende Bildung und jugendliche Aufgeschlossenheit. Er übernahm vorübergehend die Funktion, die zuvor Freyberg und Wildermeth innegehabt hatten: ihr nach trüben Stunden der Niedergeschlagenheit Augenblicke zu schenken, in denen sie ihrer faszinierenden Wirkung als Inspiratorin, Prophetin und Botschafterin der Humanität inne ward. Welcher Art diese abendlichen Gespräche über Poesie, Kunst, Geschichte, religiöse und soziale Fragen waren, geht aus einem Brief hervor, den Ranke im Februar 1827 an seinen Bruder Heinrich schrieb. Dort heißt es: »Diese Frau hat den Instinkt einer Pythia: eine so strömende Beredsamkeit in bewegten oder geistigen Augenblicken ist mir noch nicht vorgekommen; wer wollte ihr aber alles glauben? Sie hat Anmut und Eigensinn, Liebenswürdigkeit und nicht; ich habe schon recht schöne Abende da gehabt, ich halte zuweilen bis zwölf aus, bis H. v. A. nach

Bettina, 1809

Gunda von Savigny, 1808

Achim von Arnim

Friedrich Carl von Savigny, 1809

Hause kommt.« Am 21. Oktober 1827 schrieb er aus Wien an Bettina: »Es ist nun ein Jahr, daß ich Sie kenne. In diesen Monat fällt der Tag, wo ich Sie zuerst, dunkel gekleidet, mit Ihrem schwarzen Haar, an das Sofakissen gelehnt, bei Varnhagen sah. Seitdem hatte ich manche freundliche Stunde bei Ihnen, obwohl Sie von so ganz anderer Art, Existenz, Bildung sind als so ein armer Exzerpierer, Dozent und Skribent wie ich...« Und an Varnhagen unterm 8. April 1828: »Dies verwunderungswürdige Geschöpf ist sozusagen in eine Mitleidenschaft der Natur gezogen, obwohl sie eigentlich einsam lebt. Sie tappt mit der Wünschelrute, mit ihren Gedanken, oft lange hin und her, bis sie einschlägt. Dann ist ihr Predigen ein Weissagen, und die Fülle des Lebens gebiert sich in ihr wieder. Dabei ist sie ein prächtiges Kind; ein Spielhänschen ohnegleichen: unartig, daß es eine Lust ist; gutgesinnt; in aller ihrer Misere unerschrocken.«

Bettina war damals auf solche Partnerschaft um so mehr angewiesen, als sie kurz zuvor – Ende August/Anfang September 1826 – zwei Wochen in Weimar gewesen war und, mit Goethe endlich versöhnt, viele Stunden im Haus am Frauenplan verbracht hatte, so daß sich in ihr das starke Bedürfnis regte, davon zu erzählen. Arnim war dafür nicht der richtige Partner. Er, der nüchterne Märker, nahm ihre enthusiastischen Berichte, in denen sich die Grenzen von Imaginärem und Wirklichem dauernd verwischten, kaum ernst. Als sie ihm von dieser Reise einen Myrtenzweig und Rosenknospen, wie sie angab, von der Gräfin Egloffstein, einen Lorbeerzweig von Goethe und einen Eichenzweig vom Herzog mitbrachte, schrieb er seinem Schwager Savigny: »... ich denke mir aber, daß sie es heimlich irgendwo abgeschnitten hat und diese Gabe den Leuten aufbürdet. Es ist dabei keine andre Beglaubigung als die Weimarische Tonerde, worin sie steckten, diese Zweige.« Sie brauchte gläubige Seelen, die an ihren Höhenflügen nach unerreichten Gipfeln Anteil nahmen und zugleich genügend Autorität besaßen, um ihre Darstellungen als objektive Wahrheit zu bestätigen. Wer sie als Pythia auf sich wirken ließ, war zum Proselyten ihrer Anhängerschar prädisponiert.

Ranke hat in seinen autobiographischen Aufzeichnungen »Zur eigenen Lebensgeschichte« deutlich ausgesprochen, daß damals »Frauen mit universaler Bildung« wie Bettina und Rahel großen Einfluß auf ihn ausübten. Aber auch er hat zumindest

Bettina innerlich weitergebracht, indem er für sie Anlaß zur Aussprache und zur Formulierung ihrer Eindrücke und Botschaften wurde. Viele ihrer Ideen, die sie später im Goethebuch niederlegte, hat sie schon damals in ihren Unterhaltungen und Gesprächen verausgabt. In einem Brief an seinen Freund, den Geographen Karl Ritter, äußerte Ranke am 28. 2. 1835 mit Hinblick auf das soeben erschienene Buch »Goethes Briefwechsel mit einem Kinde«: »... wenn Du es ansiehst und im dritten Band auf allgemeine Erörterungen stößest über Genius, Liebe, Schönheit und Kunst, so kannst Du dabei denken, daß dies eben die Träume oder Phantasien sind, welche ich im Jahre 26/27 so oft dort gehört habe. Dieses Buch ist die ganze Person, ebenso liebenswürdig, geistreich: aber ebenso bei allem Anspruch auf Unabsichtlichkeit doch absichtlich und in der Übertreibung nicht ohne Langeweile.«

Für Bettina erwiesen sich solche Begegnungen als Lichtpunkte in einer Phase des träumerischen und untätigen Trübsinns, der allgemeinen Niedergeschlagenheit und der Melancholie. Selbst das Weihnachtsfest 1826 ließ sich trostlos an. Sie saß am Bett des scharlachkranken neunjährigen Kühnemund. Die älteren Knaben hatte sie zum Vater nach Wiepersdorf geschickt. Die beiden kleinen Mädchen aber, die achtjährige Maxe und die zarte fünfjährige Armgart, spielten verlassen in ihrem Kinderzimmer. Bettinas Nerven waren damals angegriffen, so daß ihr immer grün und blau vor den Augen wurde. Zu Neujahr gestand sie ihrem Mann: »Manchmal befällt mich der Wahn, ich sei schwanger, und dann erfüllt mich eine unsägliche Angst, die ich gern mit einer andern Krankheit umtauschen möchte.« Aber es stellte sich heraus: es war kein Wahn.

Ein Fest bedeutete diese Aussicht auf spätes Kindergebären für Bettina nicht. Im Gegenteil, sie verabscheute ihre Lage, fühlte sich als Spielzeug dunkler Mächte. Am 23. März 1827 endete sie ihren Brief an Arnim mit der aufschlußreichen Formel: »Und somit alle Liebe und aller Segen und alles Glück, das Dir die Zigeunerin prophezeite mitsamt dem 7ten und *letzten* Kind, das trotz unserer Vorsicht nun die Wahrheit bekräftigt, über Dich!« Von Erbrechen und anderen Übelkeiten war sie damals mehr geplagt als sonst. Am 9. 6. 1827 meldete sie: »Die Kinder sind glücklich angekommen; grade an einem Tag und in einer Stunde, wo ich von Krankheit und Sorgen ganz erschöpft war.

So lange sie weg waren, war ich krank, ein Krampf im Unterleib, der mich Tag und Nacht alle 4tel Stunde auf den Nachtstuhl zwang, wobei ich falsche Wehen hatte, hat mich sehr mitgenommen.« Am 19. Juli heißt es: »Ich habe jetzt 8 bis 10 Tage an einem Krampf gelitten, der mir den Hals zuzog, daß ich durchaus nichts wie Flüssiges hinunterbrachte, das ich immer wieder von Minute zu Minute herausbrechen mußte.« Und am 4. August schrieb sie über ihren Zustand: »Du bist unschuldig und hast keinen Begriff von meinem Zustand, nirgends hab ich Ruh, kein Stuhl, kein Sofa, kein Bett ist mir bequem, gehen kann ich nicht, nachts bring ich teilweise sitzend auf meinem Bette zu, dann schlaf ich eine 4tel Stunde. Ich muß den ganzen Tag im Hemde gehen und einen Überrock darüber, weil ich durchaus kein Band vertragen kann, und so geht mir's denn ein bißchen übel.«

Ende August war schließlich die beklemmende letzte Prüfung überstanden. Arnim berichtete an Savigny, der sich damals mit seiner Familie in Italien aufhielt: »Den 30ten August morgens 8 Uhr hat meine Frau ein gesundes und sehr schönes Töchterlein, welches noch keinen Namen erhalten, an das Licht der Welt gesetzt. Hauk war Geburtshelfer, und der Himmel wird weiterhelfen. Meine Frau nahm ein Bad, um sich die falschen Wehen zu vertreiben, der Bediente war ausgeschickt, um den Geburtshelfer zu holen, da stand ich ganz allein bei der Wanne und dachte der Theorie einiger Mediziner, welche behauptet haben, daß der Mensch ein Fisch würde, wenn er unter Wasser könnte geboren werden, ehe sich die Lungen erschließen. Eine sehr kuriose Situation, auf dem Punkte zu stehen, der Stammvater eines Fischgeschlechtes menschlicher Art zu werden. Zum Glück kam die Wickelfrau, meine Frau kam gut hinaus, die Geburt hatte schon angefangen, die übrigens ohne falsche Wehen sehr regulär vor sich ging. So geht es nun auch mit Gottes Hilfe bis heute recht gut, auch sieht meine Frau wohler aus, hat Milch, so daß sie selbst stillen kann.« Die Tochter erhielt den Namen Gisela.

Die neue Mutterschaft änderte an Bettinas negativer Grundstimmung wenig. In ihren Augen war damit der Verfallstermin günstigsten Falles hinausgezögert, und von der Begeisterung anderer Frauen, Werkzeug des Lebens zu sein, hielt sie nicht viel. Sie hatte höhere Wünsche in sich getragen, und von denen mußte sie nun befürchten, daß sie nie mehr verwirklicht wurden. In ihrem Leben, wie es sich entwickelt hatte, sah sie keine Perspektive. Mit Stoizismus wappnete sie sich, um dem Ende entgegenzuharren. Im Dezember 1827 schilderte sie Arnim die Trostlosigkeit ihrer Lage: »Mahne mich nicht mehr zur Sparsamkeit, ich gehe täglich nach dem Herde, nehme das überflüssige Holz zurück, lehre die Leute, wie man wenig Holz bei dem Einheizen braucht. Ich trage nur Schwarz, auch keine Mützen, um die Wäsche nicht zu vermehren, trage jetzt einen 6 Jahre alten Winterhut; ich habe keinen warmen Mantel und lasse mir auch keinen machen, gehe nicht ins Konzert und Oper, obschon Musik mein einziger Lebensgenuß ist, kurz, ich weiß keinen Artikel, der mich anklagte; aber Hemden muß ich für die Kinder kaufen. Gott hat mir das Glück geschenkt, daß ich mir mit dem Stift, mit dem ich schreibe, am Zeichenbrett manchmal die Grillen vertreibe; sonst lebe ich wie in der Bastille ...«

Selbst an gesellschaftlichen Ereignissen wie den Vorlesungen August Wilhelm Schlegels über die Theorie und Geschichte der bildenden Künste und Alexander von Humboldts Vorträgen über die Grundzüge seines Hauptwerks »Der Kosmos« nahm sie aus Gründen der Sparsamkeit, aber auch aus mangelndem inneren Schwung nicht teil.

Auch politische Signale wie die Pariser Julirevolution von 1830 und ihre Auswirkungen auf Deutschland, die die Herzen der oppositionell gesinnten Jugend begeisterte, blieben ohne Wirkung auf sie. Das mochte damit zusammenhängen, daß Arnim und Savigny der Überzeugung waren, Preußen sei durch die Reformmaßnahmen nach dem Zusammenbruch von 1806 gegen revolutionäre Unruhen »geimpft« und Veränderungen wären wenig wahrscheinlich. Als Bettina Anfang August zu ihren Verwandten nach Frankfurt reiste, wurde sie indes selbst von ihrem Mann beneidet, daß sie »alle Ereignisse in Frankreich so viel früher, vielleicht sogar von Augenzeugen« erfuhr.

Unterwegs machte sie zunächst in Weimar, dann in Brükkenau, südlich Fulda an der Postroute nach Frankfurt, Station, wo sich der bayrische König Ludwig I. zur Kur aufhielt, jener Fürst, der mit dem bürgerlichen Patriotismus kokettierte und dem sie, als er noch Kronprinz war, im Jahre 1808 in München auf einem Ball begegnet war. Der König empfing sie, wie sie es sich immer gewünscht hatte, fast wie eine Souveränin und war von ihr entzückt. So dehnte sich der Aufenthalt im kleinen fränkischen Kurort auf acht Tage aus. Als sie endlich bei ihren Verwandten ankam, fand sie dort eine entmutigende Situation. Der älteste Sohn ihres Bruders Georg war soeben gestorben, und ihre eigene Tochter Maxe lag mit Typhus zu Bett. Die Reise, die als Badekur geplant war und in Brückenau so verheißungsvoll begonnen hatte, führte auf den Weg der Begräbniszeremonie und endete in der tristen Lage als Krankenpflegerin. Außerdem hatte der Besuch noch andere peinliche Seiten. Offenbar zerstritt man sich bei der Beurteilung der politischen Ereignisse. Bettina, die sonst nur idealisierte Berichte über ihre Verwandten zu geben pflegte, wurde diesmal kritisch und bitter: »In unserer Familie ist ein unseliger Stiefel (denn Geist ist es nicht) von Nichtigkeit eingerissen, keiner denkt, keiner weiß, keiner hat ein Bedürfnis zu wissen, was in der Welt vorgeht; sie halten die Freie Reichsstadt für den Mittelpunkt, ja für die Weltkugel selbst, und alles übrige für Staub und Dunst; wenn man den alten Georg über den König von Preußen hört, wie er durchführt, daß er von jeher sich zum lutherischen Papst habe wollen krönen lassen, wenn man sieht, welche Schwiergersöhne der alte Franz für seine Tochter auswählt und welche er ausschlägt, so meint man wirklich, sie wären beide Narren...« Bei ihrem Bruder Clemens stellte sie politische Meinungen fest, »die natürlich ganz jesuitisch sind«. Die Schwägerin Toni verbitterte ihren heiratsfähigen Töchtern das Leben im Haus »durch üblen Humor, durch Ohrfeigen, durch Entziehung aller Erheiterungen«. Ihr mißratener Sohn Georg trieb die Frechheit so weit, »daß er seinen eigenen Vater in öffentlicher Gesellschaft zum Gespött macht«. Sie fühlte sich diesmal in Frankfurt und Rödelheim fremd. Selbst ein Zusammentreffen mit dem inzwischen ultramontan gewordenen Görres, dem Freund ihres Mannes aus Heidelberger Tagen, vermochte nur zwiespältige Gefühle und gutmütige Ironie zu wecken. Görres aber schilderte die Begegnung in einem Brief an Arnim folgendermaßen: »Seltsam genug, daß ich der Bettine in so vielen Jahren nie begegnet...; es war inzwischen frühe genug, um das schöne, große, unverfälschte Naturell in ihr zu erkennen und die große Wahrheit in ihrem Innersten. Das ist freilich mit allerlei kuriosen Circumflexen umwachsen, sie hat doch das alles indessen so künstlich zusammengeflochten und allerlei Arabesken eingebogen, daß man es als ihren Garten betrachten muß, in dem sie als Gärtnerin wohnt und die absonderliche Plantage hütet. Der Irrgarten ist so gut komponiert und so künstlich ineinandergeschlungen wie ihre Zeichnung zum Oktoberfest, die mich durch ihre ungemeine Lieblichkeit, Anmut, Unschuld und Schönheit ungemein erfreut und dieselbe Wirkung bei allen hervorgebracht, die sie hier gesehen ...«

Auch mit Marianne von Willemer traf sie zusammen, die darüber an Goethe schrieb: »Bettina Brentano war hier und brachte durch eine wirklich geniale Zeichnung, die sie dem König von Bayern bestimmte, unsre kleine Künstlerwelt in Verwirrung. Jeder mochte wohl fühlen, daß er nicht imstande sei, etwas Ähnliches zu machen; die Komposition ist ganz herrlich. Versäumen Sie nicht, sie bei Bettinens Durchreise sich zeigen zu lassen; ich bin überzeugt, Sie lassen ihr Gerechtigkeit widerfahren.«

Das alles bedeutete Bettina nicht viel. Trotzdem dehnte sich der Aufenthalt wegen Maxes Erkrankung auf ein Vierteljahr aus. Gute Erinnerungen nahm sie nur von ihrem Besuch auf Gut Neuhof bei Gießen mit, wo ihre Nichte Clödchen seit 1826 mit ihrem Gatten Georg Firnhaber v. Eberstein lebte. Als sie Anfang November auf der Rückreise abermals durch Weimar kam, wurde sie ähnlich wie drei Monate zuvor von Goethe nicht empfangen. Sie ließ aber ihre Zeichnungen, die sie durch Marianne von Willemer hatte ankündigen lassen, mit einem Begleitschreiben dem Dichter zur Ansicht zugehen. Durch eine Klatscherei über die Schwiegertochter Ottilie hatte sie sich von neuem seinen Zorn zugezogen, und es gelang ihr diesmal nicht, ihn zu beschwichtigen. Am 4. November traf sie bei anbrechender Nacht in Wittenberg ein. Da sich dort kein Wagen vorfand, der sie in Richtung Wiepersdorf gebracht hätte, entschloß sie sich, sofort nach Berlin zu ihren Kindern weiterzufahren. Arnim, den sie davon schriftlich verständigte, schickte ein Fuhrwerk mit Lebensmitteln und bat, »Töpfe, Fässer, insbesondere Beutel und Säcke mit dem Wagen zurückzuschicken, besonders die Säcke, denn diese bleiben immer in Berlin, so daß wir uns zum Einpacken nicht zu helfen wissen!«

Das »gefährliche Jahr« mit politischen Unruhen auch in Deutschland, schlechter Ernte, Krankheiten, Mißerfolgen mancher Art und wenig Ermunterungen neigte sich seinem Ende zu.

Arnim tröstete: »Die goldene Zeit soll nun kommen!« Ende November fuhr er für drei Wochen nach Berlin. Befriedigung schaffte auch das nicht. Gattin, Mutter, Hausfrau, eine unter Millionen anderen Frauen zu sein, hielt Bettina für eine nichtssagende Aufgabe, ebenso fade wie die Sorge ihres Mannes um den Unterhalt ihres gemeinsamen Lebens. Sie erwartete von ihm ihre Romantisierung und bemühte sich, Arnim zu idealisieren, so wie sie Goethe vergöttert hatte. Gerade dieses Bemühen konnte Arnim nicht ausstehen, mußte es immer wieder auflösen, relativieren, zerstören. So wurde jedes Zusammensein zu einer Enttäuschung, zumal Bettina in der alltäglichen Lebenspraxis manchen Anlaß zu Tadel gab, ganz gleich, ob es sich um Streit mit den Hausbewohnern, Zwist mit den Dienstboten oder um ihre etwas nachlässige Wirtschaftsführung handelte. Sie flüchtete sich in den Zeitvertreib der Malerei, er in die Freuden des Landlebens.

Wie so oft in den letzten Jahren wurde das Weihnachtsfest wieder nicht gemeinsam verlebt. Die Hasenjagd und die Getreideverkäufe in Wiepersdorf gingen vor. Zum Jahresausgang tanzte er sogar noch eine Polonaise in Dahme. Für den 7. Januar stand dann auf seinem Plan, in die Stadt zu kommen. Schmerzen im Knie und im Fuß hinderten ihn an der Reise. Seit langem litt er ja schon an Gichtschmerzen und hatte wiederholt durch Kuren in den Bädern von Aachen und Karlsbad Linderung gesucht. Der neue Anfall erschien nur Bettina bedenklich. »Mir ist Dein Bleistiftschreiben kein beruhigendes Zeichen«, schrieb sie am 18. Januar.

Drei Tage später starb er in seinem Landhaus plötzlich und schmerzlos an einem Schlaganfall. Savigny berichtet, daß die Nachricht bei Bettina »den heftigsten Ausbruch des Schmerzes« hervorrief. Bald aber hat sie sich gefaßt, wie ihr Brief an die Brüder Grimm vom 1. Februar belegt. Sie begann, den so plötzlich Davongegangenen zum glorreichen Halbgott zu stilisieren. »Der göttliche Meister hat ein Kunstwerk aus seinem Lebenslauf gebildet, und sein schöner Geist reifte ihm ungestört entgegen, und es erwuchsen ihm Flügel infolge seiner Reife, und so ist er seinem Schöpfer entgegengeflogen, ohne Schmerz, ohne Abschiedswehmut, leicht wie ein Kind, das der Vater von der Erde aufnimmt, um es zu küssen. Bedauert mich nicht, Ihr lieben Brüder, ich bin sein Weib und habe seine Kinder unter dem

Herzen getragen, es ist sehr viel Schönes in diesen Kindern, ich soll noch eine Weile mit diesen Kindern sein, und diese Prüfung meiner Liebe soll mich ihm neu vermählen.«

Ranke aber, der eine Wohnung im Haus der Arnims bezogen hatte, faßte seine Beobachtungen über Bettina in dem Satz zusammen: »Ich habe sie auf einer neuen Stufe der Entwicklung angetroffen.«

DRITTER TEIL

Die Schriftstellerin

19.
Ein neuer Anfang

Das Bild des Todes und die Plötzlichkeit der Nachricht erschütterten Bettina beim Verlust ihres Gatten sehr. Sie lebten jedoch schon zu lange im täglichen Dasein getrennt, als daß ein Trennungsschmerz und das Gefühl einer Leere hätte entstehen können. In dem bereits zitierten Brief an die Brüder Grimm entwickelte sie das aufschlußreiche Bild, daß sie sich wie eine Braut fühlte, deren Freund erst noch andere Welten durchzieht, bis er sich mit ihr wieder vereinigt. Gelassen trug sie ihre Trauer. Die Kinder setzten ihre Ausbildung fort. Savigny hatte die Vormundschaft übernommen. Wiepersdorf wurde verpachtet. Wilhelm Grimm übertrug sie die Aufgabe, den literarischen Nachlaß des Verstorbenen herauszugeben. Neue Ziele faßte sie zunächst noch nicht ins Auge. Ein erster Schritt in die Zukunft zu einer wirklich ernsthaften Betätigung eröffnete sich jedoch im Sommer 1831, als die Epidemie der Cholera Berlin erreichte und Entsetzen verbreitete.

Diese Choleraepidemie, die damals von Indien aus über Rußland nach Westeuropa wanderte, traf auch in Deutschland auf die zeittypischen mangelhaften hygienischen Zustände und ein völlig unzureichendes medizinisches Wissen. Die Krankheit war in Europa unbekannt, und man begegnete ihr mit den abenteuerlichsten Erklärungen. So behauptete Echtermeyer, der Herausgeber der »Halleschen Jahrbücher«, die Cholera sei eine barbarische Krankheit, die an den deutschen Grenzen von selbst haltmachen werde, während die Pietisten in ihr eine »Gottesgeißel« begrüßten, die nur die »Sünder« und »Ungläubigen« schlagen könne. Die Gesundheitspolizei aber, von Kopf bis Fuß in schwarzes Wachstuch gehüllt, die die infizierten Häuser abzusperren versuchte und Quarantänestationen errichtete, war völlig überfordert. Wer abreisen konnte, floh. Auch Bettina schickte ihre Kinder zu den Verwandten nach Frankfurt. Sie aber blieb und organisierte bürgerliche Wohltätigkeit und Selbsthilfe im Geiste jener Reformer um den Freiherrn vom Stein nach der Katastrophe von 1806, um dem schrecklichen Geschehen entgegenzutreten.

Wir erfahren darüber Konkretes aus Aufzeichnungen, die sie im Jahre 1847 aus Anlaß ihres Magistratsprozesses anfertigte. Zunächst organisierte sie zusammen mit anderen Frauen Geldsammlungen für das vorgesehene Hilfswerk. Es müssen bedeutende Summen gestiftet worden sein, denn alsbald mischte sich die behördliche Armenverwaltung ein, die der Ansicht war, daß so bedeutende finanzielle Mittel nicht nach individuellem Belieben verwendet werden dürften.

Obwohl die Seuche zwischen Armen und Reichen nicht unterschied, wurden naturgemäß die unhygienischen Wohnungen der völlig unbemittelten Schichten am stärksten heimgesucht. Das hatte Bettinas gesunder Menschenverstand rasch erkannt, und so beschränkte sie sich nicht auf die Bekämpfung der Seuche, sondern kümmerte sich auch um die sozialen Verhältnisse der Kranken. Sie entdeckte die Begleiterscheinung des »schlechten Milieus«, der Slums, und die Notwendigkeit einer sozialen Fürsorgeunterstützung. Bettina war eine Anhängerin der Naturheilkunde, der Homöopathie und des Heilmagnetismus, um die damals ein heftiger Meinungsstreit geführt wurde. Aber ihr ging es nicht um diese oder jene Behandlungsmethoden, um »romantische« oder »empiristische« Medizin, sondern um das für beide Richtungen verbindliche Primat des sozialen Milieus, das als besonders »feuchte Stelle« der Seuche bekämpft werden mußte.

Da der Erreger dieser Infektionskrankheit wissenschaftlich nicht erkannt war, beschränkte man sich im allgemeinen auf die vorbeugende Therapie. Der Handel mit tausend Wundermitteln, die helfen sollten, blühte. In den wohlhabenden Häusern pflegte man das Räuchern mit Chlordämpfen. Leopold Ranke schrieb an den Dichter Platen, daß es ein seltsamer Zustand sei, wenn das Dienstmädchen einen mit dem Rauchfaß umwandelt. Bettina nennt Belladonna. In ihren Notizen, die, weil sie für die Presse gedacht waren, das Stilmittel der Verfremdung in die dritte Person benutzen, heißt es: »Es war im Jahr der Cholera, wo sie zum ersten Mal, und zwar ohne Vorbedacht, mit den verschiedenen Gilden hiesiger Stadt in Berührung kam; dies geschah auf so natürlichem Weg, daß sie gar nicht den bisher so beschränkten Kreis, worin sie sich bis dahin bewegt hatte, verlassen zu haben meinte, als die Proletarier der ganzen Stadt, von dem verehrlichen Müllergewerk an durch alle Farben hindurch bis zu dem der Schornsteinfeger, morgens vor Sonnenaufgang schon ihre Türe belagerten, um das wohltätige Mittel der Homöopathie, Belladonna, als Vorbeugungsmittel gegen die Cholera sich zu holen. Wie man auch von dieser Heilmethode noch heute urteilen mag, so mag wohl die Sicherheit, mit welcher dieses Mittel von ihr verteilt worden ist, und zugleich die Bedingungen, unter welchen dieses allein wirksam sein konnte, nämlich der Mäßigkeit in allen Beziehungen, nicht wenig zur Gesundheit und zur Beschwichtigung der aufgeregten Gemüter beigetragen haben; wie dies auch daher zu entnehmen ist, daß nach dieser Schreckenszeit verschiedene dieser Gilden ihr eine Deputation schickten mit Danksagungen, weil kein einziger von ihnen von der furchtbaren und mehr noch gefürchteten Krankheit befallen worden war!«

Da Bettina keine Medizinerin war, bleibt zu vermuten, daß sie sich bei ihren gesundheitlichen Maßnahmen von ihrem Hausarzt, Prof. Karl Wolfart, beraten ließ, der aus Hanau, ihrer engeren Heimat, stammte und mit der Günderode befreundet gewesen war. Er wurde zu einem begeisterten Anhänger Mesmers und erhielt in Berlin ein Ordinariat für Heilmagnetismus. Auch eine Mesmersche Armenklinik rief er ins Leben und verfaßte selbst eine Schrift über »Heilmittel wider die Indische Seuche Cholera«. Er zählte zu den beliebtesten Vertretern aus dem Kreis der romantischen Medizin. Da das Atropin der Tollkirsche (Belladonna) auf das vegetative Nervensystem wirkt, das die Verdauung steuert, wird es sich als Vorbeugungsmittel gegen Durchfall bewährt haben.

Wichtiger als vorbeugende Medikamente waren durchgreifende Fürsorgemaßnahmen in Hinsicht auf Kleidung, Nachtlager und Nahrung der Armen. In ihren Aufzeichnungen von 1847 berichtet Bettina: »Sie übernahm den Einkauf und die Beschaffung der Sache... Der Schuhmarkt in der Klosterstraße, eben im Einpacken begriffen; in Begleitung einer Dame (Fräulein Klein, Malerin) fragte sie bei der ersten Boutique, ob man ihr sämtliches Schuhwerk Paar für Paar zu 6 Sgr für die Armen überlassen wolle? – der Handel war gleich abgeschlossen, es wurden Stangen vom Stand genommen, es fanden sich Knaben, die auf ihren Schultern die Schuhe aneinander hängend wie die Männer von Kanaan die ungeheure Traube vor ihr her trugen; so ging's von Stand zu Stand, bis der ganze Markt aufgekauft war, keiner wehrte sich, sie zu diesem Preis für die Armen zu lassen! Bald war ein Wagen damit beladen, es war Nacht geworden, beide Damen, ermüdet, bestiegen den Wagen und fuhren triumphierend über diese gelungne Spekulation ins Hôtel de Savigny ein, ins Magazin für die fertigen Sachen.«

Selbst mit diesen Massenaufkäufen trat Bettina nicht aus der traditionell weiblichen Sphäre heraus. Einholen auf dem Markt und in den Läden gehörte von jeher zu den Tageshöhepunkten vieler Hausfrauen. In allen merkantilen Zivilisationen galt im Verhältnis von Verkäuferin und Käuferin der Kampf und die List. Die beste Ware zum niedrigsten Preis zu beschaffen war stets ein Triumph der Tüchtigkeit, mit der die Frauen bescheiden in den Lauf der Welt eingriffen. Aber die Ereignisse rissen Bettina über die Grenzen dieser Hausfrauenbetätigung hinaus. Sie berichtet, wie sie wegen ihrer Preisdrückerei vor die Zunft der Schuhmacher geladen wurde, wo man ihr offiziell bekanntgab, daß der von ihr vorgeschlagene Macherlohn von 3, 4 und 6 Sgr nicht angenommen werden könne. In Verfolgung ihres Ziels wurde sie aktiver, zeigte aggressive Kühnheit und stellte sich auf sich selbst. In ihren Erinnerungsnotizen fährt sie fort: »Sie verfügte sich am Arm eines in ihrem Hause wohnenden herabgekommenen Schuhmachers in eine große Lederhandlung in der Wallstraße, wo sie von diesen Herren das beste, dauerhafteste Leder zu billigen Preisen erhielt, sie schickte auf die Herberge, ließ alle fremden arbeitslosen Gesellen, welche damals nicht über 24 Stunden in der Stadt weilen durften, auffordern, sich Arbeit bei ihr zu holen, teilte diesen die von dem obengenannten Schuhmacher zugeschnittenen Schuhe aus und erhielt so dies dauerhafteste Schuhwerk. Es gelang ihr in allen Unternehmungen, namentlich bei den Juden im Leinwandhandel, wo sie immer den gesamten Vorrat aufkaufte. Bald war die Bekleidung beider Geschlechter von Kindern und Eltern vollständig besorgt: ihre Wohnung war in eine kleine Fabrikstadt umgewandelt, in welcher die Gewerke Tag und Nacht ununterbrochen fortgingen.«

Bei diesen Hilfsaktionen wurde sie nach eigener Aussage von dem Theologen Schleiermacher lebhaft unterstützt. Diesen kleinen, etwas verwachsenen Mann mit dem weißen langen Haar und dem strengen Blick, der damals der berühmteste Kanzelredner Berlins war und dessen verschwommene Frömmigkeit höchst sympathievoll mit ihren eigenen religiösen Anschauungen korrespondierte, überhäuften die Armen mit Briefen, in denen sie ihre verzweiflungsvolle Lage schilderten. Seit dem Tode Arnims war Bettina fast täglich Gast in seiner Wohnung, saß auf dem Boden oder auf einem Schemel und teilte ihm ihre Kümmernisse und Gedanken mit. Sie gestand: »Mein Verhältnis zu ihm war so: In seiner Nähe fühlte ich meinen Geist aufgeregt zur genialsten Erkenntnis, und das war mir die höchste Lust, und das danke ich ihm, daß ich einen Fortschritt gemacht habe in der Bekanntschaft mit mir selbst.« Aus diesem täglichen Zusammensein mußte sich das Zusammenwirken in der Armenpflege wie selbstverständlich ergeben. Schleiermacher versah sie mit den Namen und Adressen, und Bettina wanderte in die Elendsquartiere des Berliner Nordens, teilte Lebensmittel und Kleidung aus oder vergab Lohnarbeit an die hilfsbedürftigen Proletarier und arbeitslosen Handwerker. Es wäre jedoch unangemessen, wegen der Mithilfe Schleiermachers bei Bettinas Aktivitäten den christlichen Akzent überzubetonen. Sie leistete ihre tätige Hilfe nicht aus religiösen Motiven etwa im Sinne christlicher »innerer Mission«, sondern sie sah darin eine humane Verpflichtung und entwickelte eine vernunftgemäße Bürgerinitiative in einem sozialen Notstand, die sich aus dem Ideal von der selbsttätigen Mitarbeit des Volkes in Staat und Gesellschaft ableitete.

Aber Bettina lernte damals nicht nur die reale Armut kennen und den Eigennutz der Zunftbürger, sondern auch das Zweifelhafte einer kirchlich-magistralen Wohltätigkeit, die mit frühkapitalistischen Mitteln ihre »Sozialhilfe« betrieb. Sie berichtet: »Schleiermacher hatte vorgeschlagen, den Ankauf der wollnen Decken bei dem Stadtrat Pr. in der Fr. Straße zu machen, der eine große Niederlage von dieser Ware habe und der ein ganz trefflicher Berater für die Armen sei… Als sie aber in dieser Niederlage nach der genannten Ware verlangte, so wurde ihr gesagt, es sei keine mehr vorhanden und der Cholera wegen alles aufgekauft, man versprach jedoch mehrere Hunderte noch zu schaffen zu so ungeheurem Preis, daß sie ohne weiteres sich zur Tür wendete. Der Stadtrat ging ihr nach und beteuerte, sie werde diese Decken nirgend mehr finden, sie seien in der ganzen Gegend aufgekauft! – Sie trappelte mit den Füßen und sagte: Sie schüttle den Staub von ihren Schuhen, denn sie sei nicht in das Haus eines rechtlichen Mannes, sondern in eine Mördergrube gefallen, eines Wucherers, der sich an den Wohltaten der Armen bereichern wolle! ... Später wurde ihr die Fa. Wollenmanufaktur auf dem Georgenkirchhof empfohlen, sie fand dort keine wollne Decke, kaufte jedoch den ganzen Vorrat an farbigen Wollen zu Kleidern. Was ist in jenen Ballen, fragte sie, die schon im Vorhaus lagen, um sie zu verladen? Das sind alle wollne Decken unsers gesamten Lagers, sie sind bestellt von dem Stadtrat P. – Diese wollnen Decken gehören für die Armen, bezahlte sie zum Fabrikpreis und ließ sie sogleich noch auf den Wagen zu den andern Waren laden.«

Selbstverständlich war ein solches Verhalten für Bettina keineswegs. In ungewöhnlichen, ihr befremdlichen Situationen wußte sie ihr Temperament oft in Geduld und Zurückhaltung zu zügeln. Instinktiv spürte sie, daß sie mit ihrer Solidaritätsaktion für die Armen aus der Sphäre der reinen Privatinteressen in die Öffentlichkeit getreten war und sich den Praktiken der Gesellschaft anpassen mußte. Sie war gezwungen, in einer konkreten gesellschaftlichen Welt zu handeln, und tat, was ihr objektiv möglich schien, wobei sie ihre Umwelt klar erfaßte und eine besonnene Aktivität an den Tag legte. Sie war dabei weit entfernt, für die von ihr aufgedeckten Zustände die bestehenden gesellschaftlichen Verhältnisse verantwortlich zu machen. Sie erklärte sich die niederträchtigen Geldinteressen noch aus dem guten oder schlechten Willen der handelnden Personen. Diese neue Lebensaufgabe forderte von ihr den totalen Einsatz ihrer Persönlichkeit, aber als sich mit dem Ende des Jahres 1831 die Choleraseuche unter Hinterlassung von eintausendfünfhundert Opfern verzog, sah sie ihre Mission als erfüllt an. Auf der Bahn der freien Wohlfahrtspflege und Sozialfürsorge fortzufahren wäre nicht unmöglich gewesen. Amalie Sieveking begründete eben zu jener Zeit in Hamburg ihren Verein für Armen- und Krankenpflege, der das Muster für viele derartige Organisationen wurde. Ein solches Vorhaben lag Bettina jedoch fern. Zur Krankenschwester fühlte sie sich nicht berufen. Sie wollte Bedeutenderes und Ruhmvolleres für die Menschheit leisten. Mehr oder minder klar fühlte sie, daß ihrer Aktivität andere

Betätigungsfelder bestimmt waren und sie sich auf andere Weise verwirklichen mußte. Ihre Hilfe bei der Choleraepidemie blieb Episode. Sie hatte viel Gutes gewirkt und Erfahrungen gesammelt, auf die sie später in sozialen Kämpfen ganz anderer Art zurückgreifen konnte.

20.
Unterwegs zu Pückler

In dem Trauerjahr, das zugleich das Cholerajahr war, stellte sich heraus, daß die Witwe Achim von Arnims mit den sieben erblühenden Kindern vor allem zwei dringende Probleme zu lösen hatte: ein persönliches, den Kreis ihrer inneren Entwicklung nicht einzuschränken, sondern die in ihrer Natur angelegten Möglichkeiten nun zu verwirklichen, und ein familiäres, den Söhnen und Töchtern eine ihnen gemäße Ausbildung zu geben. Maximiliane und Armgart lebten seit Oktober 1829 in Frankfurt am Main im Hause ihres Onkels Georg Brentano und erhielten dort eine städtisch-großbürgerliche Erziehung. Die ältesten Söhne waren bereits entscheidend vom Vater geprägt und auf ihrem Wege viel zu weit vorangeschritten, um noch eine korrigierende Weichenstellung sinnvoll erscheinen zu lassen.

Freimund war als Erbe des Bärwalder Fideikommiß eingesetzt und mußte demzufolge die Landwirtschaft erlernen. Der zweitälteste Sohn, der achtzehnjährige Siegmund, wurde für die Diplomatenlaufbahn bestimmt und sollte wie einst sein Vater nach Abschluß seiner Schulausbildung auf eine größere Bildungsreise gehen, deren Ziel Paris war; nicht das »Mekka der Liberalen«, wie es damals Heinrich Heine nannte, sondern das »Foyer der europäischen Gesellschaft«, die Stadt der höchsten Eleganz, der feinsten Geselligkeit, der reichsten Museen, der berühmtesten Theater, der »Raritäten-Boutiquen«, wo sich neben Aristokraten des Ancien régime, gemäßigten und forschen Liberalen auch noch Großwürdenträger des Kaiserreichs und Jesuiten der Restauration tummelten. Der höhere Diplomat wurde – nach der Redeweise der Salons – weniger auf Schulen als im Leben ausgebildet, und die faszinierende Welt von Paris schien dafür der rechte Ort.

Diesen Plan mochte ihm sein Onkel Savigny empfohlen haben. Für Bettina war wichtiger, daß Siegmund auf dieser Reise in Weimar Station machte und sich Goethe vorstellte. Zu diesem Zweck schrieb sie jenen Empfehlungsbrief vom 8. März 1832, mit dem sie noch einmal »alte Zeiten« in Erinnerung rief, die inspirierende Kraft seiner ewig jungen Dichtung beschwor und um Vergessen aller Verdrießlichkeiten bat. Der junge Arnim wurde von dem dreiundachtzigjährigen Dichter mit Sympathie und Auszeichnung empfangen. Vom 10. bis 15. März war er täglich zu Tisch geladen, und nach dem Zeugnis Eckermanns war er »der letzte Fremde, den Goethe gastfreundlich bei sich bewirtete«. Bei der Verabschiedung schrieb er ihm die Verse ins Stammbuch:

»Ein jeder kehre vor seiner Tür,
Und rein ist jedes Stadtquartier;
Ein jener übe seine Lektion,
So wird es gut im Rate stohn.«

Es war nach Aussage desselben Chronisten »das Letzte, was er geschrieben«. Eine Woche später endete Goethes Erdenbahn.

Wie Bettina die Todesbotschaft empfing und wie sie darauf reagierte, ist für sie und das Empfinden der Epoche charakteristisch. Sie hatte in einer Berliner Abendgesellschaft erzählt, wie sie durch einen Brief, den sie gerade geschrieben, des Dichters Liebe wieder zu gewinnen hoffe. Als sie um Mitternacht in ihre Wohnung zurückkehrte, fand sie die Zeitungsnachricht von dem Weimarer Ereignis vor. Ihr ältester Sohn hatte sie rot angestrichen und ihr aufs Bett gelegt. Sie empfand diese Nachricht nicht als etwas Trauriges, sondern eher als etwas Glorreiches. »Auferstanden von den Toten, aufgefahren gegen Himmel, allwo er wiedererkennen wird die Freunde, deren Seelenspeise er bleiben wird ...«, schrieb sie an den Weimarer Kanzler von Müller. Ein säkularisierter Unsterblichkeitsglauben, der die Persönlichkeit erhöht und erhabeneren Sphären zuträgt, wie er sich schon beim Abschied von Arnim äußerte, begründete diese mystischen Vorstellungen von Tod und Sterben. Sie bezeugen aber auch zugleich ihren ethischen Ernst, indem sie an einen Auftrag gebunden sind. »Mir ist es nun«, schrieb sie in dem erwähnten Brief, »Aufgabe, mich so dicht an ihn zu halten, daß kein anderes Ereignis ein höheres Recht an mich behaupte und daß alles, was ich im Leben aufnehme, meiner Beziehung zu Ihm Nahrung werde, so wird sich das Beständige der irdischen Tage auch für den ewigen Bestand meiner Liebe und seines Segens verbürgen.« Dieses Bekenntnis umschrieb in aller Kürze die Grundhaltung, aus der die Arbeit an ihrem Goethebuch aufgenommen werden sollte. Sie wandte sich an den Weimarer Kanzler, um die Rückgabe ihrer an Goethe gerichteten Briefe zu erwirken.

So deutlich sie sich die Aufgabe vor Augen führte, so unsicher war sie in ihrem Gefühl, wie sie das Vorhaben anpacken sollte. Das Rohmaterial der Briefe ergab noch kein Buch, das Lesermassen begeistern konnte. Daß mit der Briefform Erfolge zu erzielen waren, hatte soeben das Reisebuch des Fürsten Hermann von Pückler-Muskau unter dem Titel »Briefe eines Verstorbenen« gezeigt. Orientiert an Heines »Reisebildern«, schilderte der Autor in ausführlichen Briefen an seine Frau Eindrücke vom englischen Leben der zwanziger Jahre des 19. Jahrhunderts. Mit journalistischem Talent und artistischer Fertigkeit, freilich oft auch mit snobistischem Getue vermittelte ein Enfant terrible der aristokratischen Gesellschaft dem staunenden Biedermeierbürger Einblicke in das Leben der High-Society im Lande des Spleens. Bettina hatte den neuen Stern am Himmel der Belletristik bei Varnhagens kennengelernt, in deren Salon er seit Ende der zwanziger Jahre den feudalen Kavalier der Luxusklasse respräsentierte.

Eine Gestalt wie Pückler mußte Bettina imponieren. Man hat ihn in der Vergangenheit oft als liberalen Aristokraten mißverstanden. Das war er sicherlich nicht – bei allen verbalen Zugeständnissen an die bürgerliche Ideologie, zum Beispiel in Sätzen wie »Der Tiers-etat bekommt überall das Übergewicht, wie billig, denn es ist sein Zeitalter. Das unsere ist vorüber ...«, die sich in seinen Schriften finden. Die Wandlung des ritterlichen Grundbesitzers in einen kalkulierenden kapitalistischen Gutsbesitzer, wie sie sich in jenen Jahren vollzog, hat er nicht mitgemacht. Er blieb ein genießerischer, zum Verschwenden geneigter Charakter, der die Arbeit verachtete und die aristokratischen »Tugenden« wie Draufgängertum, Provokation, Anmaßung niemals ablegte. Schon als junger sächsischer Gardeoffizier war er in Dresden nach dem Vorbild kühner junkerlicher Bravourleistungen aus der Zeit der Ritterherrlichkeit mit seinem Pferd von der Elbbrücke in den Strom gesprungen. An die geschwungene Krücke des Soldatenkönigs glaubte er nicht. Seine junkerlichen Instinkte fühlten sich befriedigt, wenn ihn die philiströse Masse als treffsicheren Pistolenschützen und rücksichtslosen Duellanten fürchtete. Das gab ihm die Weltüberlegenheit und die beherrschende Ruhe. Hemmungen kannte er nicht. Später verfeinerte er seine Mittel mit Hilfe des Ästhetizismus und des »Weltschmerzes«. Aber er blieb, was er immer gewesen war, ein dem Genuß zugewandter feudaler Kavalier und Lebemann des 18. Jahrhunderts, der seine traditionalistische Lebensauffassung nach dem Vorbild anglizistischer Dandys zu einem neufeudalen Stil modelte. Mochte die Feudalordnung angesichts der Kommerzialisierung alles Lebens zerfallen und die Sippschaft der Wucherer über ihn herfallen, er betäubte seinen Schmerz über den Verfall der guten Gesellschaft mit den nobelsten aristokratischen Passionen: schicken Schneidern, ziellosen Reiseabenteuern, kostspieligen Rennpferden, attraktiven Schauspielerinnen, dem Laster des Spiels und mit der Anwartschaft auf den Ruhm, ein bedeutender Gartenarchitekt zu sein. Pückler trat als Neuling in die Berliner Szene. Als er im Jahre 1811 beim Tod des Vaters die Herrschaft Muskau und das Majorat Branitz erbte, war er ein privilegierter Standesherr des Königs von Sachsen, der sich auf Dresden orientierte. Wenige Jahre später mit der Abtretung der Niederlausitz an Preußen im Zug der Beschlüsse des Wiener Kongresses wurde er ein preußischer Untertan, der aller seiner Souveränitätsrechte als Reichsgraf verlustig ging und nun klagte, daß er nur noch »Hintersassen«, aber keine »Untertanen« mehr habe. Die Bestimmungen der Stein-Hardenbergschen Reformen über den Großgrundbesitz betrafen auch seine Güter und brachten ihn in ernste finanzielle Schwierigkeiten. Am preußischen Hof zählte man ihn zu den mißvergnügten Aristokraten aus den neu einverleibten, ehemals sächsischen Gebieten. Den Berlinern versuchte er sich dadurch interessant zu machen, daß er stundenlang mit einem von vier Hirschen gezogenen Wagen Unter den Linden hin- und herkutschierte. Enger wurden die Kontakte aber erst, als er die Gräfin Pappenheim, eine Tochter des preußischen Staatskanzlers Hardenberg, ehelichte. Der Bräutigam legte seiner Lucie den Park von Muskau zu Füßen, zu dem er etwa 900 Hektar zumeist unkultivierten Landes an dem Ufer der Lausitzer Neiße kunstvoll umgestaltet hatte. Seit dieser Hochzeit im Oktober 1817 verbreitete sich die Kunde vom Wunderpark mit Windeseile in der bürgerlich-aristokratischen Gesellschaft Deutschlands.

Von rationeller Landwirtschaft lag dieses seigneurale Hobby indes weit entfernt. Im Gegenteil, es führte in den wirtschaftlichen Ruin. Um sich zu sanieren, beschloß Hermann, nach England zu fahren und sich dort eine Millionenerbin zu angeln. 1826 wurde die Scheidung ausgesprochen, was allein schon genug Anlaß gab, sich über die »bodenlose Frivolität« dieses »Grandseigneurs« zu mokieren. Indes endete das Unternehmen wie eine Berliner Posse. Der elegante Fürst, der all sein Geld »verjuxt, verputzt, verspielt, vertan« hat, wie es in einer berühmten Lehár-Operette heißt, und »vis-à-vis de rien« stand, konnte die Frau nicht finden, die ein entsprechend hohes Honorar für einen geschiedenen Mann mit Fürstentitel zahlte. Er kehrte unverrichteter Dinge nach Muskau zurück und schloß am 10. Februar 1829 seine Lucie wieder in die Arme. War sie in den fetten Jahren seine liebenswürdige Gefährtin gewesen, wurde sie jetzt seine Komplizin im Kampf um die Vollendung des Parkgedankens. Zwar waren die Taschen des Rückkehrers leer, sie hatte aber in der Zwischenzeit den neuen Plan gefaßt, seine Briefe, diese Dokumente eines mondänen und geistreichen Welttouristen, ökonomisch zu nutzen. Der nie entmutigte Fürst setzte sich nun an den Schreibtisch und verfaßte das Manuskript »Briefe eines Verstorbenen«. Pücklers Schriftstellerlaufbahn begann, was die zeitweilige Rettung aus der finanziellen Misere bedeutete. Erst im Jahr 1845 mußte Muskau verkauft werden.

So etwa stellte sich die Situation des Fürsten Pückler dar, als ihn Bettina Ende des Jahres 1831 kennenlernte. Er war damals der in der Berliner Gesellschaft gefeierte Autor, dessen Erstling ein Erfolgsbuch geworden war und überall in der Welt Furore machte. Selbst Goethe hatte es gelobt und »ein für Deutschlands Literatur bedeutendes Werk« genannt. Bettina, immer interessiert an einem Mann, der alle anderen durch seine Stellung, sein Verdienst, seine Intelligenz überragt, der Autorität und Prestige besitzt und dessen Berühmtheit fasziniert, war geneigt, auch Pückler zum Elitemenschen zu idealisieren. Zweifellos erzählte sie von ihrem Goethebriefwechsel und daß sie daran denke, diese Dokumente eines Tages zu veröffentlichen. Noch schien die Zeit dazu nicht reif; sie war auf der Suche nach einem literarischen Berater oder Herausgeber.

Solche Gespräche setzt der erste, uns überlieferte Briefentwurf voraus, der das Thema Beethoven und Goethe in Teplitz zum Gegenstand hat. Offensichtlich las sie aus seinem Buch wie so viele eine liberale Tendenz heraus, der sie sich anzupassen suchte. In ihrer Darstellung der berühmten Straßenszene zeichnete sie Goethe als devoten Höfling, Beethoven aber als trotzigen Plebejer und hoffte, damit ihren Lehrmeister zufriedenzustellen. Ob das Pückler so recht war, wie sie anfragte, müssen wir heute bezweifeln. Er blieb stets ein von der Überlegenheit seines Standes überzeugter Hocharistokrat, der bei allem Wissen um die Relativität der Höflichkeit doch gute Manieren und Anerkennung der Sitten des Ancien régime zu schätzen wußte. Die Tochter aus dem Frankfurter Kaufmannshause fand sich in der subtilen Daseinsweise des Spätfeudalen nur schwer zurecht.

Ihre Werbung um die Freundschaft des Fürsten Pückler war eine Stufe ihrer Entwicklung, die aus ihrem Persönlichkeitsbild nicht wegzudenken ist. Eine innere Stimme sagte ihr, daß dieser Autor, Gartenarchitekt, Welttourist und Lebenskünstler in jenem Augenblick der Lebensmitte, als sie im Begriff stand, sich der Kunst und Literatur zuzuwenden, für sie förderlich sein werde, und sie hat sich darin im Endeffekt nicht getäuscht. Ob dieser Erwählte viel oder wenig aktiv in ihr Leben eingriff, blieb dabei weitgehend belanglos. Schon durch sein bloßes Vorhandensein spornte er sie an und bewirkte, daß sie das Goethebuch endlich schreiben konnte.

Zwei symbolhaltige Handlungen stehen am Anfang und am Ende der Begegnung: das Geschenk des Ringes, den ihr einst Goethe bei ihrem ersten Besuch in Weimar an den Finger steckte, und die ausführliche Widmung, die sie ihrem Erstling »Goethes Briefwechsel mit einem Kinde« voranstellte. Dazwischen lag der Besuch in Muskau mit jenen Vorgängen, die den Wendepunkt, den Glücks- und Stimmungsumschlag in ihren Bemühungen um Pückler bedeuten.

Sie hatte sich im Spätsommer 1833 aufgemacht, um den Wunderpark zu besichtigen und Pückler endgültig als Herausgeber ihres Goethebriefwechsels zu gewinnen. Sie glaubte damals an seine Zuneigung und ihre Gemeinsamkeiten, wollte sein Interesse für ihre Zukunftspläne gewinnen und ließ sich, ihrem Temperament entsprechend, vom Reiz des Risikos verführen. Wie so oft in ihrer Jugend verwischten sich ihr die Grenzen von Imaginärem und Wirklichem. Unklare Vorstellungen über das Privatleben des Fürsten, genährt vom Gesellschaftsklatsch über die Scheidung, förderten schließlich erotische Wunschträume. Im Salon des Schlosses las sie aus ihrem Goethetagebuch vor, vermutlich eine Auswahl der passioniertesten Stellen, bei denen am Ende den Zuhörern gar nicht mehr klar war, ob sie Goethe oder Pückler meinte. Dieser berichtete darüber an Varnhagen: »Frau v. A., deren gute und glänzende Seiten ich nicht verkenne und der ich gewiß für ihre unverdiente, zu gütige Gesinnung dankbar bin, hat mich dennoch durch den sonderbaren Einfall, sich in mich auf das passionierteste verliebt zu glauben, seit lange in wahre Verlegenheit gesetzt. Halb aus Scherz, halb aus Gutmütigkeit habe ich mir schriftlich alles gefallen lassen, nun kam sie aber hierher und affichierte vor allen Menschen ein völliges Liebesverhältnis mit mir, auf eine so tolle Weise, daß sie mich zur Zielscheibe des Spottes der ganzen Gesellschafte machte ...«

Eine peinliche Angelegenheit. Der Fürst drängte in ebenso höflicher wie unmißverständlicher Weise zur Abreise. Das Resultat des Besuches in Muskau entsprach so gar nicht den gehegten Erwartungen. Sie hatte, wie so oft, den Briefpartner zum Liebespartner hochstilisiert, weil das die Gefühlsebene war, auf der sie sich frei bewegte. Sie brauchte dieses Ritual und erlitt nun die schlimmste Niederlage seit jenem Streit in Weimar, der den Bruch mit Goethe nach sich zog. Freilich, während der inzwischen vergangenen zwanzig Jahre war Bettina seelisch gewachsen. Sie hatte Wege gefunden, solche Nackenschläge zu verkraften. Wo ihr das Glück der Eroberung versagt blieb, wußte sie zu verzichten: »Ich wollte mit Ihnen in ein Verständnis kommen, wo die Sprache selbst ihr Meisterwerk macht, indem sie die kühnsten Mitteilungen verständlich macht. Ich wollte mit Ihnen besprechen, was niemand anders kann, ich glaubte, zwischen mir und Ihnen würden sich große Geheimnisse aufklären ...« Sie nannte ihre Briefblätter einen »labyrinthischen Grazientanz jener Empfindungen, der in einer prophetisch poetischen Aufregung häufig den tieferen Wahrheiten vorangeht«. Und als der seine stoischen Tugenden ausspielende

Dandy ihre pathetischen Schwärmereien »dithyrambische Raserei einer achtzehnjährigen Bacchantin« nannte, entgegnete sie ihm: »Warum wollen Sie mit schauderhaften Ausdrücken eine Geistessituation herabwürdigen, aus welcher Ihnen Lust und Ehre, Heil und Nahrung Ihrer höheren Eigenschaften hervorgegangen wär'?«

Man hat Bettinas Umgang und Briefwechsel mit dem Fürsten Pückler »eine schlechte Dublette ihrer ersten Goetheliebe« genannt. Dieser Vorwurf verkennt völlig die veränderte psychische Struktur und Einstellung der Autorin. Die Beziehung zu Pückler war anders gelagert, nicht anbetend, verehrend und dienend, sondern autonom, stolz und herausfordernd. Zwar trat sie ihm auf zwei Ebenen entgegen: einmal ihren Charme ausspielend und auf die alte Rücksichtnahme und Protektion der Frau pochend, zum anderen aber als Partnerin auf gleichem Niveau, die ihre Eigenart behaupten wollte und vom hohen Wert ihres Angebots überzeugt war.

Pückler war großmütig genug, die relative Berechtigung ihrer inneren Ansprüche einzusehen, und nahm den Muskauer Vorfall nicht zum Anlaß, den Briefwechsel abzubrechen. Bettina aber, die sich als Opfer fühlte, verzieh nicht weniger großherzig und schloß ihren Widmungstext vom August 1834 mit den Worten: »Lassen Sie uns einander gut gesinnt bleiben, was wir auch für Fehler und Verstöße in den Augen anderer haben mögen, die uns nicht in demselben Lichte sehen, wir wollen die Zuversicht zu einer höheren Idealität, die so weit alle zufällige Verschuldungen und Mißverständnisse und alle angenommene und herkömmliche Tugend überragt, nicht aufgeben. Wir wollen die mannigfaltigen edlen Veranlassungen, Bedeutungen und Interessen, verstanden und geliebt zu werden, nicht verleugnen, ob andre es auch nicht begreifen, so mag es ihnen ein Rätsel bleiben.«

Aus der Begegnung mit Pückler war ihr die Freiheit und der Mut erwachsen, sich zur Schriftstellerin emporzuarbeiten und den Goethebriefwechsel selber zu einem Buch, zu einer Dichtung umzuformen.

21.
»Goethes Briefwechsel mit einem Kinde«

Mit dem Gedanken, dem Genius Goethes auch ein literarisches Denkmal zu errichten, hatte Bettina schon lange gespielt. Aber sie hatte da auch stets ihre Skrupel; denn seit ihren Gesprächen mit der Günderode zweifelte sie daran, ob sie im Grunde eine Dichterin sei. Jetzt, nach dem Tode des Dichters, als sich die Publikationen über viele seiner persönlichen Lebensumstände überstürzten, war schließlich Eile geboten, wenn sie das Vorhaben überhaupt verwirklichen wollte. Goethe selbst hatte in den Jahren 1828 und 1829 noch seinen Briefwechsel mit Schiller herausgegeben, 1832 erschienen Falks Mitteilungen »Goethe aus näherm persönlichen Umgange dargestellt«, 1833 ließ Heinrich Hirzel Briefe von Goethe an Lavater drucken, und im gleichen Jahr kam der Briefwechsel mit Zelter heraus, gleichzeitig wurde bekannt, daß auch Eckermann seine Aufzeichnungen »Gespräche mit Goethe in den letzten Jahren seines Lebens« zur Veröffentlichung vorbereitete. Unter diesen Umständen konnte der Informationswert ihres Materials beim Publikum rasch an Interesse verlieren. So geriet sie in einen gewissen Zugzwang, auch wenn sie mit keinem dieser Bücher in Konkurrenz treten wollte.

Von jeher war es für Bettina klar, daß ihre Darstellung Goethes kein Sach- und Dokumentarbuch sein würde. Mit Arnim, ihrem Bruder Clemens und allen romantischen Dichtern glaubte sie an die Wunder- und Zauberkraft des Geistes, war sie überzeugt, daß die »poetische Wahrheit« eine höhere Betrachtungsart sei und es darauf ankomme, dem Gemeinen einen hohen Sinn, dem Gewöhnlichen ein geheimnisvolles Ansehen, dem Bekannten die Würde des Unbekannten, dem Endlichen einen unendlichen Schein zu geben, wie es in einem bekannten Fragment von Novalis hieß. Aus dieser ästhetischen Position heraus lag ihr nichts daran, eine faktensichere Biographie zu schreiben oder einen dokumentarischen Briefwechsel herauszugeben, sondern es drängte sie, etwas Analoges zum antiken Heroenmythos und eine Synthese von Mythos und Moderne zu schaffen, etwas »Unphilologisches«, »Poetisches«, das für sie eine höhere Wahrheit bedeutete als das moderne gelehrsame Faktenwissen. Nicht daß sie die Fakten außer acht ließ. Im Gegenteil, sie verfügte über eine Fülle von Details und Einzelheiten, die in nicht unbeträchtlichem Maße Bauelement der Darstellung bilden. Diese ist auch insofern »realistisch-dokumentarisch«, als sie sich auf den vorliegenden Briefwechsel und das gute Erinnerungsvermögen der Autorin stützt. Aber sie denkt nicht daran, ihre »Quelle« bloß wiederzugeben, sondern sie verwendet sie in freier, phantasiemäßiger Weise als Bestandteil eines zu schaffenden statuarischen Bildes, transformiert sie gleichsam zum metaphorischen Element einer legendenhaften Dichtung.

Vieles hat sie wörtlich übernommen, allerdings auch vieles geändert, manches weggelassen, das Ganze erweitert; ihren Anteil hat sie verdoppelt, den der Goethebriefe verdreifacht. Sonette, die Goethe ihr zugesandt hatte, wurden um weitere Gedichte, die in Wirklichkeit an Minna Herzlieb und Marianne von Willemer gerichtet waren, ergänzt und eingearbeitet. Die Darstellung des Freiheitskampfes der Tiroler bereicherte und vertiefte sie durch Studien in einer das Thema behandelnden historischen Schrift. Andere Fakten und Daten schöpfte sie aus Goethes Autobiographie »Dichtung und Wahrheit«. Das Ganze basierte jedoch auf dem Fundament des dokumentarischen Briefwechsels.

Dieser Doppelaspekt der Vermischung von Sachbuchrealität mit idealisierender Fiktion hat bei den Lesern manches Mißverständnis hervorgerufen. Als das Buch im Jahre 1835 erschien, waren die Tage der Romantik vorüber, und die »jungdeutsche« Freude an der Realität des Lebens setzte sich durch. Die Lehre von der höheren poetischen Wahrheit geriet im veränderten gesellschaftlichen Bewußtsein weitgehend außer Kurs. So darf nicht verwundern, daß der Briefwechsel von den meisten genau so dokumentarisch genommen wurde wie die anderen Goethe-Briefwechsel auch und daß dieser Irrtum in der Folgezeit zu den groteskesten Feststellungen über Bettinas »Unwahrheiten« und »Erfindungen« führte. Spätere Generationen haben dann das Buch als »Briefdichtung« erkannt und diese als lose aufgebauten Roman nach jungdeutscher Art zu verstehen versucht.

Im Prinzip schloß sich Bettina mit ihrer Arbeit an das von der romantischen Generation geschaffene Genre der »Künstlerlegende« an, wie sie Tieck in der Shakespeare-Novelle »Dichterleben«, Arnim in »Raffael und seine Nachbarinnen«, E.T.A.

Hoffmann in der Biographie des Kapellmeisters Kreisler entwickelt hatten. Überzeugt von der Idee, daß das Poetische immer recht hat und weit über das bloß Historische hinauswächst, strebte sie auch für Goethe das Legendäre an als das für einen Genius seiner Art allein würdige Bild seines Menschen- und Dichterlebens.

Im Zentrum steht der ins Übermenschliche gesteigerte Dichter, ein Menschenbild, nicht die historische Gestalt. Diese Überdimensionalität entsprach sowohl dem inneren Bedürfnis der Autorin, ihrer Sehweise und dem latenten Ziel, sich ein Idol zu erschaffen, als auch den Erfordernissen der Legendenform, die Vorbilder und Helden verlangt, die zur »imitatio«, zur Nachfolge anregen. Nicht sein individueller Charakter, dessen Merkmale sich erkennen und festlegen lassen, sondern die »Unendlichkeit« dieses einmaligen Menschen wurde ihr zum Erlebnis. Er verkörperte ihr die Ideen der Liebe und Freiheit. Im Zuge romantischer Grundüberzeugungen philosophierte sie: »Gott ist Mensch geworden in dem Geliebten; in welcher Gestalt Du auch liebst – es ist das Ideal Deiner eigenen höheren Natur, was Du im Geliebten berührst.« Dieser Aphorismus aus dem beigegebenen »Tagebuch« beweist, wie sehr ihr diese Liebe ein Mittel zur Selbstverwirklichung war. In ihrem Brief vom 20. Mai 1808 heißt es: »Liebe ist Entfaltungstrieb in die göttliche Freiheit. Dies Herz, das von Dir empfunden sein will, will frei werden; es will entlassen sein aus dem Kerker in Dein Bewußtsein. Du bist das Reich, der Stern, den es seiner Freiheit erobern will ...« Aber in dieser Intention stimmte Bettina weitgehend mit dem historischen Goethe überein, der sich in seinem Alter von den jungen Dichtern als »Befreier« aufgefaßt wissen wollte, weil sie an ihm gewahr werden konnten, wie der Mensch von innen heraus leben, der Künstler von innen heraus wirken müsse, um seine Individualität zu unterstreichen, und Bettina erfaßte, daß Goethe durch sein Leben und Schaffen ein Beispiel gab, mutig eigene Kräfte des Inneren zur Entfaltung zu bringen.

Auch die Figur der Briefpartnerin spiegelt mehr ein Wunschbild als die Realität. Ihre Rolle und die Dynamik ihres Wesens werden weitgehend durch idealisierte Wesenszüge der Kindlichkeit bestimmt. Diese Typisierung wurzelt zwar in Reminiszenzen an jene Zeit, als sich Bettina bei der Lektüre des »Wilhelm Meister« mit Mignon identifizierte, aber sie symbolisiert nun jene höhere Stufe der Kindlichkeit, die auch Kleists Käthchen von Heilbronn verkörpert. »Jede Stufe der Bildung fängt mit Kindheit an«, sagt Novalis. »Daher ist der am meisten gebildete irdische Mensch dem Kinde so ähnlich.« Und der Maler Runge stellte fest: »Kinder müssen wir werden, wenn wir das Beste erreichen wollen.« Kindlichkeit war in romantischer Zeit geradezu eine Modeforderung geworden, insbesondere was das Frauenideal anbetrifft, und auch Bettina stand im Banne dieses Ideals. Sie gab ihr die Möglichkeit, alles Ungewöhnliche in ihrem Verhalten und ihren Äußerungen – Naivität, Unbefangenheit und starke Affektivität – dem Leser deutbar zu machen. Nicht zuletzt auch ihre Erotik, die sich in vielen ihrer Reden unverhüllt ausdrückt, aber ebensosehr den Partner in idealisierende Wolken hüllt.

Die ästhetische Seite dieser Kindlichkeit äußert sich jedoch am reizvollsten in der Demonstration des Tänzerischen. In der Vision der goldbeschuhten Tänzerin bringt sie ihr imaginäres Gefühlsleben am überzeugendsten zum Ausdruck, sucht jedoch in der Gestik tiefster Demut vor allem die Steigerung des eigenen Ichs. Die Aussagegrenzen des Tanzes wurden – gleichsam Expressionistisches des 20. Jahrhunderts vorwegnehmend – bis ins Weltanschauliche und Utopische vorgerückt. Sie erzählt die Traumszene: »... jetzt trete ich vor Dich, goldbeschuhet, und die silbernen Ärmel hängen nachlässig, und warte; da hebst Du das Haupt, Dein Blick ruht auf mir unwillkürlich, ich ziehe mit leisen Schritten magische Kreise, Dein Aug verläßt mich nicht mehr, Du mußt mir nach, wie ich mich wende, und ich fühle einen Triumph des Gelingens; – alles, was Du kaum ahnest, das zeige ich Dir im Tanz, und Du staunst über die Weisheit, die ich Dir vortanze, bald werf ich den luftigen Mantel ab und zeig Dir meine Flügel und steig auf in die Höhen ...« Das einsame Kind als ätherisch-rätselhaftes Geschöpf, Mignon, die Verkörperung unerfüllter Sehnsucht, und die Tänzerin mit der märchenhaftkosmischen Pantomimik – das ist ein und dieselbe bunt schillernde Figur, die Enthusiasmus ausdrückt und den Wunsch nach einem schöneren Leben.

Aus der Entstehungsgeschichte des Goethe-Erlebnisses und aus dem Aufbau des Buches ergab sich die Notwendigkeit, noch eine weitere Briefschreiberin einzuführen: die Frau Rat Goethe aus dem Haus zum »Goldenen Brunnen« am Roßmarkt zu Frankfurt, die seit dem Sommer des Jahres 1806 den Keim für die Vergötterung des fernen Märchenprinzen Johann Wolfgang in die Phantasie der kleinen Brentano senkte. Freilich lag über diese Begegnung so gut wie nichts Authentisches vor, weil ja alles, was sich zwischen ihnen abspielte, auf dem mündlichen Gespräch beruhte. Hier ergab sich die Aufgabe, im großen Umfang einen Briefwechsel mit der Mutter zu erdichten. Siebenundzwanzig neue Bettina-Briefe hat die Autorin geschaffen und dazu neun Antworten der Frau Rat, darein versteckt das einzig echte Billett. Hat sie ihre briefschreibende Bettina mit einer klugen, fast mirakelhaften Menschlichkeit ausgestattet, in deren Tiefen keine Charakterologie je hineinleuchten kann, läßt sie die Frau Rat sich auf der Ebene einer in gewissen Konventionen gebundenen mütterlichen Frankfurter Patriziersfrau bewegen, die im Rahmen der »Handlung« die Funktion hat, das Kind Bettina auf seine höhere Sendung vorzubereiten. Nur einmal wird auch diese Figur in die legendäre Sphäre gehoben. Fern von jedem romantischen Überschwang empfängt ihr Charakter Licht vom »Wunderbaren«, das sich in der Anekdote von der chimärischen Liebe zum Kaiser Karl VII. äußert, in der sich das in Pubertätswirren stehende junge Mädchen bespiegelt. Diese Anekdote steht aber nicht mehr in der Exposition, die die Vorbedingungen des Briefwechsels mit Goethe entwickelt, sondern an dessen Ende. Es gehört nun zur ethischen Aufgabe des »Kindes«, auch das Vermächtnis der Mutter zu hüten.

Schon die Willkür in der Datierung der Briefe zeigt an, daß der Schriftstellerin Bettina an einer exakten Chronologie wenig lag. Der Leser soll die zeitlichen Gegebenheiten hinnehmen wie etwa in den Epen des Homer, ohne ihnen besondere Bedeutung beizumessen. Dennoch wird beim Aufbau der Begebenheiten zu einer »Handlung« der konkrete Zeithintergrund erkennbar. So führt gleich der erste Brief der »Einleitung« in das von Franzosen wimmelnde Kassel des Jahres 1807, als Napoleons Bruder Jérôme zum König avancierte und von hier aus das neu gegründete Königreich Westfalen verwaltet wurde. Aus den Briefen des Jahres 1809 und 1810 wetterleuchtet der Volksaufstand der Tiroler und der Heroismus Andreas Hofers. Die Briefschreiberin ist bis zu einem gewissen Grad ein »Kind ihrer Zeit«, als Deutschland unter französischer Fremdherrschaft stand, und ein »Produkt der Verhältnisse«, die die patriotische Jugend reizten, in diesen Kämpfen Partei zu ergreifen.

Den Kern des Werkes bildet der Schriftverkehr der fünf Jahre bis 1811. Am Eingang steht gleichsam als Fanfare der »Berufung« ein echtes Zitat aus einem der Briefe der Mutter: »Liebe, liebe Tochter, mein Sohn soll dein Freund sein, Dein Bruder, der Dich gewiß liebt, und Du sollst mich Mutter heißen in Zukunft für alle Täg ...« Es kündigen sich die Ansprüche des Kommenden an. Als legitimierte Botin der Mutter trat Bettina in den Kreis der Goethetrabanten, als jugendliche Verehrerin eines 35 Jahre älteren Mannes, der sie durch Stellung, Verdienst, Autorität, Prestige und Berühmtheit faszinierte und in den sie sich aus Vorliebe für das Ungewöhnliche verliebte.

Kühne Träume schienen in Erfüllung zu gehen, als der große Dichter, der gefeierte höchste Repräsentant der deutschen Literatur, ihr mit zwei oder drei Sonetten antwortete, in denen Motive aus ihrem letzten Brief verarbeitet waren. Ihr Werben hatte ein wunderbares Echo gefunden. Sie sah sich als Muse »in göttlichem Glanz wiedergeboren« und glaubte zum erstenmal an ihre Seligkeit. Sie wiegte sich in der Hoffnung, dem betagten Dichter seine Jugend wiederzubringen.

Damit ist die Grundproblematik dieses Briefwechsels berührt, der sich unbeabsichtigt zu einem Gespräch zwischen Jugend und Alter entwickelt. Denn trotz vieler Übereinstimmungen bleiben sich die beiden Menschen in der Tiefe ihres Wesens fremd, weil sie der große Unterschied des Lebensalters trennt. Hier liegt der problematische Konflikt. Die Hoffnungen und Wünsche einer Zwanzigjährigen, all ihre Lebenserwartungen und Wertungen sind andere als die eines Sechzigjährigen, der sich selber schon historisch zu werden beginnt und mehr rückwärts als vorwärts schaut. Die Kühle und Steifheit der Goethebriefe, diese so wenig herzlichen Antworten, die so oft bemerkt und kritisiert worden sind, resultieren aus der Einsicht in eine höhere Lebensgesetzlichkeit, unter der die beiden Akteure stehen. So wirbt auf der einen Seite die Unbeirrbarkeit einer jugendlichen Liebe, die mehr und mehr den Ausdruck einer schicksalhaften Bestimmung annimmt, und stößt auf der anderen Seite auf eine in Härte verkleidete Zurückhaltung, die aus Liebe und Lebenserfahrung sich dieser Werbung entzieht. Aus dieser Konstellation heraus verlief die Liebesgeschichte anders, als Bettina erwartet hatte. Um sich und ihre Liebe zu behaupten, sublimierte sie in romantischer Übersteigerung den Auserwählten immer mehr zur Kultfigur, der eher Verehrung und Anbetung gebührte als Liebesleidenschaft und erotisches Hochgefühl. Der weimarische Dichterfürst erhöhte sich ihr zum Halbgott mit menschenähnlichen Zügen, und folgerichtig steht am Ende jene Stiftung eines Denkmals, das da künden soll, daß die Spur von seinen Erdentagen nicht in Äonen untergeht.

In Anbetracht seiner abstrakt-utopischen Idealisierung blieb auch dieses Monument als Abschluß und letzter Höhepunkt für die Schriftstellerin unbefriedigend. Es verlangte sie nach einer dichterischen Interpretation und Bewertung des Vorgefallenen, die den Vorgang über das Zufällige und Alltägliche ins Unendliche hinaushob. Dies ist der Sinn des »Tagebuchs«, einer Art Nachrede, die in Form von Maximen und Reflexionen, kleinen Histörchen vor allem aus der Fritzlarer Zeit und Fragmenten über Liebe, Geist, Natur, Sehnsucht, Unendlichkeit und Gott das philosophische Anliegen des Briefwechsels fördern soll. Es zeigt gleichsam die Essenz ihrer Humanität, in deren Namen die Apotheose des Dichtergenies von ihr vollzogen wurde.

Die Veröffentlichung dieses Werkes bedeutete im Leben Bettinas einen Höhepunkt. Mit einem Schlage hatte sie sich als Schriftstellerin durchgesetzt. Der Briefwechsel fand ein Echo, wie es keinem der Bücher ihres Mannes zuteil geworden war. Die erste Auflage in Höhe von vermutlich 5000 Exemplaren wurde rasch abgesetzt. Bis zum April 1838 zählte sie 81 Rezensionen. Selbst aus England, Budapest und Moskau kam Zustimmung. Michail Bakunin übersetzte Auszüge aus dem dritten Teil ins Russische. Der Theologe Daumer ließ sich durch das Buch sogar zu einem Gedichtband »Bettina« inspirieren. Die Resonanz war dennoch widersprüchlich. Aus den Reihen der nun alt gewordenen Romantik meldete sich Einspruch. Schon vor Erscheinen schrieb Clemens Brentano: »Ich glaube, weder Arnim noch Goethe würden eine solche Veröffentlichung gebilligt haben, und wie Savigny als Vormund der Kinder es konnte, weiß ich nicht.« Eichendorff nannte es »einen Veitstanz des freiheitstrunkenen Subjekts«. Aber gerade diese versteckte Freiheitstendenz und betonte Emotionalität rissen die junge Generation mit. Selbst der Student Karl Marx ließ sich von einer Episode dieses Buches zu Versen anregen, die er »Neumodische Romantik« überschrieb. Sie lauten:

Das Kind, das, wie ihr wißt, an Goethe schrieb,
Und ihm weismachen wollt, er hab sie lieb,
  Das Kind war einst im Theater zugegen,
  ne Unifonn tut sich bewegen.
Es blickt zu ihr gar freundlich lächelnd hin:
»Bettina wünscht, mein Herr, in ihrem Sinn,
  Das Lockenhaupt an sie zu lehnen,
  Gefaßt von wundersamem Sehnen.«
Die Uniform erwidert gar trocken drauf:
»Bettina laß dem Willen seinen Lauf!«
  »Recht, spricht sie, weißt du wohl, mein Mäuschen,
  Auf meinem Kopf gibt's keine Läuschen!«

Die Rezensenten nahmen im allgemeinen das Werk als authentisches Dokument zu einem großen Dichterleben und lobten den poetischen Stil. Andere scheuten sich auch nicht vor Umdeutungen der konstitutiven Tendenz. Ludwig Börne, der dezidierte Goethegegner, las es gegen den Strich und erklärte: »Bettina ist nicht Goethes Engel, sie ist seine Rachefurie.« Überlegen urteilte Jacob Grimm, der stets um Sachlichkeit bemühte Literatur- und Sprachwissenschaftler: »Es gibt kein anderes Buch, das diesen Briefen in Gewalt der Sprache wie der Gedanken an die Seite zu setzen wäre«, womit er bis zum heutigen Tage recht behalten hat; denn neben Gutzkows »Wally« und Mundts »Madonna«, literarischen Produkten ähnlicher Form beziehungsweise Formlosigkeit aus jenen Tagen, behauptet sich Bettinas Briefwechsel durch ihre Sprachkraft und die Poesie ihrer Schreibweise bis auf den heutigen Tag als dichterisch und lebendig.

Freilich wurde dem Werk die Gunst des Publikums nicht dauernd zuteil. Seit Riemers Kritik in seinen »Mitteilungen über Goethe« (1841) heftete sich an das Buch zunehmend das Verdikt einer Fälschung, und schließlich verfiel es zunehmend der Gleichgültigkeit. Erst Dichter der »Neuromantik« wie Rainer Maria Rilke und Hermann Hesse haben den Blick für die Schönheiten dieses Briefwechsels wieder frei gemacht.

22.
Das Lächeln des Ruhms

Bettinas Goethebuch verdankt seinen großen Publikumserfolg auch dem besonderen Umstand, daß ihm die Stimmung in Deutschland entgegenkam, die durch die Pariser Julirevolution ausgelöst wurde und in deren Gefolge eine neue Generation junger Schriftsteller in den Vordergrund trat, die sich als die zeitgemäßen richtunggebenden Erneuerer der deutschen Literatur etablierten. Wie die Jugend dieses Signal aus dem Westen aufnahm, hat Karl Gutzkow eindrucksvoll beschrieben. Die Pariser Nachrichten erreichten ihn beim Festakt in der Aula der Berliner Universität, als ihn Hegel als Preisträger im wissenschaftlichen Leistungswettbewerb der Studenten auszeichnete. Gutzkow berichtet, wie er nur noch mit halbem Ohr der Feierlichkeit beiwohnte, keinen der Glückwünsche vernahm, wie betäubt am Portal des Universitätshofes stand und dann eilte, um sich zum ersten Male eine politische Zeitung zu kaufen. Die Julirevolution hatte in dem Neunzehnjährigen gezündet und drängte ihn zu neuen Zielsetzungen. Fünf Jahre später hatte sich die linksliberale Bewegung in der Literatur für die Regierungen so beängstigend weit ausgebreitet, daß es am 10. Dezember 1835 zu dem berüchtigten Beschluß des Bundestages kam, der das Verbot und die Ächtung aller Schriften Heines, Gutzkows, Wienbargs, Mundts und Laubes aussprach.

Es verrät politischen Instinkt, daß ausgerechnet diese diskriminierten Schriftsteller Bettina zur Mitarbeit an ihrer geplanten »Deutschen Revue« einluden. In der Aufforderung hieß es: »Verstehen Sie gütigst durch einen Aufsatz (Thema, Novelle, was Sie wollen), mit dem sich gleich unsre Revue bei Ihren Freunden – und wie zahllose Bewunderer hat sich Bettina erworben – und besonders auch bei den Frauen einführt. Fürchten Sie nicht, daß Sie mit der Frau Johanna Schopenhauer zugleich in die Tür treten, sie ist nicht eingeladen, wie überhaupt keine Dame außer Ihnen...« Denn ihr Buch enthielt nicht bloß Goethe-Apotheose, sondern auch Goethe-Kritik, so wenn sie höchst provokativ, wenn auch verschlüsselt zu Goethes Romanfigur Wilhelm Meister spricht: »Komm, flüchte Dich mit mir jenseits der Alpen zu den Tirolern, dort wollen wir unser

Schwert wetzen und das Lumpenpack von Komödianten vergessen, und alle Deine Liebsten müssen denn mit ihren Prätensionen und höheren Gefühlen eine Weile darben; wenn wir wiederkommen, so wird die Schminke auf ihren Wangen erbleicht sein, und die flornen Gewande und die feinen Empfindungen werden vor Deinem sonnenverbrannten Marsantlitz erschaudern. Ja, wenn etwas noch aus Dir werden soll, so mußt Du Deinen Enthusiasmus an den Krieg setzen, glaub mir, die Mignon wär nicht aus dieser schönen Welt geflüchtet, in der sie ja doch ihr Liebstes zurücklassen mußte, sie hätte gewiß alle Mühseligkeiten des Krieges mit ausgehalten und auf den rauhen Alpen in den Winterhöhlen übernachtet bei karger Kost, das Freiheitsfeuer hätte auch in ihrem Busen gezündet und frisches, gesünderes Blut durch ihre Adern geleitet. – Ach, willst Du diesem Kind zulieb nicht alle diese Menschen zuhauf verlassen? – Die Melancholie erfaßt Dich, weil keine Welt da ist, in der Du handeln kannst. – Wenn Du Dich nicht fürchtest vor Menschenblut: – hier unter den Tirolern kannst Du handeln für ein Recht, das ebensogut aus reiner Natur entsprungen ist wie die Liebe im Herzen der Mignon. – Du bist's, Meister, der den Keim dieses zarten Lebens erstickt unter all dem Unkraut, was Dich überwächst. Sag, was sind sie alle gegen den Ernst der Zeit, wo die Wahrheit in ihrer reinen Urgestalt emporsteigt und dem Verderben, was die Lüge angerichtet hat, Trotz bietet? – Oh, es ist eine himmlische Wohltat Gottes, an der wir alle gesunden könnten, eine solche Revolution: er läßt abermals und abermals die Seele der Freiheit wieder neugeboren werden.« Solche Botschaft konnte jeder jungdeutsche Schriftsteller unterschreiben.

Für die große Resonanz war nicht entscheidend, was »alte Onkel« wie Görres, Jacob Grimm oder Meusebach in ihren Rezensionen zur Veröffentlichung des Briefwechsels kundgaben, sondern der Beifall der jungen Schriftsteller, die sich das »Junge Deutschland« nannten, und der studentischen Jugend, die mit ihnen sympathisierte. Nichts ist so bezeichnend für die Wandlung im Leben Bettinas als der Vorgang, daß sich in ihrem Salon nun die Studenten einstellen, die Philipp Nathusius, Julius Döring, Moritz Carrière, Heinrich Oppenheim u. a. Nathusius, der Sohn eines Großindustriellen aus dem Magdeburgischen, der im Jahre 1836 zum Studium nach Berlin kam und, fasziniert von dem Buch wie viele, Bettinas nähere Bekanntschaft suchte, schrieb an seinen früheren Hauslehrer, den Theologen Julius Elster: »Lieber und lehrreicher als zwanzig Kollegia ist mir eine Viertelstunde bei der Arnim. Ich zehre von einem Mal zum andern von dem Nachhall ihrer Reden, die wie eine volltönende Brandung über mich kommen, und versuche allemal, aber fast vergeblich, die Klänge, die mir im Sinn liegen, in Worten auf dem Papier wiederzugeben.«

Bisher stand Bettina mit ihren Meinungsäußerungen oft isoliert da, erregte nicht selten Anstoß und galt allgemein als »wunderliche Heilige«, als exaltierte und extravagante Außenseiterin. Nun hatte sich die allgemeine Einschätzung fast von einem Tag zum anderen verändert. Plötzlich wurde ihr von vielen recht gegeben, die Jugend applaudierte, Zeitschriften verbreiteten ihre Äußerungen in der Öffentlichkeit. Die Beifallskundgebungen steigerten natürlich ihr Selbstbewußtsein. Ihrem Sohn Siegmund schrieb sie in einem Brief vom 23. Juli 1837, als sie die englische Ausgabe ihres Briefwerks vorbereitete: »Ich kann Dir nur sagen, daß ich bis über die Ohren im Übersetzen begriffen bin, daß in acht Tagen mein Buch abgeht, daß ich deswegen den Freimund hinschicke, daß ich vor kurzem einen Brief aus Norwegen erhalten habe, daß mich eine Menge Ausländer bestaunen, daß man mir die Korrekturbogen meiner englischen Übersetzung wegnimmt, um etwas von mir zu haben.«

Karl Gutzkow, einer der Wortführer der jungen Generation, schildert sie nach einem Interview in seiner Zeitschrift »Telegraph« mit folgenden Überlegungen: »... ich dachte mir: Ein Wesen, das in seiner Jugend ein Elfenkind war, kann im Alter nur eine Zauberin, eine Nonne werden. Und so traf ich sie: Es lag mir etwas Dämonisches in ihrer Erscheinung; ich fühlte es, daß sie der Natur näher stand als ich. Ein grauer Schlafrock, ohne Eleganz, umschloß kleine und behende Glieder, Bettina ist von mittlerem Wuchs, behend, schmächtig, in ihrer Jugend gewiß wie eine Gazelle. Noch hat sie die schönen Augen einer Gazelle, aber auch das Zitternde, Ungewisse des Tierauges... Schönes, schwarzes, ich möchte sagen, römisch-katholisches Haar verrieten zwei Locken, die vorn über die Stirn heruntergglitten und das Ansehen eines gebrannten Toupets hatten, das, im Nebel feucht geworden, sich auflöst. Die Kräuselung wollte nicht Stich halten, die beiden Locken hätten ebensogut zwei Zöpfe werden können. Mit unruhiger Behendigkeit lief Bettina in dem fast möbellosen Zimmer von einer Reliquie zur andern; da war Goethe im Kreise seiner Eltern gemalt, da hingen Gipsabgüsse von Schinkelschen und ihren eigenen Basreliefs, da lagen Mappen mit Kartons und Zeichnungen, ein Flügel stand in der Nähe, und wenn Bettina nicht von einem zum andern hüpfte, um mir etwas zu erklären, so saß sie unruhig auf dem Sofa und zerpflückte während des Sprechens eine Oblate nach der andern, die sie aus einem Kästchen langte. Eine so fiebernde Aufregung! Es ist in ihr alles Leben – und das Lebenszeichen des Lebens ist Zerstörung. Sie hörte während zwei Stunden, wo ich sie sprach, nicht auf, Oblaten zu zerpflücken. Diese zwei Stunden einer mir unvergeßlichen Unterhaltung rauschten wie Sekunden vorüber. Wir sprachen über alles und hätten doch, als wir schieden, erst anfangen mögen! Diese Vielseitigkeit, diese Gedankensprünge, diese geistreiche Formgebung im Momente, dieses neckische Spiel mit der Wahrheit oder mit dem Schein derselben – es bezauberte ...« Die Person der Autorin war plötzlich außerordentlich wichtig geworden. Bettina gewann Ansehen und wurde gleichsam zu einer Autorität erhoben. Sie sah sich in ihrem Denken und Tun in jeder Weise bestätigt.

Da Pückler seine Reisebriefe auch in englischer Übersetzung herausbrachte, lag es für Bettina nahe, ihr Werk ebenfalls in England erscheinen zu lassen. Noch während an der deutschen Ausgabe gedruckt wurde, bemühte sie sich, einen englischen Verleger für ihr Buch zu interessieren. Sie wandte sich an John Murray, der schon das berühmte Deutschlandbuch der Madame de Staël und die nicht minder denkwürdigen Wiener Vorlesungen August Wilhelm Schlegels »Über dramatische Kunst und Literatur« verlegerisch betreut hatte, und war damit zweifellos an die richtige Adresse geraten. Der Verleger setzte sich mit Sarah Austin in Verbindung, der damals maßgeblichen Übersetzerin für deutsche Literatur, die soeben die Reisebriefe des ihr befreundeten Fürsten Pückler und eine biographische Kompilation von Aufzeichnungen und Erinnerungen aus dem Goethekreis unter dem Titel »Characteristics of Goethe« ins Englische übertragen hatte. Sie war zweifellos die geeignete Persönlichkeit für die anstehende Aufgabe, aber sie riet, da sich manches mit den soeben erschienen »Charakteristiken« überschnitt, zu Kürzungen. So zweckmäßig und den Umständen angemessen dieser Vorschlag sein mochte, Bettina konnte er für ihren Erstling gar nicht gefallen, und so trennten sich die beiden Frauen alsbald wieder, wobei sich die Autorin gegenüber ihrer Übersetzerin, wie wir durch Pückler erfahren, »verkehrt, willkürlich und ungebärig« benahm. Bettina, die der englischen Sprache nicht mächtig war und sie erst erlernen mußte, faßte in absoluter Selbstüberschätzung den grotesken Entschluß, das von Sarah Austin Begonnene selbst fortzuführen. Auch wenn wir nicht die Maßstäbe moderner Linguistik und Übersetzungswissenschaft anwenden, konnte auch unter damaligen Verhältnissen ihre Absicht, dem Publikum einer anderen Nation eine einigermaßen adäquate Vorstellung von dem deutschen Original zu vermitteln, nur scheitern. Solche Skrupel waren Bettina indes fremd. Unter dem Eindruck ihres großen Erfolges in Deutschland schrieb sie selbstbewußt an den Weimarer Kanzler von Müller: »Mit großer Anstrengung habe ich das Tagebuch selber übersetzt, kein Engländer, kein Deutscher konnte die Ausdrücke dazu finden. Da ich kein Englisch kann und keine grammatikalischen Kenntnisse habe, so war das in den Augen der Philister eine Unmöglichkeit, die ich zu ihrem Erstaunen überwunden.« Und ganz ähnlich äußerte sie sich ihrem Bruder Clemens gegenüber in einem Brief vom April 1838: »Ich habe den dritten Teil meines Buches ins Englische übersetzt, ich konnte zwar kein Englisch, und ich habe deshalb die mühseligste Arbeit unter der Sonne gehabt, besonders da meine Berater erstens durchaus den Inhalt nicht begriffen, zweitens nie einerlei Meinung waren, was der eine wollte, war dem andern ein Greuel. Ich mußte mir also eine eigne Straße wählen, mit der ich zufrieden bin. Man druckt am letzten Bogen ...«

Die Hoffnungen, die Bettina in ihre Arbeit setzte, erwiesen sich als illusionär. Nachdem sie sich vergeblich nach anderen englischen Verlegern umgeschaut hatte, ließ sie auch die englische Ausgabe: »Goethe's Correspondence with a Child« in Berlin drucken. Das war für die Verbreitung des Werkes ein nicht zu unterschätzendes Hemmnis. Als dann aber die Ausgabe auch noch eine vernichtende Kritik in der maßgeblichen englischen Literaturzeitschrift »Quarterly Review« erhielt, war der Mißerfolg perfekt. Die Ausgabe, aus deren Einnahmen ein Fonds für die Errichtung des Goethedenkmals geschaffen werden sollte, geriet in die finanzielle Katastrophe. Das große Verlustgeschäft konnte mit Ach und Krach durch die Einnahmen aus der deutschen Ausgabe ausgeglichen werden. Für das Goethedenkmal blieb nichts.

Daß sie unzweckmäßige Entschlüsse faßte und Fehler beging, sah Bettina nicht ein. Ihrem Verleger begegnete sie mit Mißtrauen, sie fühlte sich von ihm ausgenutzt. Als Anhängerin des romantischen Idealismus war sie überzeugt von der Unbezahlbarkeit des geistigen Schaffens und den ungerechtfertigt hohen Gewinnen der Verleger. Als sich der Verkaufserfolg der deutschen Ausgabe abzeichnete, hielt sie es für angemessen, den Buchhändler aufzufordern, sich an den Herstellungskosten zu beteiligen, obwohl das damals in diesem Gewerbe weder üblich war noch irgendwie zuvor vertraglich festgelegt wurde. Es kam zu den für jene Zeit häufigen wechselseitigen Anschuldigungen: der Verleger empfand die Forderung seiner Autorin höchst ungerechtfertigt, und die Autorin glaubte sich ihrerseits übervorteilt. Im äußeren Schein des Triumphes ging sie noch, während die Exemplare der zweiten Auflage zum Verkauf standen, auf die Suche nach einem neuen Verleger. Aber diese Gänge erwiesen sich als überflüssig, denn die Wunschvorstellung Bettinas erfüllte sich nicht. Das Interesse des Publikums und des Verlegers ließ merklich nach, und ein wenig hatte sie selbst dazu beigetragen. Erst nach ihrem Tode kam es zu einer neuen Auflage.

Während Bettina, belastet mit den Sorgen einer alleinstehenden Frau und komplizierten Geschäften, die ersten Erfolge auskostete, traf sie im Sommer 1835 überraschend der Verlust eines ihrer Söhne. Der achtzehnjährige Kühnemund war während des Badens in der Spree bei einem Kopfsprung verunglückt und bewußtlos nach Hause gebracht worden. Es handelte sich wohl nicht bloß um eine Gehirnerschütterung, sondern gleichzeitig um einen Schädelbruch. Bettina saß nun am Krankenbett jenes Kindes, von dem sie 1817 Arnim geschrieben hatte, daß es ihr so gut gefiel, daß sie es nachts wecken muß, damit es sie nur einmal anlächelt. Er wachte auch in dieser Nacht des 24. Juni noch einmal auf und lächelte sie an, ehe er kurz darauf verschied. Wir wissen, daß sie auch diesen Tod wie schon den Arnims und Goethes gefaßt aufnahm. Bereits die Aufklärung hatte mit Lessings Schrift »Wie die Alten den Tod gebildet« dem schrecklichen gotischen Emblem des Gerippes mit Stundenglas und Hippe das tröstlichere Bild vom Lebensgenius, der die Fackel senkt, entgegengestellt. Es gehört zu den religiös-utopischen

Leitbildern der Romantik, daß sie in Übertragung christlicher Glaubensvorstellungen den Tod wie das Gehen aus dem einen Zimmer in das andere deutete oder, wie Bettina angesichts von Arnims Hinscheiden sagte, als das Durchwandern einer anderen Welt, ehe man sich wieder vereinigt.

Doch wußte Bettina beim Tod Kühnemunds ihrer Sehnsucht nach Verbindung über das Leben hinaus noch anders Ausdruck zu verleihen. Als die Vertreter der jungen Generation sie zu umschwärmen begannen und die zwanzigjährigen Studenten häufig in ihrer Wohnung auftauchten, schrieb sie an Philipp Nathusius: »Wie ich Dich zum erstenmal sah, wo ich noch wie unbekannt mit dem Licht war, nach einem großen Weh, da konnt ich keinen andern Anteil an Dir nehmen, als bloß *Ersatz,* und was mich damals Jugendliches berührte, das machte mich wehmütig, und weil Du mit einer Art Glauben an mir zu hängen schienst, so hatte sich ein heimlicher Wahn in mich geschlichen, als spräche mein Kind durch Dich zu mir, so geht es verwundeten Seelen, daß Fiebergebilde sich mit der Wirklichkeit mischen und sie trösten, bis sie wieder stark genug sind, mit der Wahrheit abzuschließen ...« Gleichsam als Medium bediente sie sich der Utopie einer Seelenwanderungslehre, um ihren Optimismus angesichts des Todes aufrechtzuerhalten.

Mehr aber noch als Sohnersatz suchte Bettina einen Zögling und Adepten, den sie mitreißen und formen konnte. Philipp Nathusius schien dafür ein geeignetes Objekt. Schon als Knabe hatte er Verse gemacht und sich für Freiheit und Volksbeglückung begeistert. Mit 16 Jahren trat er in die Geschäfte seines Vaters ein, ein weitverzweigtes Konglomerat von Brauereien, Öl, Graupen- und Kartoffelmühlen, Branntweinbrennerei, Obstkelterei, Zuckerfabrik, Ziegelei, Steingut- und Porzellanfabrik, deren Leitung er einmal übernehmen sollte. In der Freizeit frönte er weiterhin seinen zwei Leidenschaften, dem Lesen schöngeistiger Literatur und dem Dichten. Da fiel ihm im März 1835 Bettinas Goethebuch in die Hände. Er fühlte sich davon so fasziniert, daß er sich nach dem Tode des Vaters entschloß, die Verfasserin in Berlin aufzusuchen. Am 21. Oktober 1835 wurde er zusammen mit seinem Freund Elster in der Wohnung Unter den Linden 21 von Bettina empfangen, in jenem bekannten palaisartigen Gebäude des Grafen Athanasius Raczynski, wo sie die zweite Etage gemietet hatte. Die entscheidende Szene war da. Der poesiebegeisterte junge Mann gefiel. Er wurde aufgefordert, mit der berühmten Autorin in Korrespondenz zu treten. Bald schickte er von Althaldensleben seine Gedichte. Für Bettina kam ein neuer Briefwechsel in Gang.

Die Rollen sind vertauscht. War einst Goethe der angebetete Halbgott gewesen, so wird nun Bettina zum Idol erhoben, zur Muse, der Jüngling verehrt sie als Ambrosia, die Göttliche. Der jugendliche Partner aber ist das Kind, dessen poetischer Genius sich ungehemmt entfalten soll. Schon Max Prokop von Freyberg hatte sie »Kind meines Herzens« genannt. An das damals jäh abgebrochene Jugenderlebnis schien sie anzuknüpfen und versuchte es auf neuer psychologischer Ebene weiterzuführen.

Im Oktober 1836 siedelte Nathusius für einige Monate nach Berlin über. Er begründete diesen Ortswechsel damit, daß er sich zum Zwecke weiterer geistiger Ausbildung an der Universität umsehen wollte, in der Hauptsache aber ging es ihm doch wohl darum, der angebeteten Lehrmeisterin nahe zu sein. Er nahm seine Wohnung im Hause Unter den Linden 25, in der Nachbarschaft der Frau von Arnim, unter deren Aufsicht er diese neue Station seiner Lehrjahre stellte. Er kam nicht als angehender Industriemanager, sondern als kleiner Freizeitpoet, der den Ehrgeiz hatte, ein Dichter zu werden. Die Hoffnungen, die der junge Mann auf die Begegnung mit Bettina setzte, wurden zunächst auch nicht enttäuscht. Sie hatte eine Aufgabe für ihn, die ihm einen täglichen Umgang mit ihr gewährte, ja zur Pflicht machte. Er übernahm die Korrekturen der zweiten Auflage von »Goethes Briefwechsel mit einem Kinde«, eine sehr interessante Arbeit, weil die Autorin jeden ihrer Briefe persönlich kommentierte. Der neue Gehilfe legte sich ein Heft an, »Brosamen von Ambrosia, aus Gesprächen mit Bettine«. Hatte sie bereits ihren Eckermann gefunden? Goethes Eckermann war arm, Nathusius dagegen reich. Das hatte einen großen Vorteil: sie brauchte nicht für den Unterhalt dieses »Sekretärs« aufzukommen. Allerdings blieb er dadurch auch unabhängig, eine Gefahr, wie sich bald zeigte.

Als Philipp Nathusius nach fünf Monaten Berlinaufenthalt Anfang 1837 nach Althaldensleben zurückkehrte, war Bettina für ihn ein bewundernswertes Vorbild. In seinen Augen verkörperte sie die Idee der »Größe« und der »Göttlichkeit«, das Prinzip des künstlerischen Schaffens und der Inspiration; er verehrte sie als Vertreterin der Wahrheit und absoluten Weisheit. Die Anerkennung, die sie brauchte, ward ihr von ihm im höchsten Maße zuteil. Ein erotisches Objekt jedoch war sie für ihn nicht, und darin lagen die Grenzen seiner Anhänglichkeit. Beide schauten beim Abschied mit verschiedenen Plänen in die Zukunft. Bettina wünschte, daß er nach Göttingen ginge, um unter Aufsicht der Brüder Grimm die Ordnung und Herausgabe des Nachlasses Achim von Arnims zu betreiben. Der junge Nathusius träumte von einer ausgedehnten Bildungsreise nach Italien und Griechenland, und so schüchtern war der poesiepassionierte Neuling durchaus nicht, daß er sich von dem Prestige Ambrosias hätte erdrücken lassen. So reichten seine Freundschaft und Dankbarkeit wie ihre Autorität nicht aus, ihren Willen durchzusetzen. Am 9. September desselben Jahres brach der Zweiundzwanzigjährige zu seiner großen Reise auf.

Länger als ein Jahr blieb der Globetrotter Nathusius unterwegs. Bis nach Griechenland und Kleinasien führten ihn seine Wanderungen. Der ihm im Briefwechsel gegebene Name Ilius Pamphilius erinnert an diese Schauplätze und erhob den etwas bläßlichen Altmärker zum unsterblichen Griechenjüngling. Mit der Hoffnung auf künftigen literarischen Ruhm kehrte er im Oktober 1838 in die Heimat zurück. Hier veröffentlichte er ein Bändchen Nachdichtungen »Hundert und drei Lieder des Pariser Chansonnier P. J. de Béranger« und dann eine als »Probesammlung« deklarierte Ausgabe »Fünfzig Gedichte« seiner eigenen Produktion. Diese Publikationen bedeuteten jedoch mehr den Abschluß einer jugendlichen Periode, denn inzwischen drängte es ihn, sich in die öffentliche Meinungskämpfe einzuschalten. Bei seiner Rückkehr fand er Deutschland in eine die Gemüter erhitzende Auseinandersetzung zwischen der preußischen evangelischen Staatsführung und der katholischen Kirche verstrickt. Der alte Machtkampf um die ideologische Vorherrschaft zwischen Staat und Kirche war an der Frage der bedingungslosen Einsegnung von Mischehen aufs neue entbrannt, und so kam es zur Inhaftierung des widerspenstigen Kölner Erzbischofs. In diesem Streit hatte Joseph Görres mit einer Schrift »Athanasius« für die katholische Kirche Partei ergriffen. Gegen ihn wandte sich Philipp Nathusius mit einer Gegenschrift unter dem Titel »Ulrich von Hutten«.

Dieser literarische Husarenritt gefiel Bettina gar nicht. Weder in ihrer Weltanschauung noch in ihrer Praxis spielten der Unterschied der beiden Konfessionen und ihre Zänkereien eine Rolle. Auf das Phänomen der subjektiven Religiosität schwörend, lehnte sie überhaupt jede dogmatische Lehre ab. Der von Nathusius festgestellte Gegensatz zwischen Ultramontanen und Lutherisch-Orthodoxen war ihr nichts weiter als ein Rückfall in die kirchenpolitische Philisterei der Vergangenheit. Nicht so für Nathusius, der damit seine Karriere als Publizist der »Kreuzzeitung« und des streng kirchlich-konservativen »Volksblattes für Stadt und Land« eröffnete, dessen Redaktion er im Februar 1849 übernahm.

Ein Grund zum Bruch war diese Meinungsdifferenz nicht. Bettina mochte sich einreden, daß es sich da um leicht korrigierbare Jugendtorheiten ihres Schützlings handele. Wirklich steckte etwas von einem deutschen Musensohn in Pamphilius, aber noch heftiger drängte es ihn zu einer Tätigkeit in der Öffentlichkeit. Das war im Jahrzehnt jungdeutscher Aktivitäten und Unklarheiten nichts Ungewöhnliches. Auch Gutzkow hatte eine Schrift gegen den »Athanasius« von Görres geschrieben: »Die rote Mütze und die Kapuze«, die 1838 bei Hoffmann & Campe in Hamburg erschien und am 30. Januar 1840 konfisziert wurde. Die Enttäuschung kam von einer Seite, die Bettina in ihrer Selbstsicherheit offenbar gar nicht in Rechnung gezogen hatte. Auf einem Ball in Magdeburg lernte Nathusius die Pfarrerstochter Marie Scheele kennen, und im August 1840 verlobte er sich mit ihr auf einer Harzreise. In den Augen Bettinas war das junge Mädchen natürlich eine unbedeutende Person, eine kleine nichtssagende Pietistin. Es war ihr unbegreiflich, wie ein Jüngling, der sich bei ihr in der Schule des Genies befand und sie als Ambrosia anbetete, sich in eine Gans aus Pfarrers Garten vernarren konnte. Marie, die später eine nicht unbedeutende christliche Romanschriftstellerin wurde, hatte ihren Vater auf Visitationsreisen begleitet und bei dieser Gelegenheit das Leben des Landadels und der Dorfbewohner beobachtet. Sie hat zweifellos mit ihrer überzeugten christlichen Ethik auf den unklaren und unentschiedenen Nathusius eingewirkt, daß er sich aus der Hörigkeit, in der ihn die »romantische Sibylle« in Berlin hielt, mit vielen Skrupeln befreite. Anläßlich einer Berlinreise stellte er seine Verlobte auch Bettina vor. Sie belehrte das junge Mädchen mit ihren Offenbarungen zum Thema Liebe. Aussprüche wie »Treue dürfe man nicht weiter verlangen, als man geistig etwas zu geben habe« waren gar nicht nach Maries Sinn. Bettinas Autonomie schreckte eher ab, als daß sie überzeugte. Ein Disput zwischen Jugend und Alter war nicht mehr möglich; wenn sie sich auf den Standpunkt zurückzog: »... man kann einen Charakter wie den meinen nicht aus den Angeln heben, denn er ist stärker als die Hebel, die man anzulegen vermag. Die Zukunft wird einstimmen in den Grundton meines Geistes, und der wird ihre Modulationen leiten und stützen, des sei gewiß.« Einen Vergleich mit der Braut lehnte sie ab. Die Anzeige der Vermählung nahm sie als endgültigen Scheidebrief.

Ihr Geist, ihre Liebenswürdigkeit, ihr Prestige hatten nicht verfangen. Sie war eben »ein kleines altes Frauchen«, wie der Student Heinrich Grunholzer in sein Tagebuch schrieb, nur wollte sie sich das nicht eingestehen. Bettina konnte sich nicht zum Altwerden entschließen. Auch wenn wir heute fragen, was wohl die berühmte Frau an dem unbedeutenden jungen Man gefunden haben mag, bleibt das Ergebnis, daß sie im Wettkampf mit der Jugend unterlag. Jedoch war ihre schöpferische Kraft nicht versiegt, ihr Lebenswille ungebrochen und zur Mutlosigkeit kein Anlaß. Durch diese Erfahrung gereift, hielt sie sich erst recht für fähig, den Menschen zu historischer Mündigkeit zu führen und an der Vervollkommnung der Welt zu arbeiten.

23.
Hilfe für die Brüder Grimm

Etwa zu derselben Zeit, als sich in Westfalen und in den Rheinlanden der Streit zwischen katholischer Orthodoxie und der preußischen Staatsführung bis zu Tumulten zuspitzte und der Erzbischof von Köln auf die Festung Minden geschickt wurde, erregte ein Willkürakt des Königs von Hannover die Gemüter in Deutschland nicht minder. Die Bewohner der Gebiete an der unteren Elbe, Weser und Ems hatten unter der Nachwirkung der Pariser Julirevolution im Jahre 1833 eine Verfassung erhalten, die dem Staaatsbürger gewisse Rechte garantierte. Als im Sommer 1837 der englische Herzog von Cumberland Ernst August, ein Anhänger des vorrevolutionären absoluten Despotismus und des restaurativen Polizeistaats, den hannoverschen Thron bestieg, setzte er als strenger Royalist und im Einverständnis mit dem Führer der Adelspartei das Staatsgrundgesetz außer Kraft und löste die Ständeversammlung auf. Von den Dienern des Staates, zu denen auch die Professoren zählten, verlangte er einen neuen Dienst- und Huldigungseid auf seine Person. Die Bevölkerung war bestürzt, fügte sich indes. Nur sieben Professoren der Universität Göttingen, der Historiker Dahlmann, der Jurist Albrecht, der Literarhistoriker Gervinus, der Orientalist Ewald, der Physiker Weber und die Brüder Grimm, protestierten öffentlich gegen den Verfassungsbruch. Sie hielten sich durch den abgelegten religiösen Eid und als Vorkämpfer des liberalen Rechtsstaates weiterhin an das frühere Staatsgrundgesetz gebunden. Das mutige Auftreten der sieben Wissenschaftler, das unter der Losung »Protest der Göttinger Sieben« in die Annalen der deutschen Geschichte einging, hatte eine große Signalwirkung für das gesamte oppositionell gerichtete Bürgertum in Deutschland. Von überallher kamen Sympathieerklärungen, Zuschriften, Adressen. Es entstanden Gedichte, Lithographien, Kupfer- und Stahlstiche, und in vielen Städten bildeten sich Göttinger Vereine. Zu Geldsammlungen wurde aufgerufen. Der hannoveranische König ließ seinem Ausspruch gemäß: »Professoren, Huren und Tänzerinnen könne man überall für Geld haben« die sieben aufrechten Wissenschaftler entlassen. Die besonders mißliebigen Professoren Dahlmann, Gervinus und Jacob Grimm hatten innerhalb von drei Tagen das Land Hannover zu verlassen. Auf Grund seiner weitreichenden dynastischen Beziehungen war er entschlossen, eine Berufung der Entlassenen an eine andere Universität zu verhindern.

Auch in Berlin bildete sich unter Leitung des liberalen Rechtswissenschaftlers Eduard Gans ein Göttinger Verein, und der junge Niebuhr schrieb am 23. Dezember an Dahlmann: »Viele gibt es hier, die nicht nur fühlen, sondern auch Gedanken und Worte wagen; dazu gehören auch die mir am Nächstenstehenden, besonders Savigny und Bettina Arnim, die untröstlich ist und nach Kassel zu Grimms will.« Jacob Grimm war in Marburg einer der ersten Schüler Savignys gewesen und dann im Jahre 1805 sein Sekretär in Paris. Seit dieser Zeit kannte ihn auch Bettina. Im Herbst 1807 lernte Achim von Arnim ihn zusammen mit seinem Bruder Wilhelm kennen, eine Begegnung, aus der sich eine enge Freundschaft für das ganze Leben entwickelte. Nach einem Besuch in Kassel Anfang des Jahres 1812 notierte Wilhelm: »Die acht Tage, wo der Arnim dagewesen und die Bettina, waren wie ein heller Himmel in den Gedanken. Ich habe beide von ganzem Herzen lieb, wie ich es nicht sagen kann.« Damals regte Arnim die Veröffentlichung der Grimmschen Märchen an und suchte dafür in Berlin einen Verleger. Vor Weihnachten 1812 erschien die erste Ausgabe dieser Sammlung mit der Widmung »An die Frau Elisabeth von Arnim für den kleinen Johannes Freimut«. An diesem freundschaftlichen Verhältnis hatte sich in der Zwischenzeit nichts geändert; es hatte sich in seinem geistig-politischen Gehalt nur noch vertieft. Für Bettina war es Ehren- und Herzenssache, die aus Göttingen verjagten, im Kasseler Exil vegetierenden Brüder mit allen nur möglichen Kräften zu unterstützen, sie möglichst in ein öffentliches Amt zu bringen, und zwar dort, wo sie den meisten Einfluß hatte, in Berlin.

Eine solche Berufung war freilich nicht so leicht ins Werk zu setzen, wie sich das Bettina vorstellte. Der König von Hannover hatte auch Verbindung zum preußischen Hof, und nicht nur dynastische. Er hatte eine Schwester der Königin Luise geheiratet und war der Schwager König Friedrich Wilhelms III. Eine Berufung war gegen den Starrsinn des alten Herrn kaum durchzusetzen. Wie man in der königlichen Familie über die Vorgänge in Hannover dachte, illustriert die provokante Frage, die einer der Prinzen dem jungen Savigny, der seit 1837 in preußischen Regierungsdiensten stand, auf einem Hofball stellte: »Sind Sie ein Sohn des Mannes, der die Infamie begangen hat, für die Göttinger Professoren Geld zu sammeln?« Dabei hatte sich der Vater an der Sammelaktion wohlweislich gar nicht beteiligt; das konnte man nur von der Tante Bettina von Arnim sagen. Deren Eifer nahm zuweilen beängstigende Ausmaße an, so daß Jacob Grimm am 19. August 1838 an Dahlmann schrieb: »Bettine will nächste Woche uns besuchen, wovor mir bangt. Sie betreibt wie alle Frauen... die Angelegenheiten zu hitzig und unablässig und jagt einen Plan mit dem andern. Ich habe ihr geschrieben, sie solle doch unsertwegen den Altenstein in Ruhe lassen; wenn der Mann von ihr geplagt wird, verspricht er ihr, um sie loszuwerden, was er hernach nicht erfüllen kann...«

Wilhelm Grimm, den der königliche Bannstrahl nicht ganz so

hart getroffen hatte, hielt sich zu jener Zeit mit seiner Familie noch in Göttingen auf. Im Oktober 1838 zog nun auch er nach Kassel, um mit dem Bruder wieder vereint zu sein. Bettina tauchte mitten im Umzug auf. Jacob schildert ihren Besuch in dem Brief an einen Freund: »Mitten im Auspacken traf Bettine ein, deren Besuch uns schon lange zugedacht war. Da wurden nun nicht länger Sachen ausgepackt und geordnet, sondern die mannigfachsten Erzählungen vernommen, die kühnsten Pläne über unsre Zukunft angehört und besprochen, auch eine neue Ausgabe von Arnims Werken, bei der wir mit anstehn sollen, überschlagen. Bettine sah aber doch unsre Unruhe und Unordnung ein und blieb mit ihren Kindern (dem ältesten Sohn und der liebenswürdigen Gisela) nur zwei Tage.«

Das praktische Ergebnis der Reise war die Arbeit an der Herausgabe der »Sämtlichen Werke« Achim von Arnims, deren zwei erste Bände mit einem Vorwort Wilhelm Grimms im folgenden Jahr erschienen.

Bettinas Impulsivität, Ungeduld und Ruhelosigkeit, die ihr Eintreten für die Sache der Brüder Grimm begleiteten, führten zunehmend auch zu Spannungen mit ihrem Schwager Savigny. Die beiden Menschen kannten sich seit ihrer frühen Jugend, standen nicht nur formal im engen Verwandtschaftsverhältnis, anerkannten sich als Gleichgesinnte und Freunde im fast täglichen Umgang. Dabei waren sie charakterlich fast Kontrasttypen, wenn man an Savignys Ordnungssinn, Gründlichkeit und seine Neigung zur Bedächtigkeit denkt. Seine einflußreiche Stellung im Staate schien ihr ein erfolgversprechender Hebel bei ihren Bemühungen in der Grimmschen Angelegenheit. Savigny war ja nicht nur einer der angesehensten Professoren der Universität Berlin und der führende Kopf der sogenannten historischen Rechtsschule, sondern auch Mitglied des Staatsrates, der höchsten beratenden Körperschaft der Krone, eine Vertrauensstellung, die ihn für den Rang eines Ministers gleichsam vorbestimmte. Aber gerade diese hohe Stellung im Staat engte seine Handlungsmöglichkeiten auch beträchtlich ein, und er war sich dieser Lage völlig bewußt. An öffentlichen Solidaritätsaktionen für die Göttinger Professoren beteiligte er sich nicht, er stellte den Brüdern aber unmittelbar nach dem Eklat private Geldmittel zur Verfügung. Dazu schrieb er: »Ich habe für Euch beide ein Gefühl wie für nahe Blutsverwandte, dieses trieb mich, Euch die

Annahme zuzumuten, und dieses konnte Euch auch die Annahme, sollte ich meinen, nicht verweigern lassen.«

Savigny zeigte zu dieser Zeit zwei Gesichter: In der Öffentlichkeit trat er als treuer Garant des reaktionären preußischen Staatsapparats auf und im Privatleben als Zeitgenosse der Humanitätsepoche, der versuchte, »eines Freundes Freund zu sein«. Aus diesem Widerspruch ergab sich die taktische Linie seines Verhaltens. Er versuchte öffentlich die Protesthandlung der Grimms herunterzuspielen und stufte sie als »Mitläufer« und »Verführte« ein. Auf diese Weise glaubte er sie auch mit staatlichen Mitteln unterstützen zu können. Als im August 1838 auf Initiative Leipziger Verleger das Mammutunternehmen eines historischen Wörterbuchs der deutschen Sprache zur wirtschaftlichen Sicherung der Existenz der beiden Wissenschaftler ins Leben gerufen wurde, erklärte er Wilhelm Grimm in einem Brief vom 28. März 1839 seine Bereitschaft, bei der Berliner Akademie eine finanzielle Hilfe für das Wörterbuchunternehmen zu erwirken. Bettina freilich hatte ganz anderes im Sinn. Voll Unmut schrieb sie am 2. April 1839 an ihren Bruder Clemens über die Entwicklung der Affäre: »Ach, die lieben Grimms, diese einzigen Menschen, voll reiner Milde, verraten und verkauft von allen, sie, die jeder in den Mund nahm, ihnen kleinlich ihr Stückchen Ruhm in der Wissenschaft zuzumessen, man gönnte es ihnen, weil man glaubte, er greife nicht ein in den höheren Rang, zu dem jeder einzelne sich selber zählte, in dem großen Staate, und jetzt sagt man: Ja, diese guten Grimms sind verführt, sie meinen's nicht böse, sie verstehn nicht, was ihres Amts ist, Gelehrte geht das politische Treiben der Welt nichts an, sie konnten in ihrem Reich bleiben, man muß ihrer nicht erwähnen, um ihnen nicht zu schaden pp.«

Bettina, die den Standpunkt der individuellen Gedanken- und Meinungsfreiheit vertrat und für Gerechtigkeit plädierte, entrüstete sich über den Opportunismus der Berliner Beamten und Gelehrten, die sich nach der Gesinnung des Dynasten, des Hofes und der Regierung richteten und mit ihren Bedenken und Erwägungen jede rasche Hilfsaktion verzögerten. Die zwischen Opportunität und Überzeugung hin und her trippelnden Professoren sahen sich ihrerseits in ihrem guten Willen verkannt und beschwerten sich über Frau von Arnims üble Nachreden. So schrieb Lachmann, der Ordinarius für klassische und germanische Philologie an der Universität: »Ich höre, sie sagt in der Stadt herum: ›Der Savigny und der Lachmann sind dumme Kerls, sie verstehe die Grimms gar nit, sie sind auch gar nit wert, sie zu verstehe, es sind die einzige Mensche in der Welt, die ich lieb hab.‹« Gegen diese Vorwürfe verteidigte Jacob die Freundin am 27. Juni: »Vielleicht hat Euch Bettinens allzu sichtbare Tätigkeit für uns mißfallen und gereizt? Das ist bald gesagt, daß sie übertreibt, überladet, nach Frauenweise hindert, stört und einiges verwirrt, aber das ist ihr auch schwer nachgetan, so viel treuen Anteil warm und unermüdlich zu erweisen. Ich sehe nicht, was sie ausrichten soll oder kann, danke ihr doch für ihre liebevolle Sorge und Verwendung.«

Ende September war sie wieder in Kassel. Wie innerlich gelöst sie die Reise begann, berichtet sie auf einem Konzeptblatt. Sie stieg abends gegen 11 Uhr bei aufgehendem Mond in den Wagen und fuhr durch den Tiergarten nach Potsdam, »ganz allein ohne Kammerjungfer noch Bedientem«. »Wie war ich froh, allein zu sein, wie war die ganze Welt, als hätt es im Paradies nicht schöner sein können! Die schönsten Lieder von Goethe fielen mir ein, ich sang sie mit lauter Stimme; der Postillion fand Geschmack daran, wir machten ein kleines Konzert und wechselten ab zwischen Horn und Gesang, oder auch ich sang die zweite Stimme zu seinem Stückchen. Ein bißchen geschlafen hab ich auch in dieser schönen Septembernacht, aber nur leicht, denn das Vergnügen ließ mich nicht dazu kommen. Mein eigner Herr zu sein, nicht von Sorgen, von Ansprüchen berührt, ungeteilt meinem Glücksgefühl nachzuhängen, das tat mir so wohl …«

In Wolmirstedt in der Nähe von Magdeburg holte sie einen ihrer studentischen Freunde, Julius Döring, ab, der hier am Gericht seine praktische Ausbildung als Jurist betrieb. In Kassel verlebte sie dann »himmlische Tage, wie sie keiner aufzuweisen vermag, der nicht unter die Seligen rechnet«. Ganz so selig äußerten sich die Grimms nicht. Jacob schrieb an Dahlmann: »Bettinens Gegenwart bringt mich eigentlich aus meinen Fugen, sie ist ein überlaufender Brunnen, der sich und andere nicht zu ruhigem Maß der Gedanken kommen läßt. Sie nimmt sich unser treulich an, aber was kann sie tun? Zwischen dritten Personen verwirrt und stört sie manchmal unwillkürlich.«

Am 8. Oktober kehrte Bettina von Kassel heim. Sie zog sich auf die »Campagna die Baerwalde« zurück, um ihrem Schwager schriftlich Bericht zu erstatten. Wiepersdorf war noch immer an einen Amtmann verpachtet. Bequem oder gar komfortabel lebte es sich auf dem »Ritterschlößchen« nicht. Die Ziegel flogen vom Dache. Die Türen knarrten und sperrten. Die Fenster saßen lose, und manche Scheibe war zerbrochen. Der kalte Herbstwind drang ins schlecht geheizte Zimmer. Aber gemeinsam mit ihren Töchtern lachten und sangen sie sich warm, wie sie schrieb. Noch um Mitternacht fand sich die Mutter am Schreibtisch. Bogen um Bogen füllte sie, der Bericht gestaltete sich zum Lebensrückblick, zur Darlegung des Konfliktstoffes, zur Selbstverständigung über den eigenen Standpunkt, zur Auseinandersetzung mit dem Verhalten Savignys, zum Abgesang auf ihre Freundschaft. Es wurde ein Brief von acht Bogen, wie sie an Nathusius schrieb. Im Druck sind das etwa dreißig Seiten. Datiert ist dieses wichtigste Selbstzeugnis Bettinas aus den dreißiger Jahren mit dem 4. November 1839.

Dieser Brief geht über die Darlegung privater Streitigkeiten weit hinaus; er ist in einem sehr tiefen Sinn ein Dokument der Zeit. Letztlich ging es um die gesellschaftliche und nationale Sendung des Gelehrten und Wissenschaftlers in der großen Vorbereitungsperiode der bürgerlichen Revolution von 1848. Diese Sendung wurde von Savigny negiert, weil er den windstillen Zustand wünschte, und von Bettina leidenschaftlich bejaht, weil sie für jungdeutschen Sturm und Drang war. Da sie aber die politisch-persönlichen Hintergründe der Ablehnung nicht gelten ließ, geriet ihr »Memorandum« zu einer moralischen Verurteilung der philiströsen Bürokraten als Staatsverleumder. Ähnlich wie die Junghegelianer dieser Jahre sah sie Preußen auf dem Weg zu einem idealischen Staat, der das hohe Beispiel unverfälschter Politik zu geben berufen und das Prinzip der Freiheit gegen alle reaktionären Kräfte durchzusetzen in der Lage sei. Nur feige, unwürdige Staatsdiener, die die Fürsten wie Automaten behandeln, verhindern, seiner Größe entsprechend zu handeln. »Ihr haltet den Fürsten nur die Reden, auf die sie eingerichtet sind zu antworten, ohne aufzuwachen; denn die Wahrheit würde sie wecken, und sie wären dann keine Automaten mehr, sondern selbständige Herrscher, und die Staatsklugheit würde dann nicht mehr mit Niederträchtigkeit verbunden sein, sondern in Weltklugheit sich verwandeln, die aus Gottes Weisheit ausfließt.« Bettinas Utopie vom »Volkskönigtum« kündigte sich an.

Seltsamerweise schien ihr die historische Nahentwicklung recht zu geben. Am 22. April 1840 schickte sie das Mammutschriftstück, bei dessen Lektüre Savigny gleich klar war, daß es mehr für ein Publikum als für ihn niedergeschrieben sei, an den preußischen Kronprinzen, der es am 15. Mai beantwortete. Am 7. Juni starb Friedrich Wilhelm III. Der neue König, der nicht weniger autokratisch als der alte gesinnt war, aber die scheinliberale Geste liebte, distanzierte sich zwar von Bettinas Vorwürfen gegen Savigny, der ihn einst als Kronprinz in Rechtswissenschaften unterrichtet hatte, war aber auch geneigt, etwas für die aus Hannover vertriebenen Grimms zu tun. Schon im Juli kursierte das Gerücht, daß beide nach Berlin gerufen würden. Ende Oktober ließ Friedrich Wilhelm IV. der Frau von Arnim durch Alexander von Humboldt mitteilen, daß er entschlossen sei, die Brüder zu berufen. Anfang November erreichte der offizielle Ruf des preußischen Kultusministers die beiden Gelehrten. Im März 1841 siedelten sie mit Sack und Pack von Kassel nach Berlin um. Sie ließen sich am Rande des Tiergartens in der damals neu angelegten Lennestraße nieder, »fast wie in einem Landhause, auf der einen Seite von Gärten, auf der andern von Eichbäumen umgeben«.

Diese Rehabilitierung ihrer Freunde konnte Bettina auch als ihren Erfolg und zugleich als einen Sieg über den Opportunismus ihres Schwagers verbuchen. Die Ideen ihrer großen brieflichen Darlegungen über den preußischen Staat und die staatsschädigende Handlungsweise Savignys schienen durch die Wirklichkeit unwiderlegbar bestätigt.

Am 5. Februar 1839 hatte sie geschrieben: »Die großen Herrn sind besser, als man glaubt, sie haben Respekt vor Aufrichtigkeit, und am Ende wollen sie doch auch nicht Unrecht tun, und wenn sie das Recht erkennen, dann werden sie beistimmen ...« Diese Einschätzung beruhte zwar auf einer idealistischen Verkennung der dynastischen Interessen. Aber der augenblickliche Erfolg schien eine Annäherung an diesen Hoffnungs- und Erwartungshorizont als möglich und realistisch zu versprechen. Der Sieg im Kampf um die Rehabilitierung der Brüder Grimm trug nicht wenig dazu bei, sie in Richtung auf ein bewußtes Engagement als politische Schriftstellerin vorwärtszustoßen.

24.
Initiativen für Schinkel und den Maler Blechen

Daß sich im gesellschaftlichen Leben der dreißiger Jahre viele Veränderungen ergaben und eine neue Zeit jetzt offenbar neuer Menschen und Maßnahmen bedurfte, hat neben vielen anderen auch Bettina erkannt. So unsympathisch ihr die damalige Geschichtswissenschaft war, für die Wandlungen im Zeitgeschehen besaß sie ein feines Gespür, vor allem natürlich, sofern sie sich im kulturellen Bereich abspielten. Vieles von dem, was sie beobachtete, mochte nur halb verstanden sein, sie kam aber durchaus zutreffend zu der Erkenntnis, daß die große klassische Literaturperiode mit Goethes Tod zu Ende war. Darin stimmte sie übrigens mit so unterschiedlichen Geistern wie Heinrich Heine und Franz Grillparzer überein. Nach ihrer Einschätzung befand sich die Literatur nicht mehr auf der Höhe Goethes und Schillers, sondern im Prozeß der Zersetzung und im Zustand des Epigonalen. Sie sah jedoch in dieser Minderung der dichterischen Schaffenskraft kein Symptom eines allgemeinen Verfalls der Gesellschaft, vielmehr kündigte sich ihr darin ein entscheidender Wandel im Raum des kulturschöpferischen Bereichs an. Die Literatur trat in den Hintergrund, und statt dessen erhoben sich Malerei und Plastik zur maßgebenden Kunst der Gegenwart. Diese Schlußfolgerung zog sie aus ihren persönlichen Erfahrungen, die sie vor allem im Umgang mit Berliner Künstlern, insbesondere in der Freundschaft mit Karl Friedrich Schinkel, sammelte. Sie erlebte die große Bauperiode der preußischen Hauptstadt nach den Befreiungskriegen lebendig mit und war von Schinkels Plänen zur künstlerischen Ausgestaltung der Stadt fasziniert. Ihn zählte sie zu den Genien Deutschlands, und es ist für einen, der um Bettinens »Geniereligion« weiß, nicht verwunderlich, daß sie, obgleich Mutter einer großen Kinderschar, diesem Künstler eine so »exaltierte Freundschaft« entgegenbrachte, wie es die schwedische Journalistin Silfverstolpe im

Jahre 1826 konstatierte. Aber neben Schinkel, den sie mehr noch wegen seiner hohen malerischen Talente verehrte als wegen seiner architektonisch-baukünstlerischen Leistungen, stand sie mit fast allen hervorragenden Malern und Bildhauern Berlins in persönlichem Kontakt, und es gab keine Kunstausstellung, die Bettina nicht besucht hätte. Selbst Achim von Arnim trat 1826 dem Kunstverein bei, weil er dessen Tätigkeit als zeitgemäß und nützlich einschätzte angesichts einer Situation, wo der Staat immer geringere Mittel für die Kunstförderung zur Verfügung stellte und der preußische Hof als Mäzen mehr und mehr versagte.

Das hatte sich auch wieder beim Bau des Schinkelschen Museums am Lustgarten gezeigt, das im August 1830 der Öffentlichkeit übergeben wurde. Auf Verwendung kostbaren Materials, das sich der Künstler gewünscht hatte, war verzichtet worden wie auch auf die Ausführung der geplanten Wandbilder im Vorraum mit der berühmten Säulenfront. Über dieses mangelhafte Kunstverständnis war nicht nur Bettina empört. Sie aber schrieb zu dem Thema der Museumswandgemälde, die Projekt geblieben waren, einen Aufsatz, den sie 1834 anonym in Pücklers berühmtem Buch »Andeutungen über Landschaftsgärtnerei...« veröffentlichte. Es war Bettinas erste gedruckte Verlautbarung als Schriftstellerin, die Pückler mit der Floskel einleitete, daß er einem »gebildeteren Geist« und einem »kompetentern Richter« das Wort erteile und daß der Aufsatz die »beste Würze« seines Buches sei.

Den König wegen seiner Knausrigkeit öffentlich zu tadeln war zu diesem Zeitpunkt noch nicht möglich. So beschritt Bettina den Weg der indirekten Kritik, indem sie ein Glanzbild vom fürstlichen Mäzenatentum entwarf, den Spiegel vom Weimarer »Musenhof« vorhielt und dabei dem preußischen König Friedrich Wilhelm III. gleichsam die Rolle des Herzogs Karl August antrug, um auf die volle Höhe der Zeit zu kommen. Sie erläuterte: »So wie es die Bedingung von Goethes Zeit war, durch Poesie dem Leben einen höheren Schwung, eine höhere Bedeutung zu geben, so scheint den jetzigen Zeitmoment die bildende Kunst herauszufordern, alles, was sich für die idealische Ausbildung erschwingen läßt, für sie zu verwenden; so muß es daher auch das Streben der jetzigen Zeit sein, das, was als echte Kunst diesen Geist realisiert, in sich aufzunehmen und das

Neue der Idee nicht zu leugnen, sondern mitzuempfinden, mitzuentwickeln.«

Daß die Zeit für die großzügigste Kunstförderung reif war, dafür sprach das Auftreten eines Genies wie Schinkel, und enthusiastisch entwarf sie die Apotheose vom neuen Kunstmagier, der jeden Beistand verlangen darf. »Auch in unserer Mitte sucht sich das Genie eine Bahn und schreitet mit sichtbaren Kennzeichen seiner Reichhaltigkeit, seines Übergewichts und seiner Ursprünglichkeit ähnlichen Strebungen zuvor. Wenn der Dichter einer Zeit, die sich ihm willig hingab, in allen Herzen Begeisterung erweckte, so lebt in unserer, dem Genie nicht allzu beugsamen Zeit ein Künstler, der in allen Klassen des Bildungsfähigen von Stufe zu Stufe eine ununterbrochene Wirkung hat, dem es ein rastloser Eifer ... unmöglich gemacht hat, eine nicht gekannte unendliche Kette von Eingebungen an bekannte Begriffe und Erfahrungen anzuknüpfen, das Eigentümlich selbst dem Gewöhnlichen einzuflößen, und so zur Kunst zu erheben, was früher Handwerk war ... Seine Skizzen der für die Säulenhalle des Museums bestimmten Wandgemälde werden von jedem Kunstverständigen anerkannt werden, und wenige werden sie sehen, ohne von der Rührung, die dem bloß Schönen sich erzeugt, tief durchdrungen zu sein.«

Für Schinkel wie für Bettina galt die Kunsttätigkeit als die Blüte der Kulturentwicklung. Das ganze Leben der Epoche sollte aus künstlerischem Geist reformiert werden. Es ging nicht nur darum, daß zwei große Wandbilder ins öffentliche Leben übertragen werden sollten. Wo eine künstlerische Persönlichkeit von so überragendem Format auftritt, da bildet sich eine »Kunstschule«, in der sich viele Gesellen um einen Meister scharen und die zahlreichen mittleren und kleinen Talente würdige Aufgaben zur Betätigung finden. An Bildern wie die Entwürfe »Götterreich« und »Menschenleben« für die Vorhalle des Museums erhalten die im Dunkel tappenden unreifen Kunstjünger Normen und Vorbilder, an denen sie studieren und ihre Tüchtigkeit erproben können; sie brauchen nicht mehr nach Italien zu ziehen, um ihr Talent auszubilden. Aber es wäre abwegig, die Wirksamkeit solcher öffentlich angebrachten Meisterwerke als eine bloß kunstinterne Angelegenheit anzusehen. Bettina ruft aus: »Welchen neuen einzigen Reiz es unserer Stadt verleihen würde, welchen hohen Rang es ihr als Kunststadt geben, wie lockend es ihren Gästen sein müßte!«

Bei König Friedrich Wilhelm III., dem Zögernden und Knausrigen, zündete der Appell damals nicht. Aber völlig vergeblich hatte ihn Bettina nicht geschrieben. Nach der Thronbesteigung Friedrich Wilhelms IV. kam die Ausführung der Entwürfe doch noch in Gang. 1844 war die linke Seite der Vorhalle vollendet, 1847 die rechte Seite. Schinkel hat das nicht mehr erlebt, und heute existieren die zwei Wandbilder nicht mehr. Mit der Zerstörung des Museums im Zweiten Weltkrieg gingen auch sie verloren. Bei der Rekonstruktion wurde auf die Wiederherstellung der Wandmalereien verzichtet.

Bettinas Ausführungen zu den Schinkelschen Wandbildentwürfen setzen noch das intakte Mäzenatentum des »aufgeklärten Fürsten« voraus. Aber Adressat war nicht nur der König; sie wandte sich an alle, die sich für Kunst interessierten, vor allem an die für die staatliche Kunstpflege Verantwortlichen. Das fürstliche Mäzenatentum stand deshalb im Vordergrund, weil sie für die Durchführung ihres Anliegens von den fürstlichen Machtbefugnissen abhängig war. Daneben gab es aber bereits eine ganz anders geartete bürgerliche Kunstförderung, die sich in Kunstvereinen zu Wort meldete, auch von einzelnen Kunsthändlern und Kunstfreunden betrieben wurde. Diese neue Form des aktiven Einsatzes für Kunst und Künstler lag Bettina viel näher, und sobald die Verhältnisse das forderten, tat sie ihr Bestes. So zeigen zum Beispiel ihre Aktivitäten für den erkrankten Maler Karl Blechen deutlich, mit wieviel Engagement, Ernst, Organisationstalent und Eifer sie sich solcher Aufgabe widmete.

Blechen gehörte zu jenen genialen Persönlichkeiten, deren Kräfte sich unter den elenden Bedingungen der Restaurationsepoche vorzeitig zerrieben. Er, der sich neue Aufgaben in der Kunst stellte, erlahmte unter dem Unverständnis und der Geringschätzung seiner Zeitgenossen. Blechen prallte »von allen Seiten an das mauerfeste Gefängnis der Philisterwelt, die ihn umgab. Kaltes Mißverstehen, blödsinniges Urteil, neidisches Verzerren seiner gigantischen Versuche machten ihn rasend.« So zumindest sah es Bettina.

Seit Blechen die Akademie-Ausstellung beschickte, waren ihr seine Bilder aufgefallen. Im Jahre 1832 erwarb sie von ihm eine große Landschaft im Format 90 x 130, die damals den Titel »Der

Nachmittag auf Capri« trug. Es zeigte einen Blick über die berühmte Meeresbucht auf den Felsen mit dem Kap des Tiberius bei strahlender Sonne, gemalt in einer ungewöhnlichen Technik der Lichtwiedergabe, die den Impressionismus vorwegzunehmen scheint. Es bleibt zu vermuten, daß Bettina dem Künstler schon damals begegnete und ihn zu sich einlud. Da er aus Cottbus stammte, interessierte sich auch Pückler für ihn. Seit einem Jahr war Blechen Lehrer für Landschaftsmalerei an der Kunstakademie mit dem Titel Professor, also auch für einen Kunstinteressenten wie Pückler salonfähig. In dem kleinen Selbstbildnis der Nationalgalerie malte er sich als Dandy, in einer Rolle, die der zur Auflehnung neigende, hochstrebende, nervöse Mann offenbar für sich gemäß fand.

In diesen Jahren arbeitete Blechen mit ungeheurer Intensität, die sich nicht nur in der Zahl der Werke spiegelt, sondern vor allem in der Durcharbeitung der malerischen Probleme. In einem ausführlichen Brief an den Kunstfreund Moritz August von Bethmann-Hollweg in Bonn schrieb Bettina: »Die Bilder, die er in seiner letzten Zeit gemalt und worauf eine große Abspannung folgte, waren mit so gewaltiger Phantasie, die, im Zügel gehalten und der Natur treu sich anschmiegend, das Unmögliche auf die Leinwand zauberte. In jedem kleinen Gegenstand spiegelt sich die Aufregung des Gemüts, in dem die Natur wühlt, um ihm begreiflich zu werden...« Und auf der fanatischen Suche nach dem Absoluten in der Kunst peinigten ihn die an den Wahnsinn grenzenden Zweifel: »War es optischer Betrug, daß er die Welt so schaute, war er's allein, dem die kühnen Massen, die er auf die Berge und Felsen pflanzte, so edel und groß erschienen? Und das Licht, das aus seinem Pinsel strömte, sollte das bloß Fiktion sein und keine Wahrheit?« Unter dieser vielfältigen Belastung brach er im Herbst 1836 seelisch zusammen. Am 16. November ließ er sich krankheitshalber in der Akademie entschuldigen. Eine schwere Neurasthenie und Depression machten ihn arbeitsunfähig.

Da sich sein Gesundheitszustand in den nächsten Monaten nicht besserte, übergab ihn die Ehefrau im Sommer 1837 der Heilanstalt des Dr. Horn, von dem Schadow als Direktor der Akademie im August 1837 einen Bericht anforderte. Darin konstatierte der Arzt »einen bedeutenden Grad von Seelenstörung«, und für diese Diagnose gab er folgende Indizien an: »Alle Teilnahme sowohl für seine Verwandten als seine Kunst ist erloschen, er liest die Briefe seiner Frau und hat unmittelbar nach Beendigung eines Satzes schon wieder vergessen, was in demselben gesagt ist.« Dieses Symptom besagt nicht viel mehr, als daß dieser Kranke mit seinen Gedanken abwesend ist, anderswo, vielleicht bei seiner Kunst. Denn im folgenden Satz hebt der Bericht die Behauptung der künstlerischen Gleichgültigkeit selbst auf. »Mit großer Mühe gelingt es wohl, ihn zur Arbeit an seinen Bildern zu bewegen; dann sitzt er vor denselben, hält Pinsel und Palette in der Hand, pfeift Liederchen und macht dann und wann mal einige Pinselstriche, deren Resultat er jedoch fast immer wieder durch Abwaschen vernichtet, sobald er von neuem an die Arbeit kommt.« Wieviel Nachdenken zu einer Malerei wie der Blechens notwendig war und wieviel oder wie wenig Pinselstriche das kostete, dafür war dieser Arzt offensichtlich nicht kompetent. Auch die beobachteten »Infantilismen« besagen im Grunde für eine Geistesverwirrung gar nichts. »Außerdem sucht er wie ein Kind Scherben zusammen, wickelt sie sorgfältig ein und steckt sie in die Tasche.« Wer Steinchen oder Scherben am Ostseestrand sammelt, ist deshalb noch nicht geistesgestört. Und ebenso deutet das aufgeführte »Delikt«, daß der Kranke Zigarrenstümpfchen sammelt, »um sie später noch zu rauchen«, auf eine grenzenlose Armut, die ihm nur auf Weise der Bettler erlaubt, dem Luxus des Rauchens zu frönen. Der Bericht endet mit der frappierenden Enthüllung: »Sich selbst hält er keineswegs für krank; behauptet, sein früherer Arzt habe ihn ganz kuriert, und nur ein später von seiner Frau hinzugezogener Arzt habe ihn in meine Anstalt geschickt, aus der er übrigens gern entlassen sein möchte.« Immerhin war Dr. Horn zu diesem Zeitpunkt der Meinung, daß die Hoffnung noch keineswegs aufzugeben sei.

Die Ansprechbarkeit muß in der folgenden Zeit geringer geworden sein. Denn Bettina erwähnt in ihrem Brief, daß dem Kranken »spanische Fliegen« (Kantharidin) gegeben und die Zwangsjacke angelegt wurden. Mit Kantharidin bekämpfte man damals in den Heilanstalten den Zustand der völligen Reaktionslosigkeit. Offenbar bewirkte dieses Reizmittel so starke Erregungszustände, daß man daraufhin die Zwangsjacke in Anwendung brachte und die Pfleger ihn mit Schlägen traktierten. Wie bei solcher Behandlungsmethode nicht anders zu erwarten, wurde alles schlimmer. Im Herbst entließ man Blechen aus der Anstalt. Es bleibe dahingestellt, ob mit dem Vermerk »unheilbar« oder »nicht geheilt«. Psychisch verstört, dämmerte er nun unter der häuslichen Pflege seiner Frau dahin.

So weit waren die Dinge gediehen, als Bettina von dem traurigen Geschick des geschätzten Malers erfuhr und sich entschloß einzugreifen. Sie beriet sich mit Ärzten und Freunden, und man gelangte zu der Ansicht, daß noch immer ein Fünkchen Hoffnung bestünde, wenn rasch gehandelt würde. Als Therapie schlugen sie einen Ortswechsel vor. Bettina dachte an Gastein und an Italien, wo er zehn Jahre zuvor die schönsten Erlebnisse hatte. Man hoffte, daß Erinnerungen ihn aus seiner Depression erlösen würden. Was Bettina in diesem Zusammenhang an Hollweg schrieb, ist bezeichnend für ihre unerhörte Aktivität: »Als ich bei ihm gewesen war und mit den Ärzten gesprochen hatte, habe ich auf bloßen inneren Antrieb, ohne zu wissen, wie mir's möglich sein werde, das ganze Geschick des Malers auf mich genommen, obschon ich kein Geld habe, über das ich frei disponieren könnte. So versprach ich, Hülfe zu schaffen, und habe seitdem einen glücklichen Anfang gemacht. Ich kaufte eine Landschaft von ihm, die zwar klein, aber von der schönsten Farbenvollendung ist, eine Ansicht aus dem Park in Terni... Von dieser kleinen, aber bewunderungswürdigen Landschaft habe ich eine Lotterie gemacht, das Los zu einem Louisdor, unter der Protektion der Frau Kronprinzessin...« Hohe und höchste Persönlichkeiten wußte sie für ihre Aktion zu interessieren. Während der Losvertrieb lief, beriet sie sich mit dem Kunsthändler Sachse, dem befreundeten Maler Xeller, Blechens Hausarzt und einem jungen Arzt und Kunstfreund namens Morelli, der soeben von ihrem Bruder Clemens aus München zu ihr nach Berlin empfohlen war, über die nähere Durchführung ihres Projekts. Xeller und Morelli sollten den Kranken begleiten und betreuen.

Freilich war Blechens Frau noch nicht für das Vorhaben einer Kur und Erholungsreise gewonnen, ohne deren Zustimmung sich der entworfene Plan nicht ausführen ließ. Sie sollte sich nach Bettinas Vorstellung längere Zeit von ihrem Mann trennen und auf das Pflegerecht verzichten, eine Maßnahme, die möglicherweise zweckmäßig gewesen wäre, aber im vorliegenden Fall eine Mißachtung der Ehefrau ausdrückte. Denn zu Bettinas

Diagnose gehörte von Anfang an der überall lauthals ausgesprochene Verdacht, daß zu den Umständen, die Blechens Erkrankung herbeiführten, auch seine Ehe gehörte.

Die Frau des Malers war zehn Jahre älter als er und stammte aus einfachen Verhältnissen. Sie war Putzmacherin oder, nach anderer Version, Weißnäherin gewesen; Bettina nannte sie verächtlich »eine Schneidermamsell«. Mit ihren kleinen Ersparnissen hatte sie Blechen bei seiner künstlerischen Ausbildung unterstützt und ihm die Kunstreise nach Italien ermöglicht. Dafür hatte er ihr die Heirat versprochen. Schönheit, Jugend, Liebe und gleichmäßiger Herzensaustausch, wie ihn sich Bettina für eine Künstlerehe als wünschbar vorstellen mochte, konnte sie nicht entdecken. Für sie war und blieb Henriette eine ungebildete, unwürdige und »rohe Person«, die den Kranken angeblich mißhandelte. Bei dieser ungünstigen Einschätzung spielten schwer aufhellbare Vorurteile einer »Rivalin« mit. Nicht ganz zufällig wird von Varnhagen eine gelegentliche Äußerung Bettinas überliefen: Blechen sei aus Liebe zu ihr in Schwermut gefallen. Fontane kam später bei den Vorarbeiten zu einer geplanten Blechen-Biographie zu einer ganz anderen Beurteilung dieser Frau. Aus ihren 30 Briefen und Briefchen gehe hervor, »daß sie eine sehr gute, sehr verständige und, ich schreibe dies Wort mit allem Vorbedacht nieder, eine sehr edelmütige Frau gewesen ist...«

Henriette versuchte zunächst den Aktivitäten der Frau von Arnim dadurch auszuweichen, daß sie mit dem Kranken zu einer homöopathischen Behandlung nach Dresden fuhr. Wie aus einem Brief an Frau von Bardeleben, einer Freundin ihrer Schwester Gunda von Savigny, hervorgeht, zeigte sich Bettina über diese Durchkreuzung ihrer Pläne höchst ungehalten, und sie setzte ihre Gegnerin mit der Behauptung unter Druck, daß, falls die Pension weitergezahlt werden soll, die Akademie eine Pflege unter männlicher Aufsicht verlange. So lenkte Frau Blechen ein und kehrte mit dem Kranken nach Berlin zurück, ohne jeden Heilerfolg. Hier aber stellten sich der Realisierung des Bettina-Planes neue Hindernisse in den Weg. Die für die Betreuung vorgesehenen Kandidaten Xeller und Morelli unterbreiteten ihrerseits unannehmbare Bedingungen und gingen schließlich ohne den kranken Malerfreund auf Reisen.

Wie Bettina in ihren Werbe- und Bittschreiben stets betont

hatte, war rasche Hilfe notwendig. Es blieb ihr also nichts weiter übrig, als einen neuen interimistischen Plan zu entwerfen und mit Frau Blechen einen Kompromiß zu schließen. Aus der Reise nach Gastein wurde eine Fahrt nach Jüterbog, wo angeblich ein geeigneter Arzt zur Verfügung stand und die Ehefrau vorläufig weiter die Pflege übernahm. Man muß bedenken, daß sich Bettina zu gleicher Zeit für die in Not geratenen Brüder Grimm engagierte. Philanthropische Ideen verschiedenster Art bedrängten sie. Während Frau Blechen mit ihrem gefährdeten Mann zu einem letzten Heilversuch nach Jüterbog aufbrach, eilte Bettina zu den Grimms nach Kassel. Am 27. November 1838 schrieb Frau Blechen von Jüterborg oder, wie Fontane vermutete, aus Wiepersdorf an den Kunsthändler Sachse: »... wäre doch Frau von Arnim in Berlin, daß sie sich überzeugen könnte, von welch traurigem Erfolg die Reise gewesen.« Der Kranke brachte nun seine Tage ohne die geringste Beschäftigung hin und war überhaupt nicht mehr ansprechbar. An seiner Genesung verzweifelnd, zog die Frau schließlich mit ihrem vermutlich einer schweren akuten Psychose verfallenen Mann nach Berlin zurück, völlig mittellos. Der letzte Versuch zu einer Rettung war gescheitert.

Das sah wohl auch Bettina ein. Es blieb lediglich noch ein letzter Dienst: den Kranken vor der kläglichsten materiellen Not zu bewahren. Im Jahre 1839 fand unter Beteiligung der Akademie eine Verkaufsausstellung mit Lotterie von Werken des Künstlers aus den Beständen seines Ateliers statt. Die geschäftliche Leitung der Angelegenheit hatte Frau von Arnim in die Hand genommen. Leider war der Erlös gering. Am 23. 7. 1840 starb der Künstler an einer der vielen Krankheiten, mit denen der Tod sich seinen Weg sucht.

Eine wissenschaftlich verbindliche Pathographie des Falles Blechen wird nie geschrieben werden, weil es dazu an dem nötigen Material fehlt. Die Dokumente sind zu spärlich. So bleibt uns bloß jene dichterische Deutung, wie sie Bettina in einem Brief an Nathusius versuchte, und die lautete: »Dann ist hier ein Maler. Groß und übermütig unter den Bewohnern des Parnaß, hat er vielleicht sich mit den Musen gestritten, und diese haben ihm dafür die Besinnung geraubt. Wie ein solcher im Spiegel der Verwirrung, den sie ihm vorhalten, die Welt beschaut, den Himmel, das Haus und den Garten, und, wie die Pflanze im

Mittagsschlummer, sein gesunken Haupt voll Traumschatten fragend aufrichtet und nichts mehr weiß vom innersten Tempel, seit er, ein Musenloser, nicht mehr die steigende Flamme dort zündet, ist Schauer erregend. – Indessen hab ich den Trost der Wehmut abgeschüttelt und für seine Heilung eine Lotterie eingerichtet und 144 Luisdor eingesammelt, worüber ich aber immer noch in tausenderlei Korrespondenzen verwickelt bin.«

Für Bettina war die Kunst das Glück und die Schönheit des Lebens, der Glanz und die Spitze der Dinge. Die Suche nach diesem Zauber trieb sie in die Berliner Ateliers, zu Schinkel, Schadow, Rauch und seinen Schülern. »Ich kann es nicht lassen, immer bei Künstlern herumzufahren«, hatte sie schon 1820 an Ludwig Emil Grimm geschrieben, »aber ich habe mehr Ärger als Freude dabei.« Im Fall des Malers Blechen traf das wieder einmal voll zu. Was sie unternahm, wandelte sich in Unglück und Aussichtslosigkeit. Ihren Rettungsplänen war diesmal kein Erfolg beschieden. Es war ihr nicht gelungen, den kranken Blechen, »diesen großen, genievollen Mann der Gesellschaft wiederzugeben«, wie sie in einem Brief an den Berliner Kunsthändler Sachse vom 21. 7. 1838 schrieb.

Aber sie hatte in ihrem Drang nach Aktivität den fortschrittlichen Bürgern ihrer Zeit ein Beispiel gegeben, in welcher Weise man sich engagieren kann, was sich alles organisieren läßt, wie man andere als die ausgetretenen Wege gehen muß und auch unter widrigen Umständen handeln kann.

25.
Der Blonde

Gegenüber der Schwedin Malla Montgomery-Silfverstolpe legte Bettina im Winter 1825 das Bekenntnis ab, daß sie von ihrer ersten Jugend, ja von ihrer Kindheit an das Bedürfnis gehabt habe, mit Leidenschaft geliebt zu werden. Liebe sei das einzige auf der Welt, was man Seligkeit nennen könne. Seit diesem Gespräch war sie vierzehn Jahre älter geworden, und der Augenblick war gekommen, die Bilanz zu ziehen, daß ihre Wirkung auf Männer vorbei war. Pückler hatte ihr das klar genug zu verstehen gegeben, und nicht zufällig nannten die jungdeutschen

Schriftsteller sie die »romantische Sibylle«. Aber Bettina, jetzt eine vierundfünfzigjährige Frau, war gar nicht geneigt, das zuzugeben, weil ihrer Verliebtheit eine lebensgeschichtlich erworbene psychische Disposition zugrunde lag, die aufs engste mit ihrer Kreativität zusammenhing. Leidenschaftlicher denn je predigte sie die verjüngende Kraft der Liebe, ohne die das Leben den Saft verliert und abstirbt. Erotische Wahngebilde zogen durch ihre Träume. Auf der Suche nach einem Partner wandte sie sich instinktiv jungen Leuten zu, die eine mütterliche Geliebte suchten und sich ihr in ihrer Unerfahrenheit leichter anvertrauten. Bei Philipp Nathusius war ihr das mißlungen. Nun aber meldete sich in den Januartagen des Jahres 1839 ein neuer jugendlicher Anbeter, der Jurastudent Döring, einer der vielen deutschen Jünglinge, die in der Zeit der Überschätzung der schönen Literatur auch dichteten und die blaue Blume der Poesie suchten.

Julius Döring war damals einundzwanzig Jahre alt, stammte – wie Nathusius – aus einer kleinen Landstadt nördlich von Magdeburg, wo sein Vater als Richter tätig war. Er hatte zunächst in Halle und dann seit Frühjahr 1837 an der Universität Berlin studiert. Auch ihm bot die Lektüre des Goethebuches den Anknüpfungspunkt, um Frau von Arnim näherzutreten. Angesteckt von den liberalen Ideen der Zeit, nahm er Anstoß an der Widmung für Fürst Pückler, der nach Meinung der Jugend ein frivoler Aristokrat war. »Jungdeutsch-demagogisch« tadelte er, daß sie einen Fürsten an den Eingang ihres Feenpalastes hingestellt habe. »Ach, ich wollte, Sie hätten das deutsche Volk, die deutsche Jugend zu diesem Ehrenamte erwählt.« Durch diese Worte scheint er Bettina für sich gewonnen zu haben. Es war einer der wenigen kühnen Sätze, die sich dieser kleinbürgerliche Student aus der tiefsten preußischen Provinz im Umgang mit Frau von Arnim erlaubte.

Eingeschüchtert vom Prestige des Adels und dem Phantom ihres literarischen Ruhms, bewegte er sich ängstlich und ungeschickt. Kaum daß sie sich einen Monat kannten, lud Bettina den jungen Mann zu später Stunde in ihre Wohnung. Im Zweifel, was das wohl zu bedeuten habe, wagte er der Einladung nicht zu folgen. Die enttäuschte Frau aber schrieb: »Warum bist Du nicht gekommen? – Und hab auf Dich gewartet – und warte noch – und mein Athem hindert mich zu lauschen, ob Du kömmst, weil mirs Herz so schwer ist, denn Du kömmst nicht, denn es ist schon zu späth. Und doch, was soll ich anders thun, bis ich Dich wieder seh, als warten. –« Nun, zumindest würde sich dieser Döring keine klassische Italienreise leisten wie sein Vorgänger Nathusius; denn dazu mangelte es ihm an Geld. Und vielleicht würde er sich für die Arbeit an der Herausgabe von Arnims nachgelassenen Schriften gewinnen lassen, falls er sich von der Autorität seiner Familie befreite. Zunächst freute sie sich an der Aussicht, ihrem jungen Helden einen Weg zu bahnen, und bald nannte sie ihn vertraulich: »Lieber Blonder!«

Am 21. März 1839 verließ Julius Döring Berlin, um sich am Gericht in Wolmirstedt der praktischen Ausbildung als »Auskultator« zu unterziehen. Mit dieser Zeit beginnen die nicht enden wollenden langen Briefe über Liebe, Ideal, Poesie, höheres Leben und Philistertum. Als Erinnerungsfetisch steht nun auf ihrem Schreibtisch oder an ihrem Bett ein gipserner Fuß, ein Symbol der Liebe, das ausdrücken soll, daß es »Männerrecht« sei zuzutreten. In diesem Sinne schwärmt sie ihren in Krähwinkeler Prozeßakten vergrabenen Korrespondenten an: »Du bist mein Genius, unter Deinem Jünglingsfuß will die Brust in Begeisterung ihren Atem aushauchen … O sei nicht böse auf sie, die zu Deinen Füßen liegt, und da will sie sich begraben, wo Dein Fuß abgeleitet von ihrer Brust oder von ihrer Stirne. Fest soll Dein Fuß stehen, ganz fest auf meiner Brust …«

Mit so viel Ekstase war der im Irrgarten der Metrik umhertaumelnde Studiosus entschieden überfordert. Um aber die Exzentrizität auf die Spitze zu treiben, zog sie auch noch die Parallele zu ihrem Goethe-Erlebnis. »… ich legte mich vor ihm nieder am Boden, und war nicht beruhigt, er setzte dann den Fuß auf meine Brust, daß ich seine Schwere fühlte, dann wandelten sich die Tränen in Lust und heiteres Lachen, ich umfaßte so am Boden liegend seine Kniee und sagte: ›so lieb ich Dich, und willst nicht einmal von mir dulden, daß ich den Geist an Dir auslasse?‹«

Das ritterliche Minneideal der aristokratischen Gesellschaft, die angebetete Herrin, war eindeutig untergegangen. Auch auf dem Gebiet der Liebesbeziehungen verlor die feudalaristokratische Lebensform immer mehr an Geltung. Aber feste Normen für die sich emanzipierende Frau waren noch nicht gefunden. So kam es zu den tragikomischen Überspanntheiten der dreißiger Jahre, aus denen heraus auch Bettinas seltsames Sexualsymbol des Männerfußes vielleicht begriffen werden kann. Sie pendelte vom konventionellen Leitbild der »Dame« und »Herrin« in das fast masochistische Gegenbild des »getretenen Geschöpfs«, bei ihr ein narzißtisches Spiel, aber auch eine regressive Rolle, mit der sie bis ins Frauenleben der orientalischen Sklavenhaltergesellschaft zurückgriff. Die Parallele zu Goethe ergab sich aus der Tatsache, daß der obskure Korrespondent in Wolmirstedt ihre Produktivität genauso anregte wie einst der berühmte Dichter in Weimar. Im »Ilius Pamphilius« sagt sie darüber: »Hab ich Goethe diese heiße Liebesmusik vorgezaubert, so war's, weil er mich dazu begeisterte, nicht weil mir an ihm um meinetwillen gelegen war. – Nein, Pamphil, die Ambrosia, die als Kind im Spiegel erkannte, daß sie alles mit sich abmachen müsse, der war nichts an andern gelegen.« Da es bei der von ihr praktizierten »idealischen Liebe« nur um die Steigerung ihrer Produktivität und die Verwirklichung ihres eigenen Wesens ging, war es ihr inzwischen gleichgültig, ob diese katalysatorische Funktion von einer bedeutenden Persönlichkeit im Weimarischen oder von einem unbekannten Jüngling im Magdeburgischen ausging.

Den jungen Adepten der Poesie müssen diese pathetischen Anrufe mehr verwirrt als aufgeklärt haben. Anders als Nathusius, stand Döring in einer Lebenskrise, im Übergang von der »Burschenherrlichkeit« zum »Philisterium«. Im letzten Augenblick bot sich ihm in Frau von Arnim so etwas wie eine Helferin und Retterin an. Sie wollte ihn zur kreativen Dichterpersönlichkeit entwickeln und zeigte anscheinend auch gangbare Wege und Möglichkeiten.

Freilich sprach sie in einem Tone der Ekstase, der Erleuchtung und Verzückung, der sich von den Realitäten der gesellschaftlichen Wirklichkeit seltsam fernhielt. Die Grenze von Imaginärem und Wirklichem immer wieder verwischend, stilisierte sie sich in die Rolle einer Priesterin der Poesie: »Sie sagen zwar, ich habe ursprünglich, was andre durch Forschen und Folgern erst erringen, aber daß ich darum noch ganz anderes habe in mir, davon ahnen sie nicht, und wer nicht ahnet – wer könnte den erleuchten! – Aber du hast mich geahnt, und wie sollt ich doch der Lieb entbehren, da ich in ihr nur mir selber gegeben bin, so hat Deine Liebe mich aus dem Schlaf geweckt, daß ich den Blick in mich richte, den Schatz zu heben, den der Dichter mit vergöttlichten Sinnen, von seinem Volke scheidend, versöhnend in mich gehaucht. – Und ich will Dir's geben, sei Dichter; und laß von Deinen geweihten Lippen nimmer den Rhythmus entströmen, als nur, was Du im Augenblick fühlst und erlebst, denn nur im Lebendigen kann Unsterbliches sich gestalten.«

Und praktischer werdend, unterbreitet sie dann den Vorschlag, er solle sich von seinem Dienst beurlauben lassen und mit ihrer finanziellen Unterstützung bei Bruder Clemens in München aus Arnims Nachlaß einen vierten Band zum »Wunderhorn« zusammenstellen. Sie wollte damit ihrem Schützling eine Chance schaffen, ihn auf eine Literatenexistenz vorbereiten.

Genauer kannte sie Ingurd, wie sie Döring nun poetisch in ihren Briefen anredete, nicht. Die Begegnung mit ihm fiel ja in die letzte Phase seines Berlin-Aufenthalts, und er hatte sich nur wenige Male in ihrem Hause sehen lassen. Er war kein Wunderkind. Soviel hatte sie festgestellt. Aber in ihrer Sehnsucht, aus der Routine des Alltagslebens herauszukommen, traute sie sich das Unmögliche zu, seinen Genius, den sie auch in diesem frischen, unbekümmerten und dabei bescheiden dahinlebenden Jungen vermutete, zu wecken. Bettina neigte dazu, den subjektiven Willensfaktor zu überschätzen, und hielt in ihrem Tatendrang alles für möglich. Meist bereit, ihre Träume höher zu bewerten als die Wirklichkeit, gab sie sich der Illusion hin, eine Geniusfigur entdeckt zu haben, die sie für geeignet hielt, auf dem deutschen Parnaß eine Rolle zu spielen. Um ihn noch genauer kennenzulernen, verabredete sie mit ihm eine Reise. Am 21. September 1839 kam sie in Wolmirstedt an, und sie fuhren dann gemeinsam in den Harz und von dort nach Kassel zu den Brüdern Grimm. Der junge Freund bestand seine Prüfung glänzend. In einem Brief aus Bärwalde nach der Rückkehr äußerte sie: »Gedenke der himmlischen Spaziergänge in Goslar, der Reise dahin, die ausgefüllt war mit Geistergespräch und den gewaltigen und schönen Mitteilungen zwischen uns beiden, und wie Dein edel Herz so willig allem Besseren sich fügen wollte, wie mich das rührte. Und alle Launen, die die guten Götter wie Zephirlüftchen uns zusendeten. Wie waren wir glücklich, lieber Ingurd ...«

Freilich hatte auch diese Exkursion ihren Schönheitsfehler, an dem Bettina nicht ganz unschuldig war. Immer ahnungslos, wie

Bettina in Landshut, 1809

Ludwig van Beethoven

Bettina

Bettina

die von ihr verachtete »Philisterwelt« reagiert, stellte sie sich in Althaldensleben auf die Dorfstraße und erzählte den sich um sie drängenden Neugierigen von ihrer Reise, ihrem jungen Freund aus dem benachbarten Wolmirstedt und den vielen kleinen Abenteuern, die ihnen in den Harzbergen begegnet waren. Zum Klatsch aufgebauscht, machten ihre Worte rasch in der Umgebung die Runde, und gewiß war weder die Familie Döring noch die Familie Nathusius, die sie im gleichen Ort besucht hatte, davon entzückt. So hatte sie mit dieser Reise zwar eine Freundschaft gefestigt, sich aber auch nicht ungefährliche Gegner geschaffen. Da Döring bei seinen Eltern wohnte, konnten von dieser Seite immer neue Zweifel an der moralischen Höhe seiner Mentorin ins Feld geführt werden. Verhängnisvollerweise gab Bettina in einem ihrer nächsten Briefe auch noch selbst Veranlassung dazu. Sie entwarf einen Plan, wie der in der Nachbarschaft lebende Nathusius für ihre Zwecke zurückgewonnen werden sollte, vermochte aber dabei den Eindruck nicht zu vermeiden, daß ihre jungen Freunde für sie im Grunde nicht mehr als Figuren auf einem Schachbrett darstellten, zumal sie bei dieser Gelegenheit ihren ehemaligen Freund Pamphilius recht bloßstellte. Der immer nur halbentschlossene Träumer Ingurd kam wohl zu dem Schluß, daß sie ein Vertrauen forderte, das sie in dem Maße nicht verdiente. Unbeabsichtigt hatte sie damit selber auf diesen unerwarteten Glücks- und Stimmungsumbruch ihres »Romans« hingearbeitet.

Bettina war jedoch zu intensiv in die Darlegungen ihrer großen Savigny-Epistel und die Arbeit am Günderode-Buch vertieft, um den Umschwung in seiner vollen Bedeutung sofort zu erfassen. Der Briefwechsel wurde zwar zunehmend kühler und schleppender, aber am 6. November beschwor sie noch einmal die Harzreise, eine Nacht in Oschersleben, »wo die Musik durch die Fenster tönte und Du schliefst im Kabinett, und ich hatte unter dem Schatten der Hochzeitssträuße, die die Lampe auf mich warf, Wache haltend die glücklichste Empfindung; ja ich weiß nicht zu sagen, daß ich je in meinem Leben glücklicher gewesen wäre«. Die Eifersucht, die sie zwischen Nathusius und Döring absichtlich geweckt hatte, regte sie nicht im geringsten auf, sie machte dem irritierten Ingurd klar, daß sie beide gleichberechtigt nebeneinander standen, gleichsam als ihre Pagen und gläubigen Jünger. In ihrem »Rundschreiben« an Savigny nannte sie ihre Schützlinge »zwei liebenswürdige Stellvertreter des jungen Deutschland«, in denen sie die »frische Lebensblüte unseres edlen Volks« sah, die Utopie einer »heiligen Jugend des väterlichen Landes, aus dessen Kern ein gewaltig Reich voll Heldentum erwache!« Diese Perspektive gab der Aufnahme junger Männer in ihre Freundesrunde eine neue Begründung. Ihre Betrachtungsart war nicht nur eine Folge der allgemeinen Umschichtung im ideologischen Leben der dreißiger Jahre, sondern auch von ihrer ganz besonderen persönlichen Lage als Schriftstellerin und ihrem Bedürfnis nach Beistand und unbedingter Zustimmung entscheidend mitbestimmt. Das, was sie suchte, konnten ihr Ältere oder Gleichaltrige nicht mehr bieten. Die waren ihr gegenüber viel zu kritisch eingestellt, mochten sie nun Ranke, Varnhagen, Pückler oder selbst Jacob Grimm heißen. Die bedingungslose Gefolgschaft und die sie stützende Begeisterung konnte ihr nur aus den Reihen der Jugend zuwachsen. Darin lag der tiefere Sinn ihrer Werbung um Nathusius und Döring, denen bald noch andere folgten, was eine völlige Veränderung in der Zusammensetzung des Freundeskreises bewirkte. Diese innere und äußere Umorientierung kam zum erstenmal in ihrer Widmung des Günderodebuches an die Studenten klar zum Ausdruck. Am 25. Mai 1840 schrieb sie an ihr noch immer umworbenes Ingurd-Phantom: »Du siehst, ich habe Deiner Anforderung, die Du mir in Deinem ersten Brief machtest, gefolgt und es den Studenten zugeeignet. Nimm es als einen freundlichen Willen von mir, es Dir recht zu machen; und auch als ein Zeichen, daß mir an Deinem höheren Selbst etwas gelegen ist, nämlich an diesem kindlichen reinen Instinkt fürs Ideal, was doch nur im Studentenenthusiasmus wahrhaft blüht.«

Im Unterschied zu den Jugendbriefen wurde die Korrespondenz der Schriftstellerin mit den dichtungsbeflissenen jungen Freunden von vornherein im Hinblick auf eine literarische Veröffentlichung betrieben. Schon bald nach Beendigung der Arbeit am Günderodebuch kam ihr der Gedanke, zur Unterstützung der Brüder Grimm ihre Episteln an Nathusius und Döring unter dem Titel »Meine letzten Liebschaften« drucken zu lassen. Der erotische Bezug in diesen Zeugnissen wird also nicht geleugnet und zum platonischen Kult hin stilisiert. Döring schickte ihr am 3. Januar 1841 auf wiederholte Anforderung die in seinem Besitz befindlichen Schriftstücke. Inzwischen war indes die Berufung der Grimms nach Berlin erfolgt, und kurze Zeit darauf kam es zum Bruch mit dem einstigen Lieblingsjünger.

Der nun zum Assessor aufgerückte Döring traf in Magdeburg auf der Straße Philipp Nathusius, und der berichtete von seinem Besuch in Berlin. Bei dieser Gelegenheit erfuhr Döring, daß Bettina einen neuen Schützling habe, einen Juden namens Oppenheim. Döring, der Bettinas forderndes Werben stets mißdeutet hatte, fühlte sich in seinem Mißtrauen, beim Briefwechsel immer nur Mittel zum Zweck gewesen zu sein, bestätigt und reagierte scharf mit einem antisemitischen Ausfall gegen den neuen Konkurrenten. Solche Vorurteile waren für Bettina nichts Neues, hatte doch Arnim einst selbst eine antisemitische Gesellschaft mitbegründet, war in eine Schlägerei mit einem Juden verwickelt gewesen und hatte sich in seinen Briefen häufig zu antisemitischen Bemerkungen hinreißen lassen. Aber was Arnim erlaubt war, war dem Assessor Döring noch lange nicht gestattet. Da er ihre Argumente nicht akzeptierte und uneinsichtig auf seinem Standpunkt beharrte, daß von Juden als Fremdlingen keine Erneuerung für Deutschland ausgehen könne, verzichtete sie darauf, den Briefwechsel fortzuführen. Ehrlicherweise mußte sie sich eingestehen, daß ihr Erziehungswerk an diesem Jüngling mißglückt war, und konnte nur mehr die ungewisse Hoffnung nähren, daß er eines Tages von selber zu höherer Einsicht gelange. Indes für die Gesamteinschätzung dieser Begegnung war dieser Teilaspekt nicht entscheidend. Geblieben waren ihr die für sie unvergeßlichen Briefe aus dieser Zeit. Einige Jahre später kam sie erneut auf den Plan zurück, diese Korrespondenz zusammen mit der des Nathusius zu veröffentlichen. Das Buch sollte nun den seltsamen Titel tragen »Ilius, Pamphilius und die Ambrosia. Briefwechsel mit zwei Demagogen«. Durch Nathusius ließ sie bei Döring anfragen, ob er mit der Benutzung der ihn betreffenden Briefe einverstanden sei. Der Befragte äußerte dazu: »Die Antwort überlaß ich Dir.« Um sie auf das Bedenkliche ihres Vorhabens hinzuweisen, setzte er unter seinen Namen den Dienstrang »OLG. Assessor«, das bedeutete: Einer, der als Assessor am Oberlandesgericht die Spielregeln der preußischen Bürokratie zu beachten hat, die bekanntlich mit »Demagogen« nicht spaßte. Das Vorhaben wurde im Revolutionsjahr 1848 verwirklicht, aber ohne die Döring-

Briefe, weil sonst das Buch zu umfangreich und auch wohl zu uneinheitlich geworden wäre. Den Titel behielt sie bei. Nur ein Komma strich sie, und den Untertitel ließ sie weg. So blieb die Korrespondenz mit Ingurd, die zugleich Dichtung und realer Briefwechsel war, im Archiv begraben. Erst über hundert Jahre nach ihrem Tod, im Jahre 1963, wurde sie publiziert, ein unersetzliches Zeugnis jener Zeit, als Bettina wie einst in den Tagen von Landshut der Typus des neuen Menschen vorschwebte, den sie in ihrem Kreis und mit ihren Büchern zu formen gedachte.

26.
Das zweite Buch – »Die Günderode«

Während sich Bettina für die Brüder Grimm engagierte, ihre große Epistel an Savigny verfaßte, mit ihren jungen Freunden Döring und Nathusius korrespondierte und intensiv an der Edition der zwei ersten Bände von Arnims »Sämtlichen Werken« arbeitete, fand sie eines Tages in einem Geheimfach von Arnims Schreibpult den Briefwechsel, den sie vor fünfunddreißig Jahren mit der Günderode geführt hatte. So wenigstens äußerte sich Clemens Brentano, und auch in der Korrespondenz mit Nathusius und Savigny wird der Brieffund erwähnt. Man hat aus den wenigen erhaltenen Originalbriefen eine Art frühes »Werkversprechen« herauslesen wollen. In einem Brief vom November 1805 aus Marburg drückte die zwanzigjährige Bettina gleichsam ihren Dank für die bewiesene Freundschaft aus und versprach ihr auch künftig Treue und Anhänglichkeit, »wenn Du nur immer Dein Vertrauen zu mir stärken und erhalten willst … Wir haben ja doch nichts anderes auf der Welt als dies, aber dies eine ist auch ein Stamm, der einstens einen grünen Zweig hervorbringen soll (und lache nicht über das, was Ich hervorbringen will).«

Was immer mit diesen mysteriösen Andeutungen gemeint sein mochte, so ist doch kaum anzunehmen, daß im Augenblick des Wiederlesens jener Jugendbriefe der Schreiberin das Versprechen auf den Nägeln gebrannt hätte. Viel zu sehr war sie inzwischen davon überzeugt, daß der Reiz des unmittelbar Erlebten der Ausgangspunkt für eine wirkungsvolle Dichtung zu sein habe, daß der Dichter von der geistigen Haltung seiner Zeit abhängig ist, sei es als dessen »Sprachrohr« oder als Prophet einer künftigen besseren Zeit. Wenn sich die Schriftstellerin Bettina von Arnim nun dem Vorhaben zuwandte, ihren über dreißig Jahre zurückliegenden Briefwechsel mit ihrer Jugendfreundin Karoline von Günderode zu einem Buch des Andenkens zu gestalten, so wirkten bei diesem Entschluß nicht zuletzt Anregungen aus der allerjüngsten Tageschronik mit.

Viel lag ihr daran, daß auch das zweite Buch zu einem Erfolg wurde, und bei ihrem Gespür für Aktualität und Effekt war sie überzeugt, daß ein Lesepublikum, das vom Selbstmord der Charlotte Stieglitz maßlos erregt, ja erschüttert war, auf ein Buch über die Günderode bestens vorbereitet und eingestimmt sei. Obgleich die äußeren Umstände und Beweggründe, die die Gattin des Poeten Heinrich Stieglitz in Berlin zum Selbstmord trieben, von der Tragödie der Günderode sehr verschieden waren, so stand im Hintergrund der beiden menschlichen Schicksale ein gemeinsames Erlebnis: die enthusiastische Einstellung zu poetischen Phantasieinhalten und die rigorose Absage an die prosaische Wirklichkeit des Tages. Und solche Enthusiastinnen, die von der Änderung schlechter Zustände träumten, gab es damals in so großer Zahl, daß Karl Gutzkow, der führende Journalist jener Jahre, schreiben konnte: »Seit dem Tode des jungen Jerusalem und dem Morde Sands ist in Deutschland nichts Ergreifenderes geschehen als der eigenhändige Tod der Gattin des Dichters Heinrich Stieglitz. Wer das Genie Goethes besäße und es aushalten könnte, daß man von Nachahmungen sprechen würde, könnte hier ein Seitenstück zum Werther geben. Es sind moderne Kulturzustände, die sich hier durchkreuzen ...« Aber nicht nur das Buch, das Theodor Mundt unter dem Titel »Charlotte Stieglitz. Ein Denkmal« aus ihren Tagebüchern und Briefen zusammenstellte, war wie eine Sensation verschlungen worden. Auch eine Anthologie wie Varnhagens Buch »Rahel. Ein Buch des Andenkens für ihre Freunde« fand viel Widerhall. Jeder Poesieempfängliche vertiefte sich in die Taten und Emotionen seiner Heldinnen, die die Gegenwart auslöschten und alles Mögliche der Zukunft vorwegnahmen.

Bettina konnte zu diesem Kult nicht schweigen. Wenn schon Rahel Varnhagen und Charlotte Stieglitz auf das Postament von

Heiligen gehoben wurden, dann gebührte auch der Günderode ein Denkmal, und es schien ihr angesichts der modernen Hast und Vergeßlichkeit durchaus angebracht, dem Vergessenwerden zuvorzukommen und daneben den eigenen Platz auf Erden zu stabilisieren. In ihrer Vorstellung waren sie und ihre Freundin, die Dichterin Karoline von Günderode, unzertrennliche Dioskuren gewesen, und es blieb eindeutig, daß sie beim Entwerfen der Legende der Günderode auch ihr eigenes Monument errichten würde. Der junge Gutzkow hatte sie bereits in einem weithin beachteten Aufsatz im »Jahrbuch der Literatur« von 1839 gleichberechtigt neben Rahel und die Stieglitz gestellt, indem er schrieb: »Wie durch eine göttliche Verabredung ergänzen sich diese drei große Gestalten; drei Parzen, die den Faden der neuern Literatur und einer ernsteren Ausgleichung der Bildung mit dem, was die Gesellschaft vertragen kann, anlegten, spannen, abschnitten.«

Über den Untergang der Günderode wollte sie sich jedoch nicht noch einmal auslassen. Was da von ihrer Seite zu sagen war, hatte sie bereits in einer der schönsten Passagen ihres Goethebuches niedergelegt. Die Tragödie der unglücklich Liebenden berührte sie auch nur am Rande, weil ihr selber diese Art von Gefahr fernlag und die Freundin ihr diesen Bereich ihres Innenlebens verschwiegen hatte. Was ihr als Material zur Verfügung stand, war der aufgefundene Briefwechsel aus den Jahren 1803 bis 1806, die Publikationen der Günderode unter dem Pseudonym Tian: »Gedichte und Phantasien« von 1804 und »Poetische Fragmente« von 1805. Dazu kamen für die Erörterungen über Hölderlin dessen Übertragung der »Trauerspiele des Sophokles« (1804) und die Gedichtsammlung in der Ausgabe von Ludwig Uhland und Gustav Schwab (1826), für die Schilderung ihres Großvaters Laroche Goethes Autobiographie »Dichtung und Wahrheit« sowie ähnliche Zeugnisse, die sie als Anknüpfungspunkt für ihre Reflexionen benutzte. Denn es lag ihr nicht daran, biographische Details oder Interpretation von Gedichten zu geben, sondern Gedanken und Meinungen, Erkenntnisversuche und freie Gedankenspiele zweier Frauen, die sich auf das rechte Leben besannen. Es handelte sich quasi um Aphorismen und Essays in Briefform mit anekdotischen Elementen, wobei die Chronologie völlig unwichtig geworden war. Obwohl all diese Spekulationen und Gedankenexperimente vom Hier und Jetzt einer bestimmten Situation ihr Gesicht erhielten, wurden alle Daten in der beweglichen Ordnung eines vorhistorischen Legendendenkens unwesentlich. So stehen Briefe, die erst gegen Ende der Freundschaft geschrieben sein können, am Anfang des Buches, andere werden aus verschiedenen Passagen, die aus unterschiedlichen Zeiten stammen, neu zusammengesetzt, wieder andere erweisen sich überhaupt als neu entworfen oder weitergedichtet, ja, sie scheute nicht davor zurück, auch historisch unmögliche Situationen zu erfinden, so wenn sie Karoline schreiben läßt: »Gestern haben wir in corpore beim Primas zu Mittag gespeist; da verlor ich mein Ordenskreuz, es lag unterm Stuhl ...« Karoline aber starb, ehe der Fürstprimas des Rheinbunds, von Dalberg, die Regierungsgeschäfte übernahm.

Aus der formalen Orientierung an der Technik des Briefromans des 18. Jahrhunderts ergab sich der Aufbau eines Rollenverständnisses der beiden Partner. Der ganze Briefwechsel basiert auf dem Liebesbund zweier Platonikerinnen, in dem die Ältere den männlichen Typ spielt, die Jüngere die noch etwas infantile Jugendliche. Die entscheidende Stelle lautet: »Weißt Du was, Du bist der Platon, ... und ich bin Dein liebster Freund und Schüler Dion; wir lieben uns zärtlich und lassen das Leben füreinander, wenn's gilt ... Es ist ein Glück – ein unermeßliches, zu großen heroischen Taten aufgefordert sein. Für meinen Platon, den großen Lehrer der Welt, den himmlischen Jünglingsgeist mit breiter Stirn und Brust, mit meinem Leben einstehen! Ja, so will ich Dich nennen künftig, Platon! – und einen Schmeichelnamen will ich Dir geben, Schwan will ich Dir rufen ...«

Diese Rollenzuteilung erfolgte nicht völlig willkürlich. Karoline schrieb im Sommer 1801 an Bettinas Schwester Gunda: »Schon oft hatte ich den unweiblichen Wunsch, mich in ein wildes Schlachtgetümmel zu werfen, zu sterben. Warum ward ich kein Mann! ich habe keinen Sinn für weibliche Tugenden, für Weiberglückseligkeit. Nur das Wilde, Große, Glänzende gefällt mir. Es ist ein unseliges, aber unverbesserliches Mißverhältnis in meiner Seele; und es wird und muß so bleiben, denn ich bin ein Weib und habe Begierden wie ein Mann, ohne Männerkraft.« Als Pseudonym wählte sie den Männernamen Tian. Sie ist der Führer und Meister, der mit »dichterischer« Liebe verehrt wird. »Wenn Du nicht wärst, was wäre mir die ganze

Welt?« heißt es im Briefwechsel. »Kein Urteil, kein Mensch vermag über mich, aber Du! – Auch bin ich gestorben schon jetzt, wenn Du mich nicht auferstehen heißest und willst mit mir leben immerfort; ich fühl's recht, mein Leben ist bloß aufgewacht, weil Du mir riefst, und wird sterben müssen, wenn es nicht in Dir kann fortgedeihen.« Die junge Partnerin erweist sich als typische Repräsentantin jener jugendlichen Oppositionsbewegung vor dem Wettersturz von Jena, die den Kult des eigenen unverstandenen Ichs, der unersättlichen seelischen Ansprüche und der Annäherung in Freundschaftsbündnissen betrieb. Das Wesen des Staats und der vorhandenen Gesellschaft betrachtete diese Jugend kritisch, die vorhandene Ordnung lehnte sie ab, ihre Hüter forderte sie heraus. Daraus ergaben sich für Bettina sonderbare Verhaltensweisen, die man in der Vergangenheit, befangen in biologistischen und vulgärgenetischen Denkschablonen, oft als typische, der Familie Brentano eigene Seltsamkeiten oder kurz als Brentanismen mißdeutet hat. Im Grunde handelte es sich um Versuche, sich durch Extravaganzen herauszuheben, weil es dieser von Tatendrang gereizten Generation versagt blieb, sich in bestimmten Tätigkeiten zu individualisieren. Das änderte sich erst kurze Zeit später mit dem Aufblühen des »Vaterlandsgefühls« in der erwachenden antinapoleonischen Befreiungsbewegung. Die junge Generation von 1800 war zur Passivität, zum Nichtstun verurteilt und versuchte ihre Selbstverwirklichung auf dem Wege einer einseitigen voluntaristischen Überbetonung der Rolle des Subjekts und in der Ablehnung aller Bastionen des Pseudorationalismus, wie er sich in den Institutionen von Kirche, Staatsbürokratie, Ökonomie, Schule und im Wissenschaftsbereich äußerte. Der Individualität versuchte sie ein Höchstmaß an Kraft und Bildung zu sichern, ein Bestreben, wie es theoretisch durch die Ideen über Staatsverfassung Wilhelm von Humboldts gedeckt wurde.

In dem Dialog zwischen dem brünetten Stiftsfräulein und dem leidenschaftlich werbenden jungen Mädchen wiederholte sich eine Tendenz, die schon den Briefwechsel mit Goethe charakterisierte; nämlich die Einseitigkeit, daß auf Bettinas lange liebevolle Briefe meist nur kurze, knappe und wenig herrliche Antworten erfolgten. Für diese Problematik gibt es die Erklärung, daß die Günderode am 5. August 1804 in Heidelberg den Altertumsforscher Friedrich Creuzer kennengelernt hatte, eine Begegnung, aus der eine tiefe gegenseitige Liebe erwuchs. Parallel zu der Korrespondenz mit Bettina lief folglich der Briefwechsel mit Creuzer, und es ist keine Frage, daß die Briefe des Geliebten sie ganz anders in ihrem Innern aufwühlten als die poetisch-spekulativen Ergüsse einer jungen Freundin. Es deutet auf die inneren Spannungen und Hemmungen in dieser Frauenfreundschaft, daß die Günderode ihr leidenschaftliches Liebesverhältnis zu einem verheirateten Mann der Jüngeren gegenüber verschwieg und Bettina die ganze Zeit über davon auch so gut wie nichts erfuhr, obwohl es genug Eingeweihte gab, darunter ihre Schwester Gunda und der Schwager Savigny. Der Name der Zentralfigur, um die das ganze Denken und Empfinden der Dichterin zu dieser Zeit kreiste, tritt folglich in dem Briefwechsel überhaupt nicht in Erscheinung. Diese Verschwiegenheit mag sich sowohl aus dem Altersunterschied der beiden als auch aus der Eigenart ihres Freundschaftsbundes ergeben haben. Die junge, in lyrischem Überschwang verehrende Bettine trat fordernd auf und hätte einen Rivalen wie Creuzer neben sich kaum geduldet. Denn Gefühle zu beherrschen und ihr Leben einem anderen unterzuordnen, das war dem eigenwilligen Mädchen nicht gegeben. Creuzer hat das zu spüren bekommen. Ihre Begegnung im April 1806 in Savignys Wohnung zu Marburg wurde zu einer heftigen Eifersuchtsszene, weil er in Bettinas Gegenwart ein kleines Kind auf den Schoß nahm und Karoline taufte. Während die Günderode bestrebt war, sich die treue Anhänglichkeit der Freundin zu erhalten, verlangte der nicht minder eifersüchtige Liebhaber den Abbruch der Beziehungen. Auch über diese letzte Konfrontation der beiden Freundinnen ist im Briefroman »Die Günderode« nichts zu lesen. Darüber hat Bettina in ihrem Goethebuch in der fiktiven Form eines Briefes »An Goethes Mutter« berichtet.

Das alles hat Folgen für den ästhetischen Eindruck des Buches. Da die verborgene Liebesleidenschaft der Günderode und damit ihre entscheidenden Handlungs- und Denkmotivationen ausgespart bleiben, gerät ihr Charakter zunehmend leblos und abstrakt, ja der Leser wird sich fragen, ob sie, wie der Titel suggeriert, überhaupt die Hauptperson des Buches ist. Da sie im Lauf der Gespräche immer blasser wird, gleichsam nur noch als Echo und Reminiszenz durch das Buch geht, die Bearbeiterin des Briefwechsels sich aber zunehmend überhöht und zur utopischen Existenz erweitert, verwandelt sie sich zur zentralen Gestalt, die die Vergangenheit der Jugendtage von 1805 aus der Gegenwart des Jahres 1840 beleuchtet.

Damit ist auf die dreifache Ebene dieser Briefdichtung hingewiesen, die sich nicht nur in das Faktisch-Dokumentarische und das Fiktive spaltet, sondern auch zusätzlich Spiegelungen aus der realen Gegenwart der dreißiger Jahre enthält. Am deutlichsten läßt sich das an der poetischen Ausarbeitung der Hölderlin-Erinnerungen erkennen. Bettina hatte in ihrer Jugend von Hölderlin gehört, sowohl durch die Günderode, die den Roman »Hyperion« kannte, als auch über ihre Familie, in der der Jurist, Diplomat und Schriftsteller Isaak von Sinclair verkehrte, der damals der Freund und Protektor Hölderlins im benachbarten Homburg war und im Hause der Brentanos zu Frankfurt verkehrte. Die Schriftstellerin Bettina stand im Bann der jungdeutschen Hölderlin-Rezeption, die mit Waiblingers Schrift »Hölderlins Leben, Dichtung und Wahnsinn« (1831) eröffnet wurde und deren Einfluß auch bei dem Studenten Moritz Carrière deutlich zu spüren war, der ihr die Sophokles-Übertragungen des Dichters vermittelte. Fasziniert von der Hymnik des um 1840 noch so gut wie unbekannten Dichters, transponierte sie ihre Lektüre-Emotionen zurück in die Frankfurter Jahre und legte sie Sinclair in den Mund. Es zählt zu den Verdiensten Bettinas, daß sie als erste die Kommentare zur Sophokles-Übertragung positiv würdigte, auch wenn sie deren sachlichen Gehalt nicht voll zu erfassen vermochte. Hölderlins »Wahnsinn« deutete sie teils im Sinne romantischer Weltanschauung als eine Art von erhelltem Traumzustand, teils im Sinne altgriechischer Religionsmystik als »göttlichen Wahnsinn«. Sie verglich das Geschick dieses Hymnendichters mitdem ihren, betonte, was für ein außergewöhnlicher Mensch er war, sah in den Urteilen der konformen Alltagsmeinung von einer Geisteskrankheit die Zurückgebliebenheit der Umwelt und den Abgrund, der zwischen exzentrischem Dichter und philiströser Trivialwelt gähnte. Nach ihrer neuesten Auffassung war der Dichter der Prophet der Zukunft, die Inkarnation der geistigen Tat, das Vorbild für die Besten der Nation. Ihren jungen Freunden aus der Studentenbewegung wie Döring und Nathusius schenkte sie darum auch nicht Goethes Werke, sondern die Gedichte Hölderlins. Es gehört zum Profil des Günderode-Buches, daß es Goethe kaum noch erwähnt und Hölderlin als den maßgeblichen Dichterheros der Zeit in den Vordergrund rückt.

In der Überhöhung des Dichters zu einer heroischen Person, die der geschichtlichen Entwicklung vorauseilt, lag der Anknüpfungspunkt für die Zueignung des Buches an die Studenten. Deren Organisation, die Burschenschaft der dreißiger Jahre, war in ihrem fortschrittlichen Kern zweifellos kämpferisch für liberale und demokratische Ideen eingestellt, während Bettinas Briefgespräche sich noch in einer imaginären Welt der Innerlichkeit abspielten. Das waren sehr verschiedene Standpunkte. Aber in der Auflehnung gegen borniertes Philistertum und die herrschenden politischen Zustände in der gesellschaftlichen Wirklichkeit lag Übereinstimmung, die zu Bettinas Widmung des Buches an die Studenten und zu deren Sympathieerklärungen in einem Fackelzug führte. Mit dieser Dedikation, die die Studenten verstehend als »Irrende« und »Suchende« apostrophierte, aber auch der »Burschen Hochgesang« demonstrativ hervorhob, reihte sie sich öffentlich in die deutsche Oppositionsbewegung jener Tage ein.

Vierter Teil

Die Vorrednerin des Volkes

27.
Begeisterung für einen Uhu

An der Wende der dreißiger zu den vierziger Jahren wurde in den fortschrittlichen Kreisen des preußischen Bürgertums eine bestimmte Erwartungshaltung deutlich, deren Vorstellungen, auf dem Ideengut des Liberalismus basierend, insbesondere auf Einberufung eines gesamtpreußischen Parlaments, Aufhebung der junkerlichen Privilegien und auf Meinungsfreiheit in der Presse zielten. Diese Erwartung stützte sich auf das bevorstehende Ableben des Königs Friedrich Wilhelm III., der die Hoffnungen der Volkserhebung des Jahres 1813 so schmählich enttäuscht, ja verraten hatte, und auf das Gerücht, daß der Kronprinz mit den liberalen Ideen sympathisiere, die politischen Gefangenen, die Demagogen, amnestieren und die Brüder Grimm nach Berlin berufen werde und überhaupt geneigt sei, den bürgerlichen Wünschen nach einer Verfassung entgegenzukommen. Die Phantasie baute sich ihre Wunschstraße, und die Schriftsteller bauten munter mit.

Bettina von Arnim stand mit diesem von so viel Vorschußlorbeeren bedachten Kronprinzen bereits in Kontakt und hatte sich in Sachen der Brüder Grimm an ihn gewandt. Im Mai schickte sie ihm außerdem den noch nicht ganz ausgedruckten Briefwechsel mit der Günderode. Am 7. Juni 1840 starb der König. Alles, was jugendlich fühlte und ins Helle strebte, gab sich utopischen Zukunftserwartungen hin. Fontane, der in jenen Tagen als Einundzwanzigjähriger in Berlin weilte, schrieb in seiner autobiographischen Darstellung »Von Zwanzig bis Dreißig«: »Die Menschen fühlten etwas, wie wenn nach kalten Maientagen, die das Knospen unnatürlich zurückgehalten haben, die Welt plötzlich in Blüten steht. Auf allen Gesichtern lag etwas von freudiger Verklärung und gab dem Leben jener Zeit einen hohen Reiz. ›Es muß doch Frühling werden.‹ Ich zählte, so jung und unerfahren ich war, doch ganz zu denen, die das Anbrechen einer neuen Zeit begrüßten, und fühlte mich unendlich beglückt, an dem erwachenden politischen Leben teilnehmen zu können.« Sehr ähnlich schilderte Varnhagen von Ense die Stimmung in seinen Tagebüchern: »Die ganze Bevölkerung Berlins auf den Beinen, dumpfe Unruhe und Gedränge, kein Geschrei, nur Rauschen der Volksmenge... Solcher Gemütsbewegung wie heute erinnere ich mich vor zehn Jahren her, als die Nachricht von der Julirevolution der Franzosen hierher gelangte, am 3. August, des Königs Geburtstag, wo auch alles Volk in Bewegung war.«

Noch während der Vorbereitungen für die Krönungsfeierlichkeiten trat Bettina mit dem Historiker Friedrich Christoph Dahlmann in Verbindung, einem der sieben ihrer Ämter enthobenen Göttinger Professoren und Freund der Brüder Grimm, der wie diese auch noch keine passende neue Stelle gefunden hatte. Da er in seiner Jugend Sekretär der schleswig-holsteinischen »Ritterschaft«, der Korporation der adligen Rittergutsbesitzer, gewesen war, besaß er auch praktische politische Erfahrungen. Sein Denken entwickelte sich von der traditionellen »ständischen« Vorstellungslinie zu immer ausgeprägteren liberalen Auffassungen, wobei er freilich nie über die Stufe eines »Honoratiorenliberalismus« hinausgelangte. Die Idee der Volkssouveränität lehnte er ab, und für die sozialen Fragen der mittellosen Massen fehlte ihm jedes Verständnis. An ihn dachte Bettina als möglichen politischen Berater des neuen Königs, und sie animierte ihn, seine Ansichten über die Lage des preußischen Staates schriftlich darzulegen. Der durch Vermittlung der Brüder Grimm in dieser Weise Angesprochene hat diesem Ansinnen in zwei Briefen Folge geleistet, deren Darlegungen in der Voraussage gipfelten, daß Preußen einem neuen Jena entgegenginge, falls es sich nicht rechtzeitig zu zeitangemessenen Reformen, insbesondere zu einem preußischen Gesamtparlament entschließen könne.

Als Bettina die beiden Briefe Dahlmanns an den König nach Königsberg sandte, war auf dem ostpreußischen Huldigungslandtag bereits die Entscheidung im entgegengesetzten Sinne gefallen mit der Versicherung des Monarchen, daß er, Friedrich Wilhelm IV., auch in Zukunft das »edle Werk« der Provinzialstände immer treu pflegen wolle. Diese Beteuerung war ein Bekenntnis zum herrschenden Status quo und eine deutliche Absage an die Liberalen. Auf Bettinas Briefsendung scheint der Empfänger überhaupt nicht reagiert zu haben. Aber Dahlmann wurde im Jahre 1842 als Professor der Geschichte und Staatswissenschaften an die Universität Bonn berufen.

Zu den Huldigungsfeierlichkeiten am 15. Oktober in Berlin war auch Frau von Arnim unterwegs. Schon um sieben Uhr morgens hatte sie sich mit ihren drei Töchtern auf der Tribüne in der Säulenhalle des Museums am Lustgarten eingefunden. Möglich, daß sich auch Varnhagen in ihrer Nähe aufhielt, der zwei Tage zuvor in seinem Tagebuch vermerkt hatte, daß Bettina das künftige Heil nur im Volke, in der Jugend und in »Reichsständen«, dem damals üblichen Ausdruck für ein Gesamtparlament, sah. Der Rede des Königs applaudierte auch sie wie alle, die sich vorm Schloß versammelt hatten. Es war zweifellos eine formal ungewöhnliche Ansprache. So gewandt hatte noch kein preußischer König zum Volke gesprochen. Friedrich Wilhelm IV. war ein Rhetor und Theatraliker ersten Ranges, der sich mit Pathos und Beredsamkeit über die Lücken seiner Bildung und die Unklarheiten seiner Weltanschauung geschickt hinweghalf und sein Publikum mit poetisch verschwommenen Bildern über den wahren Inhalt seiner Rede hinwegtäuschte. Wenn er davon sprach, daß Preußen zum Schild für die Sicherheit und für die Rechte Deutschlands geworden ist, dann dachte er an den Deutschen Bund unter der Leitung Metternichs. Wenn er gelobte, Frieden zu halten und mit allen Kräften die Mächte zu unterstützen, die seit einem Vierteljahrhundert die treuen Wächter über den Frieden Europas waren, dann meinte er jene »Heilige Allianz«, die im Jahre 1815 zwischen den Herrschern von Rußland, Preußen und Österreich zur Verhinderung jeder künftigen Veränderung vereinbart worden war. Wenn er zur Mithilfe aufforderte, Preußen zu erhalten, wie es ist und wie es bleiben muß, wenn es nicht untergehen soll, dann stand dahinter ein Bekenntnis zum bisherigen reaktionären System. Die Gutgläubigen täuschte er vorerst mit einigen geringfügigen Zugeständnissen wie einer kleinen Amnestie, der Rückberufung des zur Zeit der »Karlsbader Beschlüsse« in Ungnade gefallenen Kriegsministers Boyen in den Staatsrat, der Wiedereinsetzung Ernst Moritz Arndts in seine Bonner Professur, der Berufung der Brüder Grimm nach Berlin, einer in Aussicht gestellten Revision der Zensurbestimmungen für Bücher und Zeitungen. Der Kaufmann Milde aus Breslau nannte schon damals den neuen König einen großen Komödianten, und die Skeptiker unter den Berlinern wandelten seine Gelöbnisformel »Das gelobe ich und schwöre ich« in das böse Wortspiel um: »Dat jlobe ik schwerlich«.

Die Fragwürdigkeit solchen Redens und Handelns von Anfang an zu durchschauen war Bettina nicht gegeben, obwohl schon die vom König berufenen Minister und Berater zu den schlimmsten Befürchtungen Anlaß geben konnten. Selbst in den Ministerialbüros wurde man aufgeschreckt, wie ein Gedicht aus Anlaß der Berufung des ultrareaktionären kurhessischen Ministers Hassenpflug dokumentiert, das mit den Worten begann:

»Wir wollen ihn nicht haben,
Den Herrn von Haß und Fluch.«

und das mit dem entlarvenden politischen Charakterbild endete:

»Scheinheiliger Gespiele
Im frommen Höflingstroß
Der Stolberg, Rochow, Thile,
Der Radowitz und Voß.«

Bettina gab sich Illusionen hin, die letztlich in ihrer persönlichen Sympathie für die Person des Königs wurzelten und in ihrer Geschichtsauffassung, die für möglich hielt, daß ein vorteilhafter Personenwechsel an der Spitze alle verbesserungsbedürftigen Zustände mit einem Zauberschlag umwandeln könnte. Schon in ihrer Jugend hatte sie von der Hingabe an große Zwecke der Zeit geträumt. Nun schienen sich ganz ungeahnte Wege zur Verwirklichung und Steigerung ihrer Stellung zu bieten. – Einst hatte sie alle Welt durch ihren Briefwechsel mit Goethe in Erstaunen versetzt. Nun überraschte sie die Zeitgenossen als Egeria, Inspiratorin, Beraterin und Mahnerin des Preußenkönigs. Sie war keine gewöhnliche Schriftstellerin mehr, wie es ungezählte in Europa geben mochte, sondern eine Botschafterin, die unverwechselbar und einmalig an der Erschaffung einer neuen Welt arbeitete. Wenn dennoch befremdliche Nachrichten an ihr Ohr drangen, die ihr Hoffnungsgebäude bedrohten, dann machte sie für alle Übel teuflische Intriganten verantwortlich, ihren jungen Freunden aber rief sie zu: »Wir müssen den König retten.«

Was für ein Mensch war das, der da auf Grund des Prinzips der Erbmonarchie an die Spitze des preußischen Staates gelangt war und den Bettina als einen Genius ansah, dem sie eine politische Mission für die deutsche Zukunft zuschrieb? Friedrich Wilhelm IV., der schon als junger Mann wegen seiner Körperfülle in der Familie den Spitznamen »der Butt« trug, war ein vielseitig begabter Dilettant und eine sehr komplizierte Persönlichkeit. Franz Mehring sagte von ihm: »Er war der erste Hohenzoller, der richtig Deutsch sprechen und schreiben konnte.« Leider verwandte er diese Fähigkeit vor allem dazu, sich an hochtrabenden und salbungsvollen Worten zu berauschen, an einem Taumel von Phrasen, der vielerorts den Verdacht nährte, daß der König ein Trinker sei. Er zeichnete gern und entwickelte sich zu einem leidenschaftlichen Sammler, der mit Lust und Laune ein Sammelsurium von Münzen, Waffen, Urkunden, Manuskripten, Glasmalereien zusammentrug. Vor allem hielt er sich für einen Architekten. Schon als Kronprinz hatte er das Bergschloß Stolzenfels am Rhein, das ihm die Stadt Koblenz geschenkt hatte, nach Entwürfen von Schinkel im mittelalterlichen Stil wiederherstellen lassen. Noch im Huldigungsjahr wurde der Grundstein eines Denkmals für Friedrich II. gelegt, und am 4. September 1842 feierte er wieder mit einer enthusiastischen Rede den Beginn am Weiterbau des Kölner Doms. Neben das von Schinkel erbaute Museum setzte er ein Neues Museum und entwarf eine Skizze, die das Begonnene zu einem großen »Kunstforum« erweiterte. Berlin sollte eine der großen europäischen Museumsstädte werden. All diese Kunst- und Bildungsbeflissenheit entsprang einem löblichen Kern; aber in einer überlangen fünfundvierzigjährigen Kronprinzenzeit entartete sie zu Einseitigkeit und Scheingenialität. Über dem Vergnügen am Hobby versäumte er die Ausbildung des Wirklichkeitssinns und der Ratio. Eine bezeichnende Karikatur auf das sprunghafte und widerspruchsvolle Wesen des Königs aus dem Jahre 1844 zeigt ihn: in der Rechten ein Papier, worauf Order steht, in der Linken eines mit Konterorder, auf seiner Stirn liest man »Désordre«.

Sein eigentliches Verhängnis lag aber darin begründet, daß er in seiner Jugend den Zauber der Romantik passioniert in sich aufgenommen hatte und sich nicht davon zu befreien wußte zu einer Zeit, als diese Kunstrichtung längst abgedankt hatte und das deutsche Bürgertum ganz anderen Horizonten entgegenstrebte. Nicht zufällig hängte sich der Titel eines Pamphlets der vierziger Jahre an seinen Namen: »Der Romantiker auf dem

Thron«. Nun hätte eine Vorliebe für romantische Romane wie Fouqués »Zauberring«, den der Kronprinz als eine Lieblingslektüre mit auf die Feldzüge der antinapoleonischen Befreiungskriege nahm, eine solche verhängnisvolle Konsequenz kaum hervorbringen können und auch nicht die Bevorzugung der Gotik und Neogotik als Baustil, wenn er nicht auch die Lehren der »romantischen« Staatswissenschaften als der Weisheit letzten Schluß angesehen hätte. Wie bei vielen ostelbischen Junkern basierte seine Staatsphilosophie auf den Ansichten des Schweizers Karl Ludwig von Haller und seines Werkes »Restauration der Staatswissenschaft«, dessen »Weisheit« darin gipfelte, daß der Staat als ein privatrechtliches, dem Herrscher von Gott verliehenes Eigentum zu betrachten sei. Die Gewalt des Souveräns war keine andere als die des Paterfamilias oder des Grundherrn. Der Staat war eine Familie im großen, der Fürst unterschied sich von einem Familienvater nur darin, daß er keinen anderen über sich hatte außer Gott. Und zu diesem Patriarchalismus kam für Friedrich Wilhelm IV. die kirchliche Lehre vom göttlichen Ursprung der Herrschergewalt. Der Monarch war durch Geburt und Herkunft gleichsam ein Wesen höherer Art, das sich von den gewöhnlichen Sterblichen dadurch unterschied, daß er Weisungen nicht von seiner Vernunft, sondern von einem transzendenten Wesen entgegennahm. Aus dieser Haltung wird verständlich, daß er gegen die liberalen Ideen in Staat und Kirche einen grimmigen Haß hegte. Den Geist des 18. Jahrhunderts, die Lehre des Gesellschaftsvertrags, den noch der »Philosoph von Sanssouci«, Friedrich II., akzeptiert hatte, erst recht den Gedanken der Volkssouveränität lehnte er entschieden ab. So war der Konflikt zwischen Volk und Krone, der 1848 offen zum Ausbruch kam, längst vorprogrammiert.

Daß sich eine kluge Frau wie Bettina von Arnim dennoch eine Chance versprach, auf den König erfolgreich einwirken zu können, erklärt sich aus der euphorischen Stimmung der Mehrheit der Bevölkerung im Jahr der Thronbesteigung und aus ihrem Romantizismus, sein Wesen zu poetisieren. Diese Neigung wurde ferner durch ihre persönliche Sympathie für das »Über-Ich« des Herrschers und der ihm zugeschriebenen schützenden und rettenden Funktion genährt, die sie seit dem frühen Tod ihres Vaters heimlich immer gesucht hatte. Und sie durfte eine Erfüllung ihrer Weltverbesserungsträume auch insofern vermuten, als sich der Fürst den Spaß gönnte, gegenteilige Meinungen anzuhören und von Zeit zu Zeit Künstlern sogar Narrenfreiheit zu gewähren, freilich ohne auch nur einen Deut von seinen königlichen Anschauungen preiszugeben.

Schon in den Monaten nach den Krönungsfeierlichkeiten hatte sich in Bettina der Gedanke festgesetzt, dem neuen König ein Buch zu schreiben, in dem sie dem Neuling auf dem Thron die Wünsche und Hoffnungen des Volkes, wie sie sie verstand, dolmetschen wollte. Sie überließ es Alexander von Humboldt, dem Vertreter der liberalen Interessen am Hof, zu testen, ob Seine Majestät ein solches Buch annehmen beziehungsweise tolerieren werde. Unter dem Datum vom 17. Mai 1841 vermerkte Varnhagen in seinem Tagebuch: »Besuch bei Bettine von Arnim; der König will ihre Zueignung annehmen, hat es ihr durch Humboldt schreiben lassen; dieser berichtet noch, auf die Frage des Königs welches der Inhalt sei, habe er geantwortet: ›Die Nacht des Gemüts und der Natur von der hellsten Geistessonne beleuchtet‹, welches er zwar selber nicht verstehe, der König aber für gut angenommen habe; derselbe habe noch hinzugesetzt: ›Wenn Frau von Arnim aber ihm mehr aufbürde und zumute, als ihm gebühre, so würde er öffentlich in allen Zeitschriften gegen sie zu Felde ziehen!‹« Und am 5. Juni 1841 schrieb sie an den Gymnasialprofessor Adolf Stahr in Oldenburg, den sie sich durch ihr Goethebuch als Anhänger gewonnen hatte: »Ich habe den König um Erlaubnis gebeten, ihm mein Buch anzueignen, was sagen Sie dazu? Er hat gesagt ja! Es werde ihn freuen, aber ich sollte meiner Phantasie nicht die Zügel schießen lassen… Guter Professor Stahr, ich freue mich darauf, Ihnen das Buch zu geben, obschon ich gar nicht weiß, was ich hineinschreiben soll, aber ich muß in diesen Tagen den Druck beginnen, und daher muß auch etwas drin stehen. Beten Sie zu den Sternen, daß sie mich nicht sitzen lassen.«

Mit der Ankündigung der Drucklegung ihres neuen Werkes griff sie indessen den Ereignissen weit vor. Noch im März 1843 arbeitete sie daran, und nach Aussage von Wilhelm Grimm soll das Manuskript Mitte Juni 1843 abgeschlossen worden sein.

Inzwischen hatte Bettina ihren Briefwechsel mit dem König in höchste Regionen gesteigert. Nach romantischer Weise verwischte sie die Grenzen von Imaginärem und Wirklichem, poetisierte sie die Welt ins Wunderbare, verwandelte ihren königlichen Partner zu ihrem »Traumgenossen«, das Tagesgeschehen in ein Märchen. »Ach der Wonne großer Taten geht oft die Fabel voraus«, schrieb sie am 15. April 1843, »und der Wind weht oft auf dem Saitenspiel die Lösung harmonisch in die Lüfte, nach der wir lange uns sehnten, und der Geist führt Waffengänge auf mit den überraschendsten Wendungen. Was sollte ich aber wünschen für Euer Majestät wenn nicht das Einverständnis mit dem Genius, mit dem ich, Euer Majestät verwechselnd, Ihnen so nahe getreten war!« Die staatliche Bürokratie erklärte Bettina zur verächtlichen Philisterwelt, und in bezug auf die in den Kerkern schmachtende freiheitliche Opposition sagte sie dem »Traumgenossen«, dem »Stolzen« und »Freigeborenen«, der von der Höhe ins Tal herabsteigt: »Konnte er den jungen Anflug einer künftigen Generation so verderben sehen? – Viele von denen, in einem Jahr mit ihm geboren, weil sie hingerissen waren von unendlichen Hoffnungen, weil das Begeisterungsfeuer zu stark in ihnen loderte, wurden gemartert und der Freiheit beraubt. Wer scheidet leicht von dem stolzen Irrtum der Jugend, wer kann ohne Schmerzen kühnen Gedanken und feurigen Entschlüssen entsagen? – War denn kein ander Mittel, sie Euch zu versöhnen! – Aber die Philister haben ein eignes Gelüst, sich an ihrem Gegenteil zu rächen.«

Stolz darauf, mit der romantischen Bewegung vertraut zu sein, vermied es der Schwarmgeist Friedrich Wilhelm IV., dieser Magierin und Geisterseherin zu widersprechen. Ehrgeizig darauf bedacht, als kunst- und poesieverständig unter den anerkannten Adepten zu gelten, versuchte er selbst sogar geistreich und von der Muse geküßt zu erscheinen, nannte er seine Briefpartnerin »Rebengeländer Entsprossene, Sonnengetaufte«. Selbst aber unterschrieb er, sich humoristisch gebärdend: »Ihr freundlicher Uhu.«

So waren die Voraussetzungen geschaffen, daß eines der merkwürdigsten Werke unserer Literatur »Dies Buch gehört dem König« im Sommer 1843 auf dem deutschen Buchmarkt erscheinen konnte.

28.
»Dies Buch gehört dem König«

Bettinas Königsbuch ist zweifellos ein politisches Buch. Es gehört wie die Flugschrift von Johann Jacoby »Vier Fragen, beantwortet von einem Ostpreußen«, wie ein Artikel der Rheinischen Zeitung, wie Herweghs »Gedichte eines Lebendigen« zu jenen Schriften, die die Erhebung der preußischen Bourgeoisie Anfang der vierziger Jahre einleiteten. Bisher hatte diese Schriftstellerin über ihre subjektiven Eindrücke von Elite-Persönlichkeiten der Vergangenheit geschrieben. Der Leser wurde über die intimsten Regungen ihrer Herzen aufgeklärt. Die Güte und Zeitangemessenheit der politischen Institutionen wurde im Goethebuch so gut wie überhaupt nicht behandelt. Wenn sie den Freiheitskampf der Tiroler erwähnt, dann interessierte sie mit keinem Deut deren fanatische Anhänglichkeit an den katholischen Klerikalismus, ihre Ablehnung jeder bürgerlichen Reform, ihr Rückgriff aufs Mittelalter bei der Wiedereinführung von Kleiderordnungen, ihr Judenhaß, kurz die rückständigen Züge der Bewegung, die jedem Liberalen von 1840 unangenehm auffielen. Aber schon in ihrem zweiten Werk, dem Briefwechsel mit der Günderode, wurde klar, daß es etwas zu kritisieren gab. Im Umgang mit der studentischen Jugend von Nathusius und Döring bis zu Heinrich Grunholzer und Karl Marx sowie in ihrem Verkehr mit Vertretern des junghegelianischen Radikalismus wie den Brüdern Bruno und Edgar Bauer und der allgemeinen politischen Stimmungswende entwickelte sie ein leidenschaftliches Gefühl für die Gegenwart, aus dem heraus sie aktiv ins öffentliche Leben eingriff. Viele staatliche Einrichtungen und Aktionen der traditionsgebundenen Regierung forderten sie zur Kritik und zum Kampf heraus. Die Überlegung, wie eine künftige bessere Gesellschaft auszusehen habe, beschäftigte sie dabei noch nicht. Ihr ging es vor allem darum, schädliche Einrichtungen anzuprangern, konventionelle Vorurteile zu zerstören, konkrete Ungerechtigkeiten gutzumachen, die Mängel der Zeit zu erkennen und zu überwinden. Der Leser würde dieses kühne zeitgeschichtliche Engagement nicht richtig einschätzen, wenn er die Jahreszahl 1807, die für das Spielfeld der Gespräche und Erzählungen angegeben ist, als bare Münze nähme.

Diese zeitliche Fiktion und die Verlegung des Schauplatzes in die ehemals Freie Reichsstadt Frankfurt sind erzählerische Raffinessen, um das Buch den Einwendungen des engherzigen preußischen Zensors zu entziehen.

Die Hauptperson des Buches ist die Frau Rat Goethe, nicht die tatsächliche, historisch dokumentierbare Gestalt, sondern eher eine Symbolfigur, die so etwas wie den Weg zu den Müttern öffnet. Die alte Frau aus dem Volk mit ebenso einfacher wie tiefer Weisheit war eine stehende Figur der romantischen Poesie. Clemens Brentano hatte sie als Großmutter Anne Margret in den Mittelpunkt seiner Geschichte vom braven Kasperl und dem schönen Annerl gestellt, eine Verkörperung plebejischer Menschlichkeit und unverbrauchter geistiger Kraft, Vertreterin einer »natürlichen« Ordnung der Dinge gegenüber den miserablen Zuständen der herrschenden Gegenwart. Eine ähnliche Funktion hat Frau Aja, die weithin den Erzählton des Königsbuches bestimmt und die Meinungen suggeriert, mit denen der Leser dem Erzählten begegnen soll. Sie schafft die Atmosphäre und den weltanschaulichen Horizont des Ganzen. Da Bettina in den Jahren 1806 und 1807 fast täglich mit Goethes Mutter Umgang hatte, war ihr das Wesen dieser alten Frau bis in die Gestik vertraut. Dazu gehörte nicht zuletzt auch die Redeweise. Die Rätin Goethe spricht nicht hochdeutsch, sondern frankfurterisch, und diese Charakteristik dient als Zeichen eines ursprünglichen, unverdorbenen und hochwertigen Menschentums. Die »Mythisierung« der Frau Rat ist der Dichterin Bettina völlig geglückt, und wie sie die Figur prägte, lebt sie noch heute im Bewußtsein der Lesewelt fort. Die Gespräche aber, die diese Frau führt, sind nicht die von 1807. Mag die kleine Brentano mit der Rätin Goethe auch über Religionsfragen oder das Judenproblem disputiert haben, diese thematischen Motive hatten inzwischen Wandlungen und Neubewertungen erfahren, die aus einem ganz anderen gesellschaftlichen Entwicklungsstand hervorgingen. Frau Rat Goethe spricht wie eine Partnerin Friedrich Wilhelms IV., hat sich zu einem Sprachrohr des Zeitgeistes von 1840, insbesondere der Schriftstellerin Bettina von Arnim, gewandelt.

Das Buch beginnt mit einer historischen Anekdote, der Einladung der Frau Rat durch die Königin Luise von Preußen, sich ihr in Darmstadt vorzustellen. Es handelt sich um ein Ereignis, das am 19. Juni 1803 in Wilhelmsbad bei Hanau stattfand und über das Goethes Mutter am 24. Juni an ihren Sohn ausführlich berichtete. Dieses einleitende Histörchen schlägt auch den gesellschaftskritischen Grundakkord an: »Ohne Courage kein Genie, hat mein Sohn immer gesagt, und will ich oder nicht, so muß ich doch einmal die höfliche Schmach auf mich nehmen, mit gesundem Mutterwitz dort in dem Fürstensaal vor einer eingebildeten Welt zu paradieren und bloß für eine Fabelerscheinung mich betrachten zu lassen.« Die Hauptperson und die Autorin belustigen sich über das Vorkommnis. Aber wer über so ernsthafte Charaktere wie die »närrischen heraldischen Tiere« in Darmstadt seine ironischen Glossen macht, von dem darf der Leser keine ordentliche Erzählung erwarten. Auch die seriöse Komposition wird ins Lächerliche gezogen und das humoristische Erzählprinzip mit dem Bilde erläutert: »... wir fahren mit einem Zauderer – der alle Viertelstund ein Schnäpschen nimmt und alle Anrand Futterungs hält.«

Die Gedanken und Ansichten, die Bettina in diesem Buch dem König zu unterbreiten wünschte, kommen im wesentlichen in Gesprächen zum Ausdruck. Diese literarische Form lag ihr neben dem Brief am nächsten. Bettina war keine Erzählerin, keine Lyrikerin, keine Dramatikerin, sie war ihrer natürlichen Begabung nach eine geniale Briefschreiberin und eine meisterliche Gesprächskünstlerin.

Die dialogische Gestaltungsweise ist so alt wie die Sprache überhaupt. Innerhalb der deutschen Literatur hatte sie ihren Höhepunkt im Zeitalter der Renaissance und Reformation. Im 18. Jahrhundert kam sie dann noch einmal zu Ehren und erlebte unter den Romantikern eine kurze Nachblüte. In Achim von Arnims Erzählungen fand der poetische Dialog wiederholt Verwendung. Aber auch die platonischen Dialoge, die Bettinas Freund Schleiermacher aus dem Griechischen ins Deutsche übertragen hatte und auf die im Text wiederholt angespielt wird, konnten sie zum literarischen Gebrauch anregen. Der zweite Teil des Königsbuches trägt sogar den Titel »Sokratie der Frau Rat« und verweist damit noch einmal auf die dialogische Form, die sich im griechischen Altertum so großer Beliebtheit erfreute. Entscheidend aber blieb, daß die Schriftstellerin deutlich fühlte, wie die Gesprächsform sowohl ihrem Vorhaben, mit Worten zu wirken, als auch dem Ausdrucksvermögen ihrer Persönlichkeit in idealer Weise angemessen war.

Wie sehr ihr diese Form lag, in der Meisterwerke wie »Das Lob der Narrheit« von Erasmus und die Porträtstudie »Rameaus Neffe« von Diderot geschaffen worden waren, zeigt sich auch darin, daß sie nicht das einfache und gestellte Selbst- und Wechselgespräch wählte, sondern jenen polyphonen Dialog, der vier Sprecher zu Wort kommen läßt: Frau Rat Goethe und Bettina als Vertreterinnen der »Partei der Natur«, der Masse des Volkes und der Rebellen gegen den Spätfeudalismus sowie einen Pfarrer und einen Bürgermeister als Repräsentanten der territorialen Kleinstaaterei im Zeichen des Bundes von Thron und Altar mit obligater Bibelfrömmigkeit und der Privilegienordnung von Heer, Verwaltung und Steuerwesen.

Diese Gespräche werden nicht eben sachlich nach Art eines politischen oder moralischen Traktats geführt, sondern stets persönlich wie ein übermütiges Spiel romantischer Spottdichtung. Es sind gleichsam Gesprächsszenen, die die Hofnärrin dem König mit Scherz, Satire, Ironie und tieferer Bedeutung zum besten gibt, so wenn sie zum Beispiel dem »Landesvater« empfiehlt, die Räuberbande des Schinderhannes als seine ideale Leibgarde zu wählen, für die Verbrecher zum Zwecke der »Resozialisierung« eine Universität zu gründen, mit den eingesperrten Demagogen gemeinsame Sache zu machen. Denn »Fürst und Demagogen ein Herz und eine Seele, ihren Verfolgern zum Trotz! – Als Demagogenhaupt überragt die Königsmacht alle Potentaten ...«

Als Parodie auf alle christliche Theologie muß vor allem auch das »Gespräch der Frau Rat mit einer französischen Atzel« verstanden werden. In diesen Vogel, eine Elster, hat sich Bettina verzaubert, um ihren spekulativen Schabernack zu treiben. Im Gefolge liberaler Religions- und Bibelkritik geißelt sie die groteske Lächerlichkeit der kirchlichen Teufelsdogmen mit Thesen wie: »Wer hat das Recht, Gott zu sein, als nur der Teufel allein! – Wo ist der Anfang des Guten, als wo er negiert wird? Drum ist der Teufel der Anfang aller Dinge ... – Das Ausbrüten der Menschheit ist das Gottwerden des Teufels.« Floskeln aus der »Satanologie« des Philosophen Schelling, den der König 1841 als ideologische Stütze seines Systems nach Berlin berufen ließ, klingen an.

Auch Bettina verwarf die Religion keineswegs. Sie war nicht zufällig eine Freundin Schleiermachers gewesen und hatte seinen Ruf an die »Gebildeten unter ihren Verächtern« vernommen. Ganz in seiner Intention schrieb sie seinerzeit an die Günderode, daß wahre Religion nur Sinn fürs Unsichtbare und Unendliche sei. An dieser Einstellung hatte sich auch im Umgang mit dem Religionshistoriker Bruno Bauer, dem damals radikalsten Vertreter der Ideologie des Säkularismus, nichts geändert. Eher deuten ihre Äußerungen darauf, daß sie auf der Suche nach einer neuen Religiosität war. Sie vertrat sozusagen den nicht geringen Bereich jener »massa damnata«, jenes »verlorenen Haufens«, der sein Heil außerhalb der Kirche suchte. In dessen Sinn parodierte sie die höchsten Begriffe der orthodoxen Theologie, die in der Vergangenheit einmal unerschütterliche Gewißheiten gewesen waren und die sie nun als »Pomeranzenglauben« ins Lächerliche zog. Sie wurden gleichsam in ihrem zeitgeschichtlichen Wert untersucht, gewogen und zu leicht befunden, ihre Prediger als kindliche Illusionisten gekennzeichnet und die Notwendigkeit eines neuen religiösen und ethnischen Bewußtseins unterstrichen.

Daß im Königsbuch auch klerikale Probleme abgehandelt wurden, ergab sich aus dem Umstand, daß sich Friedrich Wilhelm IV. dem christlichen Mystizismus in die Arme warf, er den Pietismus am Hofe, im Militär, auf der Kanzel, in der Ministerialbürokratie, ja in der fürstlichen Teegesellschaft unterstützte und mit seinem Anspruch eines obersten Bischofs der Landeskirche für die Verquickung von Politik und Religion und für den gesamten klerikalen Machtbetrieb im Staate verantwortlich war. Pückler spottete, daß für die orthodoxen protestantischen Hofprediger der Papst ein viel zu liberaler Geistlicher sei. Die Hofpartei konnte in Bettinas Ermahnungen nur dreiste Angriffe auf den christlichen Glauben, auf die Kirche, den Staat und dessen Verwaltung sehen.

Noch schockierender mußte es freilich wirken, wenn sie die hohe Bürokratie und die »Thronstufenbelecker« des Komplotts und der »Larifariverschwörung« gegen den König bezichtigt, den König quasi als Gefangenen einer staatsschädlichen Kamarilla hinstellt. Bettina ging von der romantischen Idee des »Volksgeistes« aus, den sie demokratisch in dem Sinne auslegte, daß es, wie schon Herder gesagt hatte, nur einen Stand im Staate gibt, das Volk, zu dem der König ebensowohl gehört wie der Bauer und der Bürger und in dem der Adel keinerlei Vorrechte genießt. Der Beruf des Fürsten sei, sich an die Spitze des Volkes zu stellen und alle Schranken niederzureißen, die das »vornehme Gespenstervolk« der volksfeindlichen Hofschranzen und Bürokraten errichtet hat. Sie glaubt an den Augenblick einer historischen Wende, wo das Bündnis des Volkes mit dem Fürsten erneuert werden kann. Sich der denkwürdigen Tage der Großen Französischen Revolution von 1789 erinnernd und sie zugleich romantisch in eine geistige Revolution »von oben« umdeutend, ruft sie begeistert aus: »Kein Blutstropfen der Revolution ist umsonst geflossen, alles ist zu Geist geworden, er blüht jetzt wieder in der Menschheit, laßt uns hoffen auf den Helden, der den freien Weg auch zur irdischen Freitätigkeit bahnt, und wir werden endlich fühlen, wie sanft, wie allgemein, wie ohne Falsch dieser Geist der Revolution sich verbreiten wird über Staat und Religion, über Fürst und Volk, aber er wird beiden keine Strafe, keine Gottesgeißel sein.«

Sie hatte so viel Phantastisches in der Zeitgeschichte miterlebt, vom Bastillesturm in Paris bis zur Begründung einer bürgerlichen Republik, vom Aufstieg Napoleon Bonapartes bis zur Geburt eines Kaiserreichs im benachbarten Frankreich, daß sie auch in Deutschland die Herrschaft eines politischen »Genies« für möglich hielt. So rief sie gleichsam als Visionärin den preußischen Romantiker auf dem Thron, der so inbrünstig an die Gnade Gottes und seine höhere Erleuchtung glaubte, zum Revolutions- und Bürgerkönig aus. Niemals widersprach die Realität so eklatant einem politischen Wunschtraum, aber Bettinas Schwäche lag darin, immer wieder Traum und Wirklichkeit zu verwechseln. Ohne daß sich Ähnliches abzeichnete, war sie überzeugt, daß ihre Königs-»Aphorismen« die Menschen ihrer Generation erschüttern und damit helfen würden, die herrschenden Meinungen in Religion und Politik abzulösen und so eine bessere Zukunft herbeizuführen.

Der Höhepunkt des Buches liegt in dem Schlußteil, der »Erfahrungen eines jungen Schweizers im Vogtland« überschrieben ist und das Arbeiterelend vor den Toren Berlins schildert. Erst hier wird der tiefere Sinn sichtbar, warum dieses Buch dem König Friedrich Wilhelm IV. zugeeignet wurde. In sachlichem Berichtsstil werden dem Leser die unhaltbaren sozialen Zustände in den Elendsquartieren der preußischen Hauptstadt vor Augen geführt. Mit diesen Ermittlungen hatte Bettina einen ihrer jungen Vertrauten jener Jahre, den aus der Schweiz stammenden Studenten Heinrich Grunholzer, beauftragt. Ihm kaufte sie die Aufzeichnungen für fünfzig Taler ab. Vor allem diese Partien des Buches erregten großes Aufsehen, teils Empörung, besonders bei den intimen Freunden des Königs, den Sozialpolitikern des »Christlichen Staats« wie den Brüdern Gerlach und dem inzwischen zum Minister emporgestiegenen Savigny. Sie erhoben den Vorwurf der Übertreibung und Entstellung. Darauf bezieht sich ein Brief Grunholzers vom 22. November 1843, in dem es heißt: »Darum wiederhole ich Ihnen, daß ich kein Wort des Gesagten zurücknehme und bereit bin, auf jeden Einwurf zu antworten. Wahrscheinlich aber schweigt in diesem Augenblick schon alles vom Vogtlande, und ich werde nie in den Fall kommen, meine Aussagen erhärten zu müssen ... besorgt bin ich, daß noch im besten Falle geglaubt werde, es sei das Schlimmste gesagt von dem, was sich von den Armen in Preußen sagen lasse. Meine Berichte umfassen einen nur ganz geringen Teil aller blutarmen Familien in Berlin. Dieselben ließen sich in wenigen Wochen um das Zehnfache vermehren, auch wenn man sich nur auf die Residenz beschränkte.« Vornehmlich wegen Veröffentlichung dieser Materialien hat das Arnimsche Königsbuch Epoche gemacht und wird in den Annalen als die erste nennenswerte sozialpolitische Schrift in der deutschen Literatur verzeichnet. Die Lösung der sozialen Frage verlegte Bettina noch auf idealistische Ebene, indem sie der schlechten bestehenden Gesellschaft eine ideale entgegensetzte, die der König aus dem Geist des Patriarchalismus verwirklichen werde. So wie sie die Forderung nach bürgerlichen Freiheiten aus der Idee eines romantisch konstruierten Volkskönigtums ableitete, verlangte sie die Beseitigung der Armut aus der Idee des königlichen Patriarchalismus. Unter diesem Aspekt klagte sie die absolutistische preußische Staatsführung an: »Wenn's gegen den Feind gilt, dann findet ihr sie in ihren Schlupfwinkeln, dann zieht der Staat ihnen Montur an und läßt sie in Reih und Glied aufmarschieren! Wenn der Landesvater will losdonnern, dann sind sie euch gut als Futter für die feindlichen Kanonen. Was davon heimkommt und selbst nach Futter schreit, das betrachtet ihr als Hefe des Volks und laßt's wieder im alten Schlamm versinken, wißt nicht mehr, wo's geblieben ist, vor euch mag's unter der Erde versunken sein, muckst es, so wird man seiner schon Herr werden! Die alten Weiber sind euch ein Greuel; ihr freches Angrinsen möchtet ihr ihnen eintränken, sowie sich Gelegenheit dazu findet, werdet ihr nicht säumen. – Wer sind diese alten Weiber? – Es sind die, deren Söhne, deren Männer im Krieg Kanonenfutter wurden oder als Krüppel heimkamen! Sie sind Raubgesindel geworden, die Ihrigen zu ernähren, das war ihrer erregten Rache, Bosheit und Tücke willkommene Genugtuung! Es war ihnen Ersatz dafür, daß man sie völlig im Staat ignorierte...«

Der Nachweis war erbracht, daß die absolutistische Staats- und Machträson ein beschränkendes Prinzip und verwerflich war. Dort liegt die Ursache allen Hasses und jeder Unterdrückung, aller Grausamkeit und Unzufriedenheit. Dieses Machtdenken ist jedoch überholt, und alles Überholte wird schließlich gestürzt werden. Als neues höheres Prinzip, das nicht von Regierungen und Gerichten gemacht wurde, sondern etwas Absolutes ist, steht die Liebe auf der Tagesordnung mit ihrem Einfühlungsvermögen in alles Lebendige. Sie wirkt, wie Bettina meint, als revolutionäre Kraft, die die Gesellschaftsstruktur Preußens, Deutschlands, ja Europas verändern wird.

Wie Friedrich Wilhelm IV. auf dieses Buch wirklich reagierte, wissen wir nicht genau. Natürlich bedankte er sich nach Empfang des ihm zugedachten Exemplars. Varnhagen berichtet, daß dieser Dank ursprünglich viel freundlicher ausgefallen war, daß er jedoch dann sein Billett zerriß und ein anderes schrieb, das trotz bombastischen Lobes kalt, ja etwas spitzig klang. Von anderer Seite war ihm wieder zugetragen worden, der Monarch habe in dem Buch nur geblättert, nicht gelesen, vermutlich eine königliche Ausrede gegenüber jenen Freunden und Beratern, die in dem Buch staatsgefährliche Tendenzen witterten. Dieser Verdacht wurde bald noch verstärkt, als im Herbst 1843 eine kleine Broschüre auf dem Buchmarkt erschien mit dem Titel »Bettina und ihr Königsbuch«, eine Zusammenstellung von Thesen, die im Klartext ausdrückten, was in dem Buche wirklich stand und gefordert wurde. Auf dem Titelblatt waren die Initialen des Verfassers A. St. angegeben. Das war Bettinas Anhänger Adolf Stahr in Oldenburg. Diese Schrift wurde am 22. November 1843 in allen Berliner Buchhandlungen durch die Polizei beschlagnahmt. Den Befehl dazu hatte der König selbst erteilt, und er wurde vom Minister des Innern an den Polizeipräsidenten weitergeleitet. Der Minister soll bei dieser Gelegenheit die Bemerkung gemacht haben, daß er »in seinem Leben nichts Unwürdigeres und Abscheulicheres gelesen habe als diese Broschüre!«. In der Begründung des Verbots hieß es unter anderem: »Der Inhalt der Flugschrift erscheint durch die heftigen Angriffe auf den christlichen Glauben, auf die Kirche, den Staat und dessen Verwaltung für das Gemeinwohl um so gefährlicher, als die Schrift durch ihren geringen Umfang und auch um deswillen einer großen Verbreitung entgegensehen kann, weil sie das bekannte Werk ›Dies Buch gehört dem König‹ durch geordnet zusammengestellte Auszüge der verwerflichsten und heftigsten Stellen für die Menge genießbarer macht und mit Zusätzen in gleichem Sinne begleitet ist.«

Eine andere Broschüre, die ihre Besprechung unter dem Titel »Ruchlosigkeit der Schrift: Dies Buch gehört dem König« spöttisch in die Form einer Denunziation kleidete, kam Anfang 1844 unter dem Pseudonym Leberecht Fromm aus dem Kreis des utopischen Kommunisten Wilhelm Weitling. Sie endete mit dem ironischen Schlußgebet: »1tens, das Buch zu vernichten mit unnachsichtlicher Strenge; 2tens ein warnendes Beispiel zu statuieren an der Schöpferin dieses Teufelswerkes. Sie gehört dem hohen Stand des Adels; wohlan! man erniedrige sie in den Bürgerstand! Amen!«

Der Publizist Karl Gutzkow aber schrieb über die sensationelle Sozialenquete des zweiten Bandes: »Man hat diese Partie des Buches communistisch genannt. Man höre, was er enthält, und erstaune über dies sonderbare Neuwort: Communismus. Ist die heißeste, glühendste Menschenliebe Communismus, dann steht zu erwarten, daß der Communismus viele Anhänger finden wird. – Dieser zweite Band ist den Verbrechern und Armen gewidmet. Man hat schon drucken lassen, Bettina wolle die Verbrecher zu Märtyrern stempeln und zöge die Diebe den ehrlichen Leuten vor. Das letzte ist kindisch, das erste ist wahr.«

Bettinas Vermittlungsaktion zwischen Volk und König war praktisch gescheitert. Sie war von vornherein zum Mißerfolg verurteilt, weil sich Friedrich Wilhelm IV. schon seit seiner Kronprinzenzeit mit einem privaten Beraterstab und Freundeskreis umgeben hatte, der ihn auf das Programm eines reaktionären christlich-germanischen Staates festlegte. Die Schwierigkeiten mit den Bewohnern des Vogtlandes waren dort durchaus nicht unbekannt, und man war auch der Überzeugung, daß etwas getan werden müsse. Längst hatte sich der König eine Sozialreform vorgenommen. Nach mittelalterlichem Vorbild sollte das Armenwesen wieder ganz in die Hände der Kirche gelegt werden. Aus den Kreisen der Pietisten gewonnene Laienprediger und Armenpfleger sollten das entstandene Proletariat ideologisch erziehen. Des Königs Antwort auf das sich ihm stellende soziale Problem lautete in praxi: Es müssen mehr Kirchen und kirchliche Anstalten gegründet werden. Die theoretische Opposition an der Universität und in der Presse ist so weit wie möglich auszuschalten.

Das Verbot der Stahrschen Broschüre bei stillschweigender Duldung des Arnimschen Königsbuchs entlarvte die angeblich gemäßigte liberale Haltung des Königs als unaufrichtige Beschwichtigungspolitik. Schon hier bestätigte sich das bekannte Wort, das der ostpreußische Demokrat Jacoby anläßlich der Überreichung einer Adresse einige Jahre später dem Herrscher entgegenschleuderte: »Das ist das Unglück der Könige, daß sie die Wahrheit nicht hören wollen.«

29.
Ein Liederheft für Spontini

Wenn der Historiker heute feststellt, daß Bettinas Konzept vom guten Volkskönig bereits beim Erscheinen des Königsbuches sich als Illusion herausstellte, so waren die Autorin und ihre Freunde anderer Meinung und fühlten sich in ihren Erwartungen kaum enttäuscht. Im »Telegraph für Deutschland« faßte Karl Gutzkow das allgemeine Urteil, das von einer großen Zahl liberaler und demokratisch gesinnter Deutscher geteilt wurde, ethusiastisch zusammen: Das Buch ist »ein Ereignis, eine Tat, die weit über den Begriff eines Buches hinausfliegt. Dies Buch gehört dem König, es gehört der Welt. Es gehört der Geschichte an ... Es sagt Dinge, die noch niemand gesagt hat, die aber, weil sie von Millionen gefühlt werden, gesagt werden mußten.«

Bettina glaubte weiterhin an ihre Mission, den König aus den Fängen der Feudalen zu befreien, dem Wohl des Volkes zu dienen und eine produktive Beziehung zwischen dem von ihr vertretenen Humanismus und der staatlichen Macht herzustellen. Die Berufung der Brüder Grimm buchte sie als einen ersten Erfolg ihrer Bemühungen, und die Briefe, die sie mit dem König wechselte, schienen ihr eine Garantie, daß sie an ihrem Programm festhalten durfte. Daran wollte und konnte sie nicht zweifeln. Denn gleichsam als Advocatus Populi, als Anwältin des Volkes, zu schreiben und sich jedem Unrecht des Tages vor dem Forum der Öffentlichkeit entgegenzustellen, war ihr seit dem Appell des Königsbuches zur Lebensaufgabe geworden. So konnte sie auch nicht anders, als sich in den Streit um den Generalmusikdirektor der Königlichen Oper, Spontini, einzumischen, der am 2. April 1841 zu einem wüsten Theaterskandal und schließlich zur Abberufung des Künstlers führte.

Der italienische Komponist Casparo Spontini war in Berlin seit langem eine umstrittene Persönlichkeit. Zur Zeit Napoleons in Paris mit der »Ferdinand Cortez« in die Reihe der führenden europäischen Opernkomponisten aufgestiegen, hatte ihn nach dem Zusammenbruch des Kaiserreiches der preußische König nach Berlin berufen, um seinem Opernhaus durch einen berühmten Namen Format zu verleihen. Allerdings dauerte dort die unbestrittene Herrlichkeit Spontinis nur kurze Zeit. Genau fünf Wochen lagen zwischen der glanzvollen Erstaufführung seiner »Olympia« und der Uraufführung von Webers »Freischütz«, einer deutschen Volksoper, der vor allem die patriotische Jugend zujubelte. Damals schrieb Heinrich Heine in seinen »Briefen aus Berlin«: »Haben Sie noch nicht Webers ›Freischütz‹ gehört? Nein? Unglücklicher Mann.« An jenem 18. Juni 1821, dem Jahrestag der Schlacht bei Waterloo, sank Spontinis Stern, und es kam nun zu der Situation, daß die Hofkreise im allgemeinen ihren Günstling Spontini unterstützten, während Romantiker und Patrioten für Carl Maria von Weber Partei ergriffen.

Niemandem konnte entgehen, daß die folgenden, in Berlin geschriebenen Opern Spontinis schwache Erzeugnisse waren, die sich nur durch kostspielige Ausstattungspracht einigermaßen im Repertoire halten konnten. Aber solange Friedrich Wilhelm III. regierte, dessen ganz besondere Protektion Spontini genoß, blieb seine Position gesichert, obgleich die Kompetenzstreitigkeiten zwischen dem Generalmusikdirektor und dem Generalintendanten zunahmen und der Kreis der Spontini-

Freunde selbst am Hof immer kleiner wurde. Die Situation änderte sich mit dem Thronwechsel. Daß der neue König einem anderen Geschmack huldigte als der Vater, war allgemein bekannt. In seinem Kulturprogramm spielte der Name Spontini keine Rolle mehr. Mit seiner persönlichen Meinung hielt er indessen zurück. Er überließ es einer passenden Gelegenheit, diese Personalfrage zu lösen, zumal dieser despotische und streitsüchtige »Napoleon der Opernkomponisten« inzwischen ein sehr bejahrter Herr geworden war und ja nicht ewig in der Hofoper dirigieren würde.

Von der Tendenzwende am preußischen Hofe hatte auch Spontini gehört. Doch zog er aus dieser Information ganz andere Folgerungen. Er setzte seinen Zank mit dem Generalintendanten fort und reichte dem König eine Beschwerdeschrift ein, in der er der Theaterverwaltung vorwarf, daß sie im Repertoire »den Werken deutscher Komponisten nicht den verdienten Anteil widme«. Diese Anschuldigung aus dem Munde des Italieners Spontini wirkte peinlich und an den Haaren herbeigezogen, und sie entsprach im übrigen bei genauer Prüfung auch nicht dem Sachverhalt. Der Intendant rächte sich, indem er in zwei Artikeln der in Leipzig erscheinenden »Zeitung für die elegante Welt« verkünden ließ, daß nun endlich entschieden wäre, wer an der Königlichen Oper in Berlin Chef sei und wer zu gehorchen habe. Daraufhin ließ sich der Dirigent zu einer Gegenerklärung in der »Allgemeinen Leipziger Zeitung« hinreißen, in der es hieß, daß das in der »Eleganten« dargestellte Dienstverhältnis an der Königlichen Oper in Berlin unmöglich sei, »denn es würde dadurch die Unterschrift und das geheiligte Wort zweier preußischer Könige kompromittiert werden«, eine Unterstellung, die den Anwurf enthielt, daß der neue Regent nicht zu den Verträgen seines Vaters stehe und auch weniger kunstverständig sei. Hierauf beantragte Graf Redern, der Intendant, am 30. Januar 1841, den Verfasser dieser Verlautbarung zur Verantwortung zu ziehen. Der Generalmusikdirektor Spontini wurde vom Kammergericht zu einer neunmonatigen Festungsstrafe verurteilt, gegen die er Berufung einlegte.

In Berlin ging daraufhin das Gerücht um, Spontini sei seines Amtes enthoben. Um der Verbreitung solch falscher Nachricht entgegenzuwirken, entschloß sich der Generalmusikdirektor, am 2. April Mozarts »Don Juan« im Opernhaus Unter den Linden zu dirigieren. Er trat zum Gegenangriff an gegen die Kräfte, die ihn vernichten wollten. Warnungen, daß es zu Ruhestörungen kommen werde, waren ihm zugegangen. Eine gespannte, feindselige Atmosphäre erwartete ihn, die sich aus Chauvinismus, Ausländerfeindlichkeit, Freude an einem Theaterskandal speiste. Sowie er sich im Orchester sehen ließ, ertönten Pfiffe und die Rufe: »Hinaus! hinaus!« Nur mit Mühe konnte er die Ouvertüre zu Ende bringen. Als er das Zeichen zum Aufziehen des Vorhangs gab, wurde dem nicht Folge geleistet. Auch das technische Personal war in das Komplott eingespannt. Ein ungeheurer Tumult brach los. Zornige junge Männer machten Miene, sich über die Orchesterbrüstung zu schwingen und gegen den Dirigenten tätlich vorzugehen. Die Polizeibeamten, die abkommandiert waren, für Ruhe und Ordnung zu sorgen, solidarisierten sich mit den Tumultuanten. Spontini verließ leichenblaß seinen Platz und verschwand durch eine kleine Tür, die in den Maschinenraum führte, und von da über Umwege ins Freie. Das war das Ende einer zwanzigjährigen glanzvollen Theaterlaufbahn.

Bettina war keine fanatische Anhängerin der Musik Spontinis. Sie wußte sehr genau, daß der Maestro oft auch Leeres und bloß Dekoratives geboten hatte. So schrieb sie am 9. Juni 1825 an ihren Mann: »In ›Alcidor‹ hat mich Savigny geführt, es war uns allen sehr langweilig, ich selbst konnte nicht bis zur Hälfte aushalten, ... es ist also gar nicht schade, daß Du ihn nicht gesehen.« Dennoch gehörte sie seit seinem ersten Auftreten in Berlin zu seinen Bewunderern ähnlich E. T. A. Hoffmann, der in seinem »Gruß an Spontini« vom Mai 1820 diesem Künstler zurief: »Ja! ganz unser bist du, denn deinen Werken entstrahlt im vollen Himmelsglanz das Wahrhaftige, wie den Werken unseres Händel, Gluck, Mozart und aller der Meister, die in Wort und Ton nur echtes, edles Metall ausprägen.« Auch bei dem Musikenthusiasten Hoffmann schloß die Begeisterung für Mozart und Beethoven die Wertschätzung der Talente Spontinis nicht aus, der nach dem Urteil aller Komponisten der zwanziger und dreißiger Jahre die Opernbühne Berlins zur ersten in Deutschland entwickelt hatte. Und nun diese Demütigungen! Am meisten empörte Bettina die Inszenierung eines Gerichtsverfahrens wegen Majestätsbeleidigung. Diese Beschuldigung war in ihren Augen völlig unbegründet und überstieg alles Zumutbare.

Denn, so schrieb sie in einem langen Brief an den Kommerzienrat Moritz Robert-Tornow, dem jüngsten Bruder der Rahel Varnhagen und einem der zuverlässigsten Freunde Spontinis, »ungeziemende Ausdrücke konnten ihm als Ausländer nie zur Last gelegt werden...« Sie dachte wohl an ihren eigenen Vater, der die deutsche Sprache nur mangelhaft beherrscht hatte und sich im Ausdruck oft vergriff. Falls überhaupt ein Verschulden vorliegen sollte, so fiel das nach ihrer Meinung auf den Übersetzer zurück. Dann aber kehrte sie den Spieß um. Taktlos waren nicht die Worte Spontinis, sondern die Auslegung des Gerichts; denn »der König hat dem geachteten Diener seines Vaters nicht seine Gnade entzogen, er hat ihn geschützt und geehrt«. Nur unwürdige Richter, die nicht wert sind, »den Purpur der Majestät vor Befleckung zu schützen«, konnten ein solches Verfahren in Gang setzen. Ihr politisches Hauptargument, daß für die Übel im preußischen Staat vor allem die Bürokraten verantwortlich seien, klingt wieder an.

Ebensowenig war Bettina das kompromittierende Verhalten der Polizei anläßlich des Theaterskandals entgangen, und sie dachte nicht daran, mit ihrem Tadel hinter dem Berg zu halten. Zu sehr war sie sich bewußt, daß sie für einen größeren Kreis schrieb, daß der Adressat den Brief anderen zu lesen geben werde. Das Schreiben an den Spontini-Freund Robert war ähnlich wie das an Savigny in Sachen der Brüder Grimm für die Öffentlichkeit bestimmt. Es wurde innerhalb eines Korrespondenz-Beitrages aus Berlin in den »Jahrbüchern des deutschen National-Vereins für Musik und ihre Wissenschaft« unter dem Datum vom 15. Mai 1841 abgedruckt. Mit dem Anspruch, so etwas wie ein Autoritätszentmm zu sein, wies sie auf die verhängnisvollen Folgen des angezettelten hinterhältigen Spiels hin. Sie schrieb: »Wie sehr wird sich das Publikum dies merken, daß die Polizei der großen Königstadt nicht imstande war, trotz aller Verhandlungen, ein Häuflein im engen Raume des Opernhauses eingepfergt im Zaum zu halten, oder auch nur wagen durfte, den Vorhang des Theaters zur bestimmten Zeit aufziehen zu lassen... Wie leicht könnte da, durch dieses Eingestehen ihrer Ohnmacht, die Polizei Veranlassung werden, daß nebst vielen Nebengedanken der Hauptgedanke in dem Publikum wach werde, als ob die Polizei wirklich keine Gewalt über dasselbe habe; und wie schnell könnte dann jene Behauptung bei erster Gelegenheit als prophetische Ahnung in Erfüllung gehen.« Bettina malte die echte Revolution an die Wand.

Solche provokativen Töne konnte sie sich damals leisten, ohne als potentielle Aufrührerin denunziert zu werden. Als der Empfänger des Briefes bedauerte, daß sie ihre Spontini-Epistel nicht an den König gerichtet habe, forderte sie ihn auf zu veranlassen, daß ihr Schreiben den Akten beigefügt werde. »Ich besinne mich zwar nicht aufs Genaueste, ob es nicht Unlegitimes enthalte, aber hier, wo der gesunde Sinn des Königs so schmerzlich von einem alten Diener in Anspruch genommen wird, den feindseligen Bedrängnissen Einhalt zu tun, da fürchte ich gar nicht, ja, ich wünsche vielmehr meine lebhafte Aufregung über den unterfangenden Widerspruch der Übelgesinnten gegen die ursprüngliche Großmacht des Königs auszudrücken.«

Friedrich Wilhelm IV. hat den Brief vermutlich gelesen. Ob das seine Entscheidung mit beeinflußt hat, wissen wir nicht. Die vom Kammergericht auch in zweiter Instanz ausgesprochene Arreststrafe hat er seinem Generalmusikdirektor auf dem Gnadenweg erlassen. Im übrigen erhielt Spontini seine Entlassung bei Weiterzahlung der Bezüge und mit dem Wunsche, künftig seine ganze Muße der Komposition zu widmen. So endete dieses vormärzliche Intrigenstück mit Spontini als tragischem Verlierer und dem König in der Rolle des über den Parteien stehenden Schiedsrichters mit der Aureole des noblen Mäzens.

An diesem Ausgang vermochte Bettina nichts zu ändern. Sie fügte sich in Resignation, ohne an ihrer Meinung etwas zu ändern. Auch noch für den Beschimpften und Gestürzten nahm sie öffentlich Partei. Die bedauerlichen Vorgänge hob sie auf die Ebene höherer Gesetzlichkeit, indem sie ein Liederheft drucken ließ, das den Titel trug: »Dédié à Spontini, Directeur général de la musique et premier maître de chapelle de S. M. Le Roi de Prusse«. So wie im Frühjahr 1820 E. T. A. Hoffmann den Willkommensgruß für Spontini übernommen hatte, so sprach Bettina im Frühling 1842 mit ihrem Liederbuch gleichsam das Adieu im Namen der ihm in Berlin verbliebenen Sympathisanten aus. An Franz Liszt schrieb sie damals: »An Spontini hab ich mein Wort gehalten, indem ich sieben Lieder, mitsamt ihren ganz eigensinnigen Accompagnements ihm zugeeignet, habe stechen lassen. Es tat ihm wohl, wie Balsam auf die Wunde. Wer wollte nicht, hielt er ein solches Elixier in Händen, mit Sanction dem, dem Unrecht geschehen, diesen Balsam auflegen! Und welche größere Ehre könnte mir widerfahren, als daß *einer*, dem alle in wilder Ausgelassenheit wehgetan, zu mir sage: Du tust mir wohl!«

Bei diesen sieben Liedern mit Text, Singstimme und Klavierbegleitung handelt es sich vermutlich um Kompositionen aus der Münchner und Landshuter Zeit. Ihnen liegen Liedgedichte von Goethe wie »O schaudre nicht...« aus dem 1. Teil des »Faust« und »Herbstgefühl« (»Fetter grüne, du Laub«) sowie fünf Stücke von Arnim zugrunde. Die meisten sind für eine tiefe Stimme, Alt oder Mezzosopran, berechnet und entsprachen Bettinas Stimmlage. Sie verkörpern den Typus des damals entstehenden romantischen Lieds mit dem Bestreben nach subjektivem Ausdruck der Empfindung und der Wahrung von Intimität in Form und Inhalt. In dem bereits erwähnten Brief an Liszt vom 20. Juni 1842 kommentierte sie ihre Kompositionen: »Was nun die musikalischen Wendungen, klippenvollen Fehltrittswege dieses Produkts betrifft, so konnte ich mich nicht entschließen, auch nur, um der närrischen Perücken willen, die Gesetze machen über eine Kunst, welche viel zu gewaltig ist für pedantische Ohren, eine einzige falsche Quinte aufzuheben. Wie habe ich als Kind mit klopfendem Herzen auf dem Instrument herumgesucht, um dem tief in mich geprägten Rhythmus zu genügen. Wieviel tausendmal wiederholte ich mit Entzücken diese mir allein wohlgefälligen Töne, an deren Stelle ich nie irgend andre gerecht fand, als nur diese allein, wenn man mir auch noch so schöne Harmoniengänge vorspielte! Darum mußte alles so bleiben, wie die wirklich originalen, erste Liebe stotternden Unterhaltungen meiner Seele mit der Musik gewesen sind; und ich hab nicht gelitten, daß man meinen Baß, der wie ein Reh oft die Melodie mit raschen Sätzen und Sprüngen umtanzt, oft hineinklingt und deutlicher in seiner Empfindung widerhallt, was die Melodie nicht vermag: daß man sein eigensinniges Wenden und Drehen meistere...« Der Rezensent der Allgemeinen Musikalischen Zeitung konnte nur konstatieren, daß diese Gesangsstücke mit dem Entwicklungsgange neuerer Kompositionsmanier nicht verwachsen waren, sondern aus einem eigenen, vom Zeitgeschmack unberührten Bedürfnis hervorgingen, sich aber auch nicht der herkömmlichen banalen musikalischen Redensarten bedienten.

Als Bettina dieses Heft im Verlag von Breitkopf & Härtel herausgab, verband sie das mit eigenen Interessen. Wie beim Goethebriefwechsel und im Königsbuch war sie bestrebt, ihren Namen mit einer imaginären Ideal- und Geniegestalt zu verbinden. Spontini war für sie ein kreativer Musiker, der Mit- und Nachwelt mit bewundernswerten schöpferischen Leistungen beschenkt hatte. Diese Einschätzung mag heute manchen Zweifel an der Sicherheit ihres Urteils hervorrufen. Die Maßstäbe des Geschmacks und der Kritik haben sich in der Zwischenzeit entscheidend geändert. Aber immerhin zeugt für Bettina Richard Wagner, der in seinen »Erinnerungen an Spontini« schrieb: »Verneigen wir uns tief vor dem Grabe des Schöpfers der Vestalin, des Cortez und der Olympia.« Die Solidarisierung mit Spontini und das ihm gewidmete Liederheft sind aus dem Weltbild Bettinas nicht wegzudenken.

30.
Ein politischer Salon

Die Bildung der »Salons« als zwangloser privater Treffpunkt einer intellektuell-künstlerischen Elite bedeutete schon in ihren französischen Anfängen das Ende der zentralen Stellung der Hofgesellschaft von Versailles. Nicht, daß man in einem solchen »Bureau d'esprit«, einem Markt für Schöngeisterei, wie man sich damals ausdrückte, eine andere Ideologie vertreten hätte. Niemand zweifelte öffentlich an der Existenz Gottes und am Gottesgnadentum des Monarchen. Man stellte nur höhere Ansprüche an die Kunst des Gesprächs, des Witzes, der wechselseitigen Befruchtung durch das ästhetische Spiel mit Ideen und Paradoxen und übertrumpfte den königlichen Hof, indem sich Koryphäen des Geistes wie D'Alembert, Diderot, Montesquieu und Turgot regelmäßig einfanden. Den Herrscherinnen eines solchen führenden Salons wie zum Beispiel Madame Geoffrin, deren Vater kronprinzeßlicher Kammerdiener und deren Gatte ein Spiegelfabrikant war, huldigten sogar auswärtige Fürsten. Der polnische König Stanislaw Poniatowski nannte sie »Meine teuere Mutter«, die Zarin Katharina die Große schickte ihr seltenes Pelzwerk, Kaiserin Maria Theresia ein kostbares Porzellanservice. Diese Pariser Salonkultur des 18. Jahrhunderts ging in der Revolution unter. An ihre Stelle traten die politischen Klubs. Madame de Staël verlegte ihren literarischen »Hof« von Paris in die Westschweiz, nach Schloß Coppet am Genfer See.

Im rückständigen Preußen entwickelte sich eine ähnliche Einrichtung aus dem Lesekränzchen der Berliner Aufklärung. Die erste, die hier in ihrer bürgerlichen Wohnung in der Neuen Friedrichstraße regelmäßig geistvolle und gebildete Männer empfing, war Henriette Herz, die Frau eines bekannten Arztes, die die Berliner wegen ihrer hohen und schlanken Figur die »tragische Muse« nannten. Bei ihr verkehrten sowohl Vertreter der alten Schriftstellergeneration wie Ramler, Engel, Karl Philipp Moritz als auch die jungen Wortführer der Romantik von 1800 wie Friedrich Schlegel, Schleiermacher, Gentz und Jean Paul, ebenso die Brüder Humboldt, Fichte und Börne.

Den höchsten Ruf als »Geselligkeitsgenie« errang in der Zeit vor der preußischen Katastrophe von Jena Rahel Levin, die in einer Mansarde der Jägerstraße einen Freundeskreis bürgerlicher und aristokratischer Intelligenz um sich sammelte. Nach den Befreiungskriegen stieg dann das Mendelssohnsche Haus in der Leipziger Straße 3 mit seinen berühmten »Sonntagskonzerten« zu einem Mittelpunkt des höheren Berliner Kulturlebens auf.

Die geistige Grundlage dieser Geselligkeit bildete ein weitgehend gegen Tagespolitik und Kirchendogmen neutralisierter Humanismus. Es herrschte das Bildungsgespräch und gesellschaftliche Toleranz, die in der Zeit geboren und durch sie modifiziert war. Die Klassen- und Standesgegensätze waren außer Kraft gesetzt. Prinz, Landadel, höherer Offizier, Beamter der Bürokratie, Kaufmannssohn, Professor, Schriftsteller und Student saßen gleichberechtigt um eine Frau von Rang und Namen. Die Beteiligten schrieben der Literatur und Kunst vor allem eine bewahrende und reinigende Funktion zu. Niemand dachte in diesen Kreisen daran, die Vernunft zur Erringung politischer Macht oder für die Veränderung sozialer Verhältnisse einzusetzen. Diese Zusammenkünfte waren kein kriminelles Objekt für irgendeinen Zensor.

Man hat zu Recht gesagt, daß diese Art der Berliner Geselligkeit an den politischen Verhältnissen erstarb. Der Einbruch der Emanzipationstendenzen in das geistige Leben der Stadt seit den Tagen der Französischen Julirevolution von 1830 und die restriktiven Vorsichtsmaßnahmen einer verängstigten und verkalkten Regierung erzeugten einen atmosphärischen Druck, der sich lähmend über die Geselligkeit der »Salons« legte. Es begann eine allgemeine Leisetreterei und Vorsicht, die für die improvisierte Rede und Meinungskundgabe Gift war. Die Beamten des »Schwarzen Kabinetts«, die Briefe erbrachen und konfiszierten, die Konfidenten, die für die Regierungen in Wien oder Berlin Geheimberichte über den Literatenklatsch anfertigten, trieben ihr Unwesen und zerstörten das Klima für jede improvisierte Aussprache. Die Institution des »Salons« sank zur ästhetischen Teegesellschaft herab, wo der literarisch interessierte Referendar eine Novelle vorlas oder ein Gedicht deklamierte und ein junges Mädchen sich auf dem Klavier produzierte.

Wer aus den Kreisen der bürgerlichen Jugend beim Stimmungsumschwung von 1840 seine bürgerliche Sendung begriff, tendierte zum Klub, zum Verein, zur Diskutiergesellschaft. Es war die Zeit, als sich radikal denkende Köpfe wie Bruno und Edgar Bauer, Ludwig Buhl, Max Stirner, Nauwerk, Köppen und andere bei Hippel in der Friedrichstraße trafen und die Gesellschaft der Freien gründeten. Wie weit die ästhetisch-geistigen Interessen in solchen Klubs zurücktraten, haben Männer wie Arnold Ruge und Georg Herwegh geradezu erschrocken anhand ihrer Erlebnisse mit den intellektuellen Freigeistern aus dem Hippelschen Keller festgestellt. Zwischen deren groben Eulenspiegeleien und der Geselligkeitskultur des Rahelschen Salons lagen Welten.

Nur dem Kreis, der sich in den vierziger Jahren um Bettina von Arnim sammelte, darf man vielleicht noch Züge jener älteren Kultur zubilligen, weil die Frau, die ihm das Gepräge gab, mit dieser Einrichtung groß geworden war, ja schon als Jugendliche den »Goldenen Kopf«, ihr Familienhaus in der Frankfurter Sandgasse, ein »Bureau d'esprit« nannte. Aber sie selbst sprengte den Begriff eines privaten Geselligkeitszentrums, als sie, seit der Arbeit an ihrem Königsbuch, die Debatten, die sich in ihren Räumen entzündeten, hinaus in die Öffentlichkeit trug. Die Folge war, daß sich um diese Art »Salon« nun auch die Polizei kümmerte. Daß sie mit dem radikalen junghegelianischen Religionskritiker Bruno Bauer, der im März 1842 vom preußischen

Kultusminister seiner Dozentur enthoben wurde, in engem Kontakt stand, war der Regierung bestens bekannt. In einem Spitzelbericht hieß es: »Sehr viel Aufsehen machte das Werk der Bettina betitelt ›Ein Buch für den König‹. Ruthenberg sowohl als v. Leutner wollten es für sehr radikal halten und besonders ganze Seiten darin finden, welche der Verfasserin von ihrem Intimus Bruno Bauer in die Feder diktiert sein sollen.«

Damit trat eine Persönlichkeit in den Umkreis Bettinas, die zur ideologischen Avantgarde des Vormärz gehörte und deren Tätigkeit von der Regierung als staatsgefährdend befunden wurde. Bruno Bauer war der Sohn eines thüringischen Porzellanmalers, der in Berlin Theologie studierte und die Hochschullaufbahn ergriff. Er war Schüler Hegels gewesen, schloß sich aber bei der Spaltung dieser Philosophenschule in den dreißiger Jahren den sogenannten Junghegelianern an, die antifeudale und atheistische Schlußfolgerungen aus dem System des Meisters zogen. Aus kritischer Haltung, humanistischen Impulsen und historischem Denken als primärer Orientierungsbasis wandte er sich der wissenschaftlichen Untersuchung der Evangelien zu und gelangte zu dem Resultat, daß es einen geschichtlichen Jesus von Nazareth nicht gegeben habe und die gesamte Überlieferung des Christentums auf das literarische Erzeugnis eines bestimmten Verfassers zurückzuführen sei. Mit dieser Säkularisation der »Heiligen Schrift« zu einem Produkt hellenistisch-jüdischer Profanliteratur war den religiösen und kirchlichen Dogmen der Boden entzogen und eine der ideologischen Hauptstützen des preußischen Staates ins Wanken geraten. Das weitgestreckte politische Fernziel dieser Kritik lag in der Auflösung des Christentums, im Zusammenbruch aller damit zusammenhängenden Lebensformen wie Kirche, Staat, Ehe, Familie, Eigentum und in der Verwirklichung des Humanismus mittels der menschlichen Emanzipation. In Verkennung des Charakters des preußischen Staates, den alle Junghegelianer irrtümlich für progressiv hielten, und in Überschätzung der Möglichkeiten kritischer Philosophie in einer mehr konservativ als fortschrittlich gerichteten bürgerlichen Masse stürzte dieser Freigeist auf seiner gewagten Bahn vorzeitig ab. Hatte er soeben noch mit seinen provokativen Schriften ungeheures Aufsehen erregt, so stand er alsbald nach der Amtsenthebung als Desperado da, über den die Besitz- und

Bildungsbürger die Nase rümpften und nur noch Skandalgeschichten kolportierten.

In Bettinas Dokumenten tritt er als der zu Unrecht Verketzerte und verleumderisch Diffamierte auf, den sie zu rehabilitieren suchte. Über den damals Zweiunddreißigjährigen, der einen prächtig schwarzen Bart trug und angeblich ihrem Bruder Clemens glich, »als der in seiner schönsten Zeit war«, schrieb sie am 27. Oktober 1841 an ihren Sohn Friedmund: »Ich habe auch in dieser Zeit einen jungen Mann kennengelernt, der mir seinem Wesen nach ungemein lieb geworden, ja, ich kann wohl sagen, daß sich selten, vielleicht nie eine so freie Sittlichkeit mit Bescheidenheit vermählte: es ist Bruno Bauer, der die Evangelienkritik geschrieben, ein Greuel dem Eichhorn und den Pietisten. Ich fühl immer mehr, daß ich mich nur an die jüngere Welt anschließen kann, die alten Notabilitäten sind wie alte Schläuche, faßt man sie an oder wollt man sie gar mit Wein auffüllen, so würden sie wie Zunder reißen.«

Bettina erkannte die Qualitäten ihres neuen Gesprächspartners und ließ sich, wie sie schon in anderen Fällen bewiesen hatte – durch den Umstand, daß er von der Höhe gesellschaftlichen Ansehens unter die Verfemten und Geächteten geriet, nicht irritieren. In einem Briefentwurf ohne Datum und Anschrift schrieb sie: »Er hängt nicht, wie Sie meinen, von Hunger und Schulden ab, seine Bedürfnisse sind zu einfach, weil er keine Rolle spielt, sondern eine Aufgabe hat, die äußerlicher Vorteile nicht gefühlig ist. ›Auf eine bestimmte Beschäftigung vom Staat verzichten‹ kann ihm kein böses Blut machen, wie Sie meinen, da er an dem Werk unserer Tage, die Wahrheit ins Licht zu stellen, mit dem Eifer einer naiven unbedingten Hingebung arbeitet. Was ist diese ›verneinende Bildung‹, die Sie ihm zuschreiben, von der Sie behaupten, sie sei aus Verdruß entstanden, weil ihn der Staat nicht beschäftige. Wissen Sie von seinem Wirken, von dem Sie so zuverlässig anmerken: ›Sein Getreibe läßt keinen reinen Enthusiasmus zu‹... Sie haben den Bruno Bauer nicht gelesen, das ergibt sich aus der Art, wie Sie über ihn sprechen, also ungeprüft wollen Sie seinem Getreibe den Enthusiasmus absprechen, dessen naturgemäße Entwicklung die Wahrheitsflamme entzündet, die allein die Sklavenbande, an denen Ihr vergeblich zerrt, schmelzen könnte. So eifert Ihr gegen das befreiende Prinzip ...«

Bettina öffnete sich den Lehren Bauers um so williger, als sie in ihrer Kindheit keine strenge religiöse Erziehung genossen hatte. Die Mutter hatte einem fast indifferent zu nennenden Flügel des deutschen Aufklärungskatholizismus angehört. Im Kloster Fritzlar wurde das Mädchen zu Gebet und Einhaltung des Zeremoniells erzogen, nicht zur Wesenserfassung des Christentums. Sie war beeindruckt von den religiösen Deutungen Schleiermachers, daß Religion weder Denken noch Handeln, sondern Anschauung und Gefühl sei und ihr Gegenstand im Universum oder im Unendlichen liege. Der traditionelle Dogmatismus und Biblizismus bedeuteten ihr nichts. Folgerichtig lehnte Bettina den Kirchenglauben an einen persönlichen Gott ab. Im »Frühlingskranz« steht die für sie bezeichnende These: »Hier liegen wir im Staube vor dir, Gott Zebaoth. So mußten wir im Kloster singen, und nachdem ich's jedesmal mitgesungen hatte, besann ich mich eines Tags, was es denn wohl heißen möge, es schwante mir, als ob dem Gott der Menschheit ein Götze gegenüberstehe, der Zebaoth heiße, denn Gott und Mensch konnte ich nicht trennen und kann es noch nicht, und Staub lecken vor dem Zebaoth, das heißt mich eine innere Stimme bleiben lassen, wenn ich Frieden haben wolle mit dem rechten Gott, der in den mondverklärten Wolken abends sich ins Gespräch mit mir einließ über allerlei und mir recht gab, wo aberwitzige Menschen es besser wissen wollten.«

In der Sicht romantischer Religiosität Schleiermacherscher Prägung war der Weg zur Evangelienkritik Bruno Bauers in mancherlei Hinsicht akzeptabel. Denn für Schleiermacher war Religion keine Sache einer einmaligen übernatürlichen transzendenten Kundgebung, sondern ein Akt des subjektiven frommen Gefühls. Die Art, wie Gott vorgestellt wird, blieb vollkommen gleichgültig. Für ihn waren unzählige Formen der Religion möglich, und auf viele Weisen konnte das Universum angeschaut und angebetet werden. Eine Theologie als System religiöser Lehrsätze galt ihm als geistig rückständig und führte nach seiner Meinung nur zur Mythologie zurück. Eine Evangelienkritik historischer Art konnte darum das existentielle religiöse Gefühl in keiner Weise antasten, und nur jene kirchliche Orthodoxie geriet dadurch in Verlegenheit, die auch nach romantischer Denkweise rückschrittlich und bekämpfenswert war. Bettina berichtet, daß sie mit ihren Töchtern das 1841 erschienene Werk »Kritik der evangelischen Synoptiker« las und die Jugend bei jeder auftretenden Bibelstelle schon im voraus kommentierend reagierte, und gestand, daß sie das alles schon bei ihrer Konfirmation ähnlich erörterte. Die »unsichtbare Kirche« der Romantik, die kein Dogma und keine Kirchenverfassung duldete, sah sich von der liberalen Evangelienkritik indirekt bestätigt, sah in ihrem Auftreten ein bewegliches Lebenselement und ein Entwicklungsmoment auf dem Weg zu einer kommenden Wiedergeburt des Christentums. Andererseits deutete Bruno Bauer, bis zu Zinzendorf und den Herrnhutern zurückgehend, diese »Verinnerlichung« als die »letzte Phase des Christentums« vor seiner Überwindung durch die »kritische Philosophie«.

In den Debatten mit Bruno Bauer kam Bettina durchaus auf ihre Kosten, und es war ein Körnchen Wahrheit in der Meinung des Berliner Lesekabinetts, daß das »Königsbuch« von seinen Ideen stark beeinflußt sei. Sie war vorübergehend von dem fasziniert, wie einer ihrer Briefentwürfe vom 28. Dezember 1841 dokumentiert. Dort schrieb sie: »Was aber seinen Umgang zum beweglichen Lebenselement macht, das ist dieselbe reine Spannkraft im Geist für alles, was auch selbst seiner Fährte aus dem Weg zu liegen scheint, der Lichtglanz seines Geistes regt mit leiser Berührung zu immer erneuernder Entwicklung an, ein freudiges Begeisterungsgefühl für das Allgemeine des Strebens macht ihn zum Helden. Oh! sagte er unbefangen und ein bißchen zukunfttrunken, ich freue mich auf die kommende Zeit, wo ich mit so vielen Richtungen zusammenströmen werde, von denen ich jetzt noch scheinbar abgeschlossen bin. – Seine Formen, sein Angesicht, sein ganzes Wesen trägt das Gepräge der naiven Unschuld im Selbstbewußtsein eines höheren Willens. Dieses und die Ehrfurcht vor dem Selbstbewußtsein der anderen bilden seine Würde und sein feines Taktgefühl im Gespräch, und mir wird er nie die Dumpfheit der Langeweile erregen, aber wohl die elektrische Anregung zu Geist geben.«

Zu dem Kreis um Bruno Bauer, dem sogenannten Doktorklub, gehörte auch der Student Karl Marx. Es ist nicht ausgeschlossen, daß dieser unruhige Kopf damals auch in den Zirkel der Frau von Arnim eingeführt wurde, die sich ja mit einem Kreis von jungen Leuten umgab. Jedenfalls kam es einige Zeit später in den Rheinlanden zu einer Begegnung zwischen Bettina und Karl Marx sowie seiner Braut, Jenny von Westphalen. In einem Erinnerungsblatt, das eine Schulfreundin im Leipziger Sonntagsblatt vom 14. 9. 1862 veröffentlichte, wird berichtet, daß Jenny von Westphalen den Besuch der berühmten Schriftstellerin Bettina von Arnim erhielt. Es liegt die Annahme nahe, daß dieses Treffen durch den jungen Karl Marx vermittelt wurde, der in Berlin die Bekanntschaft Bettinas gemacht hatte.

Die Freundin namens Betty Lucas berichtet: »Ich erinnere mich, wie mir die junge Braut klagte, Bettina von Arnim raube ihr zum großen Teil ihren Bräutigam, der morgens in aller Frühe und abends bis spät in die Nacht mit ihr die Umgebung durchschweifen müsse und doch nur kurze acht Tage zum Besuch gekommen sei nach halbjähriger Trennung. Ich erinnere mich, wie ich eines Abends rasch und ohne Anklopfen in das Zimmer Jennys getreten und im Halbdunkel eine kleine Gestalt auf dem Sofa kauern sah, die Füße heraufgezogen, die Knie von den Händen umschlossen, eher einem Bündel als einer menschlichen Gestalt ähnlich, und ich begreife heute noch nach mehr als zehn Jahren meine Enttäuschung, als dieses Wesen vom Sofa glitt, um mir als Bettina von Arnim vorgestellt zu werden. Wie hatte ich mich nach der Möglichkeit gesehnt, ›Goethes Freundin‹, das ›berühmte Kind‹ zu sehen! ... Und nun stand ich ihr gegenüber, der ›Geweihten‹, und mein Auge irrte gern zu der Phantasie zurück, die sich ein Dichterbild geschaffen, und das Ohr hätte sich schließen mögen vor dem Klagen über die Hitze, den einzigen Worten, die ich aus dem gefeierten Munde vernahm, denn alsbald trat Marx ein, und sie bat ihn in so bestimmten Ausdrücken, sie zum Rheingrafenstein zu begleiten, daß er, obschon es 9 Uhr abends und der Fels eine Stunde entfernt lag, mit einem wehmütigen Blick auf seine Braut der ›Gefeierten‹ folgte.«

Als Ort dieser Begegnung ermittelte die ehemalige Leiterin des Bettina-Archivs, Gertrud Meyer-Hepner, Bad Kreuznach, wo Jenny mit ihrer Mutter seit dem Tod des Vaters wohnte. Als Zeitpunkt kommt nach inneren Kriterien des Aufsatzes und einem überlieferten Bettina-Brief aus dieser Stadt der Sommer 1842 in Frage. Worüber sich die beiden, die siebenundfünfzigjährige Schriftstellerin und der vierundzwanzigjährige Journalist, auf ihren Wanderungen unterhielten, darüber wissen wir nichts. Wir dürfen nur vermuten, daß ihre politischen Ansichten in vielem übereinstimmten, wenn auch das von Bettina an junghegelianischen Gedanken Erfaßte oder auch bloß Imitierte sich nicht mit der philosophischen Geistesbildung des jungen Karl Marx messen konnte. Vor allem neugierig auf alle Zeichen, die über das Bekannte hinausführen und eine neue Zeit künden, war Bettina daran interessiert, von neuen Tendenzen und Persönlichkeiten zu hören, denen ihr Partner als Mitarbeiter der kurz zuvor gegründeten »Rheinischen Zeitung« in den preußischen Westprovinzen begegnet war. Es lag nahe, daß da auch der Name des Publizisten Moses Heß fiel und seine vorwiegend soziale Kritik an den gesellschaftlichen Zuständen mit dem Ausblick auf einen utopischen Sozialismus erwähnt wurde. Es ist nicht ausgeschlossen, daß Bettina damals auch Anregungen zu ihren künftigen Armenberichten empfing. Es war der Augenblick ihrer engsten ideologischen Annäherung an Karl Marx. Auf dem Wege der weiteren Entwicklung seines Denkens vermochte sie ihm nicht zu folgen. Karl Marx war für sie nicht richtungbestimmend, sondern nur eine Anregung.

31.
An der Kulturstraße der Romantik – »Clemens Brentanos Frühlingskranz«

Wie sehr Bettina den geistigen und gesellschaftlichen Problemen ihrer Zeit verbunden war, zeigt sich auch in der Entstehung des neuen Briefbandes, dem »Frühlingskranz«, den sie ihrem Bruder Clemens gleichsam als unverwelkliches Gebinde auf sein Grab legte. Am 28. Juli 1842 war Clemens Brentano in Aschaffenburg im Hause seines Bruders Christian gestorben. Daß er sich seit vielen Jahren als engagiertes Mitglied der katholischen Propaganda betätigte, war so ziemlich das einzige Faktum, das die protestantische und die von der Kirche emanzipierte liberale Öffentlichkeit von dem Mitherausgeber des »Wunderhorns« aus seiner späteren Zeit wußte. Symptomatisch mögen dafür noch heute die Worte Heinrich Heines aus seiner programmatischen Schrift »Die romantische Schule« von 1833 sein: »Seit fünfzehn Jahren lebt aber Herr Brentano entfernt von der Welt, eingeschlossen, ja eingemauert in seinen Katholizismus.« Schon damals kam das einem Verdikt gleich.

Inzwischen war im Oktober 1839 Ruges Manifest gegen die Reaktion unter dem Titel »Der Protestantismus und die Romantik. Zur Verständigung über unsere Zeit und ihre Gegensätze« in den »Hallischen Jahrbüchern« erschienen, ein damals Aufsehen erregender kämpferischer Artikel, mit dem die Junghegelianer ihren Schritt zur politischen Kritik vollzogen und der darlegte, wie Preußen unter der Einwirkung der Romantik reaktionär geworden war. Die Einschätzungen dieses Artikels beherrschten die Gemüter des Fortschritts während der vierziger Jahre, ja sie wirkten bis zum Ende des 19. Jahrhunderts nach und beeinflußten noch die Romantik-Analyse von Georg Lukács.

Bettina wußte sehr genau, daß die bedingungslose Hinwendung ihres Bruders Clemens zur katholischen Kirche dem geistigen Stand der Zeit diametral entgegenstand und daß es für eine Schriftstellerin, die sich für die politische Opposition des Jahres 1842 engagierte, Schwierigkeiten bot, einen Schöngeist der Reaktion, auch wenn er in seiner Jugend vielleicht einige fortschrittliche Züge aufzuweisen hatte, der radikalliberalen Jugend von heute vorzustellen.

Auch die Herausgabe von Briefen aus der Zeit der Großväter war abhängig vom aktuellen Verhältnis zum politisch-ideologischen Geschehen der Zeit. An den Wandlungen konnte Bettina nicht vorbeisehen. Aber sie traute sich zu, solche Widersprüche künstlerisch zu überwinden und aus dem ethischen Impuls der neuen Zeit heraus dem einst Erlebten einen höheren Sinn zu geben. Ihre Stärke als Schriftstellerin bemißt sich auch danach, daß ihr der Versuch gelang, die Tradition einer Zeit vor vierzig Jahren auf die gegenwärtigen Bedürfnisse auszurichten.

Wie sie das bewerkstelligte, darüber können wir heute nur Vermutungen anstellen. Denn die Materialien zu diesem Buch sind inzwischen verschollen. Daß Bettina keine dokumentarischen Briefe im Sinne der Philologie herausgeben wollte, ist bereits aus der Kenntnis der vorhergehenden Briefbände zu schließen. Als Schriftstellerin stand sie völlig unter dem Eindruck jenes Verfahrens, das ihr Mann und ihr Bruder bei der Herausgabe des »Wunderhorns« angewandt hatten und das ihnen erlaubte, die gesammelten Lieder nach ihrem Geschmack zu verändern und weiterzudichten. Das Verändern war für Bettina ein legitimes Prinzip, das sich aus der Sicht der Romantik ergab und von den unter romantischem Einfluß lebenden Zeitgenossen als selbstverständlich hingenommen wurde. Daß man sich jedoch schon damals über die Problematik dieses Vorgehens im klaren war und wie man überhaupt in jenen Kreisen das Buch aufnahm, zeigt Guido Görres, der Sohn von Joseph Görres, ein intimer Kenner der Szene, in einer Rezension, die er 1845 in den »Historisch-politischen Blättern für das katholische Deutschland« veröffentlichte. Dort sagte er: »Es sind wirkliche Briefe mit Rückerinnerungen in Briefform untermischt. Das Bild, welches sie entwerfen, könnte indessen doch immerhin ein getreues sein, wenn dem Mitgeteilten auch im einzelnen die wörtliche Treue mangelte. So fand denn auch Clemens selbst, wenn ich mich recht erinnere, sein Bild in dem ungleich mythischeren Briefwechsel mit der Günderode im ganzen seinen eigenen Erinnerungen aus jener Zeit entsprechend. Allein wir befinden uns auf diese Weise doch immer auf einem unsicheren Boden, und die Briefe können im einzelnen keinen Anspruch mehr auf unbedingte Glaubwürdigkeit, als wirklichen, unmittelbaren Ausdruck der Empfindungen des Augenblicks, machen. Dem Eindrucke übrigens nach, den der ›Frühlingskranz‹ nicht allein auf uns, sondern auch auf andere seiner Freunde gemacht hat, möchten vorzüglich die Briefe der Bettina gar mancherlei Zusätze aus neuester Zeit erhalten haben, da sie diese als das freie, unbedingte Eigentum ihrer Dichtung ansah; mit größerer Scheu dagegen behandelte sie wohl die Briefe des Bruders ..., wenn wir auch keineswegs jedes einzelne Wort darin beschwören möchten.«

Was die »Zusätze aus neuester Zeit« anbetraf, so hatte Görres junior keine Ursache, die Leser seines reaktionären Blattes darüber genauer aufzuklären, daß es dabei um solche Probleme wie den Säkularisierungsprozeß, die Emanzipation, Humanismus und modernen Fortschrittsglauben ging. In einem berühmt-berüchtigten Brief aus dem Jahre 1825 hatte Clemens seine Schwester gegenüber Joseph Görres folgendermaßen beschrieben: »Ich war sehr traurig in der Nähe dieses großartigsten, reichstbegabten, einfachsten, krausesten Geschöpfes. In stetem Reden, Singen, Urteilen, Scherzen, Fühlen, Helfen, Bilden, Zeichnen, Modellieren, alles in Beschlag nehmen und mit Taschenspielerfertigkeit, sich alle und jede platte Umgebung zurechtgewalttätigen, um das Gemeine als Modell zum Höheren in irgendeinen Akt zu stellen und das Ungemeine sich gesellig bequem zu setzen, in diesem ohne Ruhe und doch mit geheimem, nur befreundetem Aug zu entdeckendem Hintergrund des Nichtgenügenden in allem, aber zu hoch gestellt und zu allgegenwärtig im menschlichen Kreis, um diese eingemauerte bessere Sehnsucht zu befreien und vor Gott unter Tränen darzustellen, auf daß es eine gerettete Seele werde: ach, es ist dieses ein ganz vernichtendes Gefühl. Sie tut mir unaussprechlich leid... Alle diese Dinge, die alle bewundern, interessieren mich nicht, weil ich die Anlagen dieser herrlichen Seele kenne... Wir haben uns nicht gezankt, aber auch nichts konnte ich ihr mitteilen, denn sie wollte nichts wissen, mied mich scheu oder überhäufte mich mit abschnurrenden Erzählungen von nichts, über nichts, mit und durch nichts. Alles Genie, alle Kunst und Wissenschaft wird jämmerlich und geckig im Altern, denn ihre Aufgabe bleibt endlich, selbst Goethe nimmt ein lahmes End.«

In solcher Entfremdung endete die geschwisterliche Freundschaft von 1800. Aber sie ist auch schon in dem Briefwechsel der frühesten Jugend spürbar: in dem seltsamen Vorbeireden der beiden Partner aneinander und in der magisterhaften, zur Disziplin mahnenden Moralität des Bruders, der die Schwester mit Spott und Ironie begegnet. Schon hier äußern sich verschiedene Charakteranlagen und unterschiedliche Spielneigungen zweier Literaten: die »Schizophrenie« des einen, der in der Vielfalt der Rollen um einen Halt ringt, und der Prometheusimpuls der Partnerin, die ihr Selbstsein verteidigt und sich zum Frei-Durchgehen entschließt. »Es kommt mir wie Frevel vor, daß ich mich einer Leistung hingebe, die vielleicht das Ursprüngliche in mir verleitet«, bekennt die junge Bettina im »Frühlingskranz«. Selbst die soziale Bindung der Freundschaft lehnt sie ab. »Held sein ist nicht befreundet sein, Selbstsein ist Held sein, das will ich sein. Wer selbst ist, der muß die Welt bewegen, das will ich.« Ein fast renaissancehaft zu nennender Individualismus spricht sich aus, der als gesellschaftlichen Faktor nur die freie Tätigkeit des auf sich gestellten Individuums kennt, der eine von Selbstbewußtsein getragene Weltanschauung erzeugt.

Der heutige Leser muß den Umstand berücksichtigen, daß Bettina ihr Buch nicht aus der Stimmung der Nostalgie herausgab, sondern als engagierte Schriftstellerin des junghegelianischen Radikalismus von 1842, sie also einen praktischen Zweck verfolgte und dieser »Frühlingskranz« als politische Tat gemeint war. Im Gegensatz zu Ruge ging sie von der Fortschrittlichkeit und Aktualität der Frühromantik aus, die in ihren Augen der Aufbruch einer Jugendbewegung gewesen war, sich für Demokratie und Freiheit engagierte, Überlegungen zur bürgerlichen Revolution in Frankreich anstellte und sich in persönlichen Revolten erschöpfte. Ähnlich wie noch Thomas Mann sah sie in den Idealen ihrer Jugend so etwas wie »die revolutionärste und radikalste Bewegung des deutschen Geistes«. In den ihr vorliegenden Briefen äußerte sich davon freilich nicht viel mehr als der jugendliche Stimmungsimpuls, der ihr irgendwie mit der liberalen Kampagne von 1842 zu korrespondieren schien. Sie fühlte sich deshalb bewogen, in ihrem Material auch einige ideologische Retuschen anzubringen und Anspielungen auf die Französische Revolution von 1789 hinzuzufügen. Diese Manipulationen wurden bereits von manchem scharfsichtigen Zeitgenossen teils geahnt, teils deutlich erkannt. So schrieb ein Kritiker aus dem Kreise des jungen Deutschland, Gustav Kühne, in den »Blättern für literarische Unterhaltung« nach dem Erscheinen des Buches: »Aber Bettina will nun auch für die Helden der Revolutionsfreiheit mit dem lodernden Feuer der augenblicklichen Erregung gefühlt haben! Die Briefe an Clemens sollen uns das bekunden, oder vielmehr: sie sollen es nicht, denn Bettina ist fern von allem, was Prunk heißt; diese Ergüsse sollen der Welt ganz naiv, aber stürmisch genug zeigen, wie man für eine große Sache empfinden müsse... Von alle dem, was doch die Zeitungen als Neuestes brachten und die Seele des erwachenden Mädchens Bettina als nächstes und Drängendstes erfüllen mußte, ist in ihren Tagebuchblättern und brieflichen Ergüssen gar nicht die Rede. Sie schwärmt ganz allgemein und nachträglich für die Helden der Nationalversammlung, an die unter dem schwülen Gewitterhimmel, den fast jeder Tag mit neuen Wolken heraufführte, keine lebendige, mit dem Tag beschäftigte Menschenseele damals mehr dachte. Erst die poetische Rekapitulation der Frau v. Arnim konnte sich eine Begeisterung für die ersten Leiter der großen Bewegung anschüren.« Und der Kritiker fügt hinzu: »Es fällt mir, indem ich dies ermittele, nicht ein, den Wert dieser Begeisterung für die Helden des neuen Jahrhunderts herabzustellen. Ich wollte nur die Ursprünglichkeit dieser Empfindungen in Zweifel ziehen. Poetischen Werken schaden Anachronismen nichts; aber hier schwärmt kein naives Mädchenherz, sondern die Matrone durchfühlt noch einmal ihre Jugendzeit und fügt den Briefen aus jener Zeit nachträglich bei, was sie jetzt erst bei der Fülle und der Tiefe eines alt gewordenen, aber noch immer jung empfindenden Herzens in sich verspürt. Ein Mädchen, das im heißen Drange jener Tage so gefühlt wie Bettina haben will, hätte der Welt nicht bloß Worte, auch Taten einer modernen Jungfrau von Orleans gezeigt.«

Diese psychologisch klugen Überlegungen des jungdeutschen Publizisten Kühne, hinter denen man als Spiritus rector den Kenner Varnhagen vermuten darf, wurden in unseren Tagen durch ein neues Faktum bis zu einem gewissen Grad erhärtet. Von den verschollenen Materialien, die für das Buch Verwendung fanden, ist wenigstens der Text eines Originalbriefes bekannt, und der Herausgeber einer Neuausgabe des »Frühlingskranzes«, Heinz Härtl, verglich den Text des Originals mit dem Werktext. Unter den konstatierten Änderungen findet sich zum Beispiel die Hinzufügung, Bettine solle doch einen »ordentlichen Aufsatz machen, selbst über die Französische Revolution«, das »Große, das Wesentliche der Welt« möge sie zu ihrem Hauptthema erheben. Andererseits wurde eine Stelle wie »Daß Dir der Rosenkranz gefällt, ist mir lieb ...«, die das damals heikle Thema der Kirchlichkeit berührte, kurzerhand gestrichen. Damit ist der seinerzeit von der Kritik ausgesprochene Verdacht, die Anspielungen auf die Französische Revolution seien aktualisierende Hinzufügungen aus der Epoche des junghegelianischen Radikalismus, auch textkritisch erhärtet.

Für den intelligenten Leser ergibt sich daraus jedoch der Hinweis, daß das Werk mit doppelter Optik aufgenommen werden muß, sobald es in seinen Bezügen voll ausgeschöpft werden soll. Bettine hat sich vor Anachronismen nicht gescheut. Bewußt wollte sie romantisch und aktuell zugleich sein. Sie zeigt junge Menschen von 1800 in der Perspektive des Vormärz-Idealismus und illustriert den Enthusiasmus der Studentenbewegung von 1842 an Figuren, die vor vierzig Jahren ein Gegenkonzept zur Misere der Alltagsrealität gefunden zu haben glaubten. So entstand in den Gesprächen zwischen Bruder und Schwester ein Szenarium aus Geschichtlichkeit, Geschichtslosigkeit und junghegelianischem Gegenwartsenthusiasmus, ein leuchtendes Panorama, das nicht nur in Erinnerungsbildern bestand, sondern auch ein Beispiel, etwas Vorbildhaftes darzustellen versuchte. Bettina und Clemens waren in ihrer Jugend Repräsentanten ihrer Zeit gewesen, hatten sich als solche gefühlt, und die große Kunst der Autorin bestand darin, daß sich auch eine neu herangewachsene Jugend mit diesen Figuren identifizieren konnte.

Freilich ehe das Buch auf dem Markt erscheinen konnte, fühlte sich die Zensurbehörde bewogen, zuvor um das Publikat noch eine groteske Farce aufzuführen, in die auch der König verwickelt wurde. Was den Inhalt anbetraf, so war der oppositionelle Geist zwar spürbar, aber nicht notorisch greifbar, so daß man keinen Anlaß zum Einschreiten fand. Aber jedes Buch hat auch eine Titelei, und die erregte in dreifacher Weise Anstoß. Das Werk erschien mit Absicht bei Egbert Bauer in Charlottenburg, einem Bruder von Bruno Bauer, der bei den Behörden in dem Ruf stand, vor allem Bücher mit »kommunistischer«, anarchistischer und staatsgefährdender Tendenz zu verbreiten. Solche Verlage pflegten Polizei und Bürokratie nach herkömmlichem Brauch besonders zu schikanieren. – Der Titel trug keinen Autorennamen, was der damals gültigen gesetzlichen Vorschrift widersprach. – Das Buch enthielt weiterhin eine Widmung, die mit den Worten »Lieber Prinz Waldemar« begann. Dieser Prinz war ein Vetter des Königs, war in demselben Jahr wie Bettinas Sohn Kühnemund geboren, war mit ihren Töchtern befreundet und hatte in ihrem Hause verkehrt. Er stand im Begriff, sich auf eine Orientreise zu begeben. Er war kein Militärtyp wie sein Vater, eher wurden ihm hamletartige Züge nachgesagt. Bettina sah in ihm einen idealen Fürstensohn und fühlte sich deshalb inspiriert zu sagen: »In diesem Buch werden Eure Hoheit viel Analoges mit sich finden! ... Ich hab dies frühlingsduftende Buch nur dem darbieten können, gegen den ich keine Zweifel hege, der Feldblumenkranz könne ihm zu gering sein.« Der Ton der Dedikation erschien der Zensur ungehörig.

Aus solchen fadenscheinigen, äußerlichen Gründen wurde das zur Auslieferung bereitliegende Buch am 24. Mai 1844 von der Polizei beschlagnahmt. Bettina wandte sich an den König, der darauf beim zuständigen Minister nachfragte und die Auskunft erhielt, daß es sich nicht um eine Auseinandersetzung zwischen der Zensur und Frau von Arnim, sondern zwischen der Polizei und dem berüchtigten Buchhändler Bauer handele.

Die aufgebrachte Bettina rief daraufhin ihren publizistischen Mitstreiter Stahr zu Hilfe, den sie aufforderte, die skandalösen preußischen Schikanen in den Zeitungen bekanntzumachen. In der Tat nahm sich nun auch die Presse dieser Angelegenheit an. Der Streit und die Schererereien zogen sich einen Monat hin. Schließlich gab der König die Anweisung, das diskriminierte Buch freizugeben. In einem Schreiben vom 18. Juni bedankte sich Bettina für die königliche Milde und Großmut. An Stahr sandte sie die Direktive, in den Zeitungen zu publizieren, daß nicht die Zensurbehörde, sondern lediglich die Gnade des Königs ihr Werk von der Unterdrückung befreit habe. Auch hier spiegelt sich der Ausgangspunkt aller ihrer politischen Betätigungen mit der Unterscheidung zwischen dem »guten« König und der »bösen« Bürokratie.

32.
Die Arbeit am Armenbuch und der Aufstand der schlesischen Weber

Als Friedrich Engels im Sommer 1844 aus Manchester zurückkehrte, war er über die Ausbreitung sozialer und sozialistischer Ideen in Deutschland überrascht und erfreut. In der von Robert Owen begründeten englischen Zeitschrift »New Moral World« schrieb er: »Es freut mich zeigen zu können, daß das deutsche Volk, obgleich wie gewöhnlich ziemlich spät, sich jetzt bemüht, bei der Diskussion über Fragen der Sozialreform die verlorene Zeit aufzuholen.« Hatte Engels die Lage der arbeitenden Klasse in England studiert, so gab es auch in Deutschland seit Anfang der vierziger Jahre immer mehr Schriftsteller, die sich mit den sozialen Mißständen unter den besitzlosen Volksklassen befaßten. Seit dem Erscheinen des Buches »Sozialismus und Communismus des heutigen Frankreichs« (1842) von Lorenz von Stein, einem jungen Gelehrten, der von der preußischen Regierung ein Stipendium erhalten hatte, um in Paris die sozialistischen und kommunistischen Doktrinen zu studieren und Spitzelberichte über die politische Tätigkeit der deutschen Handwerker in der französischen Hauptstadt anzufertigen, festigte sich in den fortschrittlichen Kreisen die Auffassung, daß die soziale Frage eine der wesentlichen Fragen der Gegenwart sei. Auch ein Teil der Junghegelianer begriff diese Tendenz. Der Dozent Karl Nauwerk behandelte schon 1844 in seinen Berliner Vorlesungen den Pauperismus und die Aufgabe des Staates, die sozialen Mißstände durch Reformen abzuschaffen. Bei Bettina kreuzte der schwedische Nationalökonom Georg Svederus auf, der eine Schrift »Über Industrialismus und Armut« im Arnimschen Verlag erscheinen ließ. Die Arnimsche Bibliothek enthielt zahlreiche Broschüren zur »Armenfrage«, zum Beispiel »Theorie der Armut oder Minderbegüterung« von Carl Godefroy (Hamburg 1836), »Denkschrift über die zunehmende Nahrungslosigkeit und Mittel zu deren Abhilfe« von Fr. v. Poseck (Essen 1841), »Der Branntwein und die Proletarier« von Dr. P. (Leipzig 1843), »Über den vierten Stand und die sozialen Reformen« von einem ungenannten Verfasser (Magdeburg 1844), »Über die Not der Leinenarbeiter in Schlesien und die Mittel, ihr abzuhelfen« von Alexander Schnee (Berlin 1844).

Schon die Anzahl dieser Titel weist auf eine Dynamik, die sich mit dem Ausbruch des schlesischen Weberaufstands im Frühsommer 1844 noch wesentlich steigerte und von der auch die Schriftstellerin Bettina von Arnim bei ihrer Hellhörigkeit für soziale Probleme ergriffen wurde. Hatte es im »Königsbuch« mit den Berichten über das Elend vor den Toren der Stadt noch so ausgesehen, als handele es sich um ein lokales Problem, dessen der patriarchalische Staat mit ein wenig gutem Willen leicht Herr werden könne, so zeigte sich alsbald, daß diese sogenannte Armut, für die die Gelehrten damals den Ausdruck »Pauperismus« in Umlauf brachten, ein über das ganze Land verbreiteter Mißstand war, über dessen Ursache und Ausmaß keinerlei klare Erkenntnisse vorlagen. Auch in den Kreisen der preußischen Regierung wurde dieses Phänomen nicht völlig übersehen. Sie hatte im Jahre 1842 die öffentliche Preisfrage gestellt: Ob die Klage über die zunehmende Armut begründet sei, was die Ursache und Kennzeichen der Verarmung seien und durch welche Mittel einer zunehmenden Armut gesteuert werden könne. Bettina von Arnim versuchte in ihrem nächsten Buch, diese Fragen zu beantworten. Noch ehe der »Frühlingskranz« in den Händen des Publikums war, stürzte sie sich in das neue, sehr prekäre Unternehmen, den König über den desolaten Zustand seines Staates aufzuklären und ihm Verbesserungsvorschläge zu unterbreiten.

Bettina ging von der richtigen Erkenntnis aus, daß sich ihr neues Werk auf umfassendes Faktenmaterial stützen müsse. Sie erließ deshalb am 15. Mai 1844 in allen großen Zeitungen Deutschlands einen Aufruf, in dem sie ihr Vorhaben bekanntmachte, die Ergebnisse ihrer Forschungen über das Armenelend in den deutschen Landen in einem ausführlichen Werke niederzulegen, und die Öffentlichkeit aufforderte, ihr Mitteilungen über die Verhältnisse der Armen von überallher zugehen zu lassen. Sie erhielt daraufhin viele Zuschriften, vom herzzerreißenden Bettelbrief verzweifelter Armut bis zur ausführlichen Denkschrift von Kommunalbeamten und statistischen Registern von Sozialexperten. Schon vor diesem Aufruf war sie mit dem schlesischen Demokraten Schloeffel in Verbindung getreten, einem ehemaligen Apotheker und späteren Besitzer einer Papiermanufaktur in der Nähe von Hirschberg, der die Verhältnisse der Weber auf dem Lande gründlich kannte und als Anwalt der Armen sich einen Ruf erworben hatte, der bis zu Bettina gedrungen war. Er übersandte am 10. März 1844 eine umfangreiche Liste mit Angaben über 92 Arme aus verschiedenen Gemeinden. Wie er die Fälle erfaßte, mag ein Beispiel zeigen:

»1. Johann Gottlob Hornig in Maiwaldau, 48 Jahre alt, evangelisch, verheiratet und Vater von zwei Kindern, bewohnt mit einer anderen Partei gemeinschaftlich eine Stube gegen jährlich 4 Rthlr Mietzins. Während der Sommermonate verrichtet Hornig Feldarbeit gegen 2 Sgr 6 Pf. täglichen Lohn und Kost. Von Michaelis bis Ostern spinnt derselbe mit seiner Familie wöchentlich 3 Stück oder 12 Stränge Garn, welche a 2 Sgr eine Brutto-Einnahme von 24 Sgr geben. Davon gehen ab Auslagen für 8 Pf. Flachs, welcher in dem wechselnden Preise von 2, $2^1/_4$ und $2^1/_2$ Sgr a Pf. bezahlt wird, im Durchschnittspreise zu $2^1/_4$ Sgr berechnet, 18 Sgr erfordert. Es bleibt mithin an 12 Strähnen Gespinst 6 Sgr reiner Gewinn, und tritt diesem noch das von Zurichtung erhaltene 1 Pf. Werg mit 1 Sgr hinzu, verbleiben der Familie wöchentlich 7 Sgr. Wenn nun der Familienvater und dessen Glieder im ganzen Jahr gesund und arbeitsfähig bleiben, so würde sich die Einnahme während den 6 Wintermonaten oder 26 Wochen a 7 Sgr stellen auf 6 Rthlr 2 Sgr. Dagegen muß Hornig zahlen: a. Königliche Abgaben Klassensteuer a $2^1/_2$ Sgr monatlich – 1 Rthlr; b. Gemeinde-Abgaben? – Das vom Dominialbesitzer Grafen Emmo v. Schafgotsch durch dessen Amtmann geforderte Schutzgeld von 1 Rthlr jährlich hat Hornig bisher standhaft zu zahlen sich geweigert, weshalb der Amtmann ihm die Arbeit gegen Tagelohn auf dem Dominio entzogen hat.«

Am Schluß der Liste wird vermerkt: »Über vorstehende Aussagen habe ich mannigfaltige Erkundigungen bei Sachverständigen eingezogen, welche den geschilderten Notstand als wahrheitsgemäß bestätigen. Den Abgabenpunkt habe ich größerer Sicherheiten wegen, so weit ich vermochte, in Maiwaldau durch den Abgabenerheber – in Schildau, Boberstein und Lomnitz durch die Ortsschulzen feststellen lassen. Die Liste habe ich geschlossen und die massenweise heranströmenden Armen, welche von meiner Tätigkeit Milderung ihres Notstandes hoffen, nachträglich abweisen müssen, weil ich mit Gegenwärtigem schon ein redendes Zeichen des Jammers gegeben zu haben vermeine. Möge Gott den Armen beistehen, indem er das Herz der Mächtigen ihnen zuwende.«

Aber nicht nur der philanthropisch und ethisch denkende Fabrikant Schloeffel sandte solche Listen. Schon am 24. Februar 1844 hatte ein Dr. Pinoff eine ähnliche Dokumentation in der Breslauer Zeitung veröffentliche, die Bettina neben anderen Verzeichnissen, die sich unter den Materialien des sogenannten Armenbuches erhalten haben, zugeschickt bekam und die alle bereits vor dem Termin ihres Aufrufs zusammengestellt waren. Das geplante neue Werk sollte sich vornehmlich aus dem Abdruck solcher Umfrageergebnisse zusammensetzen, wahrscheinlich war auch eine Kommentierung vorgesehen.

Am 2. Juni schrieb Heinrich Bernhard Oppenheim, ein Vertrauter ihres Berliner Studentenzirkels, aus Heidelberg: »Ihr Buch über Armenwesen kommt wohl bald; ich denke mir, es wird ungefähr wie der Anhang zum Königsbuch werden, oder sollte es aus der ruhig schildernden Statistik heraus in das Gebiet der praktischen Politik treten, etwa mit Vorschlägen? Ich habe keine klare Vorstellung davon, aber ich erwarte Bedeutendes, und ich freue mich, wenn ich dran denke, daß es noch einen Menschen von dieser mutvollen, unverdrossenen, edlen und rein menschlichen Tätigkeit gibt, in unserer Zeit der kraftlosen Gebundenheit, und daß ich diesen Menschen meine Freundin nennen darf.«

Zweifellos war beides beabsichtigt, wie aus einem essayartigen Text hervorgeht, der in vierfacher Fassung erhalten ist und den man zumeist als Nachwort-Entwurf zum Armenbuch gedeutet hat. Bettina erkennt in diesem Aufsatz als soziales Kriterium nur den Unterschied der Reichtumsverhältnisse: die Besitzenden, die sie als die »Reichen« bezeichnet, und die Besitzlosen, Enterbten und Entbehrenden, die sie die »Armen« nennt. Eine sachliche Differenzierung zwischen den Armen und der neuen Klasse des Proletariats, die sie in den Büchern von Sismondi und Lorenz von Stein hätte finden können, kennt sie nicht. Ihr sozialer Horizont bleibt in den Vorstellungen des patriarchalischen Absolutismus und denen des Volksmärchens befangen. Zu den Armen zählt sie auch den mittellosen adligen Leutnant. Zwischen diesen beiden von Bettina festgestellten Menschengruppen, den Armen und den Reichen, befindet sich eine Kluft, die durch keine kirchlichen Almosen oder liberalphilanthropischen Aktionen überbrückt werden könnte. Mit Hohn übergießt sie die Preisaufgabe der Regierung und des soeben vom König erneuerten »Schwanenordens« und nennt sie eine unnütze Frage. »Durch die Nebel ihrer Vorurteile, ihrer hochmütigen Philosophie bricht keine Spur lebendiger Geisteswirkung hervor, und zuletzt entsteht noch die Frage, ob nicht dies Verhängnis des Armen eigne Schuld sei!« Die Quintessenz ihres Gedankenganges lautet, daß der Reiche nicht in der Lage ist, die Rechte des Armen wahrzunehmen, seine geistigen wie leiblichen Kräfte zu emanzipieren, ihn zu jener Freiheitshöhe emporzusteigern, »wo er als selbständig mitwirkende Staatskraft keiner Hülfe mehr bedarf«. Was unter dem Begriff der Selbsthilfe der Armen in praxi zu verstehen ist, geht aus dem Aufsatz hervor. Sie mochte zum Beispiel an die Gründung von Armensiedlungen gedacht haben. Am 8. Januar 1844 hatte in Berlin die erste Arbeiterversammlung stattgefunden. Bis zu einer gemeinsamen Auflehnung der Armen oder gar einer Revolution erhoben sich ihre Vorstellungen nicht. Der Aufsatz blieb Fragment. Es ist denkbar, daß die Verfasserin im Laufe der weiteren Ausarbeitung noch klarere Perspektiven entwickelt hätte.

Da trafen am 9. Juni in Berlin die ersten Nachrichten vom Weberaufstand in Schlesien ein. Militär war eingesetzt worden, der kommandierende Offizier hatte das Feuer auf die rebellierende Menge eröffnet, und eine große Zahl von Aufständischen, darunter Frauen und Kinder, wurden erschossen oder schwer verwundet. Am folgenden Tag notierte Varnhagen in seinem Tagebuch, daß Bettina von Arnim in größter Aufregung bei ihm erschien, um sich über die Sache der schlesischen Weber und ihre eigene Angelegenheit zu besprechen. Bald darauf ging in Berlin die Rede, der Innenminister habe Bettina beschuldigt, sie sei die Ursache des Aufstands, sie habe die Leute aufgehetzt, ihnen falsche Hoffnung erweckt, durch ihre Reden und Briefe wie schon durch ihr Königsbuch. Auch der amtliche Bericht sprach nicht nur von dem Notstand der Weber, sondern auch von der philanthropischen Presse und von bösen oder zumindest unbesonnenen Schriftstellern, die die schlesischen Weber in Unruhe versetzten. Damit konnten nur publizierende Volksfreunde wie Bettina von Arnim, der Fabrikant Schloeffel, der Agitator Wilhelm Wolff oder der Buchhändler Pelz gemeint sein.

Bei der gewaltigen Ausstrahlungskraft der schlesischen Ereignisse konnte Bettina nicht mehr daran denken, ihr Armenbuch, das sich ja vornehmlich auf die Zustände der schlesischen Dorfarmut bezog, zu veröffentlichen. Das war auch nicht mehr nötig. Ereignisse von ganz anderer psychologischer Schlagkraft hatten dem König und der Öffentlichkeit die Augen über die sozialen Mißstände in den preußischen Provinzen geöffnet. Am 27. Juni 1844 schrieb sie an ihren Freund Adolf Stahr: »Mein Armenbuch habe ich einstweilen abgebrochen, denn der Druck würde hier nicht gestattet werden, indessen sammeln sich jeden Tag noch merkwürdige Belege dazu. Traurig ist's zwar, daß es nicht zu rechter Zeit komme. – Allein, *den Hungrigen helfen wollen heißt jetzt Aufruhr predigen,* hat mir jemand geschrieben und mir damit den Rat verbunden, den Druck hier nicht fortzuführen. – Ich bewahre wunderliche Dokumente, geschichtlich merkwürdig in bezug auf dieses Buch. – Noch mehr in bezug auf die letzten 14 Tage, wo das arme Schlesien sich regte!« Die Papiere verschwanden im Arnimschen Archiv. Im Jahre 1929 wurden sie von der Familie auf einer Versteigerung in Berlin angeboten und von der literarischen Gesellschaft »Freies Deutsches Hochstift« in Frankfurt am Main erworben. Erst 1962 wurden die Materialien der Öffentlichkeit erschlossen.

Wie immer man Bettinas Arbeit am Armenbuch einschätzen mag, unbestritten dürfte sein, daß sie sich damit bewußt oder unbewußt im Zentrum des deutschen Geschehens bewegte. An dem denkwürdigen Ereignis des schlesischen Weberaufstands, das Karl Marx damals als die »erste große Aktion des deutschen Proletariats« bewertete, das den ideologischen Entwicklungsprozeß innerhalb der deutschen Arbeiterklasse entscheidend förderte und das so oft in der deutschen Kunst und Literatur von Heine bis zu Gerhart Hauptmann und Käthe Kollwitz behandelt wurde, hatte diese ungewöhnliche Frau ihren Anteil.

Der Weberaufstand hatte auch noch ein gerichtliches Nachspiel. Mit den Toten und Verwundeten gab sich der preußische Militärstaat nicht zufrieden. Etwa 150 Weber wurden verhaftet und vor Gericht gestellt, 87 Delinquenten bis zu 9 Jahren Haft und 20 bis 30 Peitschenhieben verurteilt, die übrigen erhielten Polizeistrafen bis zu 14 Tagen und 10 bis 20 Peitschenhieben. Man fahndete aber auch nach den Inspiratoren. In diesem Zusammenhang wurde unter anderem Schloeffel zur Verantwortung gezogen. Seine Vorträge und die an Bettina geschickten Listen konnten zwar kein Verfahren gegen ihn rechtfertigen, aber er geriet alsbald auf Grund von Denunziationen in Verdacht, das Haupt einer kommunistischen Verschwörung zu sein, die den gewaltsamen Umsturz und die Beseitigung des Königs anstrebte. Am 17. März 1845 wurde er verhaftet, und am 24. März traf er zur gerichtlichen Untersuchung in Berlin ein. Gegen den Verdächtigten wurde Anklage auf Hochverrat und Erregung des Mißvergnügens gegenüber der bestehenden Staatsgewalt erhoben.

In dieser gefahrvollen Lage wandte sich die Tochter des Inhaftierten an Bettina um Hilfe, die am 18. Juli 1845 in dieser Sache einen ausführlichen Brief an den König schrieb. Wie stets bei ihren Interventionen stellte sie der politischen Anklage ihr eigenes Persönlichkeitsbild des Verdächtigten entgegen, den Überlegungen der Politik die Argumente der Humanität und Moral. So schrieb sie: »Die schöne überzeugende Klugheit, mit welcher hier die junge Tochter ihren Vater verteidigt, spricht dafür, daß dieser Pfleger ihrer sittlichen Bildung nicht der unwürdige Mann sein könne, wie er vor Euer Majestät geschildert sein mag; sondern wie sich trotz seiner Verdächtigung hoffentlich im Lichte der Wahrheit noch wird herausstellen, ist er ein wohldenkender und getreuer Untertan, der nur verleumdet ist worden von solchen, welche häufig durch seine Rechtschaffenheit in Verlegenheit kamen – warum findet aber alles so leicht Gehör, was diesen Verleumdungen Gewicht gibt und nicht das, was sie entkräften könnte?« Wie leicht ein rechtlicher und treuer Staatsbürger Opfer der Verleumdung und des Rufmordes werden kann, darüber vermag sie selber Zeugnis abzulegen. »Meine eigene Lebenserfahrung belehrt mich ja hierüber. Wer kann allen jesuitischen Krümmungen nachspüren? Z. B. hat man in dieser letzten Zeit in einer Reihe öffentlicher Blätter einen Briefwechsel über Communismus und Socialism zwischen mir und der George Sand besprochen, dieser Briefwechsel hat nie existiert, denn ein einziger Brief, den ich von ihr empfangen und in eine Sammlung berühmter Handschriften schenkte, kann nicht als Briefwechsel aufgeführt werden, der mein Interesse am Armenwesen verdächtigte, was man durch diese Zeitungsnachrichten doch zu bewirken meint. – Kann also mir dies widerfahren, kann man mich verkleinern wollen vor dem König, für welchen im Denken und Handeln ich immer das Höchste einsetzte, warum nicht auch diesen Mann im Lande der Hungerleider, der so vielfachen Ärger erregte dadurch, daß er der moralisch und physisch versinkenden Menschheit sich vielfach annahm gegen ihre Unterdrücker ...«

Der König ließ sich von der Unschuld Schloeffels nicht überzeugen. Er schrieb in seiner Antwort, »die Schuld des Mannes sei erwiesen, derselbe habe ihn und die Königin ermorden wollen. Bettine sei durch falsche Angaben hintergangen, aber das Gericht werde demselben doch nichts tun, sie solle nur ruhig sein.«

Auch an den Prinzen Wilhelm von Preußen, den Kartätschenprinzen von 1848, den späteren Kaiser Wilhelm I., hatte Bettina in dieser Sache geschrieben. Er erwiderte ganz wie der König, er sei von Schloeffels Unschuld nicht überzeugt, und es sei notwendig, der Staatsautorität Geltung zu verschaffen.

So hat Bettina mit ihren Eingaben nichts erreicht. Aber sie hatte das ihr Mögliche für den so schändlich behandelten aufrechten Mann getan. Sein tüchtiger Anwalt sorgte schließlich dafür, daß er freigesprochen und freigelassen wurde. Schloeffels Rolle war damit auch nicht ausgespielt. Er wurde als einer der bekannten Märtyrer des Vormärz 1848 in das Frankfurter Parlament gewählt, beteiligte sich 1849 am badisch-pfälzischen Aufstand, wurde in Abwesenheit zum Tode verurteilt und emigrierte nach Amerika – Schicksal eines Achtundvierzigers. Bettina hatte ihm in einer entscheidenden Stunde der Not ihre Hilfeleistung nicht versagt. Auch die gehört in das Buch der guten Taten, die sie für die Sache der schlesischen Weber leistete. Varnhagen schrieb zutreffend an den Publizisten Adolf Stahr: »Der Eifer ist groß und schön, doch der Erfolg hängt nicht von der Herzensglut und Geisteskraft solch einzelner Bemühungen ab; die Stimme von Tausenden läßt sich nicht in eine zusammenfassen, man müßte die Tausende wohlgeschart dabei sehen, und auch dann würden sie vielleicht überhört. Diese Anliegen und Bewegungen wollen ihren gesetzlichen Gang gehen, nicht den nach Verfassung und Landrecht gesetzlichen, sondern nach den Gesetzen der Weltentwicklung, die sich in manchen Wendungen der Geschichte schon deutlich genug erkennen lassen. Es scheint, als gehöre die Verblendung und Taubheit ebenso in den Weltplan als das Propheten- und Heldentum. Diese Art der Betrachtung aber, die Zuflucht zu dem Höchsten und Ganzen, ist ein trauriges Zeichen des Zustandes der Zeitlichkeit, in der wir gerade befangen sind!«

33.
Das Idol der Studenten

In ihrem Zustand der Überlastung, in den sie die permanente schriftstellerische Arbeit und das erregende Zeitgeschehen versetzte, fand Bettina kaum noch Zeit und Möglichkeit, sich den nachgelassenen literarischen Materialien ihres Mannes, Achim von Arnim, und dem Projekt einer großen Werkausgabe zu widmen. Sie zählte das zu ihrer selbstgewählten Pflicht und Aufgabe. Aber was hätte da alles aufgearbeitet, verglichen, gesichtet werden müssen! Ursprünglich war Wilhelm Grimm die Ordnung des Nachlasses zugedacht gewesen, und er zeichnete auch als Herausgeber der ersten Bände der »Sämtlichen Werke«. Indes auch er steckte mitten in anderen Arbeiten und war inzwischen ein kränklicher Gelehrter geworden, der mit seinen gesundheitlichen Kräften haushalten mußte. So blieb ihr allein überlassen, das Vorhaben voranzutreiben und zu verwirklichen.

Immer wieder schaute sie nach Helfern aus, besonders unter den Studenten. Vor längerer Zeit hatte sie Philipp Nathusius diese Aufgabe zugedacht, doch er hatte abgelehnt. Nun traf sie in den letzten Tagen des Jahres 1843 auf einen Studenten, der geneigt war, eine Neubearbeitung der Volksliedsammlung »Des Knaben Wunderhorn« zu übernehmen. Da Arnim als der Hauptarbeiter der Sammlung galt und sein Name vor allem als »Wunderhornist« in Deutschland Klang hatte, sollte dieses Werk als Denkmal in die Gesamtausgabe aufgenommen werden.

Die Bekanntschaft mit dem 26jährigen Philologiestudenten Rudolf Baier war Bettina durch einen Angestellten der Buchhandlung E. H. Schröder auf der Straße Unter den Linden, in dessen Verlag sie ihr Werk »Dies Buch gehört dem König« erscheinen ließ, vermittelt worden. Er kannte Baier vom Stralsunder Gymnasium her. Dieser Beflissene in Sachen der »Schönwissenschaften«, wie man damals das Literaturstudium noch nannte, kam von der Insel Rügen, wo sein Vater ein abseits gelegenes Gut als Pächter bewirtschaftete. Im Gegensatz zu Nathusius, Döring oder Oppenheim stammte er vom Dorf und war arm. Aber wie diese besaß er den damals weit verbreiteten Ehrgeiz, in die Nähe einer Berühmtheit zu gelangen, und so nahm er den Antrag der Frau von Arnim, ihr bei der Arbeit an einer verbesserten Neuausgabe des »Wunderhorns« behilflich zu sein, mit Freuden an, fühlte sich über die Maßen geehrt, gab sich jedoch gewiß auch der stillen Hoffnung hin, daß für die von ihm erwartete wissenschaftliche Beratung und Mitarbeit ein klingendes Entgelt winken werde. In seiner sozialen Lage war er gezwungen, die Möglichkeit des Verdienens in Anschlag zu bringen. Der Buchhandel bot längst armen Studenten Gelegenheit, als Abschreiber, Zeichner, Kupferstecher, Notenschreiber und schließlich Korrektor ihren Lebensunterhalt zu stabilisieren. Erst recht sollte das in Vertretung eines Redaktionsassistenten, als wissenschaftlicher Bearbeiter und Mitherausgeber möglich sein.

Daß Bettina überhaupt an eine veränderte Neuausgabe dachte, hing mit der Entwicklung der Wissenschaft der Germanistik und der veränderten Editionstechnik für alte Texte zusammen. Schon Jacob Grimm hatte im Jahre 1809 Arnim und Brentano getadelt, daß sie sich nicht um die »echte« Textgestalt bemühten, sondern viel zu sehr ihren persönlichen Geschmack walten ließen, ja Fortbildungen, Umdichtungen, Modernisierungen vornahmen. Inzwischen waren Ausgaben von alten deutschen Sprachdenkmälern wieder aufgetaucht, mit denen sich die Sammlung des »Wunderhorns« hinsichtlich der Textgestaltung nicht messen konnte. Obwohl Bettina die Philologenarbeit aus ihrer romantizistischen Grundhaltung heraus nicht besonders schätzte, wollte sie doch dem wissenschaftlichen Status ein Zugeständnis machen, um ihre Ausgabe auf den neuesten Stand zu bringen.

Die Aufgabe ihres Gehilfen mußte es also sein, an Hand der von Arnim hinterlassenen Materialien sowie der in öffentlichen Bibliotheken und bekannten privaten Sammlungen aufbewahrten Liederbücher nach Möglichkeit die originalen Texte festzustellen, sie mit den Fassungen des »Wunderhorns« zu vergleichen und zumindest die Zutaten zu eliminieren. Das wäre ein vertretbares Minimalprogramm gewesen. Aber schon das war schwer zu verwirklichen. In Anbetracht von Bettinas wachsendem Selbstvertrauen in das eigene poetische Geschmacksurteil sowie ihres mangelnden Verständnisses gegenüber der Kleinarbeit der Philologie und der geringen Autorität eines literarischen Debütanten mußte die Zusammenarbeit zu Spannungen und Differenzen führen und das Resultat am Ende problematisch bleiben. Daß der zweite Band, für den Baier vor allem verantwortlich zeichnete, »ganz nach der früheren Ausgabe« gedruckt wurde und nur »unbedeutende Korrekturen« auswies, wie Bettine in ihrem Abschiedsbrief vom Februar 1846 behauptete, entsprach nicht den Tatsachen. Der Bearbeiter Baier hatte viel philologische Arbeit investiert, und die meisten Lieder hatten textliche Änderungen erfahren.

Am 9. 2. 1844 notierte Baier nach einem Besuch bei Bettina in sein Tagebuch: »Was ist diese Frau doch so ungeheuer groß, wenn sie nur aus sich will und nur wie eine Stimme in ihr spricht und taub bleibt und blind für die Außenwelt; es liegt ein ungeheurer Egoismus in solcher vermeintlichen Unfehlbarkeit, aber auch ein Großes, das Große des Genies.« Solange Bettina mit großen Persönlichkeiten wie Goethe, Gneisenau, Pückler, Schinkel, Schleiermacher in Kontakt stand, hielt sie sich zurück. Der Umstand jedoch, daß sie jetzt vornehmlich Jugendliche, Studenten und junge Dozenten um sich sammelte, denen sie in jeder Weise überlegen war, die ihr unbedingt zustimmten und enthusiastisch Gefolgschaft zu leisten schienen, die einen Kreis

Jacob und Wilhelm Grimm, 1829

Karl Blechen, 1832

Bettina mit dem Entwurf ihres Goethe-Denkmals

Friedrich Wilhelm IV.

begeisterter und gläubiger »Jünger« um sie bildeten, steigerte ihr Selbstbewußtsein. Hatte sie sich einst im Falle von Nathusius und Döring nach deren Heimatstädten begeben, um sich auch über die Lebensverhältnisse der Familien zu informieren, so wurden ihr solche Realitäten zunehmend gleichgültig. Sie fühlte sich im Dienst großer Aufgaben, baute Luftschlösser und nahm gelegentlich die nächsten Dinge nicht wahr. In idealistischer Begeisterungsfähigkeit sah sie in der studentischen Jugend den Typus des neuen Menschen, eine als Jünglingsstaat konstituierte Elite. In der Widmungsadresse ihres Günderodebuches hat sie kultisch übersteigert diese Jugend prophetisch beschworen: »Die Ihr immer rege, von Geschlecht zu Geschlecht, in der Not wie in des Glückes Tagen auf Begeisterungspfaden schweift; in Germanias Hainen, auf ihren Ebnen und stolzen Bergen, am gemeinsamen Kelch heiligkühner Gedanken Euch berauschend, die Brust erschließt und mit glühender Träne im Aug Bruderliebe schwört einander, Euch schenk ich dies Buch. Euch Irrenden, Suchenden! die Ihr hinanjubelt den Parnassos, zu Kastalias Quell; reichlich der aufbrausenden Flut zu schöpfen den Heroen der Zeit und auch den Schlafenden im schweigenden Tal, schweigend, feierlichen Ernstes die Schale ergießt. Die Ihr Hermanns Geschlecht Euch nennt, Deutschlands Jüngerschaft! ...«

Das subjektiv-emotionale Mythenbild einer Gruppe wird entworfen, fern aller Realität, wobei es für Bettina selbstverständlich erscheint, daß der Student ein von seiner Familie ausgehaltener »Rentner« ist. Sie erwartete von den Studenten soviel Enthusiasmus, daß sie, wenn sie an großen oder kleinen Aufgaben mitarbeiteten, dies umsonst taten. Daß es an den Universitäten immer auch arme Studierende, sogenannte Paupers, gab, war ihr entweder unbekannt oder unwichtig. Von den ökonomischen Verhältnissen der Studenten zu sprechen wäre ihr banal und philiströs erschienen. So traf sie auch mit Baier keinerlei Abmachungen über Bezahlung. Sie erklärte sich lediglich bereit, die notwendig werdenden Bücheranschaffungen zu begleichen.

Eine solche Regelung war selbst für damalige Zeit ungewöhnlich. Als Madame de Staël bei ihrem Aufenthalt in Berlin August Wilhelm Schlegel als Hofmeister für ihre Söhne engagierte, bot sie 12000 Franken und ihre Freundschaft. Der Betrag überstieg ein deutsches Mindestgehalt. Der Bankier Gontard in

Frankfurt am Main gab dem 26jährigen Hölderlin wenigstens 400 Gulden und freie Station. Als Bettina ihrem Bruder Clemens den Studenten Döring als Gehilfen bei der Neuherausgabe des »Wunderhorns« empfahl, richtete sie noch Anfragen nach München wegen der Kosten eines solchen Aufenthalts. Inzwischen war der Kurs ihrer Persönlichkeit in Berlin so hoch gestiegen, daß es ihr schien, es müßte eine Sache der Ehre und des jugendlichen Heldentums sein, für sie zu arbeiten. Unterschwellig mochte die alte Vorstellung aus dem 16. und 17. Jahrhundert mitspielen, daß das Bücherschreiben ein »nobile officium«, ein adliges Ehrenamt, sei, für das sich der Autor auf keinen Fall bezahlen ließ. Diese Tradition wurde von den romantischen Dichtern neu belebt.

Als Äquivalent bot Bettina ihre Freundschaft und den Anschluß an ihre Familie, unternahm mit dem jungen Gelehrten und ihrer siebzehnjährigen Tochter Gisela Spaziergänge durch den Tiergarten, besuchte mit ihm die Kunstausstellung, lud ihn zu ihren geselligen Abenden ein. War das aber genug? Unter dem Datum des 30. 11. 44 lesen wir in Baiers Tagebuch: »Nun fängt das Feuer an, mir auf die Nägel zu brennen; kein Geld, keinen roten Pfennig, ein Anhaltiner 4-Pfennigstück ausgenommen, das der Bäcker aber nicht nehmen will – und keine Aussicht, etwas zu bekommen. Es wäre zum Verzweifeln, wenn es nicht so höchst komisch wäre, daß ich laut darüber lachen muß; vielleicht vergeht mir aber auch das, wenn meine Wirtin eines Tages auftritt und weder Mittag noch Heizung mehr geben will. Nun bis dahin denn lach ich; ein Pfeifenkopf, noch von Vater her, wurde diese Woche versilbert und dazu ein alter Rock; Wäsche ist schon seit 14 Tagen auf dem Leihamt, meine beste Hose muß noch dahin wandern – und was dann weiter, dann bleibt mir noch ein Pfeifenkopf und dann adieu Sonnenschein!... Ich fange schon an, mich den Proletariern zuzuzählen, und dann Gnade Gott den Reichen ...«

Es zählt zu den Widersprüchen in Bettinas Leben, daß sie zu einer Zeit, wo sie sich aufs leidenschaftlichste mit den elenden sozialen Verhältnissen der schlesischen Weber befaßte, von der verzweifelten wirtschaftlichen Lage ihres engsten Mitarbeiters nicht das Geringste ahnte, weil sie für gewisse Dinge der Umwelt einfach nicht aufnahmefähig war. Als Bettina im Juni 1846 einen Gehilfen der Buchhandlung Bauer in Charlottenburg als

Sekretär und Rechnungsführer für ihren Familienverlag engagierte, sicherte sie ihm ein Monatsgehalt von 25 Talern zu. Das war eine Jahresbesoldung von 300 Talern. Baier, der zwei Jahre lang seine ganze Zeit der Neuausgabe des »Wunderhorns« und zahlreichen anderen privaten Aufträgen der Frau von Arnim widmete, der deshalb sein Studium vernachlässigte und nie zu einem ordnungsgemäßen Abschluß kam, erhielt im Sinne des »nobile officium« ein »Douceur«, wie man damals sagte, von 100 Talern. Solche unterschiedlichen Regelungen erklären sich im wesentlichen aus dem ökonomischen Übergangscharakter der Zeit, wo teilweise feudalistische und kapitalistische Wertvorstellungen nebeneinander auch in den Köpfen der Menschen bestanden. Bettina verwahrte sich ausdrücklich gegen den Verdacht, daß sie die Leute, mit denen sie Umgang pflegte, auszunutzen suche. In einem Brief vom Dezember 1845 an Baier, der sich auf den Abbruch ihrer Beziehungen zu der Buchhandlung Bauer bezieht, schreibt sie, daß man ihr vorwerfe, anderen schindermäßig die Haut über die Ohren ziehen zu wollen, und protestiert dagegen empört mit den Worten: »O ja, es könnte gar noch einst in meinen Nekrolog in der Spenerschen Zeitung zu stehen kommen, daß die Menschen, für die ich mich interessiert, mir zu meinen mercenairen Interessen hätten dienen müssen. O wie schaudert mich, wenn ich's bei mir erwähne, daß Edgar Bauer gesagt hat, er arbeitet für mich umsonst!«

Als der Student Baier die Schriftstellerin Bettina von Arnim kennenlernte, wohnte sie nicht mehr Unter den Linden, sondern in einer stillen Straße, die den Namen »Hinter dem neuen Packhof« trug. Das war auf dem Gelände der heutigen Bodestraße in der Nähe der Nationalgalerie. Dort in einem stattlichen Hause, das bis oben mit Wein bewachsen war, »so daß ... die Trauben ins Fenster hingen«, suchte er die hohe Frau auf, um sich mit ihr über die Arbeit am »Wunderhorn« zu besprechen.

Diese Zusammenkünfte waren für den Jüngling ein Erlebnis und Fest. Am 19. 1. 1844 notierte er: »Ich habe Bettina neulich leidend gefunden, ohne jene quecksilberne Rührigkeit und jenes unstete und umherschweifende Geistesschnell; wie liebenswürdig und lieblich war die Frau mit dem schmerzlichen Ausdruck und der weichen Seele, die sich heute mehr als sonst dem Eindruck hingab, ohne ihn beherrschen zu wollen; unter den aufzunehmenden Liedern sind einige von ihr aus früheren Jahren;

das eine wunderlieblich, von der Sonne, die das Mädchen ohne Hemde sieht, wie es vom Knaben bezwungen wird und eilends nach Hause geht, um sich ein Hemde anzuziehn; wie tief poetisch und das Ganze neckisch und doch so innig; es ist in ihren Liedern eine Fülle von Ideen neben Formlosigkeit, die erstaunen macht…«

Meist äußerte sie sich bei solchen Zusammenkünften programmatisch und didaktisch. An einem Augustabend kritisierte sie das neue Buch von Savigny über die Reform der Ehescheidung. Baier schrieb in sein Tagebuch: »Frau von Arnim ist für gänzliche Freiheit in der Auflösung der Ehe, aber nicht für gänzliche Freiheit in der Schließung derselben… Eben darin, daß die Ehe, sowie sie verletzt sei, aufgelöst werden könne, ja aufgelöst werden müsse, sähe sie eine Gewähr für die Festigkeit der Ehen; denn der Mann, sagt sie, schlägt seine Frau, nicht, weil er sie nicht behalten will, sondern eben, weil er weiß, daß er sie behalten muß; er würde sie nicht schlagen, wenn dadurch die Ehe gelöst würde. Man könne ein Vergehen wohl verzeihen in der Ehe, z. B. Treulosigkeit, ohne daß Scheidung not tue, aber so wie jemand zum Gericht seine Zuflucht nehme, sei die Scheidung schon damit ausgesprochen, da die Ehegatten oder auch nur der eine Teil seine Unfähigkeit bezeichnet, eine Ehe zu halten.«

Im November 1844 äußerte sich Bettina scherzend darüber, welche Gesetze sie geben würde, wenn sie Kultusminister wäre: »1. Kein Betrüger soll geduldet sein, und das kann Gesetz sein, weil d(as) Betrügliche doch bald von jedem Menschen herausgefühlt werden kann; 2. aber wird sonst jeder angewiesen, seinen Leidenschaften keinen Zwang anzutun und allen Unfug, den er nur irgend will, öffentlich zu treiben, um nicht etwa durch Strafe, sondern durch Lehre und Überzeugung allein gebessert zu werden; 3. Redefreiheit in weitestem Sinne; die Kirchen gehören in der Frühpredigt der Lehre der alten Religion; am Nachmittag dem Vertreter einer neuen Religion, und Volksredner sollen da die Kanzeln besteigen; 4. Die Schule muß so organisiert sein, daß das Kind schon als Erwachsener angesehen wird; schon in der Schule muß es seine Selbstheit erkennen, damit sein Verhältnis zum Lehrer ein frei gewähltes werde. Die Versetzung von einer Klasse in die andere geht nicht nach der Gesamtheit seines Wissens, sondern nach dem Maße des Wissens in jedem Zweige, für die es den Unterricht in verschiedenen Klassen erhalten kann. Hauptgegenstand des Unterrichts ist Politik. – 5. Volksfeste. 6. Ackerbauschulen für die Bauern mit wissenschaftlicher Unterlage.«

Im Februar 1845 macht Baier die Bemerkung: »Ich soll ihr eine Wohnung schaffen.« Im Sommer zog Bettina in die Köthener Straße 8/9, gegenüber dem Potsdamer Bahnhof, ins sogenannte »Geheimratsviertel«, wo sich seit der Mitte des 19. Jahrhunderts die Gelehrten und hohen Beamten mit Vorliebe anzusiedeln pflegten. Die Töchter meinten: »Das war ja eigentlich gar nicht mehr in Berlin! Wenn wir aus dem Hause traten, sahen wir am anderen Ende der Straße das freie Feld.« Schon beim Einzug gab es Schwierigkeiten, weil die Zimmer nicht vorgerichtet waren. Als sie nach dem Gut Bärwalde ausweichen wollte, traf die Nachricht ein, daß das Schlößchen abgebrannt sei. Die älteren Töchter Maxe und Armgart wurden von Savignys nach Frankfurt mitgenommen. Bettine zog mit Gisela am 17. September 1845 in das Herrenhaus von Wiepersdorf ein, das der Pächter hatte räumen müssen. Am 22. September schrieb sie an Baier: »Hier in Wiepersdorf habe ich mich notdürftig eingerichtet, erst seit gestern habe ich einen alten wackligen Tisch zusammengenagelt, habe also bisher an meinen unsterblichen Werken nichts tun können, außerdem ist noch die Septemberfliege eine lästige Störerin alles tieferen Impulses; eine Einsamkeit, die sehr ins Langweilige geht, wirft sich einem mit wahrer ärgerlicher Frechheit über den Hals, übrigens lese ich doch hier die Vossische Zeitung und lerne daraus, was ich in Berlin nie erfahren habe, nämlich daß sich alle rumorende Geistesblähungen in Lichtfreundschaft und Neukatholikon Luft machen.«

Das Gut Wiepersdorf war nun von der Familie Arnim wieder voll in Besitz genommen. Gegenüber ihrer Schwester Gunda schilderte Bettina den Neubeginn folgendermaßen: »Hier sind die Herbsttage sehr schön, ich fühl mich erleichtert von unendlichen Sorgen und Beschwerden, womit die Menschheit in Berlin mich fast erdrückte, meine eignen An- und Ungelegenheiten nicht gerechnet. Heute ist der 20te Tag, daß ich hier angelangt bin, ich war mit dem festen Vorsatz hergekommen, recht fleißig zu sein. Aber, aber! die Erschlaffung für alle unermeßliche Anstrengungen (von denen keiner einen Begriff hat, der nicht in mein Laboratorium schaut) war zu groß! Ich bin ganz kaputt gewesen; ich habe zwei Drittel des Tages geschlafen und war die übrige Zeit zu faul, um nur mich auf einen Stuhl zu setzen! Ich dachte, am Ende werde ich immer mehr und mehr in den Schlaf mich gewöhnen und so wie der Kaiser Rotbart bis ans Ende der Zukunft fortschlafen.

Hier schläft zwar unendlich vieles von selbst, und sehr vieles geschieht wie im Schlaf, z. B. die Maurer, die hier das Haus wiederum neu verputzen, die mit einer Kelle voll Speis oder Kalk auf dem Gerüst hocken und dem Haus die Blatternarben ausfüllen, sie sitzen und kratzen und träumen dabei, und plötzlich fällt ein Knüppel vom Gerüst und schmeißt die untern Spiegelscheiben ein (Rudera ehmaliger Pracht); eben ist dies Abenteuer vorgefallen, da reißen sie sich aus ihrem Traumzustand mit Gewalt auf und reiben wie toll drauf los, aber nur einen Atemzug lang, da schlafen sie schon wieder! Da schreien die Zwillinge, die im Gras in der Kiepe herumtorkeln, die Kiepe fällt um, der Hund (Schnepper ist sein Name) kommt und will die Zwillinge retten, der Papa Maurer aber glaubt, er will sie fressen, übereilt sich und fällt vom Gerüst, zum Glück, daß er nicht auf sie fällt, sondern auf einen Haufen weichen Wust, deren mehrere zum sonderbaren Trost solcher verschlafnen oder auch versoffnen fleißigen Handwerker hier ums Schloß aufgetürmt sind. Kurz, die Kinder sind nicht beschädigt, der Maurer ist auch noch ganz. Das Haus wird unter obigen obwaltenden Umständen allmählich weiß! – da ist's heraus! – Das Wiepersdorfer Schloß wird geweißt. Jetzt weißt Du das Geheimnis. Sic transit gloria.«

Aus dieser Übersiedlung aufs Land ergab sich die Notwendigkeit, auch einen Gehilfen für die geschäftlichen Angelegenheiten zu suchen. Da Bettina den Eindruck gewonnen hatte, daß der Student Baier mit seinem Auftrag fürs »Wunderhorn« gar nicht ausgefüllt sein konnte, schien er ihr zusätzlich auch als Dienstmann geeignet. Bald hatte er die in Berlin verbliebenen Blumen und Katzen zu versorgen, Dienstboten zu überwachen und zu begutachten, Bücher, Bleistifte, Malkasten, Tinte, Vorhangstoff, Zwiebäcke, aber auch Heizmaterial zu besorgen, Möbel und Bilder nachzusenden, Briefe zu überbringen, in den Streit mit ihrem Hauswirt einzugreifen, nach einer neuen Wohnung Ausschau zu halten, den Prozeß mit einem ihrer früheren Verleger zu führen, mit ihrem gegenwärtigen Buchhändler

Bauer zu verhandeln. Baier war zum »Mädchen für alles« geworden.

Uns mag eine solche Dienstbarkeit heute seltsam erscheinen. Sie ergab sich aus der souveränen Stellung dieser Frau gegenüber der sie anbetenden Studentenschaft und aus der Faszination, die von ihr ausging und vor der jede Kritik verstummte. Hatte nicht schon August Wilhelm Schlegel in einer ähnlichen Lage gegenüber Frau von Staël das Gelöbnis abgelegt: »Ich erkläre, daß Sie alle Rechte über mich besitzen und daß ich kein einziges über Sie habe. Verfügen Sie über meine Person und mein Leben, befehlen Sie, verbieten Sie, ich werde Ihnen in allem gehorchen. Ich verlange kein anderes Glück als das, welches Sie mir werden geben wollen...« Auch die Berliner Studenten wie Baier waren nicht nur »übermütige Götterbuben«, die »in fröhlichen Zukunftsträumen der Mutter Erde huldigen«, wie es in der Dedikation des Günderodebuches hieß, sondern daneben auch knabenhafte Anbeter, die beglückt waren, einer verehrten grandiosen Frau zu dienen. Dieser »Pagismus« gehörte ebenfalls zu den romantischen Idealen der Jugend zwischen den Revolutionen. Aus ihm erklärt sich die grenzenlose unbedingte Dienstbereitschaft.

Dank erntete der Student Baier für alle seine Arbeiten und Gefälligkeiten nicht. Am Ende gingen ihr seine ewigen philologischen »Nörgeleien« so auf die Nerven, daß sie sich im Februar 1846 trennten. Für Bettina war seine Mitarbeit am »Wunderhorn« eine Episode gewesen, die sie bald vergaß. Für Baier bedeuteten diese zwei Jahre seiner Studentenzeit den Höhepunkt seines Lebens. Siebzehn Jahre später hielt er im Literarisch-Geselligen Verein zu Stralsund einen Vortrag »Erinnerungen an Bettina von Arnim«.

34.
Das Ambrosia-Buch und der Magistratsprozeß

Das Klima der vierziger Jahre war ungesund, aber erregend. Der Aufstand der schlesischen Weber war mit Hilfe des Militärs im Blut erstickt worden, aber die Kritik der oppositionellen Kräfte wollte trotz aller bürokratischen Gegenmaßnahmen nicht erlahmen. In dieser allgemeinen Stimmung mochte Bettina, die sich damals als eine geistige Macht fühlte, nicht schweigen. Die Arbeit am Armenbuch hatte sie zunächst eingestellt. Doch ruhten in ihrem Archiv noch immer der Briefwechsel mit Nathusius und Döring, Repräsentanten jener Jugend, die es zu mobilisieren galt.

Am 2. Dezember 1846 war der Entschluß zur Veröffentlichung dieser Papiere gefaßt. Sie äußerte sich gegenüber Varnhagen dahin, daß das neue Buch aus Briefen bestehen werde, die sie mit Studenten gewechselt habe, und daß sie es »Briefwechsel mit zwei Demagogen« zu nennen gedenke. Sie vergaß nicht hinzuzufügen: »Man war ja schon lange begierig, hinter meine demagogischen Schliche zu kommen. Aber leider sind diese wilden Bestien gar zu zahm.« Einige Tage später korrigierte sie sich dahin: »Ilius, Pamphilius und die Ambrosia, das hat mein Genius mir heut als Titel anbefohlen in einem Morgentraum!« Auch deutete sie damals schon an, daß sie dieses neue Werk dem politisch verfemten und aus Berlin ausgewiesenen Hoffmann von Fallersleben widmen wolle.

Zwar enthielt die Korrespondenz nichts Brisantes. Da aber die Sache der Göttinger Sieben, der Kölner Kirchenstreit, die Erinnerungen an Schleiermacher, die Kritik an Savigny reflektiert wurden, war zumindest die Zeitnähe gewährleistet. Die zeitkritische Tönung würde sich bei der Bearbeitung einstellen, etwa in der Art, wie sie verkündet, daß sie den prometheischen Funken anblase, damit er in Flammen aufschlage, oder indem sie gegen die laue, so harmlose wohlbekannte Familiensimpelei wettere.

Bald jedoch zeigte sich, daß sich das Vorhaben, wie geplant, nicht durchführen ließ. Die beiden Briefwechsel waren in Thematik, Stil und Tendenz zu ungleichartig, als daß sie sich vereinen ließen. Sie stellte deshalb die Korrespondenz mit Döring zurück. Nach ihrer Meinung war es dringlicher, jene Verhaltensweisen herauszuarbeiten, die künftig der Jugend ein Vorbild sein sollten. Dazu eigneten sich die Mahnungen, die sie an Nathusius gerichtet hatte, besser. Vermutlich zog sie aber auch im Interesse des Bucherfolgs den Mann vor, der das höhere Ansehen und den größeren Einfluß versprach. Das war auf jeden Fall der Bürger-Millionär aus dem Magdeburgischen, der Erbe jener überall in Deutschland bewunderten Besitzungen, die bereits Immermann in seinem Zeitroman »Die Epigonen« eindrucksvoll geschildert hatte, der junge Mann, der durch seine lyrischen Veröffentlichungen auch literarisches Prestige versprach. Der Traumtitel blieb. Es wurde nur der trennende Beistrich weggelassen. Nathusius erhielt den poetischen Doppelnamen Ilius Pamphilius.

Das neue Buch unterscheidet sich von den voraufgehenden Briefbänden thematisch dadurch, daß eine verspätete Idealistin aus der »Kunstperiode« auf einen Vertreter der jungdeutschen »Zerrissenheit« trifft. Das Neue resultiert aus den Wesenszügen des Pamphilius, der kein Genius ist, sondern ein Zwitterwesen aus Begabung und Versagen. Er kann, wie Fanny Lewald in einer Rezension schrieb, ihrem Flug nicht folgen. Aus der Konfrontation einer Ambrosia, einer Unsterblichen, mit einem allzu zeitgebundenen, sich leicht anpassenden jungen Journalisten entwickelt sich das Psychodrama, wie es sich in folgender Szene darstellt: »Ich gehe abwärts in die Schluchten, wo die Nebel der Zeit sich sammeln, und daß ich Dir da nimmer begegnen werde, sonst nichts war's, was mich so aufregte. Nicht wahr? ahnen kannst Du's, wie es mich erzürnte, Dir die Hand gereicht zu haben, und daß Dein Innerstes nicht den Sinn davon empfand, ein Ziel, ein höchstes, steckte ich Dir, wie jedem, den ich liebe, und kühn Dir jeden Abweg zu wehren. Du willst das Ideal Deiner Seele in Dir selber erstreben und hast dazu die glatte Bahn häuslicher Friedenstage Dir gewählt, und ich will unter Trümmern, unter dem Schutt zerworfener und verlorner Größen einen Keim suchen, unter erloschener Schwärmerei einen Funken reiner Denkkraft, unter dem Irrtum die Wahrheit hervorgraben. Wie ist es denn möglich, daß wir uns nicht trennen müßten?«

Das Werk kann sich literarisch mit dem Goethebuch nicht

messen. Es ist weniger Dichtung als Pädagogik. Wer aber Bettina als Erzieherin kennenlernen will, wird auf den Briefwechsel mit dem talentverdächtigen Unternehmersohn Philipp Nathusius aus Althaldensleben nicht verzichten.

Bettinas Wertekatalog der vierziger Jahre wird selten so deutlich wie hier, wo sie das unverzeihliche Fehlverhalten ihres Adepten in der Herausgabe der Broschüre »Ulrich von Hutten« kritisiert. Als Ambrosia erwartet sie von einer Jugend ihrer Prägung vor allem eine lebensfreundliche Einstellung, nicht die ewige Wiederholung jener philiströsen Einteilung der Menschen in Freund und Feind. Sie ist entsetzt, daß einer ihrer Schüler die längst begraben geglaubte Konfrontation der Konfessionen wieder aufnimmt. »Wie kommt es doch«, fragt sie, »daß ich so Edles erlebe von beiden Konfessionen und Du nur Unedles? – Wie kommt es? – Während Du erzählst, daß in Rom die Deutschen beider Konfessionen für Preußen waren, so waren in Deutschland beide (wo die Sache deutlicher war) einstimmig dagegen. – O Pamphil, überlasse Dich dem Teufel nicht, der Dir die Augen blendet, daß Du Deine eigne Ungerechtigkeit nicht siehst!« Sie konnte sich bei dieser Mahnung auf ihren verstorbenen Freund Schleiermacher berufen, der als Sohn des Humanitätszeitalters gepredigt hatte, daß Toleranz der Wesenszug aller Religiosität sei. Sie berief sich aber auch auf den katholischen Theologen Sailer, den Bischof von Regensburg, dem sie in Landshut nahegestanden hatte und dessen großzügiger toleranter Reformkatholizismus für die Verinnerlichung und Vermenschlichung christlichen Glaubens eintrat und eine tiefgehende geistige Kommunikation zwischen den verschiedenen Bekenntnissen anstrebte. Nicht Konfrontation konnte das Modell des Verhaltens sein, sondern Versöhnung und Kommunikation, wie sie es in ihrer Ehe mit dem Protestanten Achim von Arnim vorgelebt hatte.

Nathusius kehrte in seiner Schrift aber auch den Deutschtümler hervor. Schon der Hallenser Historiker Leo hatte in dem Streit des preußischen Staates mit dem Kölner Erzbischof in einem Sendschreiben an Görres diesem vorgeworfen, daß er Partei für den italienischen Papst und gegen Deutschland ergreife. Diese nationalistische Denunziation nahm Nathusius wieder auf, und davon fühlte sich Bettina auch persönlich betroffen. Die Feindseligkeit gegen alles »Welsche« mußte sie insofern berühren, als ihr Vater ja aus dem Mailändischen stammte und in Frankfurt zur Minorität der italienischen Zuwanderer gezählt wurde. Abgeschreckt vom falschen Patriotismus der Deutschtümler, ruft sie Nathusius zu: »Der Gott da oben wird keinen Italiener den Deutschen vorziehen, aus dem einfachen Grund, weil er nichts Besseres an ihm haben würde. – Lasse Du auch die Waage gleich einstehen zwischen Protestant und Katholik, zwischen Deutschen und Italienern, Du kommst der Wahrheit näher und versäumst nichts dabei. – Ach, es wird mir ganz wehe über Deine Zitate ...« Im Jahrhundert des aufsteigenden Nationalismus, der sich am Ende zu einem Wahnsinn übersteigern sollte, trat sie für ein menschlicheres Verhalten ein, entsprechend ihrem Gefühl der Solidarität mit allem, was Menschenantlitz trägt, dem christlichen und humanistischen Gedanken verpflichtet.

Gerade die Kritik der Ambrosia an Pamphilius zeigt, daß Bettinas Wertskala nicht so ohne weiteres den zeitüblichen Kategorien von »liberal, demokratisch, oder konservativ« zugeordnet werden kann. Sie reagierte und argumentierte von einer weiblichen Position aus zu einer Zeit, da es noch keine formierte Frauenbewegung gab, um sich in die großen gesellschaftlichen Kämpfe einzuschalten.

Anfang November 1847 war der Druck des neuen Werkes beendet. Jedoch die Verbreitung im Buchhandel verzögerte sich, weil die Auslieferung in einen Streit hineingezogen wurde, der im Laufe des Jahres 1847 zwischen dem Magistrat von Berlin und Frau von Arnim wegen der Eröffnung eines Selbstverlags unter der Firma »Expedition des v. Arnimschen Verlags« entstanden war. Im Zusammenhang mit dieser Gründung ging ihr am 18. August 1846 eine behördliche Aufforderung zu, nach § 15 der Städte-Ordnung von 1808 innerhalb von acht Tagen das Bürgerrecht zu erwerben, weil sie das Gewerbe einer Verlagsbuchhändlerin betreibe. Dieses Ansinnen lehnte Bettina entschieden ab, weil sie »weder Buchhändlerin noch sonst eine gewerbetreibende Person« sei, ihre und ihres verstorbenen Mannes Bücher als Autorin beziehungsweise als Rechtsnachfolgerin eines Autors, wie gesetzlich erlaubt, im Selbstverlag herausgebe und demzufolge nicht verpflichtet werden könne, das Berliner Bürgerrecht anzukaufen. Ironisch fügte sie hinzu, daß sie jedoch bereit sei, das Bürgerrecht anzunehmen, insofern es ihr der Magistrat als ein »freiwilliges Ehrengeschenk« anbieten wolle. Auf dieses Schreiben antwortete die Behörde erst nach fünf Monaten. Unterzeichnet vom Oberbürgermeister, Bürgermeister und Rat der königlichen Residenzen wurde sie erneut aufgefordert, das Bürgerrecht zu den Kosten von 28 Rth 18 Sgr 9 Pf, »eventuell auch einen freiwilligen Betrag für das Nicolaus-Bürger-Hospital« zu erwerben; im übrigen bestünde keine Veranlassung zur Verleihung des Ehrenbürgerrechts. Diese abfällige Bemerkung mußte das Selbstgefühl einer Frau wie Bettina kränken, und sie zögerte nicht, die magistratliche Herabsetzung unter die Leute zu bringen. Bald beschäftigten sich die Zeitungen mit der Frage, ob Bettina die Ehrenbürgerschaft verdiene.

Geklärt war in diesem Streit bisher nicht viel. Der Magistrat anerkannte das Recht auf Selbstverlag für die Manuskripte der Frau von Arnim, nicht aber für die Herausgabe der Werke Achim von Arnims, wobei das Verlegen durch den Autor mit der Einschränkung verbunden war, daß solche Schriften nur auf dem Privatwege in Verkehr gebracht werden durften. In dieser Situation wandelte Bettina aus ihrem romantischen Impuls, den Bürger zu verblüffen, den Dialog in ein absurdes Possenspiel. Sie schrieb an den Magistrat einen im Stil ihrer Privatkorrespondenz abgefaßten »Langbrief«, dessen Ausdrucksweise allen traditionellen Grundregeln des Geschäfts-, Kurial- und Kanzleistils widersprach und bei der Behörde Unverständnis, Verwirrung und Empörung auslöste. Die Provokation begann mit der Behauptung, daß sie versuche, »einen ganz hochlöblichen Rat zu leiten, indem ich weiß, daß ich klüger und weiser diese Sache beurteile wie er«. Dann ließ sie einen Passus in roter Tinte einfügen, zu dem sie bemerkte: »Obige Aussage, mit roter Tinte geschrieben, ist nicht zu meiner Rechtfertigung, sondern damit ihre rote Farbe der Beschämung auf den Wangen eines Hochlöblichen Magistrats widerscheine, der mich so hartnäckig einer Widerrechtlichkeit beschuldigt.« Auf die Ablehnung der Ehrenbürgerschaft antwortete sie mit folgender »Retourkutsche«: »... daß keine Veranlassung vorliege, mir das Bürgerrecht als ein Ehrengeschenk zukommen zu lassen, so gebe ich dieses zu, da ich zumal das Bürgertum höher stelle als den Adel. Damit werden Sie einverstanden sein. Ebenso stelle ich noch höher die Klasse des Proletariats, ohne dessen ihm angeborne großartige Charakterkräfte, des Ausharrens im Elend, im Entsagen und Beschränken aller Lebensbedürfnisse, wenig Ersprießliches zum Wohl des Ganzen befördert werden.« Spöttisch unterbreitete sie den Vorschlag, der Magistrat möge zur Deckung seiner beanspruchten Bürgerrechtskosten ihre beiden Schreiben als Autographen ausbieten, und wies darauf hin, daß ihre Handschrift »so viel Geltung als ein Wechsel hat, da ich sie selten oder nie ausgebe, und man doch einen so großen Wert darauf legt, daß oft ein Billett von wenigen Zeilen mit zwei Ducaten bezahlt wurde. Ich glaube also ganz sicher, mich nicht zu verrechnen, wenn ich hoffe, für jedes dieser beiden Schreiben drei Friedrichsdor zu erhalten.« Sie schloß das Schreiben mit dem Vorwurf, daß Bürgermeister und Rat Vorurteile gegen sie hegten, die durch üble Nachrede entstanden sein mochten, und mit der Aufforderung: »... Jäten Sie das Unkraut der Vorurteile gegen mich aus, lassen Sie es verrotten zu Mist samt dem Kehricht alles Absurden, was mit dem Besen blinder Zuversicht oder ungeprüften Urteils zusammengekehrt wird.«

Mochte Bettina der berechtigten Überzeugung sein, daß es an der Zeit sei, eine neue Art, die Dinge zu sagen, in die Wege zu leiten, so war es ebenso unbestreitbar, daß dafür der Magistrat der Residenz Berlin und jeder anderen deutschen Stadtverwaltung nicht gerade der geeignetste Adressat war. Schon die Ironie, mit der hier eine Frau der obersten Stadtbehörde gegenüber auftrat, kündigte die Revolution an. Bettina sprach aus dem Geist jener rebellischen Opposition, den sie in den Kreisen der Junghegelianer als normal kennengelernt hatte, wo Intellektuelle mit aggressivem Erneuerungswillen gegenüber Ministern, Bürgermeistern und jedem Repräsentanten der herrschenden Ordnung auftraten. Aber von diesem revolutionären Fieber war der Berliner Magistrat noch nicht angekränkelt. Er ließ Frau von Arnim wissen, daß sie ihre Stellung innerhalb der Stadt ganz verkenne und wie jeder andere Einwohner der Ortsobrigkeit eine angemessene Achtung schuldig sei. »Wir haben daher Ihr Schreiben ... dem betreffenden Staats-Anwalt mit dem Ersuchen übergeben, Sie wegen der in demselben enthaltenen groben Beleidigungen in den Anklagezustand zu versetzen und Ihre Bestrafung zu beantragen.«

Als Bettina dieses Schreiben erhielt, erkannte sie sofort, daß sie einen Fehler begangen hatte. Sie erwiderte, daß ihr jede Absicht einer Beleidigung fehlgelegen habe und, falls sie sich einer unbeabsichtigten Beschimpfung schuldig gemacht haben sollte, sie im voraus alles zugestehe, um ihre Schuld zu sühnen. Diese Erklärung kam, weil Bettina in der Zwischenzeit auf Reisen gewesen war, zu spät. Der Prozeß lief bereits, und der Magistrat konnte nicht daran interessiert sein, ihn niederzuschlagen. Die Verhandlung war für den 20. August 1847 vor dem Kriminal-Senat des Königlichen Kammergerichts anberaumt. Die Angeklagte war nicht erschienen. Sie wurde von dem Justizkommissar Fischer aus Breslau, einem versierten demokratischen Juristen, vertreten. Sein Antrag forderte völlige Freisprechung. Das Urteil lautete anders: Die Angeklagte, verwitwete Frau Bettina von Arnim, wird der teils leichten, teils schweren Beleidigung der Mitglieder des hiesigen Magistrats für schuldig befunden und demgemäß mit zweimonatlicher Gefängnisstrafe belegt.

Gegen dieses Urteil legte Bettina Berufung ein. Das Verfahren ging demzufolge in die zweite Instanz. Ihrem Schwager Savigny, der seit 1842 Minister für die Revision der Gesetzgebung war und damit eine der höchsten Stellen im preußischen Staat innehatte, bot diese Pause Gelegenheit, sich als Vermittler einzuschalten.

Auch nach der Auseinandersetzung um die Berufung der Brüder Grimm bestand keine Feindschaft zwischen ihnen. Sie hatten klargestellt, daß sie in vielen politischen Sachfragen nicht konform gingen, aber sie pflegten weiter ihre familiären Beziehungen und überhaupt einen Modus vivendi, der sich auf das gemeinsame Bekenntnis zur Monarchie, den Kult der Persönlichkeit gemäß den Idealen des klassisch-romantischen Menschenbildes und den Toleranzgedanken stützte. Mochte Savigny ihr die Verurteilung als einen kleinen Denkzettel für ihre genialischen Extravaganzen gönnen, daran, daß die bekannte Schriftstellerin Bettina von Arnim ins Gefängnis ging, konnte weder der Familie noch dem Staat etwas gelegen sein. Er erkannte sofort, daß das nachträgliche Entschuldigungsschreiben an den Magistrat bei der Urteilsfindung nicht genügend berücksichtigt worden war, und versuchte nun zusammen mit dem Verteidiger, den Magistrat zur Zurücknahme seiner Anzeige zu bewegen. So kam es zu keinem weiteren Prozeß. Bettina hatte die Kosten des Gerichtsverfahrens in Höhe von 38 Rth 14 Sgr zu bezahlen, 10 Rth mehr, als der Erwerb des Bürgerrechts gekostet hätte.

Die Farce dieses Prozesses beschäftigte die Berliner Öffentlichkeit stark. Vorübergehend war Bettina durch das Gerichtsverfahren bekannter als durch ihre Bücher. Es muß dem Sturm der Revolutionsereignisse des folgenden Frühjahrs zugeschrieben werden, daß dieser Rechtsfall fast ganz in Vergessenheit geriet. Erst einhundert Jahre später, als die Materialien und Akten des Arnimschen Familienarchivs bei Durchführung der Bodenreform in Volkseigentum übergingen, stieß man wieder auf diesen Prozeß. Es stellte sich heraus, daß schon Bettina an die Publikation dieser Papiere gedacht hatte. Aber erst 1960 wurden sie in dem Buch »Der Magistratsprozeß der Bettina von Arnim« der Öffentlichkeit zugänglich.

Unter diesen Gerichtsmaterialien befinden sich auch Informationen und Stellungnahmen für die Presse, die eine Deutung der Ereignisse aus dem Blickwinkel Bettinas vermitteln. Besonders aufschlußreich erscheint jene Auslegung, die den Konflikt zwischen der Stellung der Frau in der Gesellschaft und ihren andersartigen weiblichen Wertvorstellungen behandelt: Wie soll eine Frau sich Recht verschaffen, die sich durch ihr Gefühl leiten läßt, die, sinnloser Formen ungewohnt, den Kanzleistil nicht beachtet, weil sie unfähig ist, anders zu schreiben, als sie spricht und denkt? Sie erlaubt sich den Spaß, Magistrat und Gericht zum Umdenken aufzufordern und die Fragwürdigkeit ihrer Normen und Kriterien anzuprangern.

In solchen Überlegungen äußerte sich der soziale und kulturelle Anspruch einer Frau, die sich von der bürokratischen Männerwelt emanzipiert hatte und ihr seltsames Verhalten aus dem Anderssein der Frau ableitete, ein einzigartiges Dokument der entstehenden Frauenbewegung.

Der Streit um den Selbstverlag verzögerte auch die Auslieferung des neuen Werkes. Die um ihr Recht kämpfende Frau von Arnim wurde nicht nur im Gerichtssaal bedrängt, sondern auch von amtlichen Schikanen. Die Zensurbehörde verbot die Ausgabe des Buches, weil die Firmenbezeichnung »Expedition des v. Arnimschen Verlags« auf dem Titelblatt gesetzlich nicht statthaft war, da sich Bettina geweigert hatte, die Gewerbekonzession zu erwerben. Der Freigabe des Buches stand aber nichts entgegen, sobald auf der Titelseite »Im Selbstverlag der Verfasserin« stand. Doch an der privaten Verbreitung ohne Nutzung des Buchhandels konnte Bettina nicht gelegen sein. So wich sie deshalb mit ihrem Unternehmen nach Leipzig zum Kommissionsbuchhändler Volckmar aus, wo nun der dritte Titel für das Buch gedruckt wurde. Das jetzt in Leipzig erschienene Buch durfte aber in Berlin noch immer nicht verkauft werden, weil die städtischen Behörden unterstellten, daß auf diese Weise die Zensur umgangen werden sollte.

Endlich am 11. März 1848, in den Tagen, da die Volksversammlungen im Tiergarten vor dem Lokal In den Zelten zunehmend größere Massen anzogen und die wachsende Gärung und Unruhe signalisierten, wurde die Beschlagnahme aufgehoben. Im Sturm der alsbald ausbrechenden Volkserhebung fand das Buch kaum noch Interesse. Es wurden nur wenige Exemplare verkauft, sein Erscheinen war durch die revolutionären Ereignisse überholt. Das edle Ziel, den Ertrag des Buches zum Ankauf der Bibliothek des Dichters Hoffmann von Fallersleben zu verwenden, konnte nicht erreicht werden.

35.
Revolution

Der Ausbruch der bürgerlichen Revolution in Berlin am 18. März 1848 traf Bettina nicht unvorbereitet. Seit Jahresbeginn steigerte sich die Unzufriedenheit der Bevölkerung. Die revolutionären Ereignisse in Italien, in der Schweiz und in Frankreich sowie die Ausbreitung der Volksversammlungsbewegung in den Städten der deutschen Kleinstaaten und der große Aufstand in Wien blieben nicht ohne Wirkung. Die Opposition gegen das Hergebrachte, die Erbitterung gegen das Militär, die ungelösten wirtschaftlichen, sozialen und politischen Probleme des preußischen Staates und dazu der halsstarrige Kurs der Regierung – das mußte früher oder später zu einem explosionsartigen Zusammenstoß führen. Die Anzeichen der sich zusammenbrauenden Revolution, wie auch das Attentat des Storkower Bürgermeisters Tschech auf Friedrich Wilhelm IV. am 26. Juli 1844, sah Bettina nicht als isolierte Phänomene, sondern als ein Geschehen, das zwangsweise aus dem ungesunden Klima des Staates herrührte; »hatte der König die volle Liebe seines Volkes, ... so hätte nie die Tat geschehen können; sie ist aber die

Explosion einer Volksstimmung, wie die Explosion der Schwefeldämpfe, die sich aus ungesundem Boden entwickeln«.

In jenen Tagen wohnte die Familie Arnim bereits in ihrem neuen Heim im Tiergarten vor dem Brandenburger Tor In den Zelten Nr. 5, nach damaligen Begriffen weit außerhalb der Stadt. Es war gleichsam ein Künstlerhaus im Grünen mit imposanter Beletage, in deren Mitte sich eine geräumige Veranda mit Blick auf den Park befand. Im Inneren des langgestreckten villenartigen Gebäudes lag zentral der Hauptsaal in pompejanischem Rot. Hier standen der Flügel und später auch das große Goethedenkmal. Prunkgemächer gab es nicht. Rechts in südwestlicher Richtung schloß sich Bettinas Schlafzimmer an, dann folgten Giselas Zimmer und das Eßzimmer. Linker Hand kamen zuerst das Frühstückszimmer, dann die Wohn- und Schlafzimmer der beiden älteren Töchter und dahinter zwei Zimmer für die Söhne, wenn sie in Berlin zu Besuch weilten, oder für andere Gäste. Im Mansardengeschoß befanden sich die Küche und die Zimmer für die Dienstboten sowie die Wohnung für den Verlagsgeschäftsführer und die Lagerräume für die Bücher des Arnimschen Verlags. Bettina mietete diese schöne Wohnung, die sie bis zum Ende ihres Lebens behielt, für 400 Taler Jahresmiete. Sie erlebte die Revolution vor den Toren der Stadt.

Halb Berlin hatte sich am 18. März auf dem Platz vor dem Schloß eingefunden, um zu erfahren, wie der König auf die Forderung des Volkes, das Militär zurückzuziehen, an dessen Stelle eine Bürgergarde zu organisieren, die Freiheit der Meinungsäußerung in der Presse zu genehmigen und den Vereinigten Landtag einzuberufen, reagieren werde. Auch die zwanzigjährige Gisela, Bettinas jüngste Tochter, befand sich unter der Menge. Gegen 14 Uhr trat der König auf den Balkon des Schlosses und ließ eine Botschaft verlesen, die eine Reihe Reformmaßnahmen ankündigte. Von der Zurückziehung der Truppen aus der Stadt war nicht die Rede. Die Menge blieb unzufrieden. Es erschollen die Rufe: »Soldaten fort!« Schließlich wurde der Befehl zum Rückzug des Militärs gegeben. Als jedoch bei diesem Abmarsch zwei Schüsse losgingen, erhob sich ein ungeheurer Tumult. Der Verdacht eines militärischen Gewaltstreichs und einer vorsätzlichen Taktik kam auf. Das Volk fühlte sich verraten, und eine friedliche Lösung des Konflikts war unmöglich geworden. Gisela hatte noch die verhängnisvollen Schüsse gehört. Bei Ausbruch des Aufruhrs nahm sich ihrer ein älterer Mann an und führte sie in Sicherheit zum Brandenburger Tor. Was sich im einzelnen an jenem Nachmittag in der Stadt abspielte, wußte man im Tiergarten nicht. Dort hörte man nur den Donner der Kanonen und das knatternde Gewehrfeuer. Es gab keinen Zweifel mehr: in Berlin war die Revolution ausgebrochen.

Was Bettina in jenen Stunden fühlte, wissen wir nicht. Es muß ihr klar gewesen sein, daß da auch für ihr Ziel, eine Erweiterung der demokratischen Rechte, gekämpft wurde. Die Philosophie des Klassenkampfes war ihr allerdings unbekannt, und der Ablauf einer Revolution schien ihr ein mysteriöses Phänomen wie ein elementares Naturereignis, ein Erdbeben, eine Feuersbrunst, ein Vulkanausbruch, in das man besser nicht eingriff. Sie eilte nicht zu den Barrikaden in der Königstraße, um als Krankenschwester Erste Hilfe zu leisten, und auch nicht zu Varnhagen, um sich über die eingetretenen Ereignisse zu beraten, sondern sie machte sich Gedanken darüber, daß von den empörten Menschenmassen, die seit Tagen den Sturz des reaktionären Ministeriums forderten, nun besonders ihre Schwester Gunda und ihr Schwager Savigny bedroht sein mußten. Als die Dunkelheit hereingebrochen war, schlich sie mit ihrer ältesten Tochter Maxe in die Wilhelmstraße, wo die Wohnung des Justizministers lag. Mochte Savigny auch ihr politischer Gegner sein, dennoch zögerte sie keinen Augenblick, ihm zu helfen. Maxe berichtete:

»In alten Mänteln und ein wollenes Tuch, wie es die Frauen aus dem Volke tragen, über dem Kopf, erreichten die Mutter und ich auf Umwegen das hintere Pförtchen zum Ministergarten. Das Haus war verrammelt, und als wir endlich durch eine Hintertür eingelassen wurden, fanden wir in der Halle das ganze Personal, vom dicken Portier und dem nicht viel schlankeren Koch bis zum Stalljungen, mit Schießgewehren und Schwertern bewaffnet. Oben saßen der Onkel und die Tante am Tisch, jener mit des Königs neuem Pressegesetz beschäftigt, die Tante ein großes Blatt mit schwarzem Rande studierend, es war die Ansage der dreitägigen Hoftrauer für die vor kurzem verstorbene alte Herzogin Caroline von Gotha. Die Tante zitterte vor Aufregung, fürchtete einen Sturm auf das Justizministerium und suchte deshalb die wichtigsten Papiere und ihre Kleinodien zusammen, die wir mit nach den Zelten nehmen sollten. Mit diesen Kostbarkeiten schlichen wir uns nach Haus.«

Der folgende Tag war der Tag des Volkssieges. Wieder standen die Massen auf dem Schloßplatz, sie hatten die gefallenen Barrikadenkämpfer auf Tragbahren mitgebracht und verlangten, daß der König ihnen die Ehre von Helden erweise. Das Militär verließ die Stadt. Zur Aufrechterhaltung der Ordnung wurde eine Bürgerwehr gebildet. Der verhaßte Prinz Wilhelm, das Haupt der militaristischen Junkerclique, ging nach England. Die Berufung einer preußischen Nationalversammlung, die die geforderte Verfassung beschließen sollte, wurde in Aussicht gestellt. Noch am selben Tage setzte sich Bettina an den Schreibtisch und schrieb an ihren Sohn Siegmund, der seit 1842 in diplomatischen Diensten stand und sich zu einem extremen Vertreter des preußischen Junkertums entwickelt hatte, einen Brief nach Karlsruhe, in dem sie ihm die neueste Lage in Berlin schilderte und im stillen hoffte, ihn zu einer ähnlichen Kompromiß- und Verständigungsbereitschaft zu bewegen, wie sie der König gezeigt hatte. Es besteht kein Zweifel, daß Bettina ohne jeden Vorbehalt Partei für die Volksbewegung ergriff. Aber ebenso sicher ist, daß sie wie die meisten glaubte, das Volk habe endgültig gesiegt und jede Gefahr einer Wiederaufrichtung des alten Systems sei vorüber.

Wie sich die Ereignisse des 18. März in Bettinas Bewußtsein spiegelten, geht aus einem Briefentwurf hervor, den sie für ihre Freundin Pauline Steinhäuser in Rom, die Frau des Bildhauers Karl Steinhäuser, aufsetzte. Sie schrieb: »Was in diesen Tagen hier vorgegangen, werden die öffentlichen Blätter Ihnen berichten, aber nur die, welche mit hineingerissen waren, werden den furchtbaren Kampf des 18ten März sich versinnlichen können. Mit Lügen wird man die Schmach zudecken wollen, mit welcher König und Regierung verräterisch sich befleckten, aber der Schade ist nicht zu verwinden, er hat sie vernichtet, die Schlacht des Verrats am Volk; bewaffnete Soldaten gegen wehrloses Volk und – es ist Sieger geblieben moralisch und physisch. Versammelt auf dem Schloßplatz, um für die gegebne Pressefreiheit zu danken, wird plötzlich vom Militär in die Menge eingehauen, mit Stückkugeln geschossen. – Die Leute fliehen und werden verfolgt. – In zwanzig Minuten war die Stadt mit Barrikaden verschanzt, jedes Haus eine Festung – die Waffenläden gestürmt und gegen Kartätschen, Gewehr und Säbeln angekämpft. – Unzählige Opfer sind gefallen. – Unterdessen hat der König jede Bitte der Geistlichkeit wie des Stadtrats, dies Blutbad doch aufhören zu lassen, hartnäckig abgewiesen, die Schlacht dauerte von Mittag zwei Uhr bis zum andern Tag 10 Uhr. – Am andern Tag war Volksjustiz, die zusammengehauenen Bürger- und Arbeiterleichen wurden auf Bahren ins Schloß getragen; das Volk zwang den König und die Königin, die aufgedeckten Wunden anzusehen. Das Volk forderte Bewaffnung, sie wurde sogleich gewährt.«

Bei diesem Dokument handelt es sich weder um einen Augenzeugenbericht noch um eine zuverlässige chronikalische Aufzählung, sondern um ein Stück fortschrittlicher Legende der Zeit, die Bettinas innere Zugehörigkeit zur Volksbewegung ausdrückt. Manches erweist sich bei der Nachprüfung als unzutreffend. Die Massen sammelten sich nicht vorm Schloß, um dem König für ein neues Pressegesetz zu danken, sondern sie erwarteten eine Antwort auf die Forderungen, die das Volk von Berlin dem König gestellt hatte. Volksbewaffnung im strengen Sinne wurde nicht gewährt; man verwässerte sie zu einer »Bürgerbewaffnung«, und Bürger war derjenige, der den Bürgerbrief besaß. Die Arbeiter und Handwerksgesellen, die kein Geld hatten, solchen Bürgerbrief zu kaufen, waren also ausgeschlossen. Damit begann die Aufspaltung der »Volksbewegung«.

Leider fehlt es an Material, das uns Einblick in ihre Stimmungen und Reflexionen der nächsten Monate gewährt. Wir erfahren nur aus den autobiographischen Aufzeichnungen der Tochter Maxe, daß es bald darauf im Hause Arnim In den Zelten zwei Salons gab: einen demokratischen und einen aristokratischen. Rechts vom Saal empfing Bettina ihre »edlen Weltverbesserer«, wie Maxe sich ironisch ausdrückt, und links tagten die aristokratisch gesinnten Töchter mit ihren Freunden aus dem königlichen Schloß wie den Offizieren und Adjutanten Gröben und Oriola und den Brüdern Freimund, dem Herrn von Wiepersdorf, und Siegmund, dem Diplomaten, die alle auf ihren »geliebten Prinzen von Preußen« schwuren. Zur Mutter hielten sich aus der Familie die zwanzigjährige Gisela, die Feuer und Flamme für die Revolution war, und Friedmund, der das Gut Blankensee bewirtschaftete, sozialreformerische Schriften verfaßte und nun ins Bettina-Haus eilte, »um diese ›große Zeit‹ mitzuerleben«.

Von den Demokraten, die damals bei Bettina verkehrten, hat sich der Mediziner Eduard Wiß, ein Veranstalter von Volksversammlungen und Herausgeber des »Demokrat«, später zu Wort gemeldet. Er schrieb: »Wir waren gewöhnlich gegen Abend bei ihr; sie war beim Sprechen – den Frankfurter Dialekt hatte sie beibehalten – stets in Bewegung, bald stehend, bald umhergehend, bald hier, bald dort sitzend. Wenn aber die Dämmerung hereinbrach und sie traulich und traumhaft von alten Erinnerungen erzählte, saß sie oft auf einem Fauteuil zusammengekauert, aber nicht auf dem Sitze, sondern oben auf der Lehne mit den Füßen auf dem Sitze, ein schwarzes seidenes Tuch um den Kopf geschlungen; der Gesichtsausdruck war dann bald wie der einer wahrsagenden Zigeunerin, bald, wenn sarkastische Raketen in ihrem Redestrom aufleuchteten, wie der eines Mephisto in weiblicher Verkleidung. Vom ›Kinde‹ war aber nichts zu spüren, weder in ihren Worten noch in ihren Bewegungen … Bettina hatte die Laune, uns ›ihre Demokraten‹ zu nennen und so vorzustellen … Ihre reformatorischen Ideen gipfelten in dem Ziel einer innigen Vereinigung des Königtums mit der Demokratie. Das Königtum, ganz in der poetischen Apotheose der Romantik, die Demokratie mit dem frischen jugendlichen Streben nach ungemeßner Freiheit des Individuums, nach Erringung unveräußerlicher Menschenrechte; alle Gegensätze, die in diesem einen großen Gegensatz verborgen lagen, hat sie darin kinderleicht übersprungen.«

Bettinas Reformidee einer demokratisierten Monarchie wurde scheinbar durch den Gang der Ereignisse bestätigt. Der Thron war vom Aufstand verschont geblieben. Das Volk von Berlin bekämpfte weder die Person des Königs noch die monarchische Staatsform. Da aber Friedrich Wilhelm IV. trotz mancher Zugeständnisse der König des Feudaladels und der Offizierskaste blieb, lagen in dieser Konstellation alle Halbheiten verborgen, in denen diese bürgerliche Revolution steckenblieb. Es war eine Illusion, daß sich dieser Romantiker auf dem Thron zum König der Armen und des Volkes, zu einem revolutionären König wandeln könnte. Weil es in Preußen »zwei gleichberechtigte Mächte in einem Provisorium« gab, wie Karl Marx in der »Neuen Rheinischen Zeitung« schrieb, mußte Bettina die Aufspaltung ihrer Geselligkeit in einen demokratischen und einen aristokratischen Salon dulden. Der Stand der revolutionären

Entwicklung konnte nicht besser illustriert werden als durch das ominöse Faktum, daß es im Haus einer Bettina von Arnim stockreaktionären Aristokraten nicht zuzumuten war, mit Revolutionären zusammenzutreffen.

In diesem Gegeneinander der Instanzen wurden die Regierungen jener Monate zerrieben, und die Konterrevolution konnte Kräfte sammeln. Im Juni war das Ministerium Camphausen von der Bühne abgetreten, und am 9. September reichte das liberale Kabinett Auerswald-Hansemann seinen Rücktritt ein. Die politischen Experten prophezeiten, daß nun ein konterrevolutionäres Ministerium in Aussicht stehe. In dieser krisenhaften Situation versuchte Bettina noch einmal, ihren Einfluß auf den König ins Spiel zu bringen. Sie schrieb ihm am 12., 15. und vermutlich auch am 20. September drei Briefe, in denen sie die Königliche Majestät ermahnte, sich den großen Zwecken seiner Zeit gewachsen zu zeigen, und vorschlug, ein Ministerium Schön-Waldeck zu berufen.

Wer waren die Männer, auf die Bettina ihre Hoffnungen setzte? Theodor Schön, einer der großen Patrioten aus dem Kreis des Reformfreiherrn vom Stein, wurde nach den Befreiungskriegen Oberpräsident der Provinzen West- und Ostpreußen. Im Mittelpunkt seines Denkens stand die Sorge um das Wohl und die Vollendung des Menschen. Im Jahre 1840 stand er an der Spitze jener Oppositionswelle, die beim Regierungsantritt Friedrich Wilhelms IV. von Ostpreußen aus vor allem Pressefreiheit und Einführung der 1815 versprochenen Verfassung forderte. In seiner anonymen Schrift »Woher und wohin?« schrieb er: »Nur durch Generalstände kann und wird in unserem Volk ein öffentliches Leben entstehen. Die Zeit der sogenannten väterlichen Regierung, für welche das Volk aus einer Masse Unmündiger besteht und sich beliebig leiten und führen lassen soll, läßt sich nicht zurückführen. Wenn man die Zeit nicht nimmt, wie sie ist, das Gute herausgreift und es in seiner Entwicklung fördert, dann straft die Zeit.« Damals galt er als Staatsmann der Zukunft. Inzwischen war die politische Entwicklung auch über ihn hinweggeschritten. Zwar wurde er zum Alterspräsidenten der preußischen Nationalversammlung gewählt, aber mit seinen 75 Jahren gehörte er einer Generation an, die noch andere Vorstellungen von Demokratie hatte als das Revolutionsjahr, wo es nicht mehr möglich war, als fortschrittlicher Politiker die Besitzlosen von der Gleichheit der politischen Rechte auszuschließen, wie es für Schön noch selbstverständlich war.

Verglichen mit diesem alten, erfahrenen Regierungsfachmann, war Waldeck als Politiker ein unbeschriebenes Blatt. Erst die Achtundvierziger Bewegung hatte den Berliner Obertribunalrat aus dem Westfälischen in die politische Arena geführt. Bei den Wahlen in den ersten Maitagen war er in die preußische Nationalversammlung gelangt und profilierte sich dort zu einem Führer der Linken. Als Bettina ihren Brief schrieb, hatte er sich erst wenige Male in Parlamentsdebatten hervorgetan. Aber obgleich er kein Genie war, schien sie doch von der Kraft und Sicherheit, die er ausstrahlte, fasziniert zu sein.

Franz Mehring hat ihn charakterisiert. »Seine Bewunderer verglichen den geborenen Westfalen mit Immermanns Hofschulzen, und nicht ganz zu Unrecht. In seiner Art war er eine kräftige Persönlichkeit, aber er steckte voller Schrullen. Fanatischer Preuße und strammer Monarchist, schwang er das ›Schwert Friedrichs des Großen‹ wie der Hofschulze das Schwert Karls des Großen. Als ›westfälischer Bauernkönig‹ liebte und verstand er den Bauern als Hofschulzen, aber nicht den Bauern als Proletarier. Er verleugnete das allgemeine Wahlrecht als soziale Waffe der arbeitenden Klassen. Er war orthodoxer Katholik, er war namentlich auch selbstbewußter Bürokrat, der sich zu ›vornehm‹ dünkte, in Volksversammlungen zu sprechen. Aus dem parlamentarischen Mandat konstruierte er ein Priestertum, das sich vom praktischen Leben ausschloß.«

Beide Politiker stimmten mit den politisch-sozialen Idealvorstellungen der Dichterin darin überein, daß sie die Monarchie anerkannten, aber auch auf die »Souveränität des Volkes« schwuren, daß sie den preußischen Militarismus als eine höchst fragwürdige Erscheinung ansahen, für die unbedingte Freiheit des Individuums eintraten und davon überzeugt waren, daß die Hauptaufgabe des Staates die Bekämpfung des Elends und die allgemeine Hebung des Volkswohlstands sein müsse. Ob diese Männer in der Lage gewesen wären, Preußen endgültig auf eine neue Bahn der sozialen und politischen Entwicklung zu lenken, das bleibt zumindest fraglich. Der eine war für diese schwere Aufgabe bereits zu alt, der andere zu unerfahren. Gestalten vom Format der Führer der Großen Französischen Revolution waren sie beide nicht. Der Vorschlag bleibt nur insofern interessant, als er uns Aufschluß gibt, wo Bettina, die die politische Welt ja vorwiegend vom Standort des Dichters betrachtete, Realpolitiker sah, die ihre Ideale und Ziele in die Wirklichkeit hätten umsetzen können. Der König antwortete auf ihre Briefe nicht einmal. Er berief den Jugendfreund Heinrich von Kleists, den General von Pfuel, der im April und Mai die Niederwerfung des Aufstands in Posen leitete, zum preußischen Ministerpräsidenten und Kriegsminister. Das bedeutete die offene Provokation des Volkes und der von ihm gewählten Abgeordneten. Am 22. September nannte ein Aufruf der Demokraten das neue Kabinett Pfuel das »Ministerium der bewaffneten Reaktion«. Es war die erklärte Konterrevolution, wie Fontane in einem Brief an Lepel schrieb. Finstere Zeiten kündigten sich an.

36.
Die Polenbroschüre

In jenen revolutionären Märztagen des Jahres 1848, als im Berliner Schloß alles zitterte und der König sich genötigt sah, dem Volk einige Zugeständnisse zu machen, wurden auch jene polnischen Patrioten amnestiert, die bei dem großen Hochverratsprozeß im voraufgegangenen Jahr zu vielen Jahren Festung verurteilt worden waren. Ihnen wurden um die Mittagszeit des 20. März die Gefängnistore geöffnet, und die Bevölkerung geleitete sie im Triumphzug durch die Straßen der Stadt bis zur Hauptwache Unter den Linden, wo die diensthabende Bürgerwehr salutierend ins Gewehr trat. Hier an der Spitze des Zugs in einem Wagen, dem die Berliner die Pferde ausgespannt hatten, hielt ihr Führer eine Ansprache. Es war jener Ludwik Mieroslawski, dem als leitender Persönlichkeit des für den Februar 1846 geplanten nationalrevolutionären Aufstands die Todesstrafe drohte. Bettina hatte sich auf Initiative der Übersetzerin ihres Goethebuches, Hortense Cornu in Paris, mit Briefen bei Friedrich Wilhelm IV. für ihn eingesetzt.

Wie Bettina im April 1846, zum Zeitpunkt ihres ersten Briefs in Sachen Mieroslawski, über die polnische Frage dachte, wissen wir nicht. Da sie aber von Kindheit auf stets mutig und sympathieerfüllt für die Rechte von Minderheiten eintrat, so war es wohl auch in diesem Falle für sie selbstverständlich, die ihr übertragene Intervention zu übernehmen, zumal es zunächst nur darum ging, den preußischen König zu bewegen, den Delinquenten Mieroslawski nicht der Justiz des Zaren zu übergeben. Ein solches Auslieferungsverfahren stand jedoch in Berlin gar nicht zur Debatte. Über Alexander von Humboldt ließ der König Bettina wissen, »daß sie wegen der Hauptperson sich sehr beruhigen kann; es ist nicht daran gedacht worden, ihn den Russen auszuliefern«. Die Wünsche der Bittsteller und die Interessen der preußischen Regierung trafen sich hier zufällig. Als Bettina die Nachricht an Hortense Cornu und die polnische Emigration weitermeldete, buchte man dort das positive Ergebnis vor allem als Erfolg der berühmten Frau von Arnim.

Der große Schauprozeß mit den 254 angeklagten polnischen Patrioten und den aufgebotenen tausend Zeugen begann am 2. August 1847 in Berlin-Moabit und zog sich vier Monate hin. Acht Angeklagte wurden zum Tode verurteilt, darunter Mieroslawski. Dessen Schwester Xavière Mazurkiewicz begab sich daraufhin von Paris nach Berlin, um ihren Bruder vor der Hinrichtung noch einmal zu sehen und beim preußischen König eine Audienz zu erwirken. Sie bediente sich wieder der Vermittlung Bettinas, die in dieser Angelegenheit zwei Briefe an den König schrieb. Bemerkenswerterweise berief sie sich nicht auf die Meinung des Volkes, das den Prozeß mit viel Sympathiekundgebungen für die Polen und Empörung über die preußische Justiz beobachtet hatte. Der König lobte sogar, daß sie sich »von der Tragödie des großen Prozesses« ferngehalten habe, ja von demselben nichts wisse. Vielmehr stellte sie sich nach Art der Junghegelianer auf den Standpunkt des humanitär und großmütig gesinnten preußischen Staates der Aufklärung und kritisierte den Geist der mißtrauischen Bürokraten und ihres verfolgungswütigen Polizeistaats. Aber dieser Kunstgriff verfing nicht mehr. Die Kritik an seinen Staatsdienern, hohen und niederen, wies der König entschieden zurück. Friedrich Wilhelm IV. ging diesmal sogar so weit, seiner Partnerin Unangenehmes zu sagen. Der von Bettina protegierten Frau Mazurkiewicz, die er für eine Intrigantin und Spionin der Pariser Emigrantenzentrale hielt, lehnte er jeden Gnadenerweis ab. Es deutete sich an, daß Bettinas Rolle als Egeria des Preußenkönigs ausgespielt war und sie im Begriff stand, zur lästigen Bittstellerin abzusinken.

So weit waren die persönlichen Einsichten der Schriftstellerin Bettina von Arnim in dieser Sache gediehen, als der polnische Kampf um Demokratie und nationale Selbstbestimmung durch die Ereignisse des Jahres 1848 neue Anstöße und ein ganz anderes Gesicht erhielt. Daß Bettina von dem polnischen Monsterprozeß nichts wußte, war eine der vielen Irrtümer Friedrich Wilhelms IV. Es gibt Hinweise, daß sie gerade diese Haupt- und Staatsaktion der Junkerjustiz mit gesteigener Aufmerksamkeit verfolgte. Im November 1847 schrieb sie an den Berliner Justizkommissar Otto Lewald in Sachen ihres Magistratsprozesses: »Aus Ihren vortrefflichen Verteidigungsreden für die gefangnen Polen leuchtet eine Gesinnung hervor, die mir das Zutrauen erweckt, Sie zu bitten, mich in der zweiten Instanz zu vertreten.« Aus dem Prozeß mußte sie gelernt haben, daß es sich bei den polnischen Aufständen und Demonstrationen nicht um ein Minoritätenproblem handelte, sondern um das verletzte Nationalgefühl eines unterdrückten und geteilten Volkes, das die Reorganisation ganz Polens auf seine Fahne geschrieben hatte. Als in Berlin die Meldungen von neuen Unruhen im sogenannten Großherzogtum Posen eintrafen, deutete sich an, daß diese revolutionärdemokratischen Aktivitäten möglicherweise die Ausbreitung der Revolution über das ganze preußische Territorium bis an die russische Grenze und darüber hinaus bewirken könnten.

Solche Vorstellungen erwiesen sich jedoch schnell als utopisch. Am 22. März erschien eine polnische Deputation in Berlin, der der König eine »nationale Reorganisation« des Großherzogtums Posen in Aussicht stellte. Doch bereits zehn Tage später meldete der Polizeidirektor von Posen, daß die polnische Bewegung mehr und mehr den Charakter einer rein demokratischen oder kommunistischen annehme. Ordnung und Sicherheit, wie sie die Reaktion verstand, waren nicht mehr gewährleistet. Der Bürgerkrieg drohte. Daraufhin ließ die Regierung Camphausen-Hansemann über die Stadt und Festung Posen den Belagerungszustand verhängen und schickte als Sonderbevollmächtigten den General von Willisen, um über die versprochene Neuordnung zu verhandeln. Eine königliche Kabinettsorder vom 26. April teilte dann die Provinz in ein östliches Gebiet, das zur polnischen Reorganisation mit nationalem Schulunterricht, entsprechender Gerichtsverfassung und Verwaltung bestimmt wurde, und in ein westliches mit der Festung Posen, das zur Aufnahme in den Deutschen Bund vorgesehen war. Leidenschaftlicher Streit entzündete sich an der »neuen Teilung« Polens. Es kam zu schweren Zusammenstößen zwischen den Resten der polnischen Freiheitsarmee, die sich gebildet hatte, und den preußischen Truppen. Die Regierung sandte den General Pfuel als neuen Bevollmächtigten, der umgehend den Belagerungszustand auf die gesamte Provinz ausdehnte. Die versprochene »Neuordnung« war zur Farce eines brutalen militärischen Gewaltregimes geworden.

In Berlin bildeten sich bei der Nachricht von den Untaten der preußischen Soldateska demokratische Aktionsgruppen, die den Terrorismus gegen die Polen scharf verurteilten. Am 6. Mai erschien die erste Nummer des »Blattes des Berliner deutschen Comités zur Wiederherstellung Polens« unter dem Titel »Freischar für Polen«. Es waren die Tage, da Varnhagen Bettinas besondere Anteilnahme an den Vorgängen in Polen in seinem Tagebuch registrierte. Die erste Nachricht, daß sie sich bewogen fühlte, eine Schrift über die »Polengeschichten« zu verfassen, »die schrecklicher werden mit jeder Stunde«, stammt vom 10. Juni 1848 aus einem Brief an Friedmund. Offenbar beabsichtigte sie, die deutsche Öffentlichkeit über die tatsächlichen Verhältnisse in der Provinz Posen aufzuklären und dafür zu agitieren, daß es Pflicht jedes anständigen Menschen sei, für die nationalen Rechte der Polen einzutreten.

An wen sie ihre Informationen und Appelle unmittelbar richten wollte, ist nicht ganz klar. Das konnte zu diesem Zeitpunkt durchaus der König sein, da sie zu dessen Entschuldigung noch immer die Fiktion aufrechterhielt, daß die Unterdrückung der Polen ein Werk der Bürokraten und Militärs sei, und sich noch Mitte September an ihn wandte, ein demokratisches Kabinett Schön-Waldeck zu berufen. Erst mit der Abberufung Willisens und der Ernennung des Generals Pfuel, dem gehaßten Pazifikator Posens, zum Ministerpräsidenten am 21. September scheint Bettina endgültig klargeworden zu sein, daß von diesem Hohenzollernfürsten nichts zu erwarten war. Nunmehr wandte sie sich kopfschüttelnd von ihrem monarchistischen Idealbild ab und der preußischen Nationalversammlung als der tribunären

Repräsentation des souveränen Volkes zu. Es ist durchaus zutreffend, wenn gesagt wurde, daß Bettina erst in diesem schwierigen Prozeß die Idee von der Volkssouveränität richtig klar wurde.

Aber schneller, als sie dachte, veränderte sich die politische Szene. Am 31. Oktober fiel das aufständische Wien in die Hände der kaiserlichen Soldateska, ein Fanal für das gesamte reaktionäre Preußentum, vom letzten adligen Gutsbesitzer bis zum Hause Hohenzollern und der Krone, nun zur Tat zu schreiten. Anfang November trat die Regierung Pfuel, das Kabinett der scheinkonstitutionellen Reaktion, zurück, um dem Generalleutnant Graf von Brandenburg, dem Mann der zum Staatsstreich entschlossenen Junkerclique, Platz zu machen. Die preußische Nationalversammlung wurde aus Berlin in die Provinzstadt Brandenburg verlegt und bis zum 27. November vertagt. Am 10. November marschierten auf Befehl des Königs 40 000 Soldaten unter General Wrangel in die Hauptstadt ein und erklärten den Belagerungszustand. Am 5. Dezember wurde die preußische Nationalversammlung aufgelöst. Bettina mußte an ihrem Manuskript ändern und wieder ändern. Wollte sie ihre Schrift an die vom Volke gewählten Abgeordneten richten, so konnte sie diese nur noch »An die aufgelöste Preußische Nationalversammlung« adressieren.

Belagerungszustand bedeutete jedoch nicht nur Diktatur des Militärs und Außerkraftsetzung aller Grundrechte, sondern auch schärfste Zensur aller Druckerzeugnisse. Es war unmöglich für Bettina, sich als Autorin zu erkennen zu geben. Die Schrift mußte getarnt werden. Als Verfassername griff sie das Pseudonym ihrer Pariser Freundin, der Schriftstellerin Hortense Cornu, St. Albin (eigentlich Seb. Albin), auf. An sie schrieb sie am 23. Januar 1849 und erklärte ihr Verhalten. Der Brief lautet in deutscher Übersetzung: »Liebe Freundin! Ich erhoffe Ihre Nachsicht für das Vertrauen, das ich in Sie setze, ohne Ihr Einverständnis damit erbeten zu haben! Sie waren es, die zuerst in mir das Interesse für die Polen erweckt hat; seit dieser Zeit habe ich mich mit Ihnen beschäftigt. Während die kleine Broschüre gedruckt wurde, die Ihnen Herr Arago überbringen wird, hat die Regierung den Druck erschwert, indem sie die ganz ruhige Stadt Berlin in den Belagerungszustand versetzt hat. Um sie zu veröffentlichen, habe ich mich des Namens bedient, unter dem

Sie mich des Vorzugs teilhaftig werden lassen, in Ihrem Vaterlande bekannt zu werden. Ich rechne auf Ihr Wohlwollen für die Polen und für mich, daß Sie mir nicht nur verzeihen und mich nicht desavouieren werden, wenn ich zum gleichen Zweck noch zwei weitere Broschüren erscheinen lassen werde, sondern daß Sie auch ein wenig dazu beitragen werden, sie bei Ihnen zu verbreiten. Leben Sie wohl, Madame. Ich vertraue darauf, daß Sie ein zu edles Herz haben, um meine Kühnheit übelzunehmen.«

Um den Zensor in die Irre zu führen, wurde die Broschüre »Der Frau Bettina von Arnim gewidmet«, und auf der folgenden Seite wird eine Erläuterung zu dieser Dedikation gegeben in Gestalt einer »Vorrede«, in der feierlich der Ruf ihrer warmen Gefühle beschworen wird, – »der sich bis zu uns erstreckt und welche ich in Anspruch nahm, um für Mieroslawskis Befreiung zu wirken«. Weiterhin heißt es: »Seitdem haben Sie das Interesse für die von allen christlichen Mächten unterdrückte Nation nicht verlassen. Wir wissen hier in Paris davon und hoffen, daß dieser Schatz von Menschenliebe den Polen glückbringend sein wird. Die Tage einer entzückenden Glorie werden diesem Volke noch erblühen, wir hoffen es, und Sie werden teilhaben an den Ehren- und Festtagen heimatlicher Götter – von den Polen gefeiert.«

Um aber noch weiter von sich abzulenken, kam Bettina auf den Gedanken, vorzugeben, daß die Broschüre im Namen der Polen verfaßt sei, die nach Paris flohen und von dort gegen das Unrecht protestierten, das ihnen zugefügt wurde. Angeklagt werden indessen nicht der preußische König und seine aristokratischen Helfershelfer und »Schnurrbärte«, die die reale Macht im Staat innehatten und für den gesamten Polenterror verantwortlich zeichneten, sondern die Abgeordneten der preußischen Nationalversammlung, die sich zwar auch genug Inkonsequenzen in der Polenfrage geleistet hatten, aber doch in ihrer Mehrheit zumeist für schonende Milde plädierten. Das Sprachrohr Bettinas wandte sich an die Nationalversammlung, weil die nach demokratischem Selbstverständnis die Inkarnation des Volkswillens darstellte.

Bettina stand zu dieser Zeit auf dem Boden der äußersten »Linken«. Das hinderte sie nicht, ihren Bundesgenossen manche Schuld zuzuschreiben. Die Verfolgungen, die sie nun nach der

Zersprengung der Nationalversammlung selber erleiden mußten, dieses Schicksal stellte in ihren Augen einen Läuterungsprozeß dar, der sie für den Kampf um Polens Recht und für das Bündnis mit der polnischen Demokratie reifer machte. Am Ende ihrer Schrift stellt sie fest: »Euch haben die Erscheinungen dieser finsteren Politik endlich unter einen Hut gebracht! Was konnte gleich diesem Vorteil Euch gewährt werden? Was hat Euch geholfen nachzugeben, als man unsere Untersuchungsakten von Posen vor der Veröffentlichung erst sichten wollte? – Darin habt Ihr Unrecht getan! Es war hier nichts zu sichten, alles mußte offenbar gemacht werden, damit alle Lügen gegen uns auch offenbar wurden.«

Die Fiktion, Sprachrohr emigrierter Polen zu sein, ergab sich wahrscheinlich erst in der letzten Etappe der Entstehungsgeschichte dieser Arbeit. Es liegen Entwürfe vor, wo Bettina noch in ihrem eigenen Namen redet. Die Änderung der Perspektive ist auch nicht konsequent durchgehalten. Öfters suggeriert die Form der Darbietung mehr die Rede Bettinas als die der Polen. Überhaupt weisen all diese schriftstellerischen Hilfskonstruktionen und Anordnungen genau wie zahlreiche im Text erwähnte tagespolitische Ereignisse darauf hin, daß die Arbeit in wesentlichen Teilen erst im November/Dezember niedergeschrieben wurde.

Bettina hatte zu oft geändert, vielleicht auch gezögert, als daß diese Polenbroschüre noch operativ wirksam werden konnte. Mit der Erklärung des Belagerungszustandes und dem endgültigen Sieg der Konterrevolution in Berlin kam sie zu spät, um noch in die Kämpfe des Tages eingreifen zu können. Die Debatten über die Polen erlahmten unter den die Menschen unmittelbar treffenden Polizei- und Militärschikanen. Das Publikat wurde kaum gekauft. Ein enttäuschendes Ergebnis für die Autorin, die den Mut verlor, weitere zwei Broschüren dieser Art zu veröffentlichen.

Das Versteckspiel mit der Autorschaft wurde tatsächlich nicht entdeckt. Selbst Bettinas Schwiegersohn, der Literatur- und Kunsthistoriker Herman Grimm, hielt die Schrift für eine Arbeit der Madame Cornu. Als später Vermutungen auftauchten, das Publikat könne ein Werk der Schriftstellerin Bettina sein, führte der Philologe Reinhold Steig den »Nachweis«, daß dies schon aus stilistischen Gründen unmöglich sei. Selbst in fortschrittlichen Kreisen war die Schrift kaum bekannt. Noch im Jahre 1949 hielt eine wenig umsichtige Herausgeberin Manuskriptseiten zum Polenproblem, die sie im Wiepersdorfer Archiv gefunden hatte, für Notizen zu einer Flugschrift, die Bettina angeblich im Zusammenhang mit dem großen Polenprozeß des Jahres 1846 geplant hatte. Die Polenbroschüre des Jahres 1848 erwähnte sie nicht. Sie wurde im Jahre 1954 von Ursula Püschel neu herausgegeben.

Es war das Schicksal dieser Flugschrift, daß die Friedhofsstille der Gegenrevolution sie am Fluge hinderte und sie praktisch nur die Publizität eines Privatdrucks erreichte. Ihr politischer Erfolg war gleich Null. Bettina mochte gehofft haben, daß ihr Aufruf zur Polenfreundschaft immerhin im nichtpreußischen Deutschland und im Ausland einige Verbreitung finden werde. Jedenfalls wollte sie auf den Druck eines Manuskripts nicht verzichten, das ihre Stellung in den Kämpfen des entscheidungsvollen Jahres 1848 dokumentierte und in dem sie für das Selbstbestimmungsrecht der Völker eintrat. Das im edelsten Sinne Revolutionäre ihrer Persönlichkeit, das Vorkämpferische in ihr wollte sie nicht verschweigen. Mochte ihr Ruf an den tauben Ohren der Zeitgenossen verhallen, sie schrieb immer auch vor dem Forum einer besseren Zukunft, von der sie überzeugt war, daß es ihre Betrachtungsweise und Leidenschaft besser verstehen würde. Sie hat sich in dieser Hoffnung nicht getäuscht. Heute hat diese Schrift einen hervorragenden Stellenwert in der Tradition der deutschen Polenfreundschaft, und zugleich ist sie ein unersetzliches biographisches Zeugnis, das der Nachwelt belegt, bis zu welcher Höhe der politischen Betrachtung Bettina sich erhob. Heute gilt die Polenbroschüre als ihr politisch reifstes Werk.

37.
Verlorene Illusionen

Mochten viele der Revolution noch eine Chance geben, das Jahr 1849 brachte ihr endgültiges Scheitern. Noch tagte in Frankfurt am Main die Deutsche Nationalversammlung, die über eine deutsche Reichsverfassung beriet, und in diesem Gremium war der Einfluß der Liberalen und Demokraten im Ansteigen. Im März 1849 wurde die Reichsverfassung schließlich angenommen und Österreich von der Versammlung aus dem politischen Verband der Deutschen mit kleiner Mehrheit ausgeschlossen. Der preußische König lehnte am 3. April die ihm von der Volksvertretung der Paulskirche angebotene Kaiserkrone aus den Händen des Volkes ab. Die Regierungen der beiden deutschen Großstaaten hatten sich deutlich gegen jeden Fortschritt entschieden, der den Ludergeruch der Revolution an sich trug. Noch aber blieben die deutschen Mittel- und Kleinstaaten, wo sich vor allem Arbeiter und Kleinbürger an die neue Reichsverfassung klammerten. Es kam zu einer neuen Welle von Volksversammlungen, vor allem in Südwestdeutschland, dem Rheinland und Sachsen, in denen für die sofortige Einführung der Reichsverfassung in den einzelnen Ländern agitiert wurde. Arbeiter, Bauern und Handwerker bewiesen in einer Reihe von bewaffneten Aufständen ihren Einsatz für die Reichsverfassung und die Nationalversammlung. Am 4. Mai erhoben sich revolutionäre Arbeiter, radikale Demokraten und rebellische Intellektuelle wie Wagner, Semper, Bakunin in Dresden. Mitte Mai ging im Rheinland und in Westfalen, in Elberfeld, Hagen, Iserlohn das Volk noch einmal auf die Barrikaden. Zur gleichen Zeit kam es in der Pfalz und in Baden zum Aufstand, wo die reguläre Armee zum Volk überging. Der abgesetzte Großherzog rief nach dem preußischen Militär als dem Retter vor der »Anarchie«. Es kam zu einem regelrechten Feldzug, in dem die Revolutionstruppen von der Übermacht des preußischen Heeres erdrückt wurden. Nach dem Sieg der Konterrevolution verurteilten preußische Standgerichte in Mannheim, Freiburg und Rastatt zahlreiche gefangene Revolutionäre zum Tod durch Erschießen oder zu lebenslänglicher Einkerkerung. Das war das Ende der bürgerlichen Revolution von 1848, und auch Bettina wurde in dieses Nachspiel der Revolution im Sommer 1849 hineingezogen.

In den ersten Julitagen des Jahres 1849 übergab der Briefträger In den Zelten 5 neben umfangreicher anderer Post auch ein Schreiben an Gisela von Arnim von ihrer ehemaligen Klavierlehrerin Johanna, die sich inzwischen mit einem an der Universität Bonn tätigen Kunsthistoriker, Kinkel, verheiratet hatte. Das Ehepaar war im vergangenen Jahr intensiv für die demokratischen Aktionen in den Rheinlanden eingetreten. Gottfried Kinkel hatte sich nicht nur publizistisch und organisatorisch in

Bonn betätigt, sondern auch an dem Zug gegen das Zeughaus in Siegburg beteiligt und kämpfte schließlich mit der Waffe in der Hand in dem von August Willich geführten Freikorps der badisch-pfälzischen Armee, dem auch Friedrich Engels angehörte, gegen die Truppen der preußischen Gegenrevolution. Am 29. Juni war er in der Nähe von Rastatt bei einem Gefecht verwundet und gefangengenommen worden. Schon am 3. Juli meldete die Spenersche Zeitung den Berlinern dieses Tagesereignis.

Johanna Kinkel wußte, daß ihrem Mann das Kriegsgericht und das Todesurteil drohte. Sie war deshalb bei dieser Meldung sofort ins Aufstandsgebiet gereist, um Einfluß auf den Prozeß zu nehmen. Als dies mißlang, setzte sie eine Flut von Petitionen der Bevölkerung in Bewegung, um eine Begnadigung zu erwirken. Bei dieser Aktion baute sie vor allem auch auf den Einfluß Bettina von Arnims, die ihr aus der Zeit ihres Berlin-Aufenthalts Anfang der vierziger Jahre persönlich bekannt war und von deren »guten Beziehungen« zu Friedrich Wilhelm IV. sie wußte. Auf Grund ihres Alters mehr mit den Töchtern verbunden, wandte sie sich an Gisela und legte eine Bittschrift bei, in der Hoffnung, die Mutter Bettina werde eine Gelegenheit finden, sie dem König zuzuspielen.

Bettina brachte dieser Hilferuf in eine schwierige Lage. Ihre Beziehungen zu Friedrich Wilhelm IV. waren längst nicht mehr gut. Sie wußte, daß er sich für die Reaktion entschieden hatte und auf jeden Fall kein König des Volkes war. Er hatte sich zu ihrem politischen Gegner entwickelt. Zwar ahnte er nicht, daß sie die Autorin der offen regierungsfeindlichen Polenbroschüre war. Aber der Tagesklatsch hatte Bettina als engagierte »rote Demokratin« gebrandmarkt. Konnte sie mit diesem Ruf vor den Preußenkönig treten, dessen Soldaten noch zur Stunde mit den Aufständischen im offenen Kampf standen? Welchen Sinn hatte es, für einen gefangenen Rebellen um Gnade zu bitten, wo doch der König die Erschießung Robert Blums eindeutig gebilligt hatte? Ihre innerliche Parteinahme für die Aufständischen ließ sich nicht wegdiskutieren. Nach Ansicht des Königs befand sie sich »in schlechter Gesellschaft«, duldete um sich zweifelhafte Gestalten und »Hochverräter«, politische Freunde, zu denen sie sich bekannte, standen auf der »schwarzen Liste«. Waldeck, den sie zum Minister vorgeschlagen hatte, wurde am 16. Mai 1849 als angeblicher Mitwisser einer revolutionären Verschwörung in Haft genommen. Der Arzt d'Ester, den der König ein »Ungeheuer« nannte, das »feige Mörder wider mich dingt«, unterstützte den Aufstand in der Pfalz und emigrierte anschließend in die Schweiz. War es nicht gescheiter, angesichts der siegreichen Konterrevolution zumindest zu schweigen?

Was ihr blieb, war eigentlich nur ein zurückgezogenes Leben auf dem Land oder vor der Stadt mit den Freuden der Kunst und Literatur. Nun kam dieser Brief, der ja indirekt an sie gerichtet war. Aber wie kläglich erschien ihr der scheinbar so konsequente Rückzug ins »ästhetische Kloster«, wo sie helfen konnte, ein Menschenleben zu retten? Ihr Weg führte nicht über moralische Kompromisse, und sie kannte keine Skrupel, wenn es darum ging, den Armen zu helfen, und die vom Standgericht Bedrohten waren schließlich die Ärmsten der Armen.

Bettina entschloß sich, den Weg der Bittstellerin zum König zu gehen, noch einmal in ihre große Rolle als apolitische Philanthropin zu schlüpfen, die sie seit den Tagen der Cholera so wirkungsvoll aufgebaut hatte. Sie schrieb einen Brief an den König, in dem sie an seine Großmut appellierte, Gnade für Recht ergehen zu lassen. Am 8. Juli fuhr sie zusammen mit Gisela nach Sanssouci und wartete in der Nähe ihres Wagens, bis die Tochter die Briefe übergeben hatte. In dieser Situation wurde sie von Bekannten gesehen, und am 13. Juli brachte die »Neue Preußische Zeitung« die Nachricht: »Seine Majestät der König wurde in diesen Tagen in Sanssouci von einer jungen Dame angesprochen, welche, eine Bittschrift in der Hand, sich in der Reihe der übrigen Bittsteller befand. Der König nahm die Bittschrift und fragte nach dem Namen der Dame. Die Antwort lautete: G. v. A., und die Bittschrift, zu deren Trägerin sie sich gemacht, flehte um Gnade, Gnade für – Kinkel.«

Der Monarch, an den sich Bettina wandte, nicht mehr als ebenbürtige Partnerin, sondern als untertänige Bittstellerin, war, obgleich er sich an die Spitze der militanten Konterrevolution gestellt hatte, im Grunde kein Soldat. Mit seiner weichlichen Figur und schlaffen Haltung wirkte er geradezu unmilitärisch; im Zwiespalt zwischen Gefühl und Verstand, pendelte er zwischen liberalem Wohlwollen und absolutistischer Strenge hin und her, dabei erfüllt von der Idee des Gottesgnadentums und dem sich festsetzenden Wahn, ihm zürne Gott, weil er die Revolution nicht gezüchtigt habe. In solcher Verfassung hatte er die militärische Kommandogewalt an seinen Bruder Wilhelm, den Prinzen von Preußen, der sich nun den Titel des Kartätschenprinzen erwarb, übergeben. Der führte den Feldzug in Deutschlands Südwesten gegen die letzten aufständischen Demokraten.

Während von dort nur spärlich Siegesmeldungen eintrafen, langweilte sich Friedrich Wilhelm IV. in Sanssouci und haderte mit seinem »hassenswerten Ich«. Es ist vorstellbar, daß er in dieser Situation geradezu auf eine erneute Annäherung Bettinas gewartet hat, deren an ihn gerichtete Appelle ihm stets schmeichelten und deren klare Entschiedenheit und mitreißende Aktivität ihm, dem stets Halbentschlossenen und Mutlosen, imponierte. So oder ähnlich ist erklärbar, daß der König das zaghafte Schreiben Bettinas umgehend mit einem Brief von drei enggeschriebenen Seiten beantwortete und sich über den Fall Kinkel ein umfangreicher Schriftverkehr entwickelte. Von dieser unerwartet raschen Antwort berichtet Varnhagen in seinem Tagebuch:

»Gleich nach dem Essen stürmte Bettine von Arnim herein. Ein Brief von drei enggeschriebenen Seiten an sie, vom König! Aus Sanssouci vom 9. (Er setzt bei dem Ortsnamen sieben Ausrufungszeichen in Parenthese). Dieser Brief ist das Anmutigste, Geistreichste, Herzbewegendste, was man sich denken kann, aus seinem Innern heraus geschrieben. Er freut sich bitter, daß sie doch noch auf den Mann vertraue, den sie verachte! Er wolle gern alles tun, aber er könne wenig, er sagt, was der König sei, was die Minister, er finde keinen, der ihm die Begnadigung Kinkels unterzeichne ...«

Gewonnen war damit für Kinkel noch gar nichts. Wollte sie Friedrich Wilhelm IV. zu einem tatsächlichen Eingreifen bewegen, mußte sie weiter vorstoßen. Der König hatte eine Schwäche für sie. Aber gewinnen konnte sie ihn in der gegebenen Situation nur dadurch, daß sie in die Pose der reuigen »Sünderin« schlüpfte. In ihrem nächsten Brief vom 10. Juli legte sie ein »feierliches Gelöbnis« ab, daß sie nicht unter den »Millionen« sein will, die sich gegen ihren Briefpartner erhoben haben. Fall sie Fehler begangen haben sollte, bittet sie um väterliche Nachsicht. »Wenn ich vor einem Kaiser, der den 80jährigen Märtyrer den wilden Tieren vorwirft, das Knie beuge, so ist es aus Furcht vor seiner Tigernatur. Aber vor der Gnade, der Himmelstau regnenden Gnade, die von Sünden rein wäscht, da beuge ich das Knie und flehe, daß sie auch mich von Fehlern reinige und im eigenen Gedächtnis sie verwische!« Dann behauptete sie, daß sie Kinkel eindringlich belehrt habe, nur mit friedlichen Mitteln für seine erhabenen Ziele zu kämpfen, und am Schluß stellte sie den moralpädagogischen Lehrsatz auf: »Ja, wenn die Freunde auf gefährlichen Wegen sich befinden, so muß man sich nicht vor ihnen zurückziehen wie fremde und kalte Naturen; und wenn fremde Naturen sich verirren, so muß man ihr Freund werden, um sie zu warnen und womöglich sie zu retten.« Das war ihre Rechtfertigung vor dem König, und dieser konnte, da er sie als eine harmlose »Mitläuferin« der Revolution einschätzen mochte, damit zufrieden sein.

Anders verhielt es sich mit dem in die Politik verwickelten Schöngeist Kinkel, den Friedrich Wilhelm IV. nicht nur für einen gefährlichen Revolutionär, sondern auch für einen ausgemachten Beelzebub der neuen Zeit hielt. Die Pietistenclique am Hofe machte ausgerechnet gegen diesen harmlosen Literaten, der sich von der Theologie abgewandt hatte, Stimmung, indem sie verbreitete, er habe »in der preußischen Nationalversammlung mit anderen stets aus Herzensgrunde gelacht, sobald ein Redner das Wort Gott brauchte und sich auf das Christentum berief«. Der König schrieb, er habe aus erster Hand Kenntnis von einer Unterredung Kinkels erhalten, wobei sich ihm das Haar gesträubt; »der Unglückliche bekenne darin seinen Abfall von Christum, ach! was sage ich! seinen Abfall von dem Begriffe Gottes«.

Im Lauf des Juli waren in dieser Sache zehn Briefe gewechselt worden, in denen Friedrich Wilhelm IV. halbe Versprechungen abgab und Bettina annehmen durfte, ihrem Ziel nähergekommen zu sein. Da fiel der König in seine despotische Haltung zurück und nannte in einem Schreiben vom 31. Juli Bedingungen, bei deren Erfüllung er geneigt sein könnte, Kinkels Leben zu schonen. Der Angeklagte sollte in einer eigenhändigen, an den König gerichteten und für die Öffentlichkeit bestimmten Erklärung sein Verbrechen bekennen, daß er seine geschworenen Eide, seine Untertanentreue, seine Amtspflichten und seine Ehre gebrochen habe und nach göttlichen und menschlichen Gesetzen den Tod verdiene. Er sollte ferner bekennen, daß er das alles wahrhaftig und aufrichtig bereue und darum bitte, ihm das Leben zu schenken.

Bettina weigerte sich, diese eines Inquisitors würdigen Bedingungen weiterzugeben. In einem Schreiben vom 8. August distanzierte sie sich eindeutig von jeder Despotenjustiz und verkündete nach Art des Urchristentums ein Reich der grenzenlosen Güte und bedingungslosen Gnade gerade für die Verlorenen und Elenden auf dieser Erde, selbst dann, wenn sie zu Atheisten und Aufrührern geworden sind. Ihre Mission war gescheitert. Doch neben dem müden und indignierten, innerlich längst gebrochenen Romantiker auf dem Thron, der lügenhafte und meineidige Zugeständnisse von seinen Gefangenen erzwingen wollte, erschien Bettina wie eine Priesterin des Lebens und Retterin der Menschenwürde.

An dem Tag, da Bettina ihren letzten Brief abschickte, wurde Kinkel in Rastatt vom Kriegsgericht zu lebenslänglicher Festungshaft verurteilt. Als dem König das Urteil zur Bestätigung vorgelegt wurde, schien ihm die Strafzumessung seiner Generäle für diesen gottlosen Hochverräter noch zu milde. Da er Kinkel für einen Ehrlosen hielt, der eigentlich den Tod verdient hatte, wandelte er die Festungshaft in Zuchthausstrafe um als die nach seiner Meinung allein angemessene Sühne für die ruchlose Tat. Franz Mehring sagte dazu sarkastisch: Der König, der selbst ein Künstler sein wollte, hatte den Dichter und Kunsthistoriker Kinkel in raffinierter Bosheit zum Wollespinnen im Zuchthaus »begnadigt«. Damit war die Intervention Bettinas fehlgeschlagen. Mitte Oktober gelangte die Nachricht nach Berlin, daß der Gefangene im Zuchthaus Naugard inhaftiert war. Von hier wurde er im April 1850 wegen seiner Teilnahme an dem Sturm auf das Zeughaus von Siegburg erneut vor Gericht gestellt, aber freigesprochen. Fanatiker eines gesicherten und strengen Strafvollzugs überführten den Häftling dann nach Spandau. Hier gelang es am 6. November 1850 dem Studenten Carl Schurz, seinen Lehrer und Kampfgefährten Kinkel zu entführen; es war eine jener glorreichen Einzelaktionen aus dem demokratischen Untergrund, die der Bevölkerung zeigten, daß der Geist der Rebellion und des Widerstands nicht erloschen war. Wie aus Andeutungen in einem Brief an den ungarischen Literaten Kertbeny hervorgeht, scheint Bettina diese spektakuläre Flucht mit finanziellen Mitteln unterstützt zu haben.

Wenn Bettina im März 1848 »rosig« in die Zukunft blickte, wie sich ihre Tochter Maxe erinnerte, so stand sie nach dem Scheitern der Reichsverfassungskampagne und der Niederwerfung der ungarischen Revolution durch die Intervention des Zaren in der zweiten Hälfte des Jahres 1849 voll Trauer vor dem Geschehen in der Welt und wußte nicht, wie es weitergehen sollte. Die großen Hoffnungen waren verflogen, geblieben war das Elend der polizeistaatlichen Willkür des Tages. Ihre revolutionären Überzeugungen waren tief und ehrlich gewesen, wenn sie auch mehr in ihrem enthusiastischen Temperament und ihren demokratischen Emotionen wurzelten als in einer festen politischen Überzeugung. Mochten kühle politische Köpfe sich irgendwie mit den Verhältnissen abfinden und an neuen Zukunftsentwürfen basteln, ihr Enthusiasmus benötigte das menschlich Große und Originale, das ihr aus den spontanen Leidenschaften der Volksbewegung zuwuchs, den Elan, der sie mitriß und ihre Affekte und poetischen Kräfte steigerte. Inmitten der Finsternis hielt sie nach einem Helden Ausschau, in dem sich das Volk verkörperte, der die Schwachen stützt, die Übermütigen dämpft und die Frevler straft, eine Vorstellung, vor der die zerrüttete Persönlichkeit Friedrich Wilhelms IV. so kläglich versagt hatte. Das Leben unter engherzigen Bürokraten, brutaler Soldateska, doktrinären Junkern alten Stils und zitternden Wollhändlern war unerträglich. Die Gemeinplätze des Tages konnte sie nur verhöhnen. Da stieß sie inmitten aller Niedergeschlagenheit auf ein Licht, aus dem bald ein Fanal der Hoffnung wurde. Ein neuer poetischer Genius kündete sich an, der den Namen Sándor Petőfi trug.

Von dem Dichter Petőfi mochte Bettina bei Varnhagen gehört haben, der das Geschehen in Ungarn mit großer Aufmerksamkeit verfolgte und manchen ungarischen Freund und Bekannten hatte. Schon im Herbst 1847 war in ihrem Landhaus In den Zelten ein junger Literat namens Kertbeny aufgetaucht, ein dreiundzwanzigjähriger eleganter Dandy, hochgewachsen, mit gewinnenden Manieren; aber er kam zur unrechten Stunde, überhaupt war die Zeit Ungarns für den Eintritt in die Weltliteratur noch nicht voll erfüllt. Kertbeny hat diese Begegnung anschaulich geschildert: »Da wurde plötzlich die Flügeltür aufgerissen, und eine Dame rauschte imposant heraus. Es war eine nicht sehr große Figur, ganz in schwarze Seide gekleidet, aber durchaus nicht modisch, vielmehr wie in einem schwarzseidenen Schlafrock, die grauen Haare zwar gescheitelt, aber doch vielfach fliegend. Und ein Kopf, wie der der Elisabeth auf dem Grabsteine zu Westminster oder auf dem Bilde des Delaroche. Und welche Augen! Es war ein stark durcharbeiteter, feinster durchmodellierter, ungemein geistreicher Kopf! Die Dame segelte direkt auf mich los, zog sich energisch das Mieder an den Hüften hinab; ohne daß ich nur zu Worte hätte kommen können, wurde ich von einer arg gepfefferten Philippika völlig wie von einer Douche übergossen. Und als die Strafpredigt geendet war, wupps! rauschte die Hochzürnende zurück in ihre Gemächer. Die Türe blieb offen, und ich stand da, wie eine Salzsäule in Frack und Krawatte und blickte blöd auf einige Gipsabgüsse und Basreliefs, die ich in jener Stube zu sehen glaubte. Endlich wurde die Türe heftig zugeschlagen, ich machte demnach kehrt und ging langsam die Treppe hinab; aber unten lachte ich hell auf.«

Inzwischen waren die Ungarn durch ihre Revolution und ihren Freiheitskampf gegen die Habsburger-Monarchie in das Blickfeld der Weltöffentlichkeit getreten, und Petőfi als Genius, der das Ungarn der Freiheit, der Wiedergeburt und der Menschenwürde verkörperte, stand im Begriff, seinen Weltruhm zu begründen. Auch Bettina war hellhörig geworden und wünschte sich zu informieren. Vermutlich erfuhr sie von Varnhagen, daß von jenem deutsch-ungarischen Literaten, der ihr vor zwei Jahren einen Besuch abstattete, soeben ein Bändchen Übersetzungen »Gedichte von Alexander Petőfi. Nebst ein Anhang Lieder anderer ungarischer Dichter« erschienen war. Bettina, immer neugierig und auf Erweiterung ihres geistigen Horizonts bedacht, erwartete Produktives und schrieb über die Adresse des Verlegers einen ihrer hinreißenden Briefe »An den Übersetzer Petőfis«.

Als Kertbeny, der als Petőfi-Apostel durch die Welt zog, diesen Brief empfing, hielt er sich in einem einsamen Landhaus vor der Stadt Homburg am Taunus auf. Nach dem Untergang Petőfis in der Schlacht bei Segesvár am 31. Juli und der Waffenstreckung der ungarischen Armee von Vilagos am 13. August 1849 hatten ihn alle Freunde verlassen, und er lebte ganz allein in dem leeren Haus seinen literarischen Arbeiten. Sein Namen klingt magyarisch; aber es handelt sich um eine Umbenennung; eigentlich hieß er Benkert und stammte aus Wien. Im Elend des österreichischen Absolutismus war er auf die Bahn eines in die Literatur verschlagenen Bohemiens geraten, wurde ein ewiger Wanderer, wie Lenaus Paust »ein Fremdling ohne Ziel und Vaterland«, der seit 1844 in verschiedenen Städten Italiens, der Schweiz, Frankreichs, Englands, Österreichs und Deutschlands lebte. Nun erreichte ihn in Homburg ein Brief der weltbekannten Bettina von Arnim, ein Schreiben, das diesen sensiblen, zur Exaltiertheit neigenden Menschen aufs tiefste erregte. Er griff zur Feder und schrieb die ganze Nacht hindurch, ja er füllte ein ganzes Briefheft im Stile jener Überschwenglichkeit, die Bettina so liebte. Ein neuer Briefwechsel entwickelte sich.

»Ich erhielt«, so bemerkte Kertbeny, »vom 4. Oktober 1849 bis Ende Dezember, wo ich plötzlich Homburg verließ und fast ein Jahr lang von mir nichts hören lassen konnte, 61 solche Briefe, später stets acht Seiten lange. Gesegnet sei für immer jener gesegnete Geist, welcher mich seiner Berührung würdigte!« Zwei Wesensverwandte glaubten sich entdeckt zu haben.

Noch einmal stieß sie auf einen Briefpartner aus der jungen Generation, der sie an der Schwelle des Alters mit höchsten Hoffnungen erfüllte. Mochten seine geistigen Fähigkeiten etwas zu wünschen übriglassen, sie würde ihn bilden. Er war leidenschaftlicher, emotionaler als ihre jungen Freunde Nathusius und Döring. Aber gerade diese leichte Entflammbarkeit, sein Mangel an Selbstdisziplin, sein Sanguiniker-Temperament und etwas neuartig Bohemehaftes rissen sie hin. Er war ein »Neophyt«, an dem sie noch einmal ihre Talente als Erzieherin, Mutter und Geliebte erproben konnte. Dazu brachte er ihr auch Neues, Unerwartetes, fast Exotisches: Nachrichten aus erster Hand von einem ihr bisher fast unbekannten Heldenvolk, den Magyaren, und von einem neuen Genius der Poesie, Petőfi. Bettina war begeistert: »... das Buch Deiner Übersetzungen hat mich in Deine Heimat geführt. Der Petőfi redet mich tausendfach drin an, und aller Schmerz der Vaterlandsperlen, den nimmt er mir von der Lippe und vom Blick, der aus meinen Augen ihn anglänzt, und er gesellt mich ihm zu auf diesen alleinigen Wegen. Dazu kam dann noch, daß ich ihn verwechseln mußte, und das war Ursach, daß mir der Gedanke kam, Du könntest gestorben sein, und das grub mir im Herzen, und ich dachte so: Jetzt ist auch der einzige, durch den ich mit dem Magyarenvolk zusammenhänge, nicht mehr von Angesicht zu Angesicht zu sehen. Da war es, als müßte ich die flüchtigen Schemen noch erreichen und noch ... Eljen ihnen zurufen und hörte es widerhallen in der Ferne. Der Mond leuchtete in der Ferne, und (ich) nahm Erde, das war, als sei es die Eure. Doch weil ich mir bewußt bin, ein geistig Element einfach frei vom Philisterwesen, so war's nicht Verrat, daß in mir Euch den König krönte mit der Erde vom Boden, vom blutgetränkten, mir an die Stirn gedrückt, ja blutgetränkt aus den Wunden Eures Volksdichters, die er mich an derselben Stelle hatte schauen lassen, und in jedem Tropfen seiner Geschichte auf mich niederglühten und brennten mich schon eine ganze Woche lang ... Mein Volk sind die Magyaren.«

Noch spürte sie in ihrem poetischen Rausch nichts von der Holprigkeit dieser Übersetzung. Kertbeny wurde für sie vorübergehend eins mit dem großen Dichter Ungarns, zum Zwilling des Bruders, »der seine Unsterblichkeit in reiner Seele sammle und Gewährung erhalte, mit ihm zu teilen«. In solcher Verfassung dichtete sie Anfang des Jahres 1850 die Titanen-Hymne »Petőfi dem Sonnengott«, eine Apotheose und Traumphantasie in 78 Versen, die sich in ihrem Stil, ihrem Weltgefühl, ihrer klassizistisch-griechischen Diktion an Goetheschen Hymnen und an Hölderlin orientierte. Die Lieder oder dichterischen Gedanken metaphorisch als Vögel umschreibend, beginnt das Preisgedicht:

»Die Vögel, die kaum befiedert im Frühlicht flattern,
Nächtlich aufrauschen im Nest, schlummertrunken,
Wähnend im Schlaf sich zu heben gen Abend oder gen
Morgen,
So aus Träumen auffahrend, ungewohnt schwebender
Fühlung,
Nicht ihr vertrauend sinkt ihr zurück,
Schüchterne Vögel Gedanken!«

Im Traum erheben sie sich empor zum Gipfel des Helikon, dem Sitz der Musen, und von dort erklingt ihr Lobgesang zu Phöbus Apoll, dem schönen jungen griechischen Gott des Lichts, der auch mit dem Sonnengott Helios gleichgesetzt wird.

»Und während Dunkel auf irrenden Pfaden
Der Menschen Geschicke umkreist,
Preisen das ahnungsvolle Licht sie in
  sonnendurchschimmerter Nacht
Dir geheiligt, o Taggott.«

Wie die frühen Schwalben spähen sie nach einem Plätzchen als Obdach am Gesims des Tempels,

»Ihr Nest sich zu bauen.
So leuchtender Gott, der die Himmelsweiten durchmißt,
Ermesse an deines Tempels Gebälk
Klein wie ein Vöglein bedarf mir den Raum,
Wo ich schlafe, in Träumen dir nach mich schwingend,
Wo dein frühester Strahl mich weckt...
Und beseligt, daß dein ich gehöre,
Berg ich beim Sternenlicht im Nest mich am Tempel,
Wo du Wissender, unsterblich erleuchtest
Der Menschen sterbliche Sinne.«

Das Gedicht wurde zum erstenmal im Jahre 1851 in der Zeitschrift »Deutsches Museum« von Moritz Carrière veröffentlicht mit der Deutung, daß der Apollontempel der Tempel der Weltliteratur sei, den die Deutschen aufgebaut. Dort erwarte auch der ungarische Dichter ein schirmendes Asyl und wolle sich in die »Stimme der Völker in Liedern« einfügen. Die Hymne gilt allgemein als Bettinas bestes Gedicht. Der Höhenflug der Sprache und der allumspannende Schwung beziehen ihr Pathos aus der gewaltigen Erschütterung der Revolution, die sie als »Erdbeben« erlebt hatte, das noch immer in ihr nachzitterte und sich als Wegweiser zu einer neuen »Sphärenharmonie« deutete.

So zugetan und dankbar die Ungarnschwärmerin Bettina dem »armen, noch namenlosen Kollegen« Kertbeny war, so wurde sie doch zunehmend kritischer auch gegenüber seiner Übersetzungsarbeit. Als er ihr das Manuskript der Übertragung des romantischen Volksepos »Held János« zuschickte, tadelte sie scharf die sprachlichen Unzulänglichkeiten und schlug eine gründliche Neubearbeitung vor. Sie begriff den urwüchsigen Realismus Petőfis besser als der oberflächliche

Eklektiker und Opportunist Kertbeny, der ihrer Kritik zwar zustimmte, aber der Umarbeitung durch übereilte Drucklegung auswich.

Ebenso setzte sie seiner ewigen Geldbettelei Grenzen. Wie mangelhaft auch ihr Sinn für Ordnung entwickelt war und so gebefreudig sie sich zeigte, sie hatte inzwischen gelernt, in pekuniären Angelegenheiten umsichtig und genau zu sein. In einem denkwürdigen Brief vom 23. November 1849 schrieb sie ihm: »Das Haus, in dem Du warst, gehört einem Bruder, wohnte in der Millionärstraße mit vollem Recht; er lebt nicht mehr, das Haus wird bewohnt von seiner Witwe – die enorm geldbewußt ist, außerdem hab ich noch viele, und zwar lauter reiche Anverwandte in Frankfurt, die seltsamerweise von der Furcht, ihr Geld zu verlieren, so behaftet sind, daß sie davon mehrere Zufälle erlitten haben, die mit Geld nicht aufzuwiegen sind. Wie zum Beispiel den einen der Schlag rührte, als die Emeuten in Frankfurt waren! – Von der ganzen ausgebreiteten Familie ist niemand arm als die Bettina allein, und keiner von allen gibt als nur sie; und keiner wird verachtet von der Familie als sie alleine, und keiner kann für andre handeln als sie. Mehrere Geldkatzen weiblichen Geschlechts. Die eine hat ihren Reichtum dazu, die Pfaffen zu mästen, die andere, um ihn mit heiliger Ehrfurcht zu warten und zu pflegen; wie die Kuh ist Isis, der man die eigene Milch wieder zu trinken gibt, und ihr nur an heiligen Festtagen etwas weniger Stirnhaar abschneidet, das man den Göttern opfert! – Gott sei Dank, ich habe mich frei gehalten von jedem dieser Geldströme, und nie habe ich mich von ihnen beflecken lassen, weder durch Geschenke noch durch Entleihen, damit sie der Angst enthoben waren, es zu verlieren. – So oft ein Verlust über mich kam, hab ich mich gefreut, daß es mich nicht ärgerte. – Und so oft Hülfe gefordert wurde an mich, war es, als ob gleich die Tagsgöttin aufgehen werde mit menschenerfreuendem Glanz, und so hab ich manchen Strahl hingeleitet in die Finsternis der Verzweiflung! und so hab ich niemand was zu danken, Gott sei Dank! Von allen aber, die sich je und je an mich gewendet haben in ihren Zwecken und Bedürfnissen, ist mir das Deine am heiligsten, am ernstesten, und obschon ich dieser Aufforderung keineswegs gewachsen zu sein mir einbilden darf, denn ich stehe mitten in der Wüste des Nichts, so ahnt mir doch das Beßre. Nur sei nicht furchtsam, nicht verzweifelt, nicht übereilt; weil mich das zermartert und keine Ruhe mir läßt. –«

So hatte sie nicht immer über die Familie Brentano gedacht. Zuletzt aber war dies ihre Meinung.

Für Bettina war der junge Kertbeny weniger eine literarische als eine kulturhistorische Gestalt, durch die sie mit dem Magyarentum unmittelbar in Verbindung trat, mit einem kleinen Volk, aber einer großen Nation, deren Zauber sie ausrufen ließ: »Mein Volk sind die Magyaren«. In bezug auf ihre eigene Nationalität aber äußerte sie in demselben Brief: »Von meinem Deutschtum weiß ich nichts, ich habe mich nie patriotisch abgewogen. Den Italienern näher verwandt durch meinen Vater, der von Viscontis teuflischem Stamm ein Absenker. Mein Großvater mütterlicherseits hatte eine italienische Mutter, einen Schwaben zum Vater, also halb italienische Race. Nichts von Patriotismus.« Kertbeny hat ihr nicht nur die Tür zur Welt Petőfis geöffnet, sondern auch zahlreiche Informationen gegeben, mit Tatsachen der Unmenschlichkeit und des Heldentums, die sie aufs tiefste erschütterten und deren Reflexe noch in ihrem nächsten Buch »Gespräche mit Dämonen« spürbar sind.

38.
Die »Gespräche mit Dämonen«

Mit dem Zusammenbruch der deutschen und auch der ungarischen Revolution verlor Bettina den Boden, in dem sie sich eingewurzelt hatte. Sie war keine Politikerin, Theoretikerin, Ideologin, sondern ein dichterischer Mensch, der in seiner Phantasie in politisch aufgewühlter Zeit das Politische mit dem Geistig-Kulturellen zu vereinen suchte. Wie sollte sie als Schriftstellerin vorankommen?

Seit Jahren arbeitete sie am zweiten Band des Königsbuches. Wie sollte sie den zu Ende bringen angesichts der paradoxen Lage, in die sie geraten war? Die Frage »Wer ist in Deutschland souverän, die Fürsten oder das Volk?« war mit Hilfe der »Terroristen von Gottes- und Rechts-Gnaden« (Karl Marx) bis auf weiteres eindeutig beantwortet. Daran ließ sich nicht deuteln, so schwer sie selbst an dieser Enttäuschung trug.

Die Tochter Maxe berichtet in ihren Erinnerungen, daß sich die Mutter dem König wieder zuwandte. Das hat die fortschrittliche Bettina-Forschung zurückgewiesen. Aber auch Varnhagen meldet in seinen Aufzeichnungen, daß Bettine mit dem König »wieder angeknüpft habe« und daß sie sich die Frage vorlegte, wie er ihre »Gespräche mit Dämonen« aufnehmen werde.

Wie stand es in Wirklichkeit um Bettinas Verhalten? Wer sich nur an die vordergründigsten Fakten halten will, darf sich auf Varnhagens Zeugnis berufen. Bettina hat in der Tat auch in der finstersten Reaktionsperiode mit Friedrich Wilhelm IV. korrespondiert. Das entsprach ihrer Mentalität, auch mit dem politischen Gegner das Gespräch zu suchen. Wer aber bis zur Grundtendenz und dem tieferen Sinn ihres weiteren Denkens vordringt, wird nur konstatieren können, daß sie die Illusionen, die sie mit der Person dieses Herrschers verbunden hatte, endgültig als solche erkannte. Sie hielt zwar auch in ihrem neuen Buch an der romantischen Idee vom guten Volkskönig fest, aber Friedrich Wilhelm IV. war ihr ein solcher Idealfürst auf keinen Fall. Jene hatten wohl nicht ganz unrecht, die da meinten, sie habe sich in ihren Dämonengesprächen über den regierenden König mokiert.

Bettina war kein Starrkopf, kein Rigorist, aber sie gab auch nicht auf. Sie war wendig genug, sich neuen oder auch wieder alten Wegen zuzuwenden, ohne ihr politisches Ziel aus den Augen zu verlieren. Für sie war die neue Lage Station in einem Prozeß, der tausend Voraussetzungen hatte, die sie nicht übersehen konnte, von dem sie aber annahm, daß daraus ein Neues wächst und in dem auch dieser unendlich lächerliche König, dieser »träumerische Madensack«, wie sie ihn in einem Brief an Wilhelm Hemsen am 20. Februar 1852 nannte, seine Funktion hatte. Die Krone war in Preußen bis auf weiteres ein Faktum, das jeder, sei er nun fortschrittlich oder rückschrittlich gesinnt, zu berücksichtigen hatte, sobald er öffentlich wirken und etwas erreichen wollte, und sei es nur als Bittsteller. Die Arbeit an ihrem Buch stand ja gewissermaßen auch im Zeichen der Bemühungen um die Begnadigung Kinkels. Im Herbst 1850 schrieb sie an ihren Sohn Friedmund: »Das oft umhergeschleuderte Buch, das schon lang im Publikum spukt, ist aber eben seiner Vollendung nah ... Ach es ist um die endliche Befreiung des Kinkels zu erwirken, der in seinem Martyrium eingeschraubt ist in Spandau. Nicht weil er mich vor andern jammert, aber weil mir die Zuflucht der Frau ein Gotteswink war – es laufen so viele eitle Narren in der Welt herum. Es ist mir auch so etwas Närrisches, daß gerade dieser Anlaß werden mußte zu diesem Buch.«

Beim Abschied des Schweizer Pädagogen Grunholzer am 13. Dezember 1843 soll Bettina bereits aus einem Manuskript vorgelesen haben, das sie als Fortsetzung des Königsbuches bezeichnete. Dann erwähnte auch der Student Rudolf Baier, daß sie im Februar 1845 mit den Papieren zum zweiten Teil der Königsbuchs beschäftigt war, ja, daß er den Auftrag erhielt, dem Korrektor Klein dieses Manuskript anzukündigen. Wie das Konzept des Buches damals aussah, wissen wir nicht. Nur der autobiographische Abschnitt über die Frankfurter Jugendgasse mit der Überschrift »Die Klosterbeere« und das Gespräch mit dem Fürstprimas, also etwa 15 % des vorliegenden Textes, könnten bereits damals entstanden sein. Sie dürfen als Fortsetzung der Gespräche mit der Frau Rat im Königsbuch von 1843 gedeutet werden. Der Kern des neuen Buches ist aber wohl erst in der Zeit vom Frühjahr 1851 bis zum Mai 1852 entstanden. Nun erst hat sie das im Mittelpunkt stehende nachrevolutionäre Bild vom »schlafenden König«, vielleicht in Analogie zur Sage des im Kyffhäuser schlafenden Kaisers Barbarossa, gefunden. Nachdem die romantische Idee vom Volkskönigtum in der Realität so jämmerlich gescheitert war, griff sie noch einmal auf das ältere Modell der Fürstenerziehung, vom Traumbild eines neuen Staates durch Aufklärung und Umerziehung, zurück. »...Der Monarchen Ohr ist ein Talisman, um die Welt zu regieren, und der ist ein Genie, der durch diesen Trichter die Wahrheit filtriert«, heißt es in der Einleitung. »Er soll revolutionär werden«, lautet nun die Losung, und das neu gefundene Rezept besteht in ständiger Wiederholung der demokratischen Ideale, gleichsam im suggestiven Training einer Wunschvorstellung. So wird der Versuch gewagt, einen Fürsten zu entwickeln, der Deutschland von der Knechtschaft befreit, die falschen Kronenwächter mit Hilfe des Volkes verjagt, die wahre Demokratie und das Selbstbestimmungsrecht der Nationen herstellen und den »sich reinigenden Weltgeist« zum Siege führen wird. Sie redet nicht mehr zu Friedrich Wilhelm IV., sondern zu einem utopischen Staatsgenius, der sich im fortwährenden Räsonnement auf die Höhe der Zeit hebt und dann in rascher Heldentat den Geschichtsprozeß auf die richtige Bahn bringt. So einfach stellt sich das dar, was soeben in einem Meer von Blut und Tränen erstickt worden war.

Noch einmal übernimmt Bettina die Rolle der preußischen Egeria. Da sie aber nicht daran denken konnte, diese Stellung in der gesellschaftlichen Wirklichkeit wieder zu erringen, schlüpft sie in die Gestalt eines »Dämons«, der dem Fürstprimas sagt: »O wär ich ein Geist! unsichtbar – und könnte meine Flügel schwingen, fort durch den stillen Äther, durchs dunkle Gewölk der Nacht, auf seines Thrones Fußschemel mich niederlassen und ihm verkünden die reifenden Zwecke alle, auf die Gottes Wille hindeutete, als er ihn erschuf!« Und der Primas entgegnet: »Ein guter Dämon wären Sie ihm da! – und was könnte der in seiner Unsichtbarkeit nicht alles wagen und ihm ewig wiederholen, was er mit verschlossenen Ohren, mit Vorurteilen gepanzert, schon von weitem abweist und als Verbrechen straft, wenn das Glaubensbekenntnis der Vernunft den irrigreligiösen, den irrigpolitischen Schleier, der die Augen der Fürsten verhüllt, aufhebt!«

Es wäre freilich abwegig, in Bettina eine Dämonengläubige zu sehen. Es handelt sich um einen säkularisienen Begriff, den sie ähnlich wie die Bezeichnung Genius verwendet und der in all ihren Büchern vorkommt. Nichts Übernatürliches ist damit gemeint, sondern Erfahrbares, das schwer faßbare Kräfte der künstlerischen Produktivität, zum Beispiel das Sendungsbewußtsein einer unausweichlichen schöpferischen Natur kennzeichnen will, aber auch Goethes allegorischen Dämon in den Formeln »So mußt du sein, dir kannst du nicht entfliehen« oder dem »Gesetz, wonach du angetreten« nahesteht.

Die Auseinandersetzung mit dem Demokratiebegriff findet nur noch am Rande statt. Was sie sucht und erhofft, dem ist in der Vergangenheit Napoleon am nächsten gekommen. »Er reinigte den Geist der Revolution, er sammelte das Gute in ihm und schützte es mit energischem Willen«, meint der Dämon. Er hat zu viel getan und zu wenig. Wäre er besonnen geblieben, so mußte ihm alles gelingen. »... Ich hätte die Namen der Geschichte, ihre aristokratischen Formen und Rechte den demokratischen Anforderungen vermählt ... ein europäisches Gesetzbuch, ein europäisches Gericht, das alte Irrtümer wieder gutmacht, und die Revolution war in Einklang gebracht mit dem, was sie nicht zerstört hatte; gestützt auf diese reineren Verdienste als das ihrer Ahnen, waren sie das einzige Mittel, die monarchische Gewalt in edler Umschränkung zu halten und den neuen Institutionen Kraft und Reife des Alters zu sichern.«

So ungefähr sieht das Angebot eines zu schaffenden »Bürgerkönigs« aus, der die von der Gegenwart gestellten politischen und gesellschaftlichen Aufgaben zu lösen vermöchte. Bettina unterscheidet sich da nicht allzu sehr von den damaligen Vorstellungen Heinrich Heines.

Die ausgebeutete Bevölkerungsschicht, für die sie sich immer eingesetzt hatte, vergaß sie keineswegs. Sie tritt sogar als selbständige Klasse, als Proletariat, neben dem Volk auf, das in diesem Zusammenhang wohl die Mittelklasse repräsentieren soll. Aber den bereits in Gang gekommenen Emanzipationsprozeß mit dem Ziel einer Proletarierherrschaft klammert Bettina aus. Der Proletarier erscheint als Verbündeter des Volkes, befindet sich aber noch im Zustand einer passiven, leidenden Masse, die fleht: »O entzünde die Völker, entzünde die Fürsten für uns! … nehme uns auf in deine verzehrende Herrlichkeit!« Eine solche Deutung war angesichts der Tatsache, daß sich das Proletariat in Arbeiterbildungsvereinen und Gewerkschaften organisierte, daß 1848 in Berlin ein gesamtdeutscher Arbeiterkongreß tagte und die Belegschaft bei Borsig mit Streikdrohung höheren Lohn und kürzere Arbeitszeit erkämpfte, von der realen Entwicklung überholt.

Im Zentrum steht das Thema der Völkerverbrüderung; Repräsentanten der Lombarden, Polen, Magyaren, Gallier, Germanen, der Nationen, die 1848 revolutionierten, treten mit Reden, Erklärungen, Appellen auf. Am ausführlichsten wird die polnische Frage erörtert, die Wiederherstellung des polnischen Staates, die Beziehung zwischen der deutschen und polnischen Nationalität, die Germanisierung polnischen Gebiets. Der Pole fordert: »Auferstehung von den Toten durch Begeisterung verbündeter Völkerstämme.« Daß auch die Möglichkeit der Völkervereinigung längst getan war, nimmt die Autorin nicht zur Kenntnis. Sie beharrt auf den in der Revolution manifest gewordenen humanen und demokratischen Ideen und versetzt sie in eine poetische Wunschlandschaft, die den geschlagenen Demokraten und Freiheitskämpfern zumindest wieder Mut einflößt.

In sachlicher Hinsicht spielt die Vermittlung der Polen entschieden die führende Rolle. Von der Sprache und der poetischen Substanz her liegt Bettina die Freiheitsideologie und der Heldengestus der Ungarn mehr am Herzen. Die Stellen, wo das transparent wird und sich unmittelbar ausspricht, reichen weit über die Figur des Magyaren hinaus. Hier liegt der Brennpunkt ihrer inneren Erregung, die sich über das ganze Werk erstreckt und es als Dichtung überhaupt erst möglich machte.

Der zeitlich parallel laufende Briefwechsel mit Kertbeny findet seinen Niederschlag in der Dichtung. Ein Höhepunkt des gesamten »Oratoriums« ist die vom Geist Petőfis inspirierte Legende des ungarischen Hirtenknaben, der vor Zeiten ein Führer seines Volkes war mit der zugespitzten Aktualität der welthistorischen Anklage gegen die konterrevolutionären Mörder: »Ach, was kann ein König wissen, wie es dem Volk tut, wenn Wortbruch und harte Gesetze eins nach dem andern der Heimat huldreich Boden verwüsten. Was weiß ein Haynau, wenn er das Urteil fällt über das Haupt des Volksgeliebten, der Tröster war gewesen dem einen und die Hand diesem auf die Schulter gelegt hatte und jenem aufs Haupt, freundlich warnend: Macht dem Vaterland nicht Schande. –«

Das ganze »Oratorio volgare« endet überraschend in Preisreden auf den Geist des Islam. Der Genius ruft: »Horcht! – In dämmriger Luft rühren die Glocken sich zum Gebet. – Von Gipfeln der Moscheen verkündet Geläut den kommenden Tag, und der Freund unsrer Erde – der Mond, wandelt grüßend hinab. Es ruft der Wächter die Stunde – und jetzt kommt ein Wehen über die Haine – heiliger Odem durchströmt die Luft. – Des Islam Geist betet über die scheidenden Völker.«

Diese Wendung liegt darin begründet, daß nach dem Scheitern des ungarischen Freiheitskampfes der damalige Sultan des Osmanischen Reichs den polnischen und ungarischen Flüchtlingen Asyl gewährte und sich weigerte, diese Verfolgten an Österreich auszuliefern. Orientalische Studien hat Bettina nicht getrieben, und mit der Religion des Islam hatte sie trotz aller Lobpreisung nichts gemein. Ihre Unkenntnis auf diesem Gebiet verführte sie zu den komischsten Verdrehungen der Tatsachen. Abdul Medschid-Khan, der ein schwächlicher und unfähiger Fürst war, wird von den Völkern als der »mit starkem Willen Geborne, der mehr als Prometheus den Menschen gewährt«

apostrophiert. Die inneren Reformen, die damals tüchtige Staatsmänner in die Wege zu leiten versuchten, bestanden in einer Liberalisierung, die sie in Paris und London kennengelernt hatten. Sie stießen auf den heftigsten Widerstand des Alttürkentums, das sich auf jenen Islam stützte, den Bettina als den Gipfel der Weisheit und Humanität preist. So konnte auch ihre Widmung »Dem Geist des Islam, vertreten durch den großmütigen Abdul Meschid-Khan, Kaiser der Osmanen« nur auf Befremden stoßen. Kein Wunder, daß man am preußischen Hofe meinte, sie hätte in ihrem Buch Friedrich Wilhelm IV. verhöhnt. Varnhagen erklärte die seltsame Zueignung mit dem Vorhaben, den Sultan zur Hilfe für eine verarmte Türkenfamilie, die im Berliner Armenviertel hauste, zu animieren.

Auch Bettina selbst hatte wohl ihre Zweifel, ob sie das neue Buch dem König überhaupt vorlegen dürfe. Erst am 3. August 1852 entschloß sie sich zu diesem Schritt. Das Begleitschreiben lautete: »Euer Majestät mein Buch zu Füßen legend, habe ich dies Wenige zu sagen, daß es geschrieben ist in Folge schmerzlich mich berührender Worte, die mir von höchster Hand einst zukamen: ›ich hasse die Könige, aber wenn ich etwas durch sie erreichen wolle, was mir gut scheine, dann seien sie mir gut genug.‹ Dies Buch wird darlegen, nicht daß ich die Könige hasse, aber daß ich einen unter ihnen lieben durfte, den, wie es darin geschrieben steht, sein guter Dämon zur Größe hinanleiten wollte, die unsterblich über die andern Fürsten ihn erhob. – Bisher durfte ich dies Buch vor E. Majestät nicht aufschlagen; ich mußte fürchten, daß falsche Stimmen den Born, der hell darin aufsprudelt, trüben konnten; aus der Quelle der Treue ist er geflossen, und glorreich würde es den König vor den Völkern machen, der seine Sanktion ihm nicht versagte …«

Wie der Monarch auf diese Zusendung reagierte, ist nicht bekannt. Das Werk kann ihm nicht gefallen haben. Schon die Zueignung muß ihn, den allerchristlichsten König, peinlich berührt haben. Daß Bettina der Judenemanzipation zustimmte und sie verteidigte, empörte ihn sicherlich. Friedrich Wilhelm IV. war christlicher Antisemit und soll vor Wut gezittert haben, als an der Spitze der Deputation, die ihm die Kaiserkrone anbot, ein getaufter Jude stand. Die Glorifizierung der Revolutionäre machte das Publikat im Grunde für das Verbot reif. Es konnte nur deshalb geduldet werden, weil es sich in abstrakten Höhen und einem poetischen Mystizismus bewegte, den er für politisch ungefährlich hielt.

Varnhagen, dem Bettina im Mai 1851 die ersten 15 Druckbogen vorlegte, kritisierte die Form. »...Mir ist der Zusammenhang zu locker, die gedehnte Dichtung des Gesprächs zwischen dem Dämon und dem schlafenden König viel zu eintönig.« Auch störte ihn die fortdauernde »Prophetensprache«. Er wünschte sich also ein ganz anderes Buch als das, was Bettina geschrieben hatte, wobei er durchaus richtig empfand, daß die hymnische Sprache der Zeit nicht mehr angemessen war.

Dieses Dämonenbuch ist ein Abgesang in jeder Beziehung, sowohl im Umfeld der Revolutionsdichtung als auch in der Reihe ihrer Werke. Es bedeutete den Abschied aus einer Zeit, da sie sich als Vorrednerin des Volkes fühlte, es war eine Grabrede auf die Wunschbilder ihrer politischen Sturm- und Drangzeit, auf den Überschwang ihrer Träume und ihrer Liebe, eine typisch Bettinesche Abschiedsrede, die ähnlich wie beim Tode Arnims, Goethes und Kühnemunds leidenschaftlich optimistisch in einer chiliastischen Hoffnung ausklang.

Das Buch fand, wie Herman Grimm sagte, »kaum ein Publikum«. Varnhagen notierte, daß bis zum Oktober 1856 nicht ein einziges Exemplar verkauft war.

39.
Die letzten Jahre

Das Herz Bettinas sehnte sich nun nach Ruhe. Sie mochte sich an einen Aufsatz von Gutzkow erinnern, in dem er zwischen zwei Arten von Schriftstellern unterschied. »Solche, die vor den Ereignissen kommen, und solche, die nach ihnen. Die einen sind Vorreden, die anderen Register. Die Vorreden prahlen und versprechen oft mehr, als die Register halten.« Zu den armen Registerpoeten wollte sie keinesfalls gehören. Die großen Ereignisse waren über die Bühne der Weltgeschichte gelaufen. Friedhofsruhe war eingekehrt. Die Revolutionen waren gescheitert – genau wie ihre Idee vom Volkskönigtum. »Wolfsgruben und Fuchsschlingen auf jedem Schritt und dazwischen mit verbundenen Augen den Eiertanz aufführen, das scheint mir jetzt die

Aufgabe eines Mannes, der ausersehen war, mit festem Schritt die falschen Gesetze der Politik und Geistesfesseln zu zertrümmern und Herr zu sein über alle durch seinen Bund mit dem Genius der Menschheit.« So schrieb sie abschließend Friedrich Wilhelm IV.

Noch als sie an den »Gesprächen mit Dämonen« arbeitete, bemerkte ihre Tochter Maxe: »Die Mutter war in so milder, abgeklärter Stimmung, wie ich sie früher kaum gekannt hatte. Es war, als ob sie sich früher kaum gekannt hatte. Es war, als ob sich all die Unruhe, die sie sonst bewegte, in ihr neues Buch ›Gespräche mit Dämonen‹ ergossen hätte. Oft saß sie schon früh um sieben am Schreibtisch und schrieb bis in die Nacht hinein, aber für uns hatte sie doch immer Zeit.« Bettina schickte sich nun ohne inneren Widerstand in das Schicksal des Älterwerdens.

Was blieb noch zu tun? Noch immer stand das Gipsmodell des Goethedenkmals, ihr michelangelesker Bildhauertraum aus den zwanziger Jahren, unrealisiert in ihren Räumen. Sie hatte inzwischen für die Ausführung des Werkes den Bildhauer Steinhäuser, der seit 1836 in Rom lebte, gewonnen, vor allem wohl deshalb, weil sie den Ankauf durch den König von Preußen in sichere Aussicht stellte. Anfang Juni 1851 kam der Künstler nach Berlin. Das Modell wurde auf Anordnung Friedrich Wilhelms IV. im Februar 1852 nach Schloß Bellevue gebracht. Bettina, die sonst so Siegesgewisse, war diesmal unsicher. Als sie nach wenigen Tagen die Aufforderung erhielt, das Modell wieder abzuholen, deutete sie diese Mitteilung als Absage. Erst später erfuhr sie, daß der König das Werk herrlich befunden hatte. Auf dieses Mißverständnis bezieht sich ihr Brief vom 3. August 1852. »Meine Begriffe von Euer Majestät eingebornen Großmut waren wankend geworden, als mir vor einiger Zeit die Meldung ward: Der Scitze von Goethes Denkmal könne der Platz in Bellevue nicht länger gestattet werden; ich glaubte ein unverschuldeter Unwille habe diese kalten Worte an mich gelangen lassen; später kam mir die beßre Einsicht, daß etwa ein Mißfallen an der Scitze selbst dies veranlaßt habe, und jetzt, nachdem ich viel Fehlerhaftes darin verbesserte, fühlte ich um so mehr, wie sehr mein Enthusiasmus über sein Verdienst hinausgriff, aber doch hoffe ich, das Mangelhafte, was mit prüfender Geduld in der Scitze nicht überwunden ist, wird im Großen sich von selbst fügen; ich kann trotz vieler hartnäckiger Gegner die Schmach nicht auf mich nehmen, jetzt wo ich vielleicht der Vollendung am nächsten stehe, es fallen zu lassen; da besonders ein Kostenplan vom Bildhauer aufgestellt ist, der schwer durch Subscription erreicht werden kann; dieser besteht in einem Vorschuß von etwa 6000 Thlrn während fünf Jahren; im sechsten Jahr, wo seine Vollendung bedingt ist, erhält der Künstler noch so viel, daß mit dem Vorschuß der früheren Jahre 50 000 Thlr voll werden. Ich hatte früher die Hoffnung, daß es in Sans Souci aufgestellt werde, jetzt, da es ein allgemeines Deutsches Denkmal werden soll, darf ich diesen Wunsch nicht mehr aussprechen.«

Aus dem Auftrag wurde jedoch nichts. Friedrich Wilhelm IV. sah sich finanziell nicht in der Lage, die enormen Kosten aufzubringen. Da kam der Großherzog von Sachsen-Weimar, Karl Alexander, zu Hilfe, der bei Steinhäuser die Figurengruppe des Dichters mit der Psyche für 6000 Taler in Marmor bestellte, freilich herausgerissen aus dem großen Zusammenhang des Rahmenwerks mit der Fülle der Reliefsymbole, an denen sie noch immer arbeitete. Sogar Wasserkünste und Elefantenköpfe bezog sie ein. Die Teilausführung konnte sie nicht befriedigen. Ihre unerschöpfliche Phantasie formte immer weiter. Hermann Grimm berichtet: »Nichts hörte Bettina lieber in den allerletzten Zeiten, als wenn ich ihr ausmalte, wie wir alle nach Rom reisen und die Ausführung des Monuments dort überwachen wollten.« Einst, im Oktober 1838, hatte sie an Varnhagen geschrieben, daß dieses Denkmal ihr das Rätsel ihres Daseins enthülle. Seinetwegen, so vermutete sie, mußte sie zur rechten Zeit in die irdische Existenz eintreten.

Für den Frühsommer des Jahres 1853 stand dann eine Hochzeit ins Haus. Maxe, die älteste der Töchter, nun schon 35 Jahre alt, heiratete den Husarenobersten Eduard Graf von Oriola, einen Sohn des ehemaligen portugiesischen Gesandten in Berlin, der nach dem Sturz des Usurpators Dom Miguel im Jahre 1834 nicht nach Portugal zurückkehrte, sondern sich in Preußen niederließ. Maximiliane war diejenige, die den Standestraditionen, die dem Landadel heilig waren, am treuesten anhing, obwohl die aristokratischen Doktrinen und Gesinnungen ihr nur Kummer und Enttäuschung gebracht hatten. Schon 1842 war sie mit dem Fürsten Lichnowsky verlobt gewesen; doch wurde für die auf ihren Uradel pochende Familie die zwar berühmte, aber ihrer Herkunft nach bürgerliche Mutter zum Ehehindernis. Dann kamen die Jahre, als sich der Hohenzollernprinz Waldemar in sie verliebte und man in Hofkreisen schon von einer »morganatischen Ehe« sprach. Schließlich schien die Verlobung mit Georg von der Gröben, dem Adjutanten des Prinzen Waldemar, zu einer passenden Verbindung hinzusteuern. Doch auch dieses Verhältnis mußte wegen Einspruchs der Eltern und der Fügsamkeit des Sohnes gelöst werden. Nun war noch einmal ein »standesgemäßer« Freier erschienen. Bettina hatte ihn nicht präsentiert. Die beiden Partner kannten sich seit Jahren. Nicht eine große Leidenschaft führte sie zusammen, sondern das Freundschaftsbedürfnis der Zeit in einem Kreis Gleichgestellter. Die Mutter wurde damit vor eine vollendete Tatsache gestellt; aber sie sagte gern ja. Die allgemeine gesellschaftliche Situation nach der Revolution, in der die Bourgeoisie auf die Macht im Staat verzichtet hatte und sich mit der Aristokratie liierte, erleichterte ihr solche Zugeständnisse. Als Angehörige einer Klasse, bei der sich herausstellte, daß sie des Feudalismus bedurfte und sich daher mit dessen Existenz abfand, war sie auch mit einer Aristokratenehe im marktgängigen soziologischen Sinn voll einverstanden. Ihr Familienleben stand ja ohnehin schon im Zeichen dieses Kompromisses.

Es wurde eine Hochzeitsfeierlichkeit im Stil des Patriarchalismus, wie Achim von Arnim ihn liebte und ausführlich in seiner »Gräfin Dolores« beschrieb. Alle fuhren nach Wiepersdorf. Seit 75 Jahren gehörte nun das Ländchen Bärwalde den Arnims. Aber noch nie hatte die Gutsherrschaft in dieser Zeitspanne Gelegenheit gehabt, ein Hochzeitsfest zu geben. Gäste gab es nicht viele. Sogar Savignys hatten abgesagt. Es wurde eine Hochzeit im engsten Familienkreis. Der Zug der Hochzeitsgesellschaft bewegte sich auf blumenbestreutem Weg vom Herrenhaus zur kleinen Dorfkirche. Zu beiden Seiten standen die festlich gekleideten Dorfbewohner Spalier. Vor dem Altar lag ein großer Vergißmeinnichtkranz, in den das Brautpaar bei der Trauungszeremonie treten mußte. Für den Nachmittag war das ganze Dorf zu einem Tanzfest auf den Platz vor dem Herrenhaus geladen. Die Musik spielte auf. Nach den ersten Ehrentänzen wurde die Braut von Dorfburschen, der Bräutigam von den Bauernmädchen zum Umtanz geholt. Bettina durfte zufrieden sein.

Auch sie hätte für die Tochter, die sich für die Tradition des Vaters entschieden hatte, keine bessere, keine vernünftigere Lösung finden können.

Wohl fühlte sich Bettina in Wiepersdorf nicht. Das war kein Kreis, in dem sie verstanden wurde. Mit Freimund konnte sie nicht reden. Er schwur auf die Kreuzzeitung. Die Oriolas waren in Preußen geblieben, weil es ihnen in Portugal zu revolutionär zuging. Maxe, die stets Hohenzollern-Begeisterte, war nun Offiziersdame geworden. Wenn Heimat dort ist, wo man verstanden wird, dann gehörte Bettina mehr nach Weimar, von dem sie am 11. Dezember 1852 schrieb, daß sie dort ihre beste Zeit, »meine liebste Zeit« zubrachte, »die eine neue Epoche in mir erweckt hat und in den Brunnen der Gesundheit mich getaucht hat bis über die Ohren ...«

Hier, in Weimar, hatte sie im Spätherbst 1852 noch einmal eine Glanzzeit erlebt. Sie war mit Armgart und Gisela unterwegs. Der junge Herman Grimm fuhr ihnen entgegen. Er berichtet: »Es war im Oktober. Ich fand sie im Elephanten am Markte, dem alten klassischen Wirtshaus, dessen ersten Stock sie innehatte. Ich weiß noch, wie ich abends beim Dunkelwerden in ihr Zimmer trat, in dem noch kein Licht brannte: Es waren allerlei Leute darin, mit denen ich bekannt gemacht wurde, ohne sie zu sehen. Dann wurde Musik gemacht. Ich hörte damals zum ersten Male eine Violinsonate Beethovens von Joachim. Ich saß still in meiner Ecke. Das Gefühl des Wiedersehens derer, zu denen ich mich rechnen durfte, und die leise einschleichende, entzückende Musik bildeten ein Element, das mich wie in eine neue Welt versetzte. Weimar war immer noch die Residenz Goethes, und sein Schatten schien dort noch umherzugehen.« ... »Am andern Morgen um 6 Uhr klopfte Bettine an meine Tür. Wir gingen durch den Park, die Ilm entlang. Die bewegten gelben Blätter der Pappeln waren in den Spitzen nur von der Sonne beschienen, unten lagen sie noch in feuchtem Schatten. Wir kamen auf den schmalen Wegen bis zu Goethes Gartenhaus. Alles einsam. Die kleinen dunklen Läden des Hauses geschlossen, auch die Gartentüre fest zu. Neben ihr aber war die Hecke durchbrochen, und wir drängten uns so in den Garten hinein. Auf den Wegen lag dichtes Laub, gelbes, rotes, braunes oder gesprenkelt die Farben durcheinander. Unendliche Zeit schien niemand hier gewesen zu sein, denn die Zweige der

Bäume waren tief über die Wege hinübergewachsen. Hinter dem Hause stand eine halbzerbrochene Bank. Hier setzten wir uns. Der Boden war mit aufrecht gestellten kleinen Flußkieseln gepflastert, zwischen denen Moos aufquoll; Bettine erzählte mir, wie Goethe ihr einmal erzählt habe, daß er manchmal die Nacht hier im Freien zugebracht, und wenn er aufgewacht sei, hätten die Sterne so schön durch die Zweige geschienen. Wir streiften dann durch das welke nasse Gras um das Haus herum, auf das die Sonne nun zu scheinen begann. Es wuchsen Wein und Rosen an Spalieren die weißen Kalkwände empor, hier und da hielt das Holzwerk nicht mehr und hing samt dem Rankenwuchs daran frei herab, als wollte es von der Wand abbrechen. Wir entdeckten neben abgeblühten Rosen da noch einige reife Trauben mit verfaulten Beeren zwischen den guten, die niemand abpflücken zu wollen schien. Bettina nahm einige davon in ihr Taschentuch. Ich sehe die Zweige noch im Morgenwinde zittern, nach denen Bettina hinaufgriff, um sie herabzuziehen und die Trauben zu erreichen.«

Wie sehr Bettina noch immer ihre Umgebung faszinierte, geht aus den Briefen hervor, in denen Franziska von Bülow, die Mutter des jungen Pianisten Hans von Bülow, der damals bei Liszt in Weimar studierte, jene Tage schilderte. Kurz nach deren Ankunft schrieb sie: »Arnims sind alle drei sehr merkwürdig – voll Originalität, Geist und Talent, so natürlich und einfach bei der Blüte, den Duft höchster Bildung. Jetzt ist der junge Grimm hier, klug und sehr berlinisch.« Es dauerte nicht lange, so hieß es: »Wir machten mit Arnims alle Tage Spaziergänge, da das Wetter so hell und schön ist; dann kommen wir erst im Mondschein zurück. Vorgestern waren wir in Tiefurth ... Der Großherzog, dem Armgart den Tag vorher gesagt, daß sie wohl hingehen würde, hatte hingeschickt und heizen lassen. Armgart setzte sich an ein altes Spinett und sang das schöne Lied von Clemens Brentano ›Gehör der Welt nicht an, sonst ist's um dich getan‹. Der Heimgang im Mondschein war reizend durch den kleinen Wald, der so viel Laub hat – meist noch grün – es war wie lauter Calames. Die Abende sind wir immer bis Mitternacht bei Arnims, wo Hans und Joachim spielen, die Mädchen singen, was interessante Gespräche nicht ausschließt. Grimm ist sehr amüsant, Bettina ganz einzig.«

Der Name des neuen »Dämons« oder Genius ist genannt: Joseph Joachim. Bettina jubiliert: »Der Geiger, ein Bub von 20 Jahren, der erste Held und Diomedes unter den Geigern, eine kerngesunde aufrauschende Begeisterung strömt aus ihm hervor und erfrischt und ruft neue Lebensgeister hervor, und der Frühling voll schwellendem Reiz Duft hauchend strömt aus seinem Spiel, die Nachtigallen schweigen dazu, denn unersättlich sind sie, ihn zu hören, und allen wird's wohl – unsterblichkeitstrunken ... Dieser *eine* heißt Joachim, ist ein Ungar, tut Wunder auf der Violine, ist ein Götterknabe von Einfachheit und angebetet von allen, die Ohren haben zu hören. – Nun Max, Du wirst schon vom ungarischen Musizieren gehört haben. Hier ist er häufig mit Liszt bei der Großherzogin gewesen ... Er ist ihr Konzertmeister, der zweite ist der Sohn der Frau von Bülow, Schüler des Liszt, und spielt mit Joachim die schönsten Sachen von Beethoven.« Bettina hatte wieder einmal ins Gelobte Land geschaut.

Aber auch ihre Tochter Gisela fühlte sich zu dem zwanzigjährigen Geiger hingezogen. Bei einem Spaziergang im Weimarer Park, zu dem sich Bettina, Armgart und Gisela, Herman Grimm, Joachim, vielleicht auch Bülow und Liszt zusammengefunden hatten, wußte der ungarische Cupido es so einzurichten, daß sie beide allein waren. Die Künstlergesellschaft hatte sich mehr und mehr entfernt, und so bot sich die Gelegenheit für Joseph Joachim und Gisela von Arnim, sich auszusprechen. Von da an hatten beide ein gemeinsames Geheimnis, das den Geiger gewiß stärker nach Berlin zog als die Einladungen der schwärmerischen Sybille Bettina. Viele Briefe wanderten auf geheimen Wegen zwischen ihnen hin und her. Auch als er 1853 in die Stellung eines Konzertdirektors der Hofkapelle in Hannover überwechselte, fühlte er sich zu dem Haus In den Zelten immer wieder hingezogen.

Noch war Bettina gesund und beweglich. Frau von Bülow schildert sie als gutaussehende Matrone: »Bettina ist eine kleine, nicht dicke, aber eher starke Frau; kräftig lebendig in ihrem ganzen Wesen, ihre mobile Physiognomie anzusehen ist mir immer ein Vergnügen; sie sieht oft schön aus, von Geist und Poesie durchleuchtet, und spricht oft so schön, daß es mir leid tut, ihre Worte nicht aufschreiben zu können: zuweilen ist sie sehr übermütig; dann wohl auch einmal abgespannt und traurig ...«

Zwei Jahre später, im Oktober 1854, nahm Bettina auf dem Weg zu ihrer Tochter Maxe in Bonn wieder den Weg über Weimar. Aber sie fühlte sich bei diesem Aufenthalt unpäßlich. Den November verbrachte sie dann in Frankfurt. Dort lebte von ihren Geschwistern noch Meline, die Frau Senatorin und Bürgermeisterin von Guaita, die inzwischen auch Witwe geworden war, und ihre Schwägerin Antonie, von der sie an Kertbeny schrieb, daß sie in der Millionärstraße wohne und »enorm geldbewußt« sei.

Über der Beschäftigung mit der Biographie ihres Bruders Clemens ereilte sie in Bonn bei den Oriolas ein Schlaganfall. Eine Seite war gelähmt; sie hörte und sprach nicht mehr. Im Juni 1855 zweifelten die Ärzte noch an der Möglichkeit einer Genesung, doch im Juli besserte sich ihr Zustand, und im September konnte sie zur Erholung nach Badenweiler reisen. Ihre Töchter Armgart und Gisela waren um sie. Sie schrieb einen Brief an ihre Schwester Gunda und Savigny, die im nicht weit entfernten Baden-Baden zur Erholung weilten, und wartete auf ihren Besuch. Dieser Brief dokumentiert, daß sie nur noch ein Schatten ihrer selbst war.

Im Dezember fühlte sie sich schließlich so weit reisefähig, nach Berlin zurückzukehren. Varnhagen faßte den Eindruck, den er beim Wiedersehen von ihr gewann, in dem lapidaren Satz zusammen: »Sie ist nicht mehr die frühere, sie ist wie ein ausgebranntes Licht.« Die nun siebzigjährige Bettina galt zwar als geheilt, aber ihre inneren Reserven hatten sich erschöpft. Der junge Pianist Rudorff sah in ihren Augen nur noch eine »Mischung von Weltverachtung und phantastischem Feuer«. Mochte sie in guten Augenblicken die Illusion hegen, daß ihr Geist seine Kraft wiedergewinne, im Grunde lebte sie in der Welt ihrer imaginären Handlungen und Wünsche und im »Tanz der Dreiklänge«. Ihre besten Stunden hatte sie, wenn Musiker ins Haus kamen und ein Duo von Beethoven wie die »Kreutzersonate«, ein Trio oder Quartett spielten. Hatte sie doch einst an die Günderode geschrieben: »Musik bringt alles in Einklang, sie donnert durch die hellsternige Nacht ihren gewaltigen Strom, dann tanzt sie hin und grüßt mit jeder Well und Blum, die da heimlich blüht am Ufer. Wenn dann die Wolken vom Windsturm dahergejagt kommen, dann werden sie all gleich von ihrem Hauch bezaubert; der Regen rollt Perlen unter ihren tanzenden Schritt, beim leuchtenden Blitz vom Donner durch die schwarze Nacht geschnellt, die er mit schallenden Schwingen durchrast, das ist alles ein Hymnus mit der Musik.«

Im Dezember 1856 erlitt sie wieder einen Schlaganfall mit Lähmung der linken Körperhälfte. Davon suchte sie sich im Sommer des folgenden Jahres bei einer Kur in Teplitz zu erholen. Sie blieb bis Anfang November. Der Kräfteverfall war nicht zu übersehen.

Bis zuletzt bewegten sie die Hieroglyphen ihres Bildhauerwerks. »Nur wenn von dem Goethe-Denkmal die Rede ist, zeigt sie lebhaftere Aufmerksamkeit und, wenn man ihr von dessen Ausführung spricht, einige Befriedigung«, bemerkte Varnhagen am 9. Oktober 1858. Einer ihrer Adepten aus den vierziger Jahren, der Kunstschriftsteller Moritz Carrière, hat die Legende in die Welt gesetzt, daß Bettina »gesund und geistesfrisch bis zur letzten Stunde blieb«. Diese Frau hatte im Laufe ihres Lebens in der Tat bei aller Zartheit eine erstaunliche Vitalität und Willenskraft bewiesen. Nun aber war es damit endgültig vorbei. Mag Gesundheit ein relativer Begriff sein, der in den einzelnen Gesellschaften Verschiedenes bedeutet, doch war eine aufs Altenteil gesetzte lächelnde Großmutter, die nur noch wenig und langsam sprach, entschieden nicht mehr Bettina. Varnhagen hat noch eine Reihe anderer Symptome dieses Verfallprozesses notiert. Dem scheinen die so beliebten Porträts aus den fünfziger Jahren zu widersprechen, die die geniale Bettina in der Pose des Alters und in der Repräsentanz der zu verehrenden Künstlerin zeigen, schon vom Stil her Ausdruck des sich anbahnenden neudeutschen Geniekults. Diese Porträtkunst stand weniger im Dienste der Wahrheit als im Zeichen der Verklärung und Heroisierung.

In der Nacht vom 19. zum 20. Januar 1859 starb Bettina. »Ihr Ende war ruhig und sanft; auch das Antlitz der Leiche machte einen beruhigenden Eindruck, indem darauf keine Spur eines schweren Todeskampfes zu erblicken war«, schrieb Savigny an den Mediziner Ringseis nach München, der auch ein Freund der nun Verschiedenen gewesen war. Man hatte sie neben dem großen Gipsmodell des von ihr entworfenen Goethedenkmals aufgebahrt. Die Goetheverehrung war das entscheidende Faktum ihres Lebens gewesen, durch das sie weltbekannt geworden war, Goethe der Mittelpunkt, um den ihr Denken bis zuletzt gekreist hatte. Damit aber auch die Familie zu ihrem Recht kam, hängten die Kinder das Porträt des Vaters, des Dichters Achim von Arnim, gegenüber auf. Der Sarg wurde nach Wiepersdorf auf den Arnimschen Familienfriedhof übergeführt. Wie alt die Tote geworden war, wußte im Familienkreis anscheinend niemand so ganz genau. So ließ man auf die Grabplatte als Geburtstag den 4. April 1788 eingravieren, eine Angabe, die bis in unsere Tage zu Streitigkeiten unter den Bettina-Forschern führte. Nach Eintrag im Taufbuch des St.-Bartholomäus-Domes von Frankfurt wurde das Kind Catharina Elisabeth Ludovica Magdalena Brentano jedoch 1885 geboren.

Als man sie zu Grabe trug, jährten sich jene Tage, wo im Februar 1848 die Revolution in Paris ausgebrochen war, die ihr Echo in den siegreichen Aufständen von Wien, Mailand und Berlin fand, in denen Bettina zur politisch engagierten Demokratin emporwuchs. Doch daran wollten die Leidtragenden nicht erinnert werden. In der Monatsschrift »Frankfurter Museum« wurde ihr Ableben mit dem Hinweis angezeigt, daß sie »alle ihre Kinder selbst genährt« und später »ohne überflüssige Glücksgüter trefflich erzogen« habe. Die Familiensimpelei hatte endlich über die kühne Antiphilisterin Bettine gesiegt.

Das war die Quittung für ihre Integration in die aristokratische Gesellschaft, obgleich sie ein Leben lang gegen diese Art Dasein rebelliert hatte. Mochten Söhne und Töchter ihre Existenz in eine gute Mutter und eine politische Närrin aufgespalten haben, sie wußte aus tiefer humaner Erfahrung, daß selbst die unbedeutendsten ihrer Kindheitserlebnisse mehr Realität enthielten als die leere Betriebsamkeit der sogenannten guten Gesellschaft. Im Zeichen dieser Philosophie von unten war sie angetreten und hatte sich auch als Witwe eines Aristokraten nicht gescheut, vor Gericht zu erklären, daß sie die Klasse des Proletariats höher stelle als Adel und Bürgertum.

Wurde das alles nun durch ihren Tod entwertet? Für Bettina nicht. Sie war nicht nur von ihrer persönlichen Unsterblichkeit überzeugt, sondern auch vom Fortwirken ihrer Intentionen im Weltprozeß. Zumindest in dieser zweiten Hoffnung hat sie sich nicht ganz getäuscht. Goethe, der bis zuletzt im Mittelpunkt ihrer Verehrung und Anbetung stand, schrieb wenige Monate vor seinem Tod in einem Brief an Wilhelm von Humboldt: »Darf ich mich in altem Zutrauen ausdrücken, so gestehe ich gern, daß in meinen hohen Jahren mir alles mehr und mehr historisch wird; ob etwas in der vergangenen Zeit, in fernen Reichen oder mir ganz nah räumlich im Augenblick vorgeht, ist ganz eins, ja ich erscheine mir selbst immer mehr und mehr geschichtlich...« Im Sinne solcher Historizität ist Bettina auch heute, zweihundert Jahre nach ihrer Geburt, noch lebendig.

Denn mehr als je nimmt sie eine geachtete Stellung in der Geschichte der deutschen Literatur ein. Sie ist eine derjenigen aus dem Kreis der Romantiker, die nicht den »Salto mortale in die göttliche Barmherzigkeit« vollführten. Sie ging vielmehr entschlossen ihren Weg in den Vormärz als Sympathisantin des junghegelianischen Liberalismus und wurde schließlich zur ideologischen Mitstreiterin der Revolution von 1848. Insofern stellt sie das leuchtende Gegenbild zu dem Romantiker Friedrich Schlegel dar, der nach Wien zog, um Metternich zu bedienen und in seiner Zeitschrift »Concordia« die äußerste konservative Position zu jeder freiheitlichen Bewegung einnahm. Darüber hinaus war und bleibt sie eine der besten Briefschreiberinnen von Dichterformat, die das deutsche Volk hervorgebracht hat.

Sie nimmt aber auch einen denkwürdigen Platz in der Sozialgeschichte des 19. Jahrhunderts ein. Von dem Problem der Armut zutiefst angerührt, öffnete sie sich in den vierziger Jahren den entstehenden frühsozialistischen und kommunistischen Strömungen und wandelte sich zu einer demokratischen Sozialreformerin. Was sie betrieb, war der Anfang dessen, was man später soziale Diagnose nannte. Sie hat auf diesem Gebiet nicht nur eine äußerst wirksame Öffentlichkeitsarbeit geleistet, sondern auch in der Praxis unendlich viel Gutes gewirkt.

Aus der Aufklärung des 18. Jahrhunderts rührte ihre Leidenschaft der Vernunft, sich mit den gegebenen Umständen kritisch auseinanderzusetzen, und der Wille zur größtmöglichen individuellen Freiheit des Menschen in der Gesellschaft. Daß Bettina darüber hinaus auch öffentlich die Respektierung weiblicher Eigenart verlangte, sichert ihr einen Ehrenplatz unter den Vorläufern der organisierten Frauenbewegung ihres Jahrhunderts.

Sie warnte vor der Einseitigkeit alles Männlich-Intellektuellen und verteidigte das Emotionale, Enthusiastische, Sensitive, die Durchdringung des Geistes mit der Macht der Gefühle. Sie stimmte da mit ihrem Freund Schleiermacher überein, der gepredigt hatte: »Die Liebe soll auferstehen, ihre zerstückten Glieder soll ein neues Leben vereinigen und beseelen, daß sie froh und frei herrsche im Gemüt des Menschen und in ihren Werken…«

Damit rühren wir an eine Schicht, in der Bettinas Tagträume wuchsen, die kleinen und die großen, die alle Träume von einem besseren Leben waren und ihren Mut und ihre Zuversicht aufrechterhielten. Ohne dieses emotionale Medium, wo die Hoffnungen und Erwartungsaffekte entstehen, ist Bettina nicht erfaßbar. Ihr ganzes Denken und Leben speiste sich aus dem produktiven Gegenspiel von Traum und Wirklichkeit.

Der Traum, von dem dies Leben durchzogen war, die Leitbilder dessen, was ein Mensch sein und werden möchte, ihre Vorstellungen, Inspirationen und Wünsche nährten sich zunächst aus der Terra utopica der deutschen Romantik. Die Welt, in die sie hineingeboren wurde und in der sie sich zu behaupten hatte, das war die Umwelt einer Frankfurter Kaufmannstochter im Zeitalter des raschen Verfalls der deutschen Feudalordnung, die Misere einer preußischen Gutsbesitzersehefrau in den Not Jahren der antinapoleonischen Erhebung und der folgenden stagnierenden Gesellschaft des Biedermeiers, die Konstellation als berühmte Schriftstellerin im Kulturbetrieb des Berliner Vormärz. In diesem Gegeneinander von philiströser Realsituation und der aufs Bessere gerichteten Erwartung schritt Bettina vorwärts als Ruferin zu Anderssein, Bessersein und Schönersein mit Hoffnung auf eine Wende, als geistige Vorkämpferin eines verheißungsvollen Morgenrots ihrer und auch unserer Zeit.

Anhang

Bettina

Maxe und Armgart von Arnim

Gisela von Arnim

Bettina, 1853

Zeittafel

1785 Friedrich II. von Preußen gründet mit Sachsen und Hannover einen Deutschen Fürstenbund gegen Österreich.
Schiller: »Lied an die Freude«; Schubart: »Gedichte aus dem Kerker«; Karl Philipp Moritz: »Anton Reiser«.
Am 4. April wird Elisabeth Catharina Ludovica Magdalena Brentano zu Frankfurt am Main im Hause zum »Goldenen Kopf« in der Sandgasse geboren.

1786 Friedrich II. von Preußen stirbt. Friedrich Wilhelm II. besteigt den preußischen Thron.
Goethe bricht nach Italien auf.
Bettinas achtjähriger Bruder Clemens kehrt mit seiner zehnjährigen Schwester Sophie nach längerem Erziehungsaufenthalt in Koblenz nach Frankfurt in den »Goldenen Kopf« zurück.

1787 Katharina II. und Joseph II. treffen sich in Cherson am Dnjepr; Bündnis Rußlands mit Österreich; Zweiter Türkenkrieg.
Goethes Endfassung der »Iphigenie«; Schillers »Don Carlos«; Heinses »Ardinghello«.
Schwester Lulu (Ludovica) Brentano geboren.

1788 In Preußen werden die auf religiösem und literarischem Gebiet bestehenden Freiheiten durch das Religionsedikt und das Presseedikt aufgehoben.
Kant: »Kritik der praktischen Vernunft«.
Schwester Meline (Magdalena) Brentano geboren; der bucklige Peter, Bettinens Halbbruder und Spielgefährte, stirbt an einem Treppensturz; Großvater Georg Michael von la Roche gestorben.

1789 Mit dem Sturm auf die Bastille in Paris beginnt die erste Etappe der bürgerlichen Revolution in Frankreich.
Erste Volksunruhen in Deutschland.
Schillers Antrittsvorlesung in Jena; Ulrich Bräkers Selbstbiographie »Der arme Mann in Tockenburg«.
Tante Luise Möhn läßt sich scheiden und zieht zu ihrer inzwischen verwitweten Mutter Sophie von La Roche nach Offenbach.

1790 Abschaffung der Adelstitel in Frankreich; Kaiser Joseph II. gestorben; Leopold II. in Frankfurt zum Kaiser gekrönt.

Goethes »Tasso« und »Faust. Ein Fragment« erscheinen.
Viele vornehme französische Emigranten verkehren im Hause des Kaufmanns Brentano.

1791 Fluchtversuch des französischen Königs; Eröffnung der Gesetzgebenden Nationalversammlung in Paris; österreichisch-preußische Interventionsdrohung gegen das revolutionäre Frankreich in der Deklaration von Pillnitz.
In Wien Uraufführung von Mozarts Oper »Die Zauberflöte«; Itlingers Roman »Fausts Leben, Taten und Höllenfahrt«.
Der dreizehnjährige Bruder Clemens kommt zur weiteren Ausbildung nach Mannheim.

1792 Sturz der Monarchie in Frankreich; Einmarsch der Preußen und Österreicher; der Erste Koalitionskrieg.
Franz II. zum Kaiser gewählt.
Friedrich Schiller und Friedrich Gottlieb Klopstock zu Ehrenbürgern der Französischen Republik ernannt.
Die französische Revolutionsarmee besetzt im Oktober Frankfurt.
Peter Anton Brentano, Vater Bettinas, ergreift mit seiner Familie die Flucht.

1793 Ludwig XVI. im Januar hingerichtet; Marie Antoinette im Oktober; Diktatur der Jakobiner; zweite Teilung Polens.
Herder: »Briefe zu Beförderung der Humanität«; Schiller: »Die Geschichte des Dreißigjährigen Kriegs«.
Mutter Maximiliane Brentano in Frankfurt gestorben; nach ihrem Tode wird Claudine Piautaz als Erzieherin der Kinder in die Familie aufgenommen.

1794 Ende der revolutionären Diktatur der Jakobiner in Paris.
Goethe und Schiller schließen Freundschaft. Thalia-Fragment des »Hyperion« von Hölderlin.
Bettina kommt zusammen mit ihren Schwestern Kunigunde und Lulu ins Ursulinenkloster nach Fritzlar.

1795 Regierung des Direktoriums in Frankreich.
Goethe: »Wilhelm Meisters Lehrjahre«; Schiller: »Briefe über ästhetische Erziehung«; Kant: »Zum ewigen Frieden«.
Peter Anton Brentano heiratet in dritter Ehe Friederike von Rottenhof.

1796 Mit Napoleon Bonapartes Italienfeldzug beginnt dessen Aufstieg zur Macht.
Goethes und Schillers Xenien-Jahr.

Gunda kehrt vorzeitig aus der Klostererziehung nach Frankfurt zurück. Bruder Clemens kommt zur kaufmännischen Ausbildung nach Langensalza.

1797 Friedrich Wilhelm III. wird König von Preußen.
Schillers Balladenjahr; Wackenroders »Herzensergießungen« und Tiecks »Volksmärchen« kündigen die romantische Literaturströmung an.
Peter Anton Brentano gestorben; Bettina beendet die Klostererziehung in Fritzlar und übersiedelt mit den Schwestern Lulu und Meline zur Großmutter La Roche in Offenbach.

1798 Napoleon Bonapartes Zug nach Ägypten.
Kongreß in Rastatt; die deutschen Fürsten beugen sich der Forderung Frankreichs, die linksrheinischen deutschen Gebiete abzutreten.
Goethe: »Hermann und Dorothea«; Schiller: Uraufführung von »Wallensteins Lager«; die Brüder Schlegel gründen die Zeitschrift »Athenäum«, das Organ der frühromantischen Schule.
Das Oberhaupt der Familie Brentano, Franz, heiratet Antonie von Birkenstock; Clemens studiert in Jena Medizin und beginnt den Roman »Godwi«.

1799 Napoleon Bonaparte stürzt in Paris das Direktorium und begründet eine Militärdiktatur. Beginn des zweiten Koalitionskrieges. Schiller beendet die Wallenstein-Trilogie. Friedrich Schlegels Roman »Lucinde«; Novalis' »Heinrich von Ofterdingen«.
Großmutter La Roche und ihre Enkelin Sophie Brentano reisen zu dem Schriftsteller Wieland nach Oßmannstedt und besuchen Goethe in Weimar.

1800 Napoleon führt das französische Heer über den Großen Sankt Bernhard und vernichtet bei Marengo in Oberitalien die österreichische Armee.
Schillers »Maria Stuart« im Weimarer Hoftheater uraufgeführt.
Bettinas Schwester Sophie stirbt bei Wieland in Oßmannstedt.

1801 Frankreich annektiert im Frieden von Luneville Belgien und das linke Rheinufer.
Schillers »Jungfrau von Orleans« in Leipzig mit großem Erfolg uraufgeführt.
Clemens Brentano beginnt seinen Briefwechsel mit Bettina und liest im September mit ihr Goethes »Wilhelm Meister«.

1802 In Regensburg tritt die »Reichsdeputation« zusammen, um die territoriale Neugliederung des Reichs zu regeln.
Romantische Sängerfahrt von Clemens Brentano und Achim von Arnim auf dem Rhein. Anfang der Rheinromantik.
Bettina begegnet Achim von Arnim in Frankfurt. Beginn der Freundschaft mit Karoline von Günderode.

1803 Neuer Bruch zwischen Frankreich und England; die Franzosen besetzen das mit England in Personalunion verbundene Kurfürstentum Hannover. Die Schriftstellerin Madame de Staël wird aus Frankreich ausgewiesen und unternimmt eine Deutschlandreise.
Clemens Brentano heiratet die Schriftstellerin Sophie Mereau und läßt sich für Bettina von dem Bildhauer Friedrich Tieck modellieren.

1804 Napoleon läßt sich zum Kaiser ausrufen.
Schillers »Wilhelm Tell« im Weimarer Hoftheater uraufgeführt.
Bettinas Schwester Gunda heiratet den Rechtsgelehrten Friedrich Karl von Savigny.

1805 Der dritte Koalitionskrieg; in der Drei-Kaiser-Schlacht bei Austerlitz in Mähren siegt Napoleon über die vereinigten Russen und Österreicher.
Alexander von Humboldt trifft nach Beendigung einer fünfjährigen Forschungsreise in Mittel- und Südamerika in Berlin ein. Schiller gestorben. Der erste, Goethe gewidmete Band von »Des Knaben Wunderhorn« erscheint.
Bettina zieht im Herbst zu dem Ehepaar Savigny nach Marburg.

1806 Napoleon bildet zur Sicherung seiner Herrschaft in Deutschland den Rheinbund. Kaiser Franz legt die deutsche Kaiserkrone nieder. In der Doppelschlacht bei Jena und Auerstedt bricht der feudalabsolutistische preußische Staat zusammen.
Goethe beendet »Faust, I. Teil«.
Bettina stößt auf Briefe Goethes an ihre Großmutter und schreibt sie ab. Beginn der Freundschaft mit Frau Aja.
Freitod der Günderode am Rhein; Bettinas Schwägerin Sophie Mereau stirbt bei der Geburt des dritten Kindes in Heidelberg; Schwester Lulu heiratet den Bankier Karl Jordis.

1807 Im Frieden von Tilsit verliert Preußen alle Gebiete links der Elbe und die in der zweiten und dritten Teilung Polens annektierten Gebiete. Beginn der Steinschen Reformen.
Hegel: »Phänomenologie des Geistes«; im Dezember beginnt

Fichte mit seinen patriotischen Vorträgen »Reden an die deutsche Nation«.
Bettina zieht mit ihrer Schwester Lulu und dem Schwager Jordis nach Kassel.
Großmutter Sophie von La Roche stirbt in Offenbach. Im April Besuch bei Goethe in Weimar. Anfang November zweiter Weimar-Besuch Bettinas.

1808 Napoleon auf dem Höhepunkt seiner Macht; in Erfurt Begegnung mit Goethe.
In Heidelberg versucht Arnim die Romantiker um die »Zeitung für Einsiedler« zu sammeln. August Wilhelm Schlegel hält in Wien Vorlesungen über dramatische Kunst und Literatur. Kleists Lustspiel »Der zerbrochene Krug« in Weimar uraufgeführt. Tod von Goethes Mutter.
Bettina reist mit Savignys nach München und widmet sich dort dem Musikstudium. Bekanntschaft mit F. H. Jacobi, L. Tieck, Schelling, dem Diplomaten Graf Friedrich von Stadion, dem Kapellmeister Peter von Winter, Kronprinz Ludwig von Bayern.

1809 Österreichisch-französischer Krieg; Aufstand der Tiroler. Goethes Roman »Wahlverwandtschaften«; Kleists Drama »Die Hermannsschlacht« kursiert als Handschrift in Wien.
Achim von Arnims Novellensammlung »Der Wintergarten« erscheint mit einer Widmung für Bettina. Ludwig Grimm fertigt eine Porträtgrafik Bettinas mit dem »Wintergarten« in den Armen. In Landshut Begegnung mit dem Theologen Sailer und dem Mediziner Ringseis.

1810 Hardenberg wird preußischer Staatskanzler; Fortsetzung der Staatsreformen; Gründung der Universität Berlin.
Arnims Zeitroman »Gräfin Dolores« erscheint; Kleist schreibt in Berlin das Schauspiel »Prinz Friedrich von Homburg«.
Bettina reist nach Wien und lernt dort Beethoven kennen. Familientreffen auf dem böhmischen Gut Bukowan. In Teplitz dritte Begegnung mit Goethe. Übersiedlung mit Savignys nach Berlin.

1811 Goethes »Dichtung und Wahrheit« beginnt zu erscheinen.
Bettina schließt mit Achim von Arnim die Ehe; sie beziehen ein Gartenhäuschen hinter dem Vossischen Palais am Wilhelmsplatz Nr. 78. Im August Reise nach Weimar und Frankfurt; Aufenthalt bei Goethe; Streit zwischen Bettina und Christiane.

1812 Rußlandfeldzug Napoleons; die Konvention von Tauroggen gibt das Signal zur Erhebung gegen Napoleon. Die erste

Ausgabe der Grimmschen Kinder- und Hausmärchen erscheint.
Im Mai Geburt von Bettinas erstem Sohn, Freimund.

1813 Antinapoleonischer Befreiungskrieg. Nach der Völkerschlacht von Leipzig zieht sich Napoleon bis an die historische Grenze Frankreichs zurück.
Arndt: »Lieder für Teutsche«; Arnims Sammlung »Schaubühne«.
Arnim und Savigny beim Berliner Landsturn; am 2. Oktober wird Bettinas zweiter Sohn, Siegmund geboren; Arnim übernimmt die Redaktion des »Preußischen Correspondenten«.

1814 Einzug der Alliierten in Paris; Napoleon dankt ab; der französische Senat beruft Ludwig XVIII.; im September beginnt der Wiener Kongreß.
E. T. A. Hoffmann: »Fantasiestück in Callots Manier«; Chamisso: »Peter Schlemihl«; Görres: »Rheinischer Merkur«.
Bettina und Arnim übersiedeln nach Gut Wiepersdorf bei Dahme in der Mark.

1815 Napoleon verläßt die Verbannungsinsel Elba und landet an der französischen Mittelmeerküste; Herrschaft der Hundert Tage; Schlacht bei Waterloo; endgültige Abdankung Napoleons; Gründung der Heiligen Allianz.
Achim von Arnim beendet das Trauerspiel »Die Gleichen«.
Im Februar wird Bettinas dritter Sohn, Friedmund, geboren.

1816 Schwere Agrarkrise mit Hungersnot in Deutschland.
Goethes Reisetagebuch: »Italienische Reise«; Jacob und Wilhelm Grimm: »Deutsche Sagen«.
Zu Pfingsten Besuch von Wilhelm Grimm in Wiepersdorf.

1817 Wartburgfest der deutschen Burschenschaft.
Grillparzers Drama »Die Ahnfrau«; Arnims Roman »Die Kronenwächter«.
Anfang des Jahres kehrt Bettina nach Berlin zurück und bezieht eine Wohnung in der Letzten Straße 51; am 24. März wird der vierte Sohn, Kühnemund, geboren; Arnim im Sommer zur Kur in Karlsbad; Bettina zieht in die Georgenstraße 3 um und erlebt den Brand des Schauspielhauses.

1818 Aachener Kongreß beschließt den Abzug der in Frankreich stehenden Besatzungstruppen; Verfassungen in den süddeutschen Staaten.
Im April zieht Bettina in das Wohnhaus Unter den Linden 76; sie

befreundet sich mit der Schriftstellerin Amalie von Helvig. Arnim siedelt nach Bärwalde um; am 23. Oktober wird die erste Tochter Maximiliane geboren.

1819 Ministerkongreß in Karlsbad beschließt Unterdrückung der nationalen und freiheitlichen Bewegung in Deutschland (Demagogenverfolgung).
Goethe: »Westöstlicher Divan«; E. T. A. Hoffmann: »Die Serapionsbrüder«.
Bettina verurteilt in ihren Briefen die Demagogenverfolgungen.

1820 Erhebung der spanischen Liberalen und Aufstand in Neapel; Kongreß zu Troppau.
E. T. A. Hoffmann fordert die Haftentlassung des Turnvaters Jahn.
Bettina knüpft engere Kontakte zu Schinkel und Schleiermacher. Im Herbst Arnims Reise nach Frankfurt und Süddeutschland zu den Schauplätzen seines Romans »Die Kronenwächter«.

1821 Beginn des Freiheitskampfes der Griechen. Der Kongreß zu Laibach beschließt Maßnahmen zur Unterdrückung der freiheitlichen Bewegung in Italien.
Goethe: »Wilhelm Meisters Wanderjahre«; Grillparzers dramatische Trilogie »Das goldene Vlies«.
Am 4. März wird die Tochter Armgart geboren. Im September reist Bettina mit dem Säugling und ihrer Schwester Gunda nach Frankfurt. Auf der Rückreise in Weimar Stippvisite bei Goethe.

1822 Kongreß der Heiligen Allianz in Verona wegen der spanischen und griechischen Unruhen.
In Berlin erste Gewerbeausstellung.
Heinrich Heine: »Gedichte«, »Briefe aus Berlin«; Hegel liest an der Berliner Universität zum erstenmal über »Philosophie der Weltgeschichte«.
Bettina widmet sich der Ölmalerei und dem Zeichnen und führt enthusiastisch Korrespondenz mit dem Major Carl von Wildermeth und dem Studenten Philipp Hößli.

1823 Militärische Intervention Frankreichs zur Unterdrückung der spanischen Freiheitsbewegung.
Beethoven komponiert die IX. Sinfonie.
Bettina entwirft die Skizze zu einem Goethedenkmal und tritt in Wettbewerb mit dem Bildhauer Rauch.

1824 Schinkel erbaut die Berliner Schloßbrücke; Zensurverbot gegen Fichtes »Reden an die deutsche Nation«.

Der Bildhauer Wichmann modelliert Bettinas Denkmals-Entwurf in Ton; im Juli Bettina mit dem Modell ihres Denkmals bei Goethe; öffentliche Ausstellung des Gipsmodells in Frankfurt am Main; August/September Kuraufenthalt in Schlangenbad.

1825 Erste ernste Industriekrise in Deutschland; Dekabristenaufstand in Rußland.

Franz Grillparzers Trauerspiel »König Ottokars Glück und Ende«.

Bettina zieht in die Dorotheenstraße 8 um; Begegnung mit der schwedischen Journalistin Malla Montgomery-Silfverstolpe, die in ihrem Reisejournal »Das romantische Deutschland« ein literarisches Porträt der Frau von Arnim entwirft.

1826 Hungerrevolte der Metallarbeiter in Solingen; Gasbeleuchtung auf der Straße Unter den Linden in Berlin.

Heinrich Heine veröffentlicht erste »Reisebilder«; Tiecks Novelle »Aufruhr in den Cevennen«; Eichendorff: »Aus dem Leben eines Taugenichts«.

Bettina zieht im April in die Friedrichstraße 101; Begeisterung für den Freiheitskampf der Griechen; Bettina komponiert eine Melodie zu dem Gedicht »Weihe an Hellas« von Amalie von Helvig und entwirft eine Zeichnung, die zum Besten der Griechen verkauft wird; Ende August Reise nach Weimar und Aussöhnung mit Goethe; im Oktober Umzug in die Dorotheenstraße 31.

1827 Gründung des süddeutschen Zollvereins.

Heines Lyriksammlung »Buch der Lieder«; Alexander von Humboldt beginnt seine »Kosmos«-Vorlesungen in Berlin.

Zwischen Bettina und Varnhagen entstehen freundschaftliche Kontakte; der junge Historiker Leopold Ranke verbringt seine Abende im Haus der Frau von Arnim; am 30. August wird das letzte Kind, Gisela, geboren.

1828 Textilarbeiterunruhen in Krefeld.

Goethe übergibt den Briefwechsel mit Schiller der Öffentlichkeit.

Im August reist Achim von Arnim zur Kur nach Aachen.

1829 Ende des griechischen Unabhängigkeitskampfes gegen die Türken.

Börnes »Gesammelte Schriften« beginnen zu erscheinen.

Bettina hört den Geiger Paganini; die Kontakte zu Rahel Varnhagen werden herzlicher; Achim verweist seine Frau auf den Hamburger Arzt und Sozialreformer Dr. Julius. Ende Oktober reist sie mit

Maximiliane und Armgart nach Frankfurt, wo ihr Bruder Georg die Erziehung der Töchter übernimmt.

1830 Der Ausbruch der Juli-Revolution in Paris führt zum Sturz der Bourbonen und löst eine Welle revolutionärer Erschütterungen in Europa aus. »Schneiderrevolution« in Berlin. Im November beginnt der nationalrevolutionäre Aufstand der Polen.
Pückler-Muskau: »Briefe eines Verstorbenen«.
Bettina reist im August mit Gisela zu ihren Verwandten nach Frankfurt; in Brückenau Begegnung mit dem König Ludwig I. von Bayern; sie findet ihre zwölfjährige Tochter Maximiliane typhuskrank vor und verbringt die Ferien mit Krankenpflege; November/Dezember letzter Besuch Arnims in Berlin.

1831 Aufstand der Lyoner Seidenweber; Zusammenbruch des Aufstands in Polen.
Heinrich Heine siedelt nach Paris über.
Grabbes Drama: »Napoleon«.
Am 21. Januar stirbt Arnim in Wiepersdorf. Im Sommer engagiert sich Bettina bei den sozialen Hilfsmaßnahmen anläßlich der Cholera-Epidemie.

1832 Hambacher Fest, Kundgebung der süddeutschen Demokraten für Einheit und Freiheit.
Am 22. März stirbt Goethe.
Bettina kauft das Bild »Nachmittag auf Capri« des Malers Karl Blechen und beginnt einen Briefwechsel mit Pückler-Muskau.

1833 Der Frankfurter Wachensturm; verschärfte Demagogenverfolgung; Gründung des deutschen Zollvereins.
Bettina besucht Pückler in Muskau.

1834 Deutsche Flüchtlinge gründen in Paris den demokratisch-republikanischen »Bund der Geächteten«.
Bettina hält Totenwache an Schleiermachers Sarg. Sie veröffentlicht anonym einen Aufsatz über Schinkel in Pücklers Buch »Andeutungen über Landschaftsgärtnerei«.

1835 Erste deutsche Eisenbahn zwischen Nürnberg und Fürth; der Deutsche Bundestag beschließt die Unterdrückung der Schriften des »Jungen Deutschlands«.
Büchner: »Dantons Tod«; Lenau: »Faust«; D. Fr. Strauß: »Das Leben Jesu«; Gutzkow: »Wally, die Zweiflerin«.
Bettinas Erstling »Goethes Briefwechsel mit einem Kinde« erscheint; er ist dem Fürsten Pückler gewidmet. Sie bezieht eine Wohnung im Palais des Grafen Raczynski Unter den Linden

Nr 21. Im Juni verunglückt der 18jährige Kühnemund tödlich beim Schwimmen.

1836 In Paris entsteht der »Bund der Gerechten«, der sozialistische Ziele vertritt. Damit beginnt »die erste Periode der deutschen selbständigen Arbeiterbewegung« (Fr. Engels).
Eckermanns »Gespräche mit Goethe«.
Aufnahme der Beziehungen zu Philipp Nathusius, der ein Tagebuch führt unter dem Titel »Brosamen von Ambrosia, aus Gesprächen mit Bettina«.

1837 Absetzung der sieben Göttinger Professoren auf Grund ihres Protestes gegen den Staatsstreich in Hannover.
Bettina nimmt für die Gemaßregelten Partei, insbesondere für die Brüder Grimm.
Die zweite Auflage von »Goethes Briefwechsel mit einem Kinde« erscheint.

1838 Industrielle Krise in Deutschland.
Die ersten Gedichtsammlungen Mörikes und Freiligraths erscheinen.
Bettina leitet Aktionen zur Rettung des Malers Blechen ein. Eine englische Übersetzung des Goethebriefwechsels führt zu verlegerischem Mißerfolg. Am 28. November zeichnet Ludwig Grimm die Schriftstellerin vor dem großen Gipsmodell des Goethedenkmals sitzend.

1839 Erste deutsche Eisenbahn-Fernstrecke Leipzig–Dresden.
Die zwei ersten Bände der Sämtlichen Werke Arnims erscheinen mit Vorwort von Wilhelm Grimm.
Eröffnung des *Briefwechsels zwischen Bettina und Julius Döring. Im September reisen beide zu den Grimms nach Kassel.*

1840 In Preußen Regierungsantritt Friedrich Wilhelms IV. (Juni 1840)
Tieck: »Vittoria Accorombona«; Hoffmann von Fallersleben: »Unpolitische Lieder«.
Bettinas zweites Buch »Die Günderode« erscheint; Fackelzug der Berliner Studenten als Dank für die Zueignung des Günderode-Briefwechsels. Am 22. April schickt sie dem preußischen Kronprinzen ihre große schriftliche Auseinandersetzung mit Savigny über die Angelegenheit der Brüder Grimm. Im November Berufung der Brüder Grimm nach Berlin. Iwan Turgenjew und Michail Bakunin besuchen Bettina.

1841 Anwachsen des bürgerlichen Radikalismus in Preußen; Flug-

schrift von Johann Jacoby »Vier Fragen, beantwortet von einem Ostpreußen«. Feuerbach: »Das Wesen des Christentums«; Herwegh: »Gedichte eines Lebendigen«.
Mendelssohn wird an die Spitze des Berliner Musiklebens berufen; Entlassung Spontinis.
Bettina knüpft Kontakte zu dem Junghegelianer Bruno Bauer. Mutiger Einsatz für Spontini.

1842 Aufschwung der »Rheinischen Zeitung« unter der Redaktion von Karl Marx.
Bettina widmet dem Komponisten Spontini ein Liederheft; in Kreuznach trifft sie sich mit Karl Marx und Jenny von Westphalen.

1843 Entstehung einer neuen progressiven Studentenbewegung in Deutschland; Gründung fortschrittlicher Lesezirkel und öffentlicher Lesezimmer.
Bettina veröffentlicht »Dies Buch gehört dem König«. In Paris erscheint eine zweibändige französische Übersetzung ihres Goethebuches. Stahrs Broschüre »Bettina und ihr Königsbuch« wird verboten. Im Herbst bezieht sie eine neue Wohnung: hinter dem Neuen Packhof Nr. 2.

1844 Großer Weberaufstand in Schlesien.
Heine: »Deutschland. Ein Wintermärchen«; Freiligrath: »Ein Glaubensbekenntnis«; Hebbel: »Maria Magdalena«.
In der Schweiz erscheint die Broschüre »Ruchlosigkeit der Schrift ›Dies Buch gehört dem König‹ – ein untertäniger Fingerzeig, gewagt von Leberecht Fromm«. Im Mai wird Bettinas neues Buch »Clemens Brentanos Frühlingskranz« wegen »respektwidrigen Inhalts der Zueignung« beschlagnahmt.

1845 Bürger- und Volksversammlungen werden zu ständigen Einrichtungen.
In Leipzig erscheint »Die Lage der arbeitenden Klasse in England« von Friedrich Engels. In Dresden: Uraufführungen von Wagners »Tannhäuser«.
Bettina setzt sich beim König für den verhafteten Demokraten Schloegel ein. Im Sommer brennt in Bärwalde das Herrenhaus ab; am 17. September zieht Bettina in den vom Pächter geräumten Wiepersdorfer Bau.

1846 Agrarkrise in Deutschland; Unruhen der polnischen Bevölkerung in Posen infolge eines revolutionären Aufstands in Kraków.
Gutzkow: »Uriel Acosta«; Freiligrath: »Ça ira«.

Bettina tritt beim preußischen König für den inhaftierten polnischen Revolutionär Mieroslawski ein und bezieht eine neue Wohnung in der Köthener Straße.

1847 Zyklische Wirtschaftskrise; zahlreiche Hungerrevolten in Deutschland.
Umbenennung des »Bundes der Gerechten« in »Bund der Kommunisten«.
Heine: Buchausgabe des »Atta Troll«.
Bettina wird in einen Prozeß wegen *Beleidigung des Berliner Magistrats verwickelt; der Briefwechsel mit Philipp Nathusius unter dem* Titel *»Ilius Pamphilius und die Ambrosia« wird vor dem Erscheinen polizeilich beschlagnahmt. Im Mai vermählt sich der älteste Sohn Freimund mit Anna von Baumbach.*

1848 Februarrevolution in Paris; Volkserhebungen in Wien und Berlin. In Preußen Übernahme der Regierungsgewalt durch die liberale Großbourgeoisie; Wahl und Einberufung der Nationalversammlung in der Frankfurter Paulskirche; Marx und Engels veröffentlichen das »Kommunistische Manifest« und geben die »Neue Rheinische Zeitung« heraus.
Bettina bezieht die Wohnung In den Zelten 5 und verfaßt die Polenbroschüre »An die aufgelöste Preußische Nationalversammlung«; Erscheinen des Briefromans »Ilius Pamphilius und die Ambrosia«. Am 29. Dezember stirbt ihre Schwiegertochter Anna von Baumbach.

1849 Staatsstreich der Konterrevolution in Preußen; Niederschlagung des pfälzisch-badischen Aufstandes und des Dresdner Maiaufstandes, die letzte Etappe der Revolution.
Weerth: »Leben und Taten des berühmten Ritters Schnapphahnski«.
Bettina tritt beim König für Gottfried Kinkel ein; ihr Briefwechsel mit dem Petőfi-Übersetzer Kertbeny beginnt.

1850 Mit dem Vertrag von Ölmütz zwischen Preußen und Österreich wurde der auf dem Wiener Kongreß geschaffene Deutsche Bund wiederhergestellt. Eine neue Epoche der Reaktion beginnt.
Ludwig: »Der Erbförster«; Gutzkow: »Die Ritter vom Geist«.
Bettinas Hymne »Petőfi, der Sonnengott«.

1851 Der konjunkturelle Aufschwung der Weltwirtschaft unterstützt die Reaktion. In Frankreich Staatsstreich Louis Bonapartes; Weltausstellung in London.
Heine: »Romanzero«; Fontane: »Gedichte«.

Bettina arbeitet mit dem Bildhauer Steinhäuser am Gipsmodell ihres Goethedenkmals.

1852 Prozeß gegen Mitglieder des »Bundes der Kommunisten«.
In New York erscheint »Der achtzehnte Brumaire des Louis Bonaparte« von Karl Marx.
Bettina veröffentlicht ihr letztes Werk »Gespräche mit Dämonen«.
Der Erbgroßherzog Karl Alexander von Weimar läßt die beiden Hauptfiguren des Goethedenkmals in Marmor ausführen.

1853 Krimkrieg zwischen Rußland und der Türkei, Frankreich und England.
Hebbel: »Gyges und sein Ring«; Stifter: »Bunte Steine«.
Herausgabe sämtlicher Werke Bettina von Arnims in 11 Bänden.
Hochzeit in Wiepersdorf: Tochter Maximiliane heiratet Graf Eduard von Oriola.

1854 Der Bundestag verbietet alle Arbeitervereine.
Gustav Freytag: »Die Journalisten«.
Ende Oktober reist Bettina zu Oriolas nach Bonn und erleidet einen schweren Schlaganfall.

1855 Weltausstellung in Paris.
Freytag: »Soll und Haben«; Kurz: »Der Sonnenwirt«; Hebbel: »Agnes Bernauer«.
Im Juli bessert sich Bettinas Gesundheitszustand; im September zusammen mit Armgart und Gisela zur Kur in Badenweiler; Anfang Dezember Rückkehr nach Berlin.

1856 Ende des Krimkriegs.
Gottfried Kellers Novellensammlung »Die Leute von Seldwyla«.
Im Dezember erleidet Bettina einen neuen Schlaganfall mit linksseitiger Lähmung.

1857 Weltwirtschaftskrise.
Friedrich Wilhelm IV. erleidet zwei Schlaganfälle und wird regierungsunfähig.
Wilhelm Raabe: »Aus der Chronik der Sperlingsgasse«.
Bettina hält sich von August bis November zur Erholung in Teplitz auf.

1858 Prinz Wilhelm von Preußen übernimmt für den erkrankten Friedrich Wilhelm IV. die Regentschaft und beruft ein liberales Ministerium.
Illusion des Bürgertums über Anbruch einer »Neuen Ära«.
Fritz Reuter: »Ut de Franzosentid«.
Im September Bettina zur Kur in Doberan.

1859 Kriegerischer Konflikt in Oberitalien zwischen Frankreich und Sardinien gegen Österreich wühlt die öffentliche Meinung in Deutschland auf.
In Berlin erscheint die anonyme Broschüre von Friedrich Engels »Po und Rhein«. Gründung des Deutschen Nationalvereins in Frankfurt am Main.
Gutzkow: »Der Zauberer von Rom«; Freytag: »Bilder aus der deutschen Vergangenheit«; Herman Grimm: »Essays«.
Am 20. Januar stirbt Bettina und wird in Wiepersdorf beigesetzt.

Übersicht zur Bettina-von-Arnim-Literatur

(Eine Auswahl)

1. *Originalausgaben der* Werke

Goethes Briefwechsel mit einem Kinde. Berlin bei Ferdinand Dümmler 1835

Goethes Briefwechsel mit einem Kinde. 2. Auflage. Berlin bei C. H. Jonas 1837

Goethes Briefwechsel mit einem Kinde. 3. Auflage (in Wirklichkeit lediglich Titelausgabe der 2. Auflage). Berlin, Expedition des von Arnimschen Verlags 1849

Goethes Briefwechsel mit einem Kinde. Dritte Auflage. Herausgegeben von Herman Grimm mit dem Aufsatz »Bettina von Arnim«. Berlin, Verlag von Wilhelm Hertz. (Bessersche Verlagsbuchhandlung) 1881

Goethe's Correspondence with a Child. Ohne Angabe eines Verlags; auf den letzten Seiten Druckvermerk Printed by Trowitzsch & Sohn, Berlin 1837/38

Goethe et Bettina. Correspondance inédite de Goethe et de Mme Bettina d'Arnim. Traduite de l'Allemand par Séb. Albin. Paris, chez Conon, Quai Malaquais, 1843

Die Günderode. Grünberg und Leipzig bei W. Lévysohn 1840

Dies Buch gehört dem König. Berlin bei E. H. Schroeder 1843

Clemens Brentanos Frühlingskranz. Charlottenburg bei Egbert Bauer 1844

Ilius Pamphilius und die Ambrosia. Berlin, Expedition des von Arnimschen Verlags 1847

Gespräche mit Dämonen – Des Königsbuches zweiter Band. Berlin, Arnims Verlag 1852

2. *Sammelausgaben der Werke*

Bettinas sämtliche Schriften. 11 Bände. Berlin, Expedition des von Arnimschen Verlags 1853

Bettinas sämtliche Schriften in 10 Bänden (»Neue Ausgabe«). Berlin, Arnims Verlag 1857

Arnim, Bettina von: Sämtliche Werke. Herausgegeben von Waldemar Oehlke. Band 1–7. Berlin im Prophyläen-Verlag 1920/22
Arnim, Bettina von: Werke und Briefe. Herausgegeben von Gustav Konrad. Band 1–4, Band 5 Briefe, herausgegeben von Johannes Müller. Frechen 1961
Arnim, Bettina von: Werke und Briefe. Hg. v. W. Schmitz u. S. V. Steinsdorff, 3 Bde., Frankfurt/M. 1986 ff.

3. *Die wichtigsten Nachlaßeditionen und Briefausgaben*

Assing, Ludmilla von: Aus dem Nachlaß Varnhagens von Ense. Briefe von Stägemann, Metternich, Heine und Bettina von Arnim, nebst Briefen, Anmerkungen und Notizen von Varnhagen von Ense. Leipzig 1865
Pückler, Hermann Fürst von: Briefwechsel und Tagebücher, Herausgegeben von Ludmilla Assing. Band 1–9. Hamburg und Berlin 1873–76
Geiger, Ludwig: Bettina von Arnim und Friedrich Wilhelm IV. Ungedruckte Briefe und Aktenstücke. Frankfurt am Main 1902
Obser, Karl: Bettina von Arnim und ihr Briefwechsel mit Pauline Steinhäuser. In: Neue Heidelberger Jahrbücher XII,2, Heidelberg 1903
Steig, Reinhold: Achim von Arnim und Bettina Brentano. Stuttgart und Berlin 1913, Band 2 der Reihe: Achim v. Arnim und die ihm nahestanden
Steig, Reinhold: Bettinas Briefwechsel mit Goethe. Leipzig 1922
Mallon, Otto: Bettina von Arnims Briefwechsel mit Hortense Cornu. In: Euphorion 27. Band. Heidelberg 1926
Bergemann, Fritz: Bettinas Leben und Briefwechsel mit Goethe. Leipzig 1927
Gassen, Kurt: Bettina von Arnim und Rudolf Baier. Greifswald 1937
Schellberg, Wilhelm und Fuchs, Friedrich: Die Andacht zum Menschenbild. Unbekannte Briefe von Bettine Brentano. Jena 1942
Arnim, Bettina von: Briefe und Konzepte aus den Jahren 1849 bis 1852. In: Sinn und Form 5. Jahrg. 1953 Heft 1
Arnim, Bettina von: Briefe und Konzepte aus den Jahren 1809 bis 1846. In: Sinn und Form 5. Jahrg. 1953 Heft 4
Püschel, Ursula: Bettina von Arnims Polenbroschüre. Berlin 1954
Vordtriede, Werner: Achim und Bettina in ihren Briefen mit einer Einleitung von Rudolf Alexander Schröder. 2 Bände. Frankfurt am Main 1961
Vordtriede, Werner: Bettinas Briefe an Julius Döring. In: Jahrbuch d. Freien Deutschen Hochstifts. Frankfurt am Main 1963 und 1964

Vordtriede, Werner: Bettina und Goethe in Teplitz. In: Jahrbuch d. Freien Deutschen Hochstifts, Frankfurt am Main 1964

Vordtriede, Werner: Das Armenbuch. In: Jahrbuch d. Freien Deutschen Hochstifts 1962. Als Buch in Frankfurt am Main 1968. Erste Auflage der erweiterten Ausgabe 1981, insel taschenbuch 541, Frankfurt am Main 1981

Hahn, Karl-Heinz: »... denn Du bist mir Vater und Bruder und Sohn«. Bettina von Arnim im Briefwechsel mit ihren Söhnen. In: Wissenschaftliche Zeitschrift der Friedrich-Schiller-Universität Jena. Gesellschafts- und sprachwissenschaftliche Reihe. Jena 1971

Steinsdorff, Sibylle von: Der Briefwechsel zwischen Bettine Brentano und Max Prokop von Freyberg, Berlin – New York 1972 (= Quellen und Forschungen zur Sprach- und Kulturgeschichte der germanischen Völker, NF 48)

Turóczi-Trostler, Jôzcef: Petőfis Eintritt in die Weltliteratur. Karl-Maria Kertbeny, ein Petőfi-Apostel, Bettina von Arnim, Ungarn und Petőfi. In Acta litteraria Academiae Hungaricae Tom 3 und 4. Budapest 1961

Schultz, Hartwig: Der Briefwechsel Bettine von Arnims mit den Brüdern Grimm 1838–1841. Frankfurt am Main 1985

4. *Biographien sowie Gesamtwürdigungen in Aufsätzen und Essays*

Loeper, Gustav von: Biographische Charakteristik in der Allgemeinen Deutschen Biographie Band 2, Leipzig 1875

Grimm, Herman: Bettina von Arnim. In: Goethes Briefwechsel mit einem Kind, Berlin 1881; wiederholt in dem Sammelband Herman Grimm: Das Jahrhundert Goethes, herausgegeben von R. Buchwald (1948)

Carrière, Moritz: Bettina von Arnim: In: Monatsschrift »Nord und Süd« 1887, 40. Band, S. 78 f.; wiederholt in »Lebensbilder«, Leipzig 1890

Huch, Ricarda: Kapitel Brentano. In: Ausbreitung und Verfall der Romantik, Leipzig 1902

Strobl, Karl Hans: Bettina von Arnim. Bielefeld und Leipzig 1906

Ernst, Paul: Bettina. München 1923

Susman, Margarete: Frauen der Romantik. Jena 1929

Seidel, Ina: Bettina. 1944; wiederholt in »Drei Dichter der Romantik«, Stuttgart 1956

Lilienfein, Heinrich: Bettina, Dichtung und Wahrheit ihres Lebens. München 1949

Dovski, Lee van (d. i. Lewandowski, Herbert): Bettina von Arnim. In: Genie und Eros. Neue Folge. Olten, Bern 1950
Siemsen, Anna: Bettina. In: Der Weg ins Freie. Frankfurt am Main 1950
Kahn-Wallerstein, Carmen: Bettine. Die Geschichte eines ungestümen Herzens. Bern 1952
Mallachow, Lore: Bettina. Das Neue Berlin 1952
Kluckhohn, Paul: Bettina von Arnim. In: Neue Deutsche Biographie Band 1. Berlin 1953
Heuschele, Otto: Bettina von Arnim. In: Weg und Ziel. Heidenheim 1958
Schröder, Rudolf Alexander: Einleitung zu Achim und Bettina in ihren Briefen; herausgegeben von Werner Vordtriede. Frankfurt am Main 1961
Arnim, Hans von: Bettina von Arnim. Berlin 1963
Hammer, Konrad: Das wunderliche Leben der Bettina von Arnim. Bonn 1965
Milch, Werner: Die junge Bettine. Herausgegeben von Peter Küpper. Heidelberg 1968
Secci, L.: Per un nuovo »Gesamtbild« di Bettine von Arnim Brentano. In: Studi germanici. Nuova serie (Roma) 6 (1968), Nr. 3, S. 139–176
Drewitz, Ingeborg: Bettine von Arnim. Romantik – Revolution – Utopie. Düsseldorf, Köln 1969
Konrad, Gustav: Bettine von Arnim. In: Benno von Wiese (Hg.): Deutsche Dichter der Romantik. Ihr Leben und Werk. Berlin 1971
Dischner, Gisela: Bettine von Arnim. Eine weibliche Sozialbiographie aus dem 19. Jahrhundert. Wagenbachs Taschenbücherei 30. Berlin 1977
Mander, Gertrud: Bettina von Arnim. Stapp Verlag, Berlin 1982
Hetmann, Frederik: Bettina und Achim. Die Geschichte einer Liebe. Weinheim und Basel 1983
Gajek, Bernhard: Bettina von Arnim (1785–1859). Von der Romantik zur sozialen Revolution. In: Die Liebe soll auferstehen. Die Frau im Spiegel romantischen Denkens. Herausgegeben von Wolfgang Böhme. Herrenalber Texte 59, Karlsruhe 1985
Härtl, Heinz: Bettina von Arnim. Eine Chronik. Daten und Zitate zu Leben und Werk. Kulturfonds der DDR. Arbeits- und Erholungsstätte für Schriftsteller und Künstler »Bettina von Arnim«, Wiepersdorf o. J.
Perels, C. (Hg.): Herzhaft in die Dornen der Zeit greifen. Bettina von Arnim 1785–1859. Frankfurt/Main 1985
Hirsch, H.: Bettina von Arnim. Rowohlt Verlag, Reinbek 1987.

Grimm, Herman: Minna Herzlieb und Bettina Brentano. In: Preußische Jahrbücher XXX H. 5. Berlin 1872
Oehlke, Waldemar: Bettina von Arnims Briefromane, Palaestra XLI, Berlin 1905
Frels, Wilhelm: Bettine von Arnims Königsbuch. Ein Beitrag zur Geschichte ihres Lebens und ihrer Zeit. Rostock 1912
Leitzmann, Albert: Beethoven und Bettina. In: Deutsche Revue über das gesamte nationale Leben der Gegenwart 43. Berlin 1918
Hesse, Hermann: Goethe und Bettina. In: Neue Rundschau, Berlin 1924
Beyer, P.: Bettinas Arbeit an Goethes Briefwechsel mit einem Kinde. in: Von deutscher Sprache und Art. 1925
Mallon, Otto: Ungarische Freunde Bettina von Arnims. In: Zeitschrift »Archiv«, März 1930.
Wyss, Hilde: Bettina von Arnims Stellung zwischen der Romantik und dem Jungen Deutschland. Diss. Bern 1935
Bansa, E.: Bettinas Verhältnis zur Kunst. 1938
Germain, A.: Goethe et Bettina. Paris 1939
Grambow, Gertrud: Bettinas Weltbild. Diss. Berlin 1941
Walde, K. J.: Goethes Briefwechsel mit einem Kinde und seine Beurteilung in der Literaturgeschichte. Diss. Freiburg/Schweiz 1942
Brentano di Tremezzo, P. A. von: Stammreihen der Brentano mit Abriß der Familiengeschichte, 1933
Brentano di Tremezzo, P. A. von: Schattenzug der Ahnen. 1940 Milch, Werner: Bettina und Marianne. Zürich 1947
Beck, Hilde: Die Bedeutung der Natur in dem Lebensgefühl der Bettina von Arnim. Frankfurt am Main 1950
Nyssen, Helge: Zur Soziologie der Romantik und des vormarxistischen Sozialismus in Deutschland. Bettina von Arnims soziale Ideen. Diss. Heidelberg 1950
Hopfe, Anneliese: Formen und Bereiche schöpferischen Verstehens bei Bettina von Arnim. Diss. München 1953
Pross, H.: A romantic socialist in Prussia. In: German Quarterly 27, Appleton 1954
Schoof, W.: Goethe und Bettina Brentano. In: Jahrbuch der Goethe-Gesellschaft 20. 1958
Zimmermann, M. J.: Bettina von Arnim als Dichterin. Diss. Basel 1958
Dehn, T. P.: Bettina von Arnim und Rußland. Zeitschrift für Slawistik 4 (1959)
Hahn, Karl Heinz: Bettina von Arnim in ihrem Verhältnis zu Staat und Politik. Weimar 1959

Meyer-Hepner, Gertrud: Der Magistratsprozeß der Bettina von Arnim. Weimar 1960
Meyer-Hepner, Gertrud: Ein fälschlich Bettina zugeschriebener Aufsatz. In: Weimarer Beiträge 6. Weimar 1960
Mittenzwei, Johannes: Bettina Brentanos Apotheose der Tonkunst. In: Das Musikalische in der Literatur. Halle 1962
Platzer Collins/Shelley P. A.: The reception in England and America of Bettina von Arnims »Goethe's Correspondence with a Child«. Anglo-German and American-German crosscurrents Vol. 2. Chapel Hill. N. C. 1962
Beck, A.: Christoph Theodor Schwab über Bettina von Arnim. Ein briefliches Porträt 1849/50, zugleich ein Beitrag zur Geschichte der Wirkung Hölderlins, Jahrbuch d. Freien Deutschen Hochstifts. Frankfurt am Main 1964
Püschel, Ursula: Bettina von Arnims politische Schriften. Diss. Berlin 1965
Fraling, Annette: Zum Verhältnis von Kunstproduktion und Lebenspraxis in den Schriften Bettina von Arnims. Marburg 1980
Wolf, Christa: Nun ja! Das nächste Leben geht aber heute an. Ein Brief über die Bettine. In: Bettina von Arnim: Die Günderode. Insel-Verlag, Leipzig 1984
Gajek, Enid Margarete: Bettina von Arnim und Goethe. In: Die Liebe soll auferstehen. Die Frau im Spiegel romantischen Denkens. Herausgegeben von Wolfgang Böhme. Karlsruhe 1985
Bettine-von-Arnim-Katalog – Herzhaft in die Dornen der Zeit gegriffen ... Bettine von Arnim 1785–1859. Herausgegeben von Christoph Perels. Freies Deutsches Hochstift – Frankfurter Goethe-Museum 1985
Mattenklott, G.: Romantische Frauenkultur. Bettina von Arnim zum Beispiel (in: Frauen, Literatur, Geschichte, Hg. v. H. Gnüg u. R. Möhrmann, Stuttgart 1985
Bäumer, K.: Bettine, Psyche, Mignon. Bettina von Arnim und Goethe. Stuttgart 1986

6. *Auswahlbände*

Benz, Richard: Bettina schaut, erlebt, verkündet. Weibliches Wissen, Wesen, Wirken in ihrem Wort. München 1935
Kähler, Gisela: Bettine – eine Auswahl aus den Schriften und Briefen der Bettina von Arnim-Brentano. Berlin 1952
Meyer-Hepner, Gertrud/Berger, Gerada/Mallachow, Lore: Bettina – ein Lesebuch für unsere Zeit, Weimar 1953

Reuschle, Frieda Margarete: An der Grenze einer neuen Welt. Bettina von Arnims Botschaft, Stuttgart 1977
Kühn, Dieter: Bettine von Arnim – Aus meinem Leben. Insel Verlag Frankfurt am Main 1982
Wolf, Gerhard: Bettina von Arnim – Die Sehnsucht hat allemal recht. Gedichte – Prosa – Briefe. Berlin 1984

Personenregister

Abd ul Medschid I. (Sultan) 337 f.
Alberti, Wilhelmine 110
Albrecht, Wilhelm Eduard 204
Alembert, Jean Le Rond d' 263
Alexander I. (Zar) 130
Antelot, (Gräfin) d' 28
Arago (Aragon), Emmanuel 316
Arndt, Ernst Moritz 241, 358
Arnim, Achim von 9, 11, 50 f., 55, 62, 65 f., 69, 71, 75, 79, 83, 87, 91, 94 ff., 99, 103–112, 113–118, 120–125, 126–136, 138 f., 141, 142–149, 152, 155–159, 161–167, 175, 177, 185, 186, 191, 198, 201, 204 ff., 212, 222, 224, 227 f., 249, 259, 262, 272, 286 f., 298, 300, 339, 342, 348, 356–361
Arnim, Armgart von 144, 162, 177, 293, 343–346, 359, 361, 365
Arnim, Freimund von 118, 134, 152, 177, 195, 205, 308, 343, 358, 362, 364
Arnim, Friedmund von 129, 134, 267, 308, 315, 333, 358
Arnim, Gisela von 30, 163, 206, 290, 293, 305 f., 308, 320 ff., 343, 345 f., 360 f., 365
Arnim, Karl Otto Ludwig von, gen. Pitt 50, 104, 107, 113
Arnim, Kühnemund von 134, 162, 198 f., 277, 339, 358, 362
Arnim, Maximiliane von 144 f., 162, 165 f., 177, 293, 306, 308, 326, 333, 340–343, 346, 359, 361, 365
Arnim, Siegmund von 124, 134, 145, 177 f., 195, 307 f., 358
Atterbom, Per Daniel Amadeus 137
Auerswald, Rudolf von 310
Austin, Sarah 196 f.

Baader, Franz von 69, 78
Baier, Rudolf 287–295, 334
Bakunin, Michail Alexandrowitsch 191, 320, 362
Balzac, Honoré de 50, 98
Bardeleben, Henriette von 218
Bauer, Bruno 247, 251, 265–269, 277, 363
Bauer, Edgar 247, 265
Bauer, Egbert 277, 290 f.
Bauer, Karoline 158
Baumbach, Anna von 364
Beelitz, Friedrich 131
Beethoven, Ludwig van 74, 89–94, 95, 150, 182, 259, 343, 345 f., 357, 359
Benkert (siehe Kertbeny)
Bethmann, Simon Moritz 152 f., 155 f.
Bethmann-Hollweg, Moritz August 215, 217
Bihler, Alois 81 f., 89, 92
Birkenstock, Johann Melchior von 87
Blechen, Henriette 215–219

Blechen, Karl 214–220, 361 f.
Blum, Robert 321
Börne, Ludwig 105, 192, 264, 360
Boisserée, Melchior 69
Boisserée, Sulpiz 69, 71
Boyen, Leopold Hermann Ludwig von 114, 241
Bräker, Ulrich 353
Brandenburg, Friedrich Wilhelm Graf von 316
Brentano, Anna 24
Brentano, Anton 18
Brentano, Anton Joseph von (General) 21
Brentano, Antonie geb. Birkenstock, gen. Toni 68, 87, 89, 165, 346, 355
Brentano, Auguste geb. Bußmann (zweite Frau Clemens Brentanos) 68, 75 f., 115
Brentano, Caroline 24
Brentano, Christian 22, 84, 271
Brentano, Claudine, gen. Clödchen (Tochter von Georg Brentano) 166
Brentano, Clemens 7 f., 11, 19, 23, 25, 28 f., 33, 35 f., 38–45, 49 ff., 52, 57, 60, 62, 65 f., 68, 70 f., 75, 78, 103, 105, 108–112, 113, 123 ff., 128 f., 134, 139 f., 150, 165, 185, 191, 197, 207, 217, 224, 228, 248, 267, 271–277, 287, 290, 346 f., 353–356, 363
Brentano, Dominikus 18
Brentano, Franz 18, 39, 43, 46, 60, 68, 87 f., 118, 165, 355
Brentano, Friederike geb. von Rottenhof 354
Brentano, Georg 19, 150, 165, 177, 361
Brentano, Kunigunde, gen. Gunda (siehe Savigny, Gunda von)
Brentano, Ludovica, gen. Lulu, gesch. Jordis, wieder verehel. Bordes 22, 25, 30 ff., 60 ff., 79, 353 ff.
Brentano, Marie 22
Brentano, Maximiliane geb. La Roche 10, 12, 17 ff., 20, 22, 25, 55, 62, 70, 268, 354
Brentano, Meline, verehel. Guaita 22, 30, 55 f., 65 f., 68, 94, 121, 155, 345, 353, 356
Brentano, Paula 18
Brentano, Peter Anton (Vater Bettinas) 8, 17 ff., 22–25, 30 ff., 34, 354 f.
Brentano, Peter (Halbbruder Bettinas) 18, 22, 24, 353
Brentano, Sophie 38 f., 62, 88, 353, 355
Brentano, Sophie Friederike, gesch. Mereau geb. Schubert 57, 62, 356
Brentano, Susanne 24
Brentano, Therese 22
Brentano, Walpurga Paula Gnosso 20
Brühl, Carl Friedrich Moritz Paul Graf von 148
Büchner, Georg 361
Bülow, Franziska von 344 f.
Bülow, Hans von 344 f.
Buhl, Ludwig 265
Bußbaum, Xaver 82

Camphausen, Ludolf 310, 314
Carrière, Moritz 194, 234, 330, 347
Chamisso, Adelbert von 39, 358
Chassot, Louis August Ferdinand Adolf von 113

Cherubini, Luigi 89, 93
Chézy, Helmina von 149
Clausewitz, Karl von 113
Cornu, Hortense 312 f., 316, 318
Cranach, Lucas, der Ältere 49
Crespel, Johann Bernhard 20
Creuzer, Georg Friedrich 50, 104, 233
Czerny, Karl 89

Dätzl (Forstwissenschaftler) 82
Dahlmann, Friedrich Christoph 204 f., 208, 240
Dalberg, Karl Theodor von 53 f., 56, 231
Daumer, Georg Friedrich 191
Delaroche, Paul 330
Diderot, Denis 250, 263
Dion aus Syrakus 231
Döring, Julius 83, 194, 208, 221–228, 234, 247, 287 f., 289 f., 296 f., 328, 362
Dumeiz (Dechant) 20

Ebel, Johann Gottfried 33
Echtermeyer, Ernst Theodor 171
Eckermann, Johann Peter 12, 178, 185, 200, 362
Egloffstein, Julia Gräfin von 161
Eichendorff, Adolf von 22
Eichendorff, Joseph von 88, 104, 120, 132, 140, 191, 360
Eichhorn, Johann Albrecht Friedrich 267
Elster, Julius 195, 199
Engel, Johann Jakob 264
Engels, Ernestine 117
Engels, Friedrich 278, 321, 362, 363 f., 366
Enghien, Herzog d' 52 f.
Ernst August, König von Hannover 203 f.
Erasmus von Rotterdam, Desiderius 250
Ester, Karl d' 352
Ewald, Georg Heinrich 204

Falk, Johann Daniel 185
Fénelon, François de Salignac de la Mothe 26
Feuerbach, Ludwig 363
Fichte, Johann Gottlieb 7, 70, 113, 121, 124, 264, 357, 359
Finckenstein, Henriette von 71
Firnhaber von Eberstein, Georg 166
Fontane, Theodor 13, 218 f., 239, 312, 364
Fouqué, Friedrich de la Motte 120, 137, 149, 244
Franz II. Joseph Karl (deutscher Kaiser) 53, 354, 356
Fredersdorf, Michael Gabriel 104
Freiligrath, Ferdinand 362 f.
Freyberg, Max Prokop von 82, 85 ff., 91, 95, 99, 108 ff., 112, 160, 200
Freytag, Gustav 365 f.
Friedrich I. Barbarossa (deutscher Kaiser) 334
Friedrich II. (König von Preußen) 104, 243 f., 353
Friedrich Wilhelm III. (König von Preußen) 205, 210, 212, 214, 239, 257, 355
Friedrich Wilhelm IV. (König von Preußen) 10, 139, 210, 214, 239 ff., 243 f., 246, 248, 251 f., 254 f., 261, 304, 309 f., 312 ff., 321, 323 f., 326, 333 f., 338, 340, 362, 365

Gachet, Madame de 37
Gans, Eduard 204
Geiger, Ludwig 11
Geijer, Eric Gustaf 137
Gentz, Friedrich 264
Geoffrin, Marie-Thérèse 263
Gerlach, Ernst Ludwig von 253
Gerlach, Leopold von 253
Gervinus, Georg Gottfried 204
Gleim, Johann Wilhelm Ludwig 58
Gluck, Christoph Willibald 259
Gneisenau, August Neidhardt von 135, 138, 288
Godefroy, Carl 279
Görres, Guido 273
Görres, Joseph 105, 124, 165, 194, 201 f., 273, 298, 358
Goethe, August 54
Goethe, Christiane von geb. Vulpius 41, 63, 68, 92, 95 f., 108, 116 ff., 155, 357
Goethe, Katharina Elisabeth geb. Textor (Frau Aja) 18, 20, 22, 31, 41, 53–59, 63 ff., 68, 70, 116, 188 ff., 248 ff., 334, 356 f.
Goethe, Johann Wolfgang von 8 ff., 12 f., 17 ff., 22 ff., 31, 38, 40 f., 53 ff., 58 f., 60–67, 70, 76 ff., 83 ff., 87 f., 91–99, 108 ff., 112, 115–119, 136 f., 141, 150 f., 152–156, 161, 166 f., 178 f., 181 ff., 185–193, 196, 198, 200, 208, 211 f., 222 f., 229 f., 234, 236, 242, 248 f., 262, 270, 274, 288, 329, 335, 339 f., 343 f., 348, 353–361
Goethe, Ottilie von geb. von Pogwisch 166
Gontard, Jacob Friedrich 289
Gotha, Herzogin Caroline 306
Gotter, Pauline 96
Gouges, Olympede 11
Grabbe, Christian Dietrich 361
Grassini, Giuseppa 73, 76
Grillparzer, Franz 88, 211, 358 f., 360
Grimm, Herman 318, 339, 343 ff., 366
Grimm, Jacob 129, 167, 171, 192, 194, 201, 204–208, 210 f., 219, 224, 226 ff., 239 ff., 257, 260, 287, 302, 358 f., 362
Grimm, Ludwig Emil 74, 83, 151, 220, 357, 362
Grimm, Wilhelm 110, 127, 129, 132, 134, 147, 167, 171, 201, 204–208, 210 f., 219, 224, 226 ff., 239 ff., 245, 257, 260, 286, 302, 358 f., 362 f.
Gröben, Georg von der 308, 342
Grunholzer, Heinrich 203, 247, 253, 334
Guaita, Georg Friedrich von 94, 109, 155
Gubitz, Friedrich Wilhelm 149
Günderode (eigtl. Günderrode), Karoline von 35, 45 ff., 49 f., 52, 55, 57 f., 70, 96, 104, 137, 173, 185, 228–234, 239, 247, 251, 273, 346, 356
Guiccardi, Gräfin Giulietta 89
Gumpenberg, Karl von 82
Gutzkow, Karl 10, 192 f., 195, 202, 229 f., 257 f., 339, 361, 363 f., 366

Händel, Georg Friedrich 259
Härtl, Heinz 276
Haller, Karl Ludwig von 244
Hardenberg, Karl August von 114, 130, 132, 180, 357
Hassenpflug, Hans Daniel Ludwig Friedrich 242
Hauptmann, Gerhart 284

Hebbel, Friedrich 363 ff.
Hegel, Georg Wilhelm Friedrich 9, 54, 149, 193, 266, 356, 359
Heine, Heinrich 177, 179, 193, 211, 257, 271, 284, 336, 359 ff., 363 f.
Heinse, Wilhelm 58, 353
Helvig, Anna Amalie von geb. Imhoff 137 f., 140, 359 f.
Hemsen, Wilhelm 333
Hemsterhuis, Frans 48
Herberstein-Moltke, Graf Joseph Franz Stanislaus von 88
Herder, Johann Gottfried 46, 54, 251
Herwegh, Georg 247, 265, 363
Herz, Henriette 264
Heß, Moses 271
Hesse, Hermann 192
Heun, Karl Gottlob Samuel 149
Hippel 265
Hirt, Alois Ludwig 153
Hirzel, Heinrich 185
Hölderlin, Friedrich 46, 230, 234 f., 290, 329, 354
Hößli, Philipp 359
Hofer, Andreas 189
Hoffmann, Philipp Carl 80
Hoffmann, E.T.A. 95, 187, 259, 261, 358 f.
Hoffmann von Fallersleben, Heinrich 296, 304, 362
Homer 47, 189
Horn, Ernst 215 f.
Hornig, Johann Gottlob 280
Humboldt, Alexander von 149, 164, 210, 245, 264, 313, 356, 360
Humboldt, Wilhelm von 70, 106, 114, 130, 232, 264, 348

Immermann, Carl Leberecht 311
Itzig, Moritz 114

Jacobi, Betty 18
Jacobi, Friedrich 69 f., 78 f., 357
Jacoby, Johann 247, 256, 363
Jahn, Friedrich Ludwig 113, 359
Jean Paul (eigtl. Johann Paul Friedrich Richter) 131, 264
Jérôme, König von Westfalen 60, 189
Jesus von Nazareth 266
Joachim, Joseph 344 f., 348
Jonner auf Töttenweiß, Reichsgraf 79
Jordis, Karl 60 ff., 356 f.
Joseph II. (österreichischer Kaiser) 34, 353
Julius, Dr. 360

Kant, Immanuel 69, 353 f.
Karl X. (französ. König) 21
Karl August, Herzog von Sachsen-Weimar 96, 212
Karl Alexander, Großherzog von Sachsen-Weimar-Eisenach 341, 365
Katharina II. Alexejewna (Zarin) 263, 353
Keller, Gottfried 365
Kertbeny, Karl Maria (eigtl. Benkert) 325–332, 337, 346, 364
Kestner, Johann Christian 17
Kestner, Charlotte geb. Buff 17
Kinkel, Gottfried 320–325, 333, 364
Kinkel, Johanna 320 f.
Klein (Korrektor) 334
Klein, Frl. (Malerin) 173
Kleist, Heinrich von 113, 188, 312, 357 f.
Klopstock, Friedrich Gottlieb 354
Kollwitz, Käthe 284
Köppen, Karl Friedrich 265
Körner, Theodor 120, 124 f.

Kotzebue, August von 39, 139
Kruedener, Barbara Julie von 130
Kraus, Karl 7
Kügelgen, Gerhard von 58
Kühne, Gustav 275 f.
Kurz, Hermann 365

Labes, Hans von 104
Labes, Caroline Marianne Elisabeth von 104, 107, 125
Lachmann, Karl 207 f.
Lafontaine, August Heinrich Julius 38
Langbein, August Fr. Ernst 149
La Roche, Georg Michael Anton von 17, 20, 23, 32, 34 f., 54, 76, 230, 353
La Roche, Lulu von, siehe Möhn, Luise von
La Roche, Maximiliane von, siehe Brentano, Maximiliane
La Roche, Sophie von 10, 17 ff., 30 ff., 33 f., 35 f., 38 f., 45, 55 f., 62, 70, 355 ff.
Laube, Heinrich 193
Lavater, Johann Caspar 185
Lenau, Nikolaus 328, 361
Leo, Heinrich 298
Lepel, Bernhard von 312
Lessing, Gotthold Ephraim 198
Leutner, von 266
Levin, Rahel, siehe Varnhagen
Lewald, Fanny 297
Lewald, Otto 314
Lichnowski, Karl Max Fürst 113, 341
Lichtenberg 49
Liszt, Franz 261 f., 344 f.
Lorrain, Claude 150
Lucas, Betty 270
Ludwig XVI. (französ. König) 354
Ludwig XVIII. (französ. König) 130, 358
Ludwig I. (König von Bayern) 69, 76, 164, 357, 361
Ludwig, Otto 364
Luise Auguste Wilhelmine Amalie (Königin von Preußen) 205, 248
Lukács, Georg 272

Magold (Mathematiker) 82
Mann, Thomas 275
Marie-Antoinette (Königin von Frankreich) 358
Maria-Theresia (Kaiserin) 263
Marwitz, Friedrich August Ludwig von der 114
Marx, Karl 191, 247, 269 ff., 284, 309, 332, 363 ff.
Marx, Jenny geb. von Westphalen 270, 365
Mazurkiewicz, Xavière 313
Mecklenburg-Schwerin, Karoline Luise von 117
Mehring, Franz 243, 311, 325
Merck, Johann Heinrich 17 f., 31
Mendelssohn Bartholdy, Abraham 137, 363
Mesmer, Franz Anton 173
Metternich, Klemens Lothar Fürst von 241, 349
Meusebach, Karl Hartwig Gregor von 194
Meyer, Heinrich 117, 137
Meyer-Hepner, Gertrud 270
Michelangelo Buonarroti 153 f.
Mieroslawski, Ludwik 312 f., 317, 364
Miguel, Dom 341
Mirabeau, Graf Gabriel von 7, 36

Möhn, Luise von geb. La Roche 21, 31 f., 38 f., 42, 353
Mörike, Eduard 362
Montesquieu, Charles-Louis de Secondet, Baron de 263
Molière, Jean-Baptiste 69
Morelli 217 f.
Moritz, Karl Philipp 264, 353
Moy, Elisabeth de Moy de Sons 69, 78
Mozart, Wolfgang Amadeus 73, 88, 258 f., 354
Müller, Adam 113
Müller, Friedrich von 178 f., 197
Mundt, Theodor 9, 192 f., 229
Murray, John 196

Napoleon (französ. Kaiser) 52 ff., 76 f., 83, 109, 114, 119 f., 125, 129, 189, 252, 257, 335, 354–358
Nathusius, Philipp 83, 194, 199–202, 209, 219, 221 ff., 225–228, 234, 247, 286 f., 289, 296–299, 328, 362, 364
Nauwerk, Karl 265, 279
Necker, Jacques 36
Niebuhr, Barthold Georg 119, 124, 130, 154, 204
Novalis (Pseudonym Friedrich von Hardenbergs) 41, 69, 185, 188, 355

Oehlke, Waldemar 10
Oppenheim, Heinrich Bernhard 194, 227, 281, 287
Oriola, Eduard Graf von 308, 341, 343, 346, 365
Ostade, Adriaen van 151
Otto-Peters, Luise 11
Owen, Robert 278

Paganini, Niccoló 360
Pelz (Buchhändler) 283
Permoser, Balthasar 156
Petőfi, Sándor Alexander 326–330, 337, 364
Pfuel, Ernst Heinrich Rudolf von 312, 315 f.
Philipp von Orléans 36
Pinoff, Dr. 281
Pistor, Charlotte 100, 138
Pistor, Johann Heinrich 121
Platen, August Graf von 172
Platon 231
Poniatowski, Stanislaw II. August 263
Poseck, Fr. von 279
Pückler-Muskau, Hermann Ludwig Heinrich Fürst von 179–184, 196 f., 212, 215, 220 f., 226, 251, 288, 361
Pückler, Lucie Fürstin von verw. Reichsgräfin Pappenheim, Tochter des Staatskanzlers Hardenberg 180 f.
Püschel, Ursula 319

Raabe, Wilhelm 365
Radowitz, Joseph Maria von 242
Raczynski, Athanasius Graf 199, 361
Radziwill, Anton Heinrich Fürst von 113
Ramler, Karl Wilhelm 264
Ranke, Heinrich 160, 168
Ranke, Leopold 160 ff., 172, 226, 360
Rauch, Christian Daniel 151–154, 156 f., 220, 359
Redern, Wilhelm Graf von 258
Reichardt, Johann Friedrich 65, 106, 113, 115
Reimer, Georg Andreas 113

Rellstab, Ludwig 149
Riemer, Friedrich Wilhelm 67, 96 f., 115 f., 192
Rilke, Rainer Maria 192
Ringseis, Johann Nepomuk 82, 347, 357
Ritter, Karl 162
Robert-Tornow, Moritz 260 f.
Robinson, Henry Grabb 33
Rochow, Gustav Adolf Rochus von 242
Röschlaub, Joh. Andreas 82
Rudorff, Ernst 346
Ruge, Arnold 265, 272, 275
Ruisdael, Jacob Isaacksz van 151
Rumohr, Karl Friedrich von 78, 151
Runge, Philipp Otto 188
Rutenberg, Adolf 266

Sachse, L. (Kunsthändler) 217, 219 f.
Sailer, Johann Michael 79 f., 87, 298, 357
Salieri, Antonio 73
Salvotti, Antonio 82
Sand, George 285
Sand, Karl Ludwig 139, 229
Savigny, Bettina von 68
Savigny, Franz von 68
Savigny, Gund von geb. Brentano 19, 25, 28 f., 38 f., 41, 43 f., 52, 65 f., 69, 73, 78, 95 ff., 103, 109 ff., 118, 120, 127, 130, 144, 148, 218, 231, 233, 293 f., 306, 342, 346, 355 ff., 359
Savigny, Karl Friedrich von (Schwager Bettinas) 38, 40, 43 f., 50, 52, 55, 57, 59 f., 65 f., 68, 71 ff., 75 f., 78 ff., 82–85, 87, 92, 95 ff., 103, 109 ff., 113, 118, 120 ff., 127–130, 132 ff., 136, 139 ff., 144, 146, 148, 150, 161–164, 167, 171, 178, 191, 204–210, 225, 228, 233, 253, 259 f., 292, 296, 302, 306, 342, 346 f., 356 ff., 362
Schadow, Johann Gottfried 154, 215, 220
Schadow, Friedrich Wilhelm 151
Schafgotsch, Emmo von 280
Scharnhorst, Gerhard Johann David von 121, 124
Scheele, Marie 202
Schelling, Karoline 39, 69, 72 f., 78
Schelling, Friedrich Wilhelm 46, 69 f., 78, 250, 357
Schenk, Eduard 82
Schiller, Charlotte 117
Schiller, Friedrich 54, 137, 185, 211, 353–356, 360
Schinkel, Karl Friedrich 123, 150 f., 154, 196, 211–214, 220, 243, 288, 359 ff.
Schlegel, August Wilhelm 39, 164, 196, 289, 295, 355 ff.
Schlegel, Karoline (siehe Schelling)
Schlegel, Friedrich 7, 38 f., 69, 88, 264, 349, 355
Schleiermacher, Friedrich Daniel Ernst 174 f., 249 ff., 264, 268, 288, 296, 298, 349, 359, 361
Schloeffel, Friedrich Wilhelm 280 f., 283 ff., 363
Schlosser, Johann Georg 47
Schnee, Alexander 279
Schön, Theodor von 310, 315
Schopenhauer, Johanna 66, 193
Schubart, Christian Friedrich Daniel 353
Schurz, Carl 325
Schwab, Gustav 230

Schwink (Kommerzienrat) 106
Schwink, Auguste 106
Scott, Sir Walter 147
Semper, Gottfried 320
Sévigné, Madame de 141
Shakespeare, William 69, 71
Sieveking, Amalie 176
Silfverstolpe, Malla geb. Montgomery 9, 12, 140 f., 150, 211, 220, 360
Sinclair, Isaak von 234
Sismondi, Jean-Charles-Léonard Sismonde de 282
Sontag, Henriette 9
Spontini, Gasparo 257–263, 363
Stadion, Graf Friedrich Lothar von 76, 78, 357
Stägemann, Friedrich August von 113, 130, 136, 139
Staël, Anna Luise Germaine de 56, 88, 99, 103, 140, 196, 264, 289, 295, 356
Stahr, Adolf 245, 254, 278, 283, 286, 363
Steffens, Heinrich 149
Steig, Reinhold 318
Stein, Carl Reichsfreiherr vom und zum 113, 171, 310
Stein, Lorenz von 278, 282
Steinhäuser, Karl 307, 340, 367
Steinhäuser, Pauline 307
Stieglitz, Charlotte 229 f.
Stieglitz, Heinrich 229
Stifter, Adalbert 365
Stirner, Max 265
Stolberg-Wernigerode, Eberhard Graf von 242
Strauß, D. Fr. 361
Streckfuß, Adolf Heinrich Karl 149
Svederus, Georg 279

Tegner, Essaias 137
Thile, Ludwig Gustav von 242
Thorvaldsen, Bertil 153
Tieck, Friedrich 156, 356
Tieck, Johann Ludwig 51, 69, 71 f., 78, 95, 97, 106, 116, 186, 355, 357, 360, 362
Tieck, Sophie 69
Tiedemann, Friedrich 82
Tschech, Heinrich Ludwig 304
Turgenjew, Iwan 362
Turgot, Anne-Robert-Jacques, Baron de l'Aulne 263

Uhland, Ludwig 230
Ulrich, Karoline 117

Varnhagen von Ense, Karl August 137, 158–161, 179, 183, 218, 226, 229, 239 ff., 245, 254, 276, 283, 286, 306, 315, 323, 326 f., 333, 339, 341, 346 f., 360
Varnhagen von Ense, Rahel geb. Levin 113, 130, 137, 158–161, 179, 229 f., 260, 264 f., 360
Veilchen (Goldstickerei) 41 f.
Volckmar, Friedrich 304
Voß, Otto Carl Friedrich von 242

Wackenroder, Wilhelm Heinrich 355
Wagner, Richard 263, 320, 366
Waiblinger, Wilhelm Friedrich 234
Waldeck, Benedikt Franz Leo 310 f., 315, 321
Waldemar, Prinz von Preußen 342
Weber, Wilhelm Eduard 204
Weber, Carl Maria von 257
Weitling, Wilhelm 255
Wichmann, Ludwig 154 ff., 360
Wiebeking, Franziska von 71

Wieland, Christoph Martin 54, 62 f., 116, 355
Wienbarg, Ludolf 193
Wildermeth, Carl Ludwig August 141, 160, 359
Wilhelm I. (deutscher Kaiser) 285, 307, 323, 365
Willemer, Johann Jakob von 60
Willemer, Marianne von 166, 186
Willich, August 321
Willisen, Wilhelm von 314 f.
Winter, Peter 73 f., 78, 80 f., 357
Wiß, Georg Eduard 309
Wolf, Christa 11
Wolf, Friedrich August 121
Wolfart, Karl Christian 173
Wolff, Wilhelm 283
Wrangel, Friedrich Heinrich Ernst von 316

Xeller, Christian 217 f.

Zelter, Karl Friedrich 92 f., 97, 110, 113, 149, 185
Zinzendorf, Nikolaus Ludwig von 269
Zmeskall, Baron 90